韓国・朝鮮の心を読む

はじめに

『韓国・朝鮮の知を読む』を二〇一四年に、『韓国・朝鮮の美を読む』を二〇二一年にクオンより刊行した。本書『韓国・朝鮮の心を読む』をもって謂わば〈真善美〉三部作をなす。前書二冊は韓国でもそれぞれウィズダムハウス（위즈덤하우스）、連立書架（연립서가）より韓国語版が刊行された。本書は日本語版はクオンから、そして韓国語版は韓国の出版社・トッケビ（독개비）からと、出版界でも珍しい、日韓同時刊行となった。

『韓国・朝鮮の知を読む』以来、十年を経た。このかん、日本語圏における韓国語やハングル、そして韓国文学を始め、広く韓国文化の位相は完全に様変わりした。『知を読む』刊行時には、「韓国」や「朝鮮」ということばと、「知」ということばが表紙の上で共存している書物など、皆無に近かった。驚くべきことに、そして悲しいことに、それについて本がないことがらは、その言語圏では事実上、ないに等しい。つまり日本語圏にあっては事実上、韓国語圏はその〈知〉や〈美〉を語ったり、ましてや共にする対象ではなかったのである。

ハングルも眼にすることはあっても、その〈理〉も〈美〉も、知識人たちにでさえ、ほとんど認識されていなかった。それが日本語圏におけるこのかんの韓国文学への熱い注目、またK-POPやKドラマ、韓国映画などを先頭とする韓国文化の全地球的な展開によって、韓国語圏の、あるいは韓国・朝鮮に端を発する知も美もそして心も、今や多くの人々によって共にされようとしている。ハングルについても、「まあ仮名みたいなものだろう」といった印象から、「何か深そうな文字だ」くらいの印象は、知識人や読書人の間では少しずつ共有されてきていると言えるだろう。

排外主義的な、あるいは植民帝国主義的なありようも消滅どころか、これも地球的規模でいや増すといった様相を呈している今日、日本語圏にあって韓国・朝鮮の知や美や心を訪ね、考え、共にするといった営為は、たとえささやかであっても、希望である。そしてそれが韓国語圏でも共にしていただけるなら、更なる希望である。そうした希望が希望として在るためには、そして私たちの生を豊かなものにするためには、どうしても書物が要る。

本書『韓国・朝鮮の心を読む』にはこうして百二十二名の方々が集ってくださった。そして三百冊近い書物について記してくださった。ご覧いただければお解りのように、実に多様な書物である。読者の皆さんが共にしていただけるなら、編者としてはこの上ない歓びである。本書のためにお力添えをいただいた方々、本書をこうして手にとってくださっているかたがたに、熱き思いと共に、〈心〉より感謝申し上げたい。

編者　野間秀樹・白永瑞《ペク・ヨンソ》

凡例

執筆者が挙げた書籍名は１―５などの番号と共に横書きで提示し、原著には、書誌情報の末尾に★印を付した。

●原著からの翻訳書がある場合は、同じ番号のもと、書誌情報の末尾に◆印を付した。

●原著と同じ番号で、末尾に◆印のないものは、原著の書誌情報を本書編集部が日本語に訳して示したものであり、翻訳書は刊行されていない。

●要するに、次のごとくなる：

★＝原著

◆＝翻訳書

無印＝原著書誌情報の日本語訳

●人名のうち、韓国人名の仮名表記では、長母音は反映させない。
例えば、李は「イー」ではなく、「イ」、「趙」は「チョー」ではなく、「チョ」とする。ただし、書籍などで既に用いられている表記がある場合は、そちらに従った。

●日本人名のハングル表記は大韓民国の外来語表記法に拠る。従って日本語の長母音は反映されない。例として、「沖 健一郎 おき けんいちろう」「大木源一郎 おおき げんいちろう」はいずれも「오키 겐이치로」となる。ただし、執筆者自身が用いている表記が別途ある場合は、そちらに従った。

The『韓国・朝鮮の心を読む』is published with the support of
the AMOREPACIFIC FOUNDATION

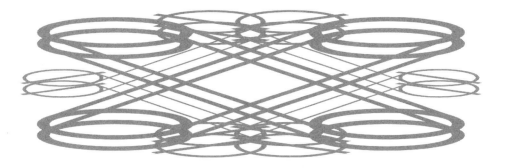

韓国・朝鮮の心を読む

目次

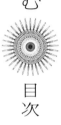

目次

はじめに 003
凡例 005

韓国・朝鮮の心を読む

アサノタカオ　あさのたかお　아사노 다카오　編集者　018
阿部賢一　あべけんいち　아베 겐이치　チェコ文学者　022
綾女欣伸　あやめよしのぶ　아야메 요시노부　編集者　025
荒山徹　あらやまとおる　아라야마 토오루　小説家　028
李恩珠　イウンジュ　이은주　作家、翻訳家　031
李相男　イサンナム　이상남　画家　034
李章旭　イジャンウク　이장욱　詩人、小説家　040
李賢化　イヒョナ　이현화　作家、出版人　044
石井未来　いしいみき　이시이 미키　韓国文化愛好家　049

石橋毅史……いしばしたけふみ……이시바시 다케후미……作家、出版ライター……052
磯上竜也……いそがみたつや……이소가미 다쓰야……書店主……055
伊東順子……いとうじゅんこ……이토 준코……ライター、編集・翻訳業……058
稲川右樹……いながわゆうき……이나가와 유우키……韓国語教育者……061
印鉉鎮……インヒョンジン……인현진……小説家、カウンセラー……065
植村幸生……うえむらゆきお……우에무라 유키오……音楽研究家……069
内海信彦……うつみのぶひこ……우쓰미 노부히코……美術家……073
呉銀……オウン……오은……詩人……077
大澤文護……おおさわぶんご……오사와 분고……作家……081
太田慎一……おおたしんいち……오타 신이치……映像作家……084
大林えり子……おおばやしえりこ……오바야시 에리코……ブックギャラリー運営……087
岡崎暢子……おかざきのぶこ……오카자키 노부코……韓日翻訳者・編集者……091
岡本厚……おかもとあつし……오카모토 아쓰시……ジャーナリスト……095
沖啓介……おきけいすけ……오키 게이스케……アーティスト……099
奥田順平……おくだじゅんぺい……오쿠다 준페이……書店主……103
小国貴司……おぐにたかし……오구니 다카시……書店主……107
小幡倫裕……おばたみちひろ……오바타 미치히로……翻訳家・近世日韓関係史研究家……110
頭木弘樹……かしらぎひろき……가시라기 히로키……文学紹介者……114

川原秀城 かわはらひできー가와하라 히데키 東洋学者 118
姜泰雄 カンテウン 강태웅 日本映像文化研究者 121
康熙奉 カンヒボン 강희봉 作家 125
姜賢植 カンヒョンシク 강현식 心理学者 128
姜侖廷 カンユンジョン 강윤정 文学編集者 132
姜英淑 カンヨンスク 강영숙 小説家 137
金暻和 キムキョンファ 김경화 メディア人類学者 141
金建淑 キムゴンスク 김건숙 作家 144
金世一 キムセイル 김세일 俳優、演出家 150
金炯洙 キムヒョンス 김형수 詩人、小説家、評論家 154
金衍洙 キムヨンス 김연수 小説家 161
金容暉 キムヨンフィ 김용휘 東学研究家、哲学者 164
金文京 きんぶんきょう 김문경 中国文学研究者 169
権在一 クォンジェイル 권재일 国語学者 172
権寧弼 クォンヨンピル 권영필 美術史学者 177
黒田杏子 くろだきょうこ 구로다 교코 書店主 182
桑畑優香 くわはたゆか 구와하타 유카 ライター、翻訳家 185
光嶋裕介 こうしまゆうすけ 고시마 유스케 建築家 188

小林エリカ……こばやし えりか……고바야시 에리카……作家、アーティスト……192
孔善玉……コンソノク……공선옥……小説家……195
斎藤真理子……さいとう まりこ……사이토 마리코……翻訳者……198
酒井裕美……さかい ひろみ……사카이 히로미……朝鮮近代史研究者……201
桜井泉……さくらい いずみ……사쿠라이 이즈미……ジャーナリスト……204
佐藤結……さとう ゆう……사토 유……ライター……208
嶋田彩司……しまだ さいし……시마다 사이시……文学者……211
シム・ヘギョン……심혜경……図書館司書、作家、翻訳家……214
白坂美季……しらさか みき……시라사카 미키……ジャーナリスト……219
申京淑……シンギョンスク……신경숙……小説家……222
進藤菜美子……しんどう なみこ……신도 나미코……書店員……226
鈴木琢磨……すずき たくま……스즈키 타쿠마……ジャーナリスト……230
鈴木千佳子……すずき ちかこ……스즈키 지카코……ブックデザイナー……233
薛欣……ソル フン……설흔……小説家……237
宋吉泳……ソンギリョン……송길영……マインドマイナー……242
孫セシリア……ソン セシリア……손세실리아……詩人……246
髙木丈也……たかぎ たけや……다카기 다케야……言語学者……251
高橋尚子……たかはし なおこ……다카하시 나오코……ライター、編集者……255

竹内栄美子……たけうちえみこ……다케우치 에미코……文学者……259
竹田信弥……たけだしんや……다케다 신야……書店主……266
舘野晳……たてのあきら……다테노 아키라……翻訳者……270
崔仁阿……チェイナ……최인아……作家、書店経営者……276
崔基淑……チェギスク……최기숙……作家、創意運動家……279
崔炅鳳……チェギョンボン……최경봉……国語学者……284
章恩珍……チャンウンジン……장은진……小説家……288
田月仙……チョンウォルソン……전월선……オペラ歌手……291
鄭新永……チョンシニョン……정신영……美術評論家……295
鄭漢娥……チョンハナ……정한아……詩人……299
鄭玹汀……チョンヒョンジョン……정현정……思想史学者……307
楨洪……チョンホン……정홍……童話作家……310
鄭容俊……チョンヨンジュン……정용준……小説家……314
鄭映秀……チョンヨンス……정영수……小説家、文学編集者……318
辻川純子……つじかわじゅんこ……쓰지카와 준코……小売店主、編集・出版業……321
辻野裕紀……つじのゆうき……쓰지노 유키……言語学者……324
戸田郁子……とだいくこ……도다 이쿠코……作家、翻訳家……328
中沢けい……なかざわけい……나카자와 케이……小説家……332

中島京子……なかじまきょうこ……나카지마 교코……小説家……336
仲俣暁生……なかまたあきお……나카마타 아키오……編集者、文芸評論家……340
成川彩……なりかわあや……나리카와 아야……韓国在住文化系ライター……343
新見寿美江……にいみすみえ……니미 스미에……編集者……346
河正雄……ハジョンウン……하정웅……美術家……353
ぱくきょんみ……박경미……詩人……357
朴柱姸……パクチュヨン……박주연……書店運営者……362
朴承柱……パクスンジュ……박승주……文学者……369
朴榮澤……パクヨンテク……박영택……美術評論家……372
幡野泉……はたのいずみ……하타노 이즈미……語学学校経営……376
八田靖史……はったやすし……핫타 야스시……コリアン・フード・コラムニスト……379
原田美佳……はらだみか……하라다 미카……文化交流研究家……383
韓尙整……ハンサンジョン……한상정……漫画研究者……386
菱田雄介……ひしだゆうすけ……히시다 유스케……写真家……390
邊池盈……ピョンジヨン……변지영……心理学者……395
邊容蘭……ピョンヨンナン……변용란……翻訳家……398
平野啓一郎……ひらのけいいちろう……히라노 게이치로……小説家……402
ロバート・ファウザー Robert J. Fouser……로버트 파우저……言語学者……405

黄豊年 ファンプンニョン 황풍년 作家、ジャーナリスト 409
藤谷治 ふじたにおさむ 후지타니 오사무 作家、書店経営 414
藤本信介 ふじもとしんすけ 후지모토 신스케 映画製作者 417
藤本巧 ふじもとたくみ 후지모토 다쿠미 写真家 420
藤本幸夫 ふじもとゆきお 후지모토 유키오 言語学者 424
文月悠光 ふづきゆみ 후즈키 유미 詩人 427
古家正亨 ふるやまさゆき 후루야 마사유키 韓国大衆文化ジャーナリスト 430
白旻石 ペクミンソク 백민석 小説家 433
許炯萬 ホヒョンマン 허형만 詩人 437
許文明 ホムンミョン 허문명 ジャーナリスト 442
堀山明子 ほりやまあきこ 호리야마 아키코 ジャーナリスト 447
前田エマ まえだえま 마에다 엠마 モデル、アーティスト、エッセイスト 450
松尾亜紀子 まつおあきこ 마쓰오 아키코 編集者 454
松永美穂 まつながみほ 마쓰나가 미호 ドイツ文学者 457
まつもとたくお 마쓰모토 타쿠오 音楽ライター 461
水科哲哉 みずしなてつや 미즈시나 테츠야 ライター、編集者 464
三角みづ紀 みすみみづき 미스미 미즈키 詩人 467
門間貴志 もんまたかし 몬마 다카시 映画研究者 470

梁景彦 …… ヤンギョンオン …… 양경언 …… 文学評論家 …… 474

尹堤林 …… ユンジェリム …… 윤제림 …… 詩人 …… 480

吉川凪 …… よしかわなぎ …… 요시카와 나기 …… 翻訳家 …… 484

劉賢國 …… リュヒョングク …… 류현국 …… 活字学者 …… 487

和田とも美 …… わだともみ …… 와다 토모미 …… 朝鮮文学研究者 …… 490

問いとしての〈韓国・朝鮮の心を読む〉——後書きに代えて …… 野間秀樹 …… 496

索引 …… i-viii

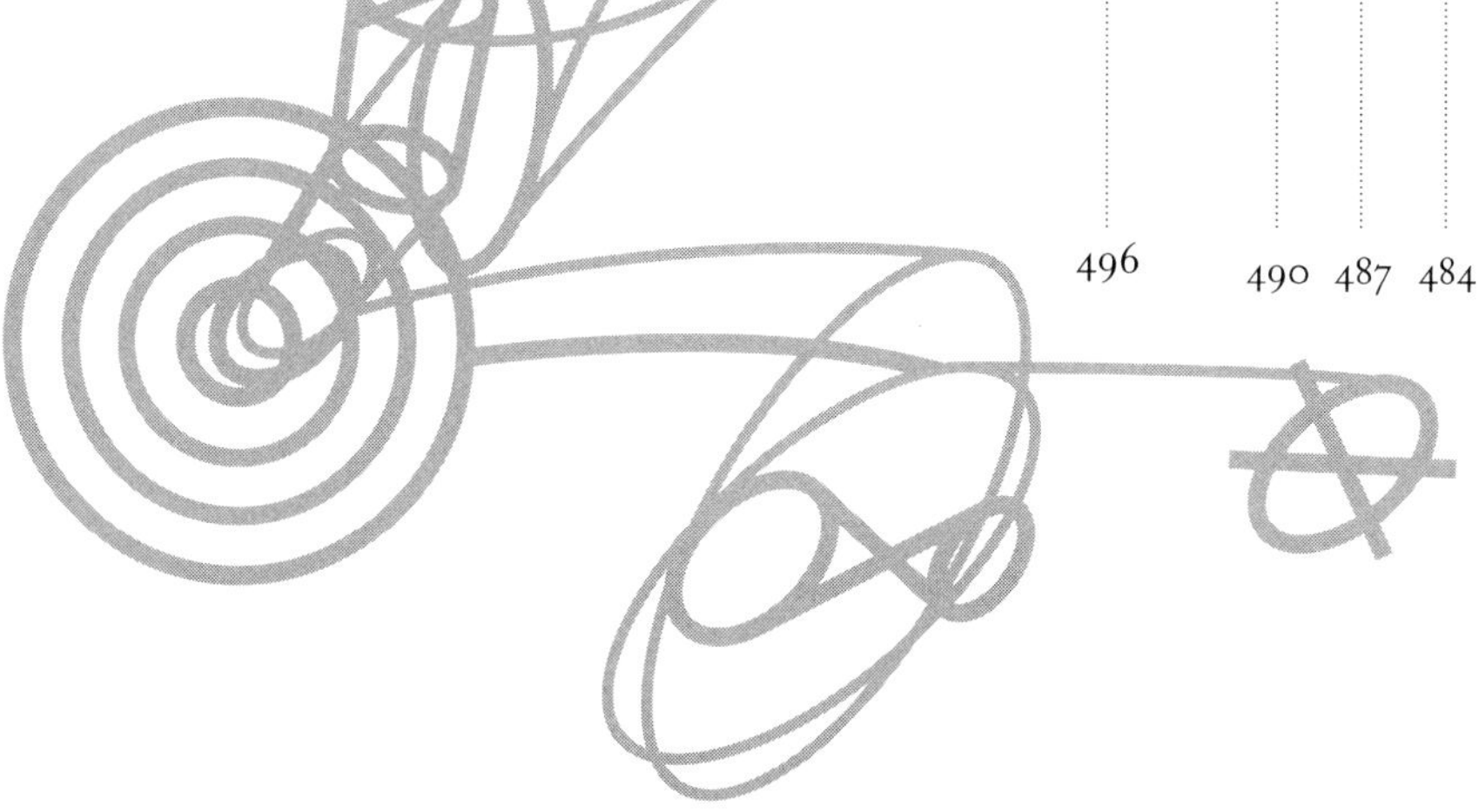

●表紙　画＝李相男

表紙に用いた図は、国際的に活躍する美術家・李相男《イサンナム》氏の絵画である。東京の大韓民国大使館の天井壁画をご覧になったかたも、あるだろう。氏の作品である。

直線と曲線から造られる李相男氏の図像《イコン》にあっては、人工的であったはずの始まりのかたちが、いつしか有機的な生命体に変態していく。捻れ、はじけ、跳び、漂う、それら生命的なかたちは、決して留まることのない、常に蠢《うごめ》く動的なかたちである。

私たちはしばしば絵画に言語を見ようとする。絵画の中にことばを聞こうとする。しかし絵画の中に言語はない。絵画のうちにことばを埋め込もうとする営みは、この作家の動的な図像の群れによって凛として阻まれる。そこに蠢くかたちが造り上げる黙音の空間は、私たちの解読を温かく拒み、逆に私たちがいつしか図像《イコン》の森に抱かれる。ことばなき、黙音の空間それ自体が、何よりも確かな存在のかたちなのである。

韓国・朝鮮の心を読む

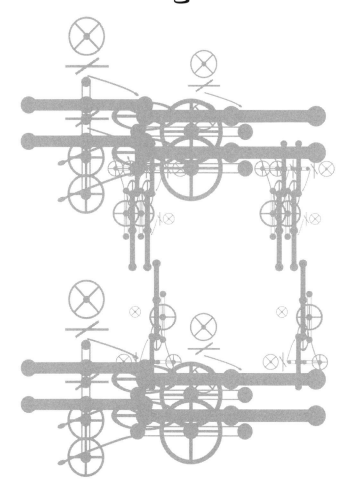

アサノタカオ

あさの　たかお
아사노 다카오

1　『石の聲 完全版』
李良枝（著）／講談社文芸文庫／2023★

2　『李良枝セレクション』
李良枝（著）、温又柔（編・解説）／白水社／2022★

3　『ことばの杖──李良枝エッセイ集』
李良枝（著）／新泉社／2022★

李良枝と「ことばの杖」

日本と韓国のはざまで揺れ動き、苦悩し、民族にも国家にも安住できない人間の心の痛みとそれゆえに願い求めるものを、言葉への鋭敏な感受性によって描き続けた李良枝。三十七歳で急逝した在日コリアン作家による小説を中心とした作品が、没後三十年となる二〇二二年以降、新たな編集のもとに三冊の本として書籍化された。

ぼくは李良枝が亡くなった翌年に大学に入学し、間もなく刊行された全集を偶然手にして彼女の文学にはじめて出会ったのだった。なかでも芥川賞を受賞した「由熙《ユヒ》」をくりかえし読み込んだ。

この小説は、日本から「母国」である韓国の大学に留学したものの、日本語を「母語」とするがゆえに韓国語＝母国語に対する決定的な欠落を抱えて日本へ戻った在日二世の女性・由熙の失意を、下宿先の家主の姪で本国の韓国人である「私」の視点から語る作品だ。

〈ことばの杖を、目醒めた瞬間に摑めるかどうか、試されているような気がする。……아《ア》なのか、それとも、あ、なの

か。아であれば、아《ア》、야《ヤ》、어《オ》、여《ヨ》、と続いていく杖を摑むの。でも、あ、であれば、あ、い、う、え、お、と続いていく杖。けれども、아、なのか、あ、なのか、すっきりとわかった日がない〉

物語の終盤で、「私」が回想する由熙の告白。

言葉とあるひとりの人間との距離を精密に測るように描写しながら、「国語」に居場所を持てないものの痛苦の声を響かせる李良枝独特の文章の息遣いに、何よりも圧倒された。それまで「日本」「日本人」「日本語」の繫がりを深く疑うこともなかった若い自分のナイーブな言語観が、この小説を読むことで解体されたのだった。

全十章の長編小説として構想されながら、作家の死によって中断された「石の聲」という作品もある。一章のほぼ完成稿（のちに単行本化された）に、二章と三章の原稿を加えた完全版が、「編集者への手紙」などの資料を併録して文庫化され、二〇二三年に刊行された。

「石の聲」の語り手である「私」は韓国で留学生活を送り、日本語で長編詩を書き続ける男。詩の背後には朝鮮半島のシャーマンが伝承する巫歌「パリコンジュ（捨て姫）」があり、「私」と同じ日本で生まれ育った韓国人で古典舞踊を習う女性・加奈——彼女が詩の中で「捨て姫」に重ねられる——との関係が語られる。

再読してあらためて驚いたのは、「言葉とあるひとりの人間との距離を精密に測る」ような「李良枝独特の文章の息遣い」が、ここでも執拗に変奏され、冒頭から表現されていることだ。

〈——義しさ

私は目を閉じ、瞼の裏側に自分の字体でその三文字を書きつける。ゆっくりと口の中で呟きながら瞼の裏側に、さらに文字を重ねて書きつけていく。……けれども、この不完全な感じはどこから来るのだろう〉

詩人である「私」が、毎朝の目醒めの時におこなう儀式。ひとつの言葉が脳裏に浮かぶ過程を辿り直しながら確かめられる文字と声、意識と身体、詩と政治などの二項対立が、必然的に、日本（語）と韓国（語）という二項対立へと横滑りする。

二つの世界に生が引き裂かれ、「不完全な感じ」を抱える

「私」は、言葉を凝視することで「自分自身がどう在るか」と問う。作家・李良枝は、その問いの先で、「誰でもがその人なりの個として自分らしくあろうとする心のあり様」(『ことばの杖』)をいかなるものとして想像していたのだろうか。

没後三十年に出版された『李良枝セレクション』には、「由熙」を含む小説四編とエッセイ三編が収録され、作家・温又柔が編者と解説者をつとめている。

言葉は民族や国家の占有物ではないという信念に立って、一人ひとりの「個」の声を深く信じること。李良枝の文学が残したもっとも切実なメッセージを引き受ける意志が、「台湾生まれ・日本語育ち」とみずから称する温又柔の小説には見られる。『セレクション』の解説によれば、「由熙」という一篇の小説が日本語で書くことの「自信」を彼女に与え、「好去好来歌」というデビュー作が生み出されたという(個人的な意見だが、同書に収められた李良枝の小説「刻」は、温又柔の小説「誇り」と姉妹関係にあると思う)。

李良枝が灯した文学の火は、作家の死によって消えたわけではない。それは別の時間、別の場所、別の旅を生きるものたちによって書き継がれ、読み継がれ、いまも日本語文学の中で静かに燃えている。

同じ時期に『ことばの杖』も刊行された。こちらは李良枝の日本語で書かれたエッセイなどを集成した本。『石の聲 完全版』や『ことばの杖』の巻末には、妹である李栄の解説も収められ、それはひとりの人間としての作家の面影と肉声を、あたたかな追憶の力によってよみがえらせる。

読み返すたびに、これら三冊の本から問われる。偽りなく自分が自分であるための居場所が、また柔らかく「差異」を受け入れる居場所が、みずからの言葉の中に、心の中にあるのか、と。若い日にその作品に巡り合って以来、二十年も三十年も読み続け、生きているあいだはこれからもそうするだろう。ほかの誰にも否定さない自分の言葉、自分たちの言葉としての「ことばの杖」を摑むこと。李良枝の文学が行方を照らす灯りとしてこの世に在り続ける幸福を、ぼくは嚙み締めている。

【アサノタカオ】一九七五年生まれ。編集者。名古屋大学大学院人間情報学研究科博士課程満期退学。

　サウダージ・ブックスの編集人をつとめるかたわら、文学・人文社会・アートなどの領域で仕事をしている。著書に『小さな声の島』（サウダージ・ブックス）、共著に『韓国文学ガイドブック』（黒あんず監修、Ｐヴァイン）など。明星大学、二松学舎大学非常勤講師。

阿部賢一

あべ　けんいち

아베 겐이치

1

『隣の国のことばですもの——茨木のり子と韓国』

金智英（著）／筑摩書房／2020★

2

『무정』

이광수(저) ／민음사／1917★

『無情』

李光洙（著）、波多野節子（訳）／平凡社ライブラリー／2020◆

3

『바깥은 여름』

김애란(저) ／문학동네／2017★

『外は夏』

キム・エラン（著）、古川綾子（訳）／亜紀書房／2019◆

あらためて言うまでもなく、韓国は日本の隣の国である。けれども、図書館や書店の外国文学の棚を見ても、いちばん面積を占めているのは英米文学だ。近年、斎藤真理子さんを筆頭に多くの翻訳者の尽力により、書棚に占める韓国文学の面積は増えている。振り返ってみると、私が本屋に足繁く通うようになった一九八〇年代においてはまだその数は限られていた。私の実家は、副都心線東新宿の近くにある。ＪＲでいえば、新大久保だ。そう、いまでは韓国ショップがあふれている界隈として知られる。もちろん、韓国料理店や教会は昔からあり、家庭では韓国語を話している同級生もいた。でも、数百メートルの距離なのに、どこか遠い感じがした。今振り返ってみると、その理由はよくわかる。かれらの来歴や言葉や文化がよくわかっていなかったからだ。

近いのに、遠いという釈然としない気持ちをすこしだけほどいてくれたのが、詩人茨木のり子（一九二六～二〇〇六）の詩であり、とりわけ、彼女の営みを鮮やかに浮かび上がらせてくれた金智英（一九八四～）著の『隣の国のことばですもの茨木のり子と韓国』（筑摩書房、二〇二〇年）だ。詩集『自分の感受性くらい』（一九七七年）、『倚りかからず』（一九九九年）

などで知られる詩人が、みずからハングルを学び、『韓国現代詩選』を編纂したことは知っていた。けれども、その営みの裏側にある彼女の想いについてはほとんど知らずにいた。著者は茨木の詩や文章を丁寧に読み解き、詩人の言葉を豊かに反芻する。例えば、「隣国語の森」という詩編の一節「ゆるして下さい／（…）／その美しい言語のもりへと入ってゆきます」を引きながら、著者はこう読み解いている――「過去の日本を代弁して、朝鮮に謝罪しているように見える。が、実は謝罪することによって、自分の罪の意識を告白し、罪の償いとしてハングルを学ぼうとする意志をより確固たるものとする自己を確認しているのである」（『隣の国のことばですもの　茨木のり子と韓国』百五十頁）と。国や民族といった大きな主語ではなく、「自分」という小さいながらも主体的な視点から、茨木が「隣の国のことば」を学ぼうとしていたことを教えてくれる。さまざまな属性を背負いながらも、詩人はあくまでも「自分」として隣国のことばを受けとめ、受入れ、そして自分の言葉にしていく。茨木のり子という詩人の振舞いを見事に描いたこの書物は、ことあるごとに繙く一冊となっている。

とはいえ、茨木のようにハングルを学びはじめることは、残念ながら今のところ実現できていない。けれども、幸いなことに翻訳された韓国文学を味わうことはできる。最近読んで感銘を受けたのが、李光洙（一八九二～一九五〇）の『無情』だ。帯文には「韓国文学初の近代長篇小説」とあるように、日本統治下の人々が祖国啓蒙に目覚めていく大作である。私が専門としている中欧ではドイツとチェコが複雑に絡みあっているが、日本と韓国・朝鮮の関係もそこに似ている点がある。ひとつには複数の言語文化が絡み合うなかでの言語の階層性である。どういう場所で、どちらの言語を話すのか。それだけも当事者には大きな問題であり、小説の主題ともなりうる。ハングルで書かれた『無情』においても、外国語（イイナズケ、エンゲージメント）が頻繁に使われるだけではなく、主人公の李亨植もまた日本に留学し、英語教師という設定になっている。男女関係や啓蒙的な要素もふんだんに取り入れられた同書は、一九一〇年代の朝鮮の風俗を繊細に伝えてくれるだけではなく、言語に関する鋭い描写に富む小説となっている。

『無情』が日本統治下の朝鮮という歴史状況と密接に結び

ついているのに対し、近年の韓国文学には同時代の社会との関係が（一見）希薄に見える、だが別の世界の様相と深く繋がっている作品が見受けられる。キム・エランの短篇集『外は夏』もまた、そのような趣がある。たしかに韓国を想起させる地名や文化現象が描かれている作品もあるが、この短篇集は何よりも根源的な問いかけを投げかけている。例えば、「沈黙の未来」は一読すると少数言語の消滅を題材にしているように読めるかもしれない。だが「彼らはみな、この世界にたった一つだけの言語を駆使する最後の話者だ」（同書、百三十三頁）という一文を読むと、その「彼ら」は「私」であることに気づかされるのだ。

このようにして考えると、制度としての言語ではなく、私が「私」として発する言葉は今しかないものであり、茨木のり子がみずからハングルを学び出したように、その言葉もつねに変わり続ける。そのように考えると、喪失は何かを獲得することでもあるように思えるのだ。

狭い「自分」という殻を捨て、「隣の」新しい作家の言葉を読む。これほど、明るい未来はほかにあるだろうか。韓国文学を読む醍醐味はそこにある。

【阿部賢一】一九七二年、東京生まれ。現在、東京大学人文社会系研究科准教授。専門は中東欧文学、比較文学。著書に『複数形のプラハ』『翻訳とパラテクスト』（人文書院）、『カレル・タイゲ　ポエジーの探求者』（水声社）ほか、訳書にハヴェル『力なき者たちの力』（人文書院）、フラバル『わたしは英国王に給仕した』（河出文庫）、チャペック『白い病』『マクロプロスの処方箋』（岩波文庫）、オウジェドニーク『エウロペアナ　二十世紀史概説』（共訳、白水社、第一回日本翻訳大賞受賞）ほか。

綾女《あやめ》欣伸《よしのぶ》

아야메 요시노부

1 『本の未来を探す旅 ソウル』
内沼晋太郎、綾女欣伸（編著）、田中由起子（写真）／朝日出版社／2017★

2 『일간 이슬아 수필집』
이슬아(저) ／헤엄／2018★

『심신단련』
이슬아(저) ／헤엄／2019★

『日刊イ・スラ　私たちのあいだの話』
イ・スラ（著）、原田里美、宮里綾羽（訳）／朝日出版社／2021◆

3 『ソウルの風景 記憶と変貌』
四方田犬彦（著）／岩波書店／2001★

二人のイさん

九〇年代の終わりに上京したとき、「あの渋谷」に行ってみたはいいものの南口の桜丘のほうに間違って出て「意外と小さな街なんだな」と思って帰った。心の中で地図が不要になるまでには時間がかかる。僕にとって韓国の地が色づくには二冊の本、というか二人の人がきっかけとなった。姓はどちらも、イさん。本はどちらも自分が編集に携わった本なので手前味噌だが、その二人のイさんとの個人的なエピソードを思い出してみたい。

二〇一七年、『本の未来を探す旅 ソウル』という本を出版した。当時ソウルを中心に沸騰していた独立書店・独立出版のムーブメントをその前年に内沼晋太郎さんと共に追って、牽引する人たち二十人ほどにインタビューした一冊だが、その冒頭に登場するのが書店「サンクスブックス」を経営するイ・ギソプさん（一九六八年生まれ）だ。八〇年前後生まれがその波を起こす前、いち早く二〇一一年にコーヒーも飲める「文化空間」としての個人書店を開いたイさんは周囲から「独立の先輩」として慕われる存在だった。いわく「エナジー」の人。眼鏡の奥でニカッと笑い、若者たちの誰より

も早く歩いてあちこち引率してくれる。繊細で深い温情。韓日で会うたびに親密になり、双方の家族で芝生に座りロッテワールドタワーから吹き出す花火を見上げたこともある。メールではいつも「해줄께~^^」「었네~！」などとかわいい語尾で元気づけてくれる。「韓国には『人福』という言葉がありますが、私は人福が多い。良い人とつながれてラッキーでした。店名に『THANKS』と入っているのも、人福、そして本にいつも感謝しているからです」（同書）。いつもポジティブなイさんだが、一度、カンナムのブックライブラリー作りで一緒に仕事したあとの二〇一九年の夏、薄暗いワインバーで二人きり夜遅くまで話したことがある。そのときはじめて僕は、あの笑顔の奥に個人的な悩みはもちろん、世代を通じて男性のイさんの中にしまい込まれてきた複雑な広がりを垣間見た。

もう一人のイさんは、作家のイ・スラさん（一九九二年生まれ）。帰省するよりも頻繁に韓国に通うようになった頃、ある独立書店で友人の編集者（彼女もイさんだ）が一冊の本を薦めてくれた。それが『日刊イ・スラ 随筆集』で、デビュー作なのにこんな分厚い本を独立出版で？ と驚きつつ、表紙袖にあった、ジーンズに白いキャミソールを着崩して気怠く写る著者近影に惹かれた。二〇一九年の秋、エージェントの方を通じてスラさんに会わせてもらった。ハプチョンのカフェに行くと、先に到着していたスラさんがひとり。「今日の締切があって、ちょっと待っていただけますか？」とノートPCで原稿を仕上げている間に、未知へと誘う葉音がした。その後ありがたくも契約でき、『心身鍛錬』との二冊から文章を厳選して日本語版『日刊イ・スラ』（原田里美＋宮里綾羽訳）が生まれた。毎日文章を書いてメールで送った「文学直売」がもとになっていて、恋人、母と父、祖父と祖母、友人や子供たち、間違い電話の主や飼い猫まで、愛すべき様々な人々とのあいだに言葉が投じられる。お気に入りは、せっかちで豪胆で自信家で、でも憎めない祖父についての文章。小学一年時の祖父との山登りの最中、不器用に取り出される愛情を互いにぶつけ合う姿がせつない。「イ・スラはイ家の娘！ 唯一の女の子！ イ・スラは他の子と違って山も上手に登るんだ。なんでだ？ 私の孫娘だからだ」（同書「あなたの自慢〈上〉」）。日本語版の刊行記念イベントにオンラインで出演くださったスラさんは最後、「トイレの神様」を日本語で歌った。その澄んで伸びやかな歌声がまだ頭のなかに反響している。

「記憶と変貌」と副題のあるのは四方田犬彦『ソウルの風景』という岩波新書で、これは一九七九年以来二十一年ぶり（つまり二〇〇〇年）に客員教授として再び韓国の地を踏んだ著者がその間の変化を綴る一冊。「ソウルが、自分の意志と欲望を遠慮なく表明する社会であったことが思い出されてきた。ここでは日本とは違って、世間と呼ばれる曖昧な抑圧体系を気にせずに生きていていいのだ」と、二十世紀の最後の数か月が記される。この本には韓国で珍しく老境にあっても書き続けている二人の作家に一章が割かれているが、その二人も奇しくもイさんだ（李浩哲と李清俊）。正反対の雰囲気を持つとされる二人に興味をもってネットで調べるとすでに両人とも鬼籍に入っていて、さらなる二十年の時の流れを感じた。

『本の未来を探す旅 ソウル』を読んだことをきっかけに二〇一〇年代の終わりに初めて韓国に行った書店の友人が「ずっと生き別れになっていた双子のきょうだいに出会った」感覚だったと言っていて、そのとおりだと思った。ここに記した二人のイさんはそれぞれ上下一回りほど自分とは歳が離れていて、そのあいだにも幾代の記憶が織り込まれているが、今から二十年経ったあとでも、僕はあのカンナムの夏の夜の風とハプチョンの秋の午後の陽光を忘れない。

【綾女欣伸】一九七七年、鳥取県生まれ。大学在学中からインディーズ音楽レーベルで働き、朝日出版社を経て、現在はフリーで編集や執筆・取材をおこなう。「本の未来を探す旅」シリーズはこれまでソウルと台北の二編を出版（内沼晋太郎との共編著）。編集した本は他に、内沼晋太郎『本の逆襲』、佐久間裕美子『ヒップな生活革命』、武田砂鉄『紋切型社会』、九螺ささら『神様の住所』、『Chim↑Pom展：ハッピースプリング　カタログ』、山下賢二『君はそれを認めたくないんだろう』など多数。大阪・北加賀屋で開催されているASIA BOOK MARKETの韓国出店者のコーディネートもおこなう。

荒山徹

あらやま　とおる　아라야마 토오루

1 『新増東國輿地勝覧』
盧思愼ほか（編著）／明文堂／1994（初版 1530）★
（国立公文書館デジタルアーカイブウェブサイトで閲覧可能）

2 『한국과학사』
전상운（저）／사이언스북스／2000★

『韓国科学史──技術的伝統の再照明』
チョン・サンウン（著）、許東粲（訳）／日本評論社／2005◆

3 『儒教の本──知られざる孔子神話と呪的祭祀の深淵』
加地伸行ほか（著）／学習研究社／2001★

『韓国・朝鮮の心を読む』だって？　おお、何という遠大で宏荘なテーマだろう！　『知を読む』『美を読む』に続き、今回まさに真打登場というに相応しい。とばかりに大いに感激し、執筆の依頼を勇躍して引き受けたものの、実際に何を選ぶとなって、ハタと行き詰まった。そこで、こう発想を転換させたのである。『日本の心を読む』なるブック・ガイドの原稿依頼を受けたとしよう。さあ何を選ぶ。うむ、日本人だから、これならさほど難題ではない。そのうえで、照応する韓国・朝鮮版の本をピックアップすればよい、と。わたしの考える『日本の心を読む』三冊は次の通りだ。

一、『人国記』
二、『三浦梅園自然哲学論集』
三、『日暮硯』

いずれも岩波文庫に入っている。

一は、いわゆる地誌である。室町時代末期の成立とされている。心と身体を一体と考えれば、国・民の心に対応する身体は国土となろうか。国土についてのあれこれ、地理や地勢、自然、環境、歴史、風土、人情、風俗、気質などに通じれば、総体として日本の心が見えてくる。

わが『人国記』に対応する韓国・朝鮮の地誌といえば『新増東国輿地勝覧』である。朝鮮時代に官撰されたもので、全八道の各州、府、郡、県について、その沿革、風俗、景勝、山川、城郭、楼亭、学校、陵墓、古跡など二十六の項目に分けて詳述されている。それぞれに略図もついていてヴィジュアル的にもチャーミングで楽しい。漢字で書かれているからハングルの読めない日本人もそれなりに読み進めることができる。ゆっくり、じっくり熟読してゆくと、これぞ壺中の天、韓国・朝鮮の心という無限の宇宙に存分に遊ぶ心地がしてくる。

二は、江戸時代中期の哲学者・三浦梅園の著作のダイジェストだ。書名にも哲学とあるが、近年、梅園が再注目されているのは自然科学者としての面貌であろう。まじない、もののけの跳梁跋扈する古代、中世の闇を抜け、近世人は科学する心をどのように育てていったのか。そのプロセスの面白さが二にはスリリングに感じられる。科学する心、科学を志向する心、それこそが、日本、韓国・朝鮮の分け隔てなく、わたしたち現代人が知るべき最重要の「心」であろうかと考える。

三浦梅園に対応する韓国・朝鮮の科学者というと、蒋英実や洪大容らの名が思い浮かぶが、彼らの著作を現代日本語に訳した本は、あれこれ探したものの出版されてはいないようである。しかし奇跡の一冊とでもいうべきものがあって、金相運先生『韓国科学史』がそれだ。タイトルの示す通り韓国・朝鮮の科学の歴史が十全に網羅されている。各章題を記せば「天の科学」「土と火の科学」「韓国の印刷技術」「地の科学」「古代日本と韓国科学」「朝鮮時代の科学者とその業績」となっていて、もうそれだけで興味が掻き立てられよう。写真や図版、絵も豊富で見飽きない。一読すれば、科学に向かって躍動的に擡頭していった韓国・朝鮮の心を生き生きと知ることができる。

三は、江戸時代中期、信州松代藩の窮乏する財政を再建した家老恩田木工の事績を綴ったもので、正直、信頼、思いやりの大切さなどを訴える教誡集、訓話集である。教化、教訓、指導の書であり、自己啓発の書でもある。当時の人々がこれこそ美徳と考え、次の世代に受け継がせる価値があると見なした。あるいは「心学」を掲げる石田梅岩の著作を挙げてもいいだろう。さてしかし、これに呼応する韓国・朝鮮側のものがないはずないのだが、浅学非才、どうしても探し出せない。

そこで、韓国・朝鮮の訓戒といえば何と言っても「儒教」ではないかという、はなはだ安易な考えから儒教に関する本を一冊擢くことにした。選んだのは一見すると儒教の入門書のようだが、第三章「儒教の生活風習」が丸々そっくり韓国にあてられていて、その実、韓国儒教の本と言っても過言ではない。家族、住居、礼儀作法、年功序列、食事、結婚、墓、祭り、死霊、両班、受験、仕事、男尊女卑、講と結社の項目に分けられ、儒教的精神世界と日常生活が如何に一体であるかがわかる。添えられたカラー写真の数々も神秘的で美しい。

以上、地誌・科学・教誡と、境界を異にする三ジャンルから選んだ。韓国・朝鮮の心を知る些少なりとも手がかりとなれば幸いである。お互いに心を尋ね合い、分かち合い、許し合い、心と心の交わりができればと冀う。

【荒山徹】小説家。一九九九年、鳴梁海戦に臨む李舜臣将軍を主人公にした長編歴史小説『高麗秘帖』（韓国語訳版『朝鮮秘帖』および『李舜臣将軍を暗殺せよ』）で作家デビュー。臨海君が主人公の『魔風海峡』、顔が瓜二つゆえ徳川家康の影武者役を強いられた朝鮮人捕虜が家康本人になり変わる『徳川家康』、高麗の王建と朝鮮の李成桂が時空を超えて戦う「怪異高麗亀趺」、記憶を喪失した超能力者の青年が大韓民国を陰謀、怪事件から守り抜く『キャプテン・コリア』など、韓国・朝鮮をテーマにした作品多数。

李恩珠

イ・ウンジュ　이은주

『아버지의 해방일지』
정지아(저)／창비／2022★

1

『父の革命日誌』
チョン・ジア（著）、橋本智保（訳）／河出書房新社／2024◆

2

『カメラを止めて書きます』
ヤン ヨンヒ（著）／クオン／2023★

『통영』
반수연(저)／강／2021★

3

『統営』
パン・スヨン（著）／カン／2021

『父の革命日誌』

チョン・ジアの小説は「父が死んだ」という一節ではじまる。著者は父の葬式をブラックコメディとして描きたかったという。『父の革命日誌』は、一冊の本が一つの文章のようで、一つの文章が一編の詩のようだ。イデオロギーを笑いながら口にする世代の登場によって、ある種の境界線を越えたような気持ちになる。これが文学の力で、文学の進むべき道ではないかと思うほど、作家のメッセージははっきりしている。「父は単に政治的な立ち位置が社会主義だったのではなく、いついかなるときも社会主義者だった」「人のせいにする人生は負け犬だ」「人間にも千の顔がある。私は父にいくつの顔を見たのだろう。これまで私が見てきた顔より、この葬儀で知った顔のほうが多いような気がする」（橋本智保訳）

登場人物、あらすじ、歴史認識、人に対する態度、哀れみと愛が合わさって一滴の涙が落ちるとき、私たちはカタルシスを得る。まさに『父の革命日誌』がそうだ。

『カメラを止めて書きます』

『カメラを止めて書きます』の著者ヤン ヨンヒ監督は、映画『スープとイデオロギー』で認知症によって一人暮らしのできない母《オモニ》にこう声をかける。「オモニ、うちは家が二つあるでしょう? 二週間、私が仕事に行っている間は一人じゃいられないから、もう一つの家にいてね」施設に預ける母が自宅と同じようにリラックスして生活できるよう、彼女は老人ホームをもう一つの「家」と表現した。私は感動を覚えた。その後、私は彼女の著書を読みはじめた。

ヤン ヨンヒは兄を帰してほしいと訴える。一九五九年にはじまった在日朝鮮人の帰還事業は、「北朝鮮は差別のない地上の楽園」とたきつけ、在日朝鮮人を日本から北朝鮮に移住させた。日本と北朝鮮、両国の政府とメディア、そして朝鮮総連は、帰国者たちのその後の実情には無関心で放置するだけだった。世界的な大規模移民プロジェクトだったが、兄たちの人生がなかったことにされるようで心が痛いと彼女は嘆く。

彼女の母は自分が済州島《チェジュド》四・三事件の生存者であることを告白し、「この話は誰にもしちゃだめ」「恐ろしいことが起きるから」と娘に訴える。母は娘に連れられて七〇年ぶりに済州島を訪れる。済州島四・三事件の犠牲者の慰霊祭に参席し、たどたどしく愛国歌を歌うオモニの気持ちを、祈りを、私たちは涙なしに見ることも、読むこともできない。

『統営』

最後に、パン・スヨンの『統営《トンヨン》』を紹介する。カナダに移住した作家の本が「文学分かち合い 図書普及事業」に選定されたと聞いたときは嬉しかった。全国の図書館でさらに多くの読者に出合う機会に恵まれたのだから。ところが、結果に対する非難の声が上がってから選定が撤回されるまでの過程に唖然とした。詩人で批評家のチョ・ドンボム先生の文章を引用し、問題点を提起しようと思う。

「ディアスポラ(離散)文学は当然、韓国文学の範疇に含まれる。まして韓国は日本による植民地支配を経て、朝鮮族や高麗人というディアスポラの痛みを味わったではないか。それだけではない。苦難の歴史の中で移民一世がハワイ、アメリカ、南アメリカなどへ離散し、植民地支配からの解放後も看護師や鉱夫が故郷を離れてドイツへ向かった。彼らを韓国人ではない、彼らの書いた作品を韓国文学ではないという根拠はどこにもない。そしてこれは、自発的な移住者にも該当する」

韓国人の作家が韓国語で執筆し、韓国の出版社から刊行した『統営』を韓国文学に分類しないのなら、K文学は今後どうやって成長していくのか疑問である。統営が生んだ芸術家は一人や二人ではない。詩人の柳致環《ユ・チファン》、金春洙《キム・チュンス》、金相玉《キム・サンオク》、小説家の朴景利《パク・キョンニ》、金溶益《キム・ヨンイク》、作曲家の尹伊桑《ユン・イサン》、画家の全爀林《チョン・ヒョンニム》、李仲燮《イ・ジュンソプ》、劇作家の柳致眞《ユ・チジン》など、挙げたらきりがない。そんな芸術家の都市を背景にした作品集『統営』には、旅に出た者のとめどない寂しさが宿り、船の汽笛のように長い余韻を残す。その寂しさは私たちがいくら故郷の統営から逃げたところで、結局は恋しさの旅行カバンを引きずって帰ってくるしかない事実とも重なる。ここまで私は、韓国の心のうち故郷を懐かしむ心、民衆の気持ちを汲みとる心について紹介した。いったい、心はどこにあるのだろう。胸と胸の間？自分自身を定義するアイデンティティにも心はある。『パチンコ』のイ・ミンジンが述べたように、韓国人の心とは「あらゆる人を韓国人にするもの」にあるのかもしれない。韓国の作家の本を読んで「ああ、彼らも私と同じなんだ」と感じたのなら、それこそが文学にできることだから。

（訳・中川里沙）

【李恩珠】エッセイスト、日本文学翻訳家、療養保護士。慌ただしい日々の中で、亡くなった祖母が思い出された。療養保護士の資格を取得後、祖母を哀悼する時間を持った。そうして、ケアや慈善について深く探求することが、文学の一つの形ではないかという考えに至った。著書に『私は神々の療養保護士です』『こんなに泣いて疲れたでしょう』『東京因縁』『ケアの温度』（以上、ヘルツナイン）がある。認知症の母親の面倒を見ながら、翻訳・執筆業、テレビ番組出演、講演などを行っている。

李相男

イ・サンナム　이상남

『박서보 '단색화에 담긴 삶과 예술'』
케이트 림(Kate Lim)(저)／마로니에북스／2019★

1

『朴栖甫　単色画に込められた人生と芸術』
ケイト・リム（著）／マロニエブックス／2019

『권진규』
허경회(저)／PKMBOOKS／2022★

2

『權鎭圭』
許卿會（著）／PKMBOOKS／2022

『김구림（金丘林), 끝장과 앞장의 예술』
김종목(저)／연립서가／2024★

3

『金丘林、終結と先駆けの芸術』
金鐘穆（著）／聯立書架／2024

「君もやってみるか?」

「えっ?」

戸惑う私にいきなり緑色の短い鉛筆が手渡された。目の前の広大なキャンバスでいくつもの線が途端に波のように揺れ動いた。勢いよくスッと一度線を引いたが、すぐ手が止まってしまった。キャンバスは張力で踊っているようだった。一定のリズムと呼吸を維持しながら線たちの中に果敢に飛び込まなくてはいけないのに、決心がつかなかった。恐怖そのものだった。

「なんだ、できないのかい?」

朴栖甫《パク・ソボ》先生の言葉に精一杯作り笑いをしたが、心は痛んだ。先生は鉛筆を再び手に取って線を描き続けた。夕方のスタジオには寂寞とした沈黙がずっと流れていた。

私は大学時代を朴先生のスタジオで過ごした。絵の勉強をしながら、制作作業に必要な雑用も手伝っていた。スタジオの風景は今でも鮮明に浮かんでくる。

車庫を改造したスタジオの空間には、油絵具のにおいがうっすらと漂っていた。作品たちは本棚に収められた本のように整理され、車庫を隙間なく埋めていた。緑色のドイツ製4B鉛筆、油絵具の白いチューブと刷毛があちらこちらに何十個と無造作に置かれていた。床には鉛筆で引っかかれて落ちた絵具のかけらが小さな墓のように積みあがっていた。秩序と無秩序が混在する空間だった。

キャンバスの中に描かれる朴先生の線も、つかみどころがなかった。ある時はキャンバスを鋭くひっかき、またある時はやさしく撫でた。信号の波形のように切れてはつながる線たちが波打ち、消えていった。捉えようのない海のようなキャンバスの空間で、呼気と吸気が命をつないでいるようだった。生成と消滅の反復的な息遣いだった。

朴先生は一九七〇年初頭、鉛筆を使った「描法(エクリチュール)」のシリーズに取り組んでいて、白色の油絵具を塗っては上から鉛筆で描くことを繰り返した。ヘンリー・ペトロスキー(Henry Petroski)著『鉛筆と人間』(晶文社、一九九三)の紹介文の一節が、朴先生の制作作業にも当てはまる。「(鉛筆は)画家たちにとって第二の指であり、工学者にとってはアイディアそのものとも言え、世界を設計する最初の道具である」。朴先生は「鉛筆という指」でキャンバスをきわめて純粋な行為の場にした。「画家・朴栖甫」はキャンバスや紙を再現の目的では扱わない。ただ何かを描くという感覚から抜け出し、平面自体を思惟するのだ。

キャンバスストレッチング（stretching、木枠に画布をピンと張ることを意味する）の時に時折先生が見せる姿は敬虔な禅僧のようだった。先生は「線を描く行為が世に私を埋める。その上からかぶさる絵具が私を世に縛り付ける。（作品は）この二者間の妥協なのだ」と言った。線を描き、絵具で覆う行為は禅僧の修行だったのだ。

一九七〇年代は、私の美術人生に影響を与える出来事が立て続けに起こった。同時に韓国現代美術の胎動期でもあり、様々な実験的美術が始まった。若い前衛芸術家たちのグループがソウルをはじめ韓国の各地でビエンナーレ形式の美術展示とイベントを企画した。前衛グループの芸術は二〇～三〇代から熱狂的な支持を受けたが、一般の人たちがこの芸術に関心を寄せることはなかった。前衛作家の展示会芳名録をそのまま他の作家の展示会に使いまわしても問題ないほどに、展示場に来る顔ぶれはほぼ決まった人たちだった。

朴栖甫先生の家とスタジオは韓国現代美術の前哨基地だった。グループ展や海外のビエンナーレを控えていた私は、先生の家で関連資料を作って主催者に送るという作業をした。二〇代の若手作家だった私は、韓国の新しい美術への熱望と海外美術の動向をここで学んだ。

先生の家はさながら作家の養成所だった。若い作家たちが押し寄せ、数十名が一気に訪れてごった返す時も多かった。先生の家でご飯をごちそうになれないやつは成功者とは呼べないと言われたほどだ。大邱《テグ》からも作家が訪れた。実験的絵画を追求した李康昭《イ・ガンソ》、韓国ビデオアートのパイオニア・朴炫基《パク・ヒョンギ》、新聞紙、ボールペン、鉛筆を使って自分だけの方法論を開拓した崔秉昭《チェ・ビョンソ》などが出入りしていた。

今日では文化芸術はほぼすべてソウルに集中しているが、一九七〇年代は違った。大邱も現代美術の前哨基地だった。海外美術関係者たちが韓国を訪問する際には必ず立ち寄る場所だった。

一九七〇年代の代表的な展示は、アンデパンダン（Indépendants）とエコール・ド・ソウル（Ecole de Seoul）展だ。特にアンデパンダンは作品提出に年齢、性別、経歴の制限がなく、誰でも自由に作品を展示できた。アンデパンダン、エコール・ド・ソウル展を通じて韓国の現代美術は集団化し、地域の特性を議論することができるようになった。当時としては、かなり実験的かつ衝撃的な出来事だった。

海外進出もまた重要な動きだった。韓国の現代美術が西洋に伝わるルートは、パリか東京経由だけだった。日本の美術界にも精通していた朴栖甫先生と李禹煥《イ・ウファン》先生の力を借り、東京の美術界にも事細かに情報を共有した。

当時、西洋の現代美術の最も際立った潮流と言えば、ミニマリズムとコンセプチュアル・アートだった。日本と韓国の美術界も、その影響を免れなかった。

西洋のミニマリストは装飾的・感傷的・幻影的な要素を排除して、極端まで突き詰めたフォルマリズムを追求し、作品を一つのオブジェそのものとして捉えた。韓国の現代美術、具体的に言えば平面絵画は、西洋のミニマリストと日本の「もの派」の影響下で非物質性と精神性を取り入れた。韓国のモノクローム絵画は「西洋のフォルムを借りた韓国の精神性」を表現したものだ。

一九七五年のエコール・ド・ソウル展は、世界の美術界に繰り出そうとする韓国美術界の意志が込められた一大イベントだった。韓国の単色画と日本の「もの派」の出会いの場としても大きな意味があった。ジョセフ・ラブ（Joseph Love）、峯村敏明、彦坂尚嘉など、当時東京で活動していた気鋭の評論家たちが韓国にやってきた。彼らは作家の発掘にも関わり、有名評論家の中原佑介も、韓国美術に関心を寄せる文章をいくつも発表した。このソウルでの展示が日本のメディアと美術雑誌『美術手帖』に取り上げられたことで、韓国美術が日本でも本格的に知られるようになった。その後、立て続けに展示会が東京で開かれた。一九七七年に東京セントラル美術館で催された「韓国・現代美術の断面展」が代表的だ。

一九七九年には、韓国と日本の二〇代の芸術家で結成された「七人の作家／韓国と日本」（韓国の作家三名、日本の作家四名）のグループ展がソウルと東京で開催された。このグループのうち、日本の作家・野間秀樹は現在では著名な言語学者として活動している。展示が催されるたびに多くの作家が東京に赴き、そこで作家や評論家たちと交流を深めた。一九七〇年代後半の日韓の現代美術界の交流は熱に満ちていた。あれに匹敵するような熱気はその前にも後にも経験していない。

一九七〇年代、東京の実験的美術はいつになく進取的だった。その評判は東京だけに留まらず、当時、ヨーロッパとアメリカから多くの作家や美術関係者が東京を訪れていた。国際的で融合的だった東京の実験的美術に接する機会を得たことは、韓国の美術界にも価値ある出来事だった。

朴先生はエコール・ド・ソウル展など企画展示のアイディアをいくつも出した。このような展示を通じてスター作家たちが誕生した。金昌烈《キム・チャンニョル》、尹亨根《ユン・ヒョングン》、河鍾賢《ハ・ジョンヒョン》、金丘林《キム・グリム》、沈文燮《シム・ムンソプ》、李康昭《イ・ガンソ》がその代表格だ。私は一九七〇年代に韓国と日本で催された展示に、このような先輩たちと共に参加するという栄に浴した。私の美術の世界観を発展させる契機となったのは言うまでもない。

一九七〇年代の日韓美術交流は、作家であり理論家でもある李禹煥《イ・ウファン》先生なしには語れない。韓国の現代美術を理論化することに誰よりも愛情と努力を注いだ人物だ。日本の「もの派」の中心だった李先生が一九七一年に発表した『出会いを求めて』（みすず書房、二〇一六）は、日本の美術界にも大きな影響を与えた。

朴先生もまた、「李禹煥先生との交流の中で彼の明晰な言葉と思考に触れて、人と自然、主体と客体の相互作用についての理解を深めた」と言っていた。朴先生は李先生の提案を受けて、自分の作品を「描法（エクリチュール）」と題するようになった。

再び鉛筆と絵具の関係を思い浮かべてみる。ペイントが鉛筆を抱き込み、すぐまた鉛筆が再び絵具を覆う瞬間のことを。中原は「ドローイングとペインティングの葛藤なのかもしれない」と指摘した。ドローイングとペインティングの葛藤が繰り返されるうちに、キャンパスは増幅し、拡張する。まるでスーフィーダンス（Sufi Whirling）が、踊りと音楽を通して神と一体となる霊的体験であるように。

一定のテンポで同じことを反復すると無になる。そのような側面で、ミニマリズムは超越的で瞑想的だ。現代美術の問いは、依然として「どういうものが美しいのか」ではなく、「美術についてどう語れるだろうか」という問いだ。

私の机の上にある『物理的な力』（西海文集、二〇二三）という本の帯に書かれた文章が偶然目に入った。「力は目に見えなくても確かに存在する。私たちの周りにあるものすべてに。だから何かに触れる時、それは私たちが世界を動かす力と接触する瞬間なのだ。」

（訳・須見春奈）

【李相男】ソウル生まれ。弘益《ホンイク》大学美術学部西洋画科を卒業後、一九八一年よりニューヨークで活動している。「Voyage Biennale」（釜山ビエンナーレ、釜山市立美術館、釜山）、「The Unknown」（メディエーションズ・ビエンナーレ、ポズナン・ワヴィツァ空港、ポズナン）、「Youniverse」（セビリア・ビエンナーレ、アンダルシア現代美術センター、セビリア）、「Dreams and Reality」（インターナショナルギャラリー、スミソニアン博物館、ワシントンDC）、「Korean Drawing Now」（ブルックリン美術館、ニューヨーク）、サンパウロ・ビエンナーレ（サンパウロ美術館、サンパウロ）などに参加。ポーランド・ポズナンの新空港ロビーに設置されている壁画や、京畿道美術館と駐日韓国大使館にある大型作品など、世界の様々な地域の公共施設で永久設置されている李相男の作品を目にすることができる。

李章旭

イ・ジャンウク　이장욱

『새들도 세상을 뜨는구나』
황지우(저) ／문학과지성사／1984★

1

『鳥たちもこの世を去るんだな』
黄芝雨（著）／文学と知性社／1984

『게 눈 속의 연꽃』
황지우(저) ／문학과지성사／1991★

2

『カニの目の中に咲く蓮』
黄芝雨（著）／文学と知性社／1991

『이 시대의 사랑』
최승자(저) ／문학과지성사／1981★

3

『この時代の愛』
崔勝子（著）／文学と知性社／1981

『입 속의 검은 잎』
기형도(저) ／문학과지성사／1989★

4

『口の中の黒い葉』
奇亨度（著）／文学と知性社／1989

「韓国の心」と今の時代を生きる私たち

「心」とは何だろうか？　心臓や頭に存在する考えのことだろうか。感性と理性を合わせたものだろうか？　脳のシナプス細胞から情報伝達されるアルゴリズムだろうか。「心」は「考え」や「感性」とも異なるし、英語の「mind」や「hart」とも全く違うもののようだ。「心」は脳の作用でありながら、脳の作用だけではなく、習わしのような生活習慣の結果でありながら、それだけでもない。ユング式にいえば「集団無意識」の産物であり、なかでも極めて個人的な内面を指し示すものでもある。時間と空間を果てしなく包み込んでいるもの、「心」は広く深い何かだ。

　そうだとすると、「韓国の心」とは何だろうか？　韓国人は「恨《ハン》」という情緒的な言葉で「韓国の心」を説明することを好むが、それは少し単純すぎるだろう。「日本の心」や「アメリカの心」または「アフガニスタンの心」と同じように、「韓国の心」もいくつかの言葉で表せるものであり、簡単に定められるものではない。「韓国の心」は、古代から蓄えられてきたものが近代以降に急激に構成しなおされたものでもある。共同体のものであると同時に、構成員ごとに個人差が大きいものであることは言うまでもない。

　では、今日《こんにち》、固有の「韓国の心」をつくりあげることは可能なのだろうか？　「恨」だとか「白衣民族」のような言葉は、いまや伝統文化の博物館に収められている所蔵物みたいだ。仏教や儒教などの前近代的な習俗に「韓国の心」の説明を求めるのもやはり安易に思われる。むしろ、「資本主義の心」のほうが今の韓国人をより強く定められるのではないか。資本主義だけではなく、「韓半島（訳註　朝鮮半島）の心」「分断の心」のような地政学的で政治性のあるものが韓国人の内面をさらに強く定められるかもしれない。首都圏の過密化や人口推移の変化、競争中心の教育制度、成長至上主義、こういったものはどうだろうか。

　言い換えれば、幾層にも複雑に合わさったレイヤーが歴史的に積み重なったもの。これが、昨今の実態としての「韓国の心」に近い。たとえば、進歩と保守、左と右、家父長制とフェミニズム、マジョリティとマイノリティ、個人と共同体、メタディスコースとアイデンティティ政治など、数多くの属性がぶつかり合い、暫定的に構成するのが「韓国の心」というわけだ。

歴史的にみると、「韓国の心」はいつでも別の象徴の代わりだったと説明することができる。たとえば、植民地時代に「韓国の心」といえば、日本の文化を代わりに象徴するものだった。帝国主義日本の支配を指標とせずに、この頃の「韓国の心」を説明することはできない。朝鮮戦争後の急激な現代化の過程においては欧米の現代化モデルを指標として考慮しなければならない。資本主義による物質的な発展と、民主主義による制度的な発展を実現させようとする意思が「韓国の心」に強く働きかけたことももちろんである。

詩人の黄芝雨《ファン・ジウ》は、韓国の社会について「三層肉《サムギョプサル》社会」だと語ったことがある。三層の矛盾した価値がぶつかり合った結果が昨今の韓国社会だという趣旨だ。家父長的な封建性、資本主義的近代性、データベース時代の脱近代性。ここ数十年間、この三つの属性が驚異的に「韓国の心」を定めてきた。これらを一緒に考慮し省察しなければ「群盲象を評す」と同じで、「韓国の心」の全貌を理解することはできない。

このような文脈から、「韓国の心」が意味深い変換点を迎えたのが一九八〇年代から一九九〇年代だったと考えられる。一九八七年、軍事政権が終焉を告げて「民主化」が始まり、

一九八九年ソビエト・システムが瓦解することで、イデオロギーの対立体制も崩壊した。一九九〇年代には、家父長的な伝統に対して反省の目を向けることではじめてアイデンティティ政治の流れが生まれた。人口推計グラフが頂点に向かっていき、首都圏の過密化が弊害となっていることもこの時代の特徴であり、「デジタル情報化社会」が国家のはっきりとした課題となったのも九〇年代後半のことだった。百分率ではっきりと示すことはできないが、今では「韓国の心」といえば、新羅時代や朝鮮時代ではなく八〇年代、九〇年代以降の影響を強く受けているものと解釈できるだろう。

私はここで、八〇年代、九〇年代以降に出版された詩集をいくつか紹介しようと思う。この激変の時期に「韓国の心」を魅力的に表した本であり、二十一世紀の現在を生きている韓国の詩人にとって一種の「原点」とも言える詩集だ。

まず、黄芝雨の詩集を二冊。『鳥たちもこの世を去るんだな』（一九八四）は変化を望む政治性とアバンギャルドが合わさった詩集であり、詩人特有の実験精神が際立っている詩集だ。二十世紀はじめの欧米のアバンギャルドではなく、当時の韓国社会におけるダイナミックさを取り入れて前衛性を自

然につくりだした。『カニの目の中に咲く蓮』(一九九一)は、日常における物質的、肉体的な生と、現実を超えた仏教的で流麗な葛藤によってできあがった詩集だ。上昇と下降の緊張、現実と超越の緊張、歴史と永遠の緊張のようなものが現代的な感覚で言語化されている。日本語に翻訳されても、この詩集の魅力の大部分が失われずに保たれるだろう。

次は、崔勝子《チェ・スンジャ》の『この時代の愛』(一九八一)と、奇亨度《キ・ヒョンド》の『口の中の黒い葉』(一九八九)だ。〝私が生きていること、/それは永遠の噂にすぎない〟(崔勝子「かつて私は」より)という宣言的な一節は、今でも私たちの心の深いところで時代の記録の役割を果たしている。女性詩人としての崔勝子の詩的な「悲鳴」は、その後の韓国社会において重要な流れとなったフェミニズムとアイデンティティ政治の兆しともいえるだろう。

奇亨度の場合は少し特別だ。〝休日の大部分は死者たちへの思い出に捧げられる。死者たちはみな腰が低く、その生涯は理解しやすい。私もこれまで数多くの人々を許したが、たまに死者たちに自分を貸してあげたくなるときがある〟(奇亨度「ありふれた読書」より)のようなメランコリーな内面は、目に見えないところで韓国の若者たちの「心」に溶け込んでいった。奇亨度の個人的で優雅で無味乾燥なメランコリックは、少なくとも九〇年代以降の詩人に多大な影響を及ぼしたということができる。詩は「個人の心」を介して「共同体の心」を途切れることなく再編し再構成する。これこそが言語構造物として詩が存在する理由かもしれない。この個別化された固有の「いくつもの心」が一つ一つ集まって、はっきり決めつけることのできない「韓国の心」というタペストリーを織り上げているのだ。

(訳・五十嵐真希)

【李章旭】 ソウルで生まれ、ソウルで暮らしている。大学と大学院でロシア文学を専攻し、現在は詩と小説を書いている。詩集に『私の眠りのなかの砂山』『正午の希望曲』『生年月日』『永遠ではないので可能な』『動物です 何でしょうか』、長編小説に『カルロの愉快な悪魔たち』『キャロル』、短編集に『告白の帝王』『キリンではないあらゆるもの』『エイプリルマーチの愛』『トロツキーと野生の卵』、評論集に『革命とモダニズム:ロシアの詩と美学』『私の憂鬱なモダンボーイ』などを出版した。邦訳に『私たち皆のチョン・グィボ』(五十嵐真希訳、クオン)がある。

李賢化

イ・ヒョナ　이현화

1 『愛を描いたひと　イ・ジュンソプと山本方子の百年』
大貫智子（著）／小学館／2021 ★

---

2 『이중섭, 편지화——바다 건너 띄운 꿈, 그가 이룩한 또 하나의 예술』
최열(저) ／혜화1117／2023★

『イ・ジュンソプ、絵手紙——海を越えた夢、彼が作ったもうひとつの芸術』
チェ・ヨル（著）／ヘファ 1117／2023

---

3 『동아시아 미술, 젠더 Gender 로 읽다—— 한중일 여성을 생각하는 11 개의 시선』
고연희 외(저) ／혜화1117／2023★

『東アジア美術、ジェンダーで読む——韓中日　女性を考える 11 の視線』
コ・ヨニ他（著）／ヘファ 1117／2023

---

4 『4 · 3, 19470301−19540921—— 기나긴 침묵 밖으로』
허호준(저) ／혜화1117／2023★

『4・3、19470301−19540921——長い長い沈黙の外へ』
ホ・ホジュン（著）／ヘファ 1117／2023

『愛を描いたひと　イ・ジュンソプと山本方子の百年』
『イ・ジュンソプ、絵手紙――海を越えた夢、彼が作ったもうひとつの芸術』

『愛を描いたひと』の著者、大貫智子先生がつい先ほど東京に戻った。この文章を書いているのは二〇二三年十月十六日。八月十三日に韓国語版を出版したあと、大貫智子先生は毎月日本から韓国にやってきて、ソウルと済州の図書館や書店で何度か読者と交流してきたが、去る土曜日にソウルのとある書店で開かれた美しいブックトークを最後に、この本と関連するイベントにピリオドを打って帰国した。

毎日新聞社の現職記者である大貫先生は、特派員としてソウルに滞在していた二〇一六年、たまたま韓国の画家イ・ジュンソプの生誕一〇〇周年記念展を観覧して彼のことを知り、記事を通して日本の読者にイ・ジュンソプを紹介したのはもちろんのこと、日本で初めてイ・ジュンソプに関する本を出版した。

彼女が画家イ・ジュンソプに興味をもったのは、展示会に出品された、イ・ジュンソプが妻に送った絵手紙からだった。つたない日本語と絵で描かれたものだ。これをきっかけに、日本統治時代に生まれたイ・ジュンソプが、東京留学時代に日本人の山本方子と出会い、解放後に苦労しながら韓国へ渡ってきた彼女と結婚した後、朝鮮戦争のさなかに避難生活を経験しながらも、やむを得ず別れることになったままこの世を去った彼のやるせない生涯を知って、さらに関心が強くなった。韓国人と日本人のカップル、日韓両国の時代状況によって別れるしかなかった二人の人生、夫のイ・ジュンソプは妻と子を日本へ送り出した後に、若くしてこの世を去り、妻の山本方子は日本で生涯、夫を想いながら生きたというこの切ないラブストーリーが、ソウル特派員として日韓両国の政治外交を主に取材してきた大貫智子の心に刺さったのである。

日本人には聞きなれない名前だが、イ・ジュンソプは韓国人がもっとも愛する画家と称される人物だ。韓国では彼に関する本が数多く出版されているが、日本でこの本が出版されたという知らせは、かなり意外だった。なにより画家イ・ジュンソプの妻、山本方子氏に生前に直接インタビューした内容を基に執筆した点が目を引いた。

縁があってこの本の韓国語版を作りながら、大貫智子先生がイ・ジュンソプという人物に興味をもつようになった、その気持ちが少しわかった。私たちがよく知っている画家に関する日本の本を韓国に紹介することも新しい経験だったが、韓国語が上手な日本人の著者と一緒に作業する過程も、やはり新鮮だった。

　イ・ジュンソプという画家を読者にしっかり紹介したい気持ちが通じたからだろうか。私たちは日本の著者と韓国の編集者という互いの立場や役割を超えて、いつしかとても親密な仲になった。もちろん大貫先生が韓国語に精通していたおかげだが、それだけではなかっただろう。韓国と日本の間にある複雑な感情のようなものを全く気にすることなく、一人の芸術家を取り巻く命のさまざまな瞬間を一緒に見つめ、さらにそれを韓国と日本の読者に届けたいという気持ちが、私たちの仲をいっそう親しくさせたと信じている。ひょっとしたら私たちが一緒に没頭している対象が解放と戦争という歴史の極点を貫きながらも、互いに対する心のみを信じて全生涯を相手にだけ投じたイ・ジュンソプ、そして山本方子という存在だったからかもしれない。私はこの本に加えて、韓国に一人残ったイ・ジュンソプが海の向こうの日本にいる妻と二人の息子に送った絵手紙を、イ・ジュンソプに関する最高の美術史学者である崔烈《チェヨル》先生が集成した書籍『イ・ジュンソプ、絵手紙』を作り、二冊を同時に出版した。崔烈先生は、大貫智子先生が本を執筆する際に道しるべになってくれた方でもある。大貫先生はこの本を通して、それまでわからなかった絵手紙の深い意味を解釈できたと言った。私と大貫先生の間に流れた心は、大貫先生と崔烈先生の間に、すでに川のように流れていた。

『東アジア美術、ジェンダーで読む――韓中日　女性を考える11の視線』

　私はヘファ１１１７という小さな出版社を一人で切り盛りしている。一年にせいぜい三、四冊の本を出す存在感の薄い出版社だ。しかし、どうしたことか今年は他の年にくらべて多くの本を出している。その中の一冊に『東アジア美術、ジェンダーで読む』がある。韓国と中国、日本の芸術品を韓国のさまざまな美術史学者が探究したこの本は、昨今もっともホットなキーワードのひとつである「ジェンダーGender」を要点とし、韓国の朝鮮、中国の明清、日本の江戸時代を往来してから近代に入る方式で、国境や時代を力強く駆けずり回る。この本を作りながら、東アジアという地形の中に肩を寄せ合って生きている私たちが経験してきた歴史の因子が、とても似ていることを今さらながら感じた。それは単に共有する歴史の事実だけを意味するのではない。日常で男性や女性として世の中と向き合う風景であったり、不当だったり前時代的な生活で感じる昔の彼らの心が、あえて国境を分けることなく以心伝心で今日の私に伝えていることも、そうである。韓国の美術史学者たちが、ジェンダーという窓を通して、各国の芸術品の中に宿る共通の心を見つめている。

『4・3、19470301―19540921――長い沈黙の外へ』

もう一冊の本を紹介したい。日本統治時代以後から大韓民国建国初期まで続く、当時の悲しい歴史のひとつである済州四・三事件に関する書籍だ。タイトルは『四・三、一九四七〇三〇一―一九五四〇九二一―長い長い沈黙の外へ』だが、この数字は済州四・三事件が起こった日と終焉の日である。他はどうであれ、こんなに長い期間続いた悲劇だということだけでも知ってほしくて、このタイトルを決めた。国家権力による悲劇として、ギリシャの内戦や台湾の二・二八事件と並べて言及されることもあるこの事件は、その真相の究明はもちろん、犠牲者や被害者の名誉回復のための努力が続いている。同時に、理念の物差しでこれを誹謗したり侮辱することも、尚も起こっている。しかし済州四・三事件は、真相の究明過程で加害者を懲らしめたり誹謗することは全くしない。国家の無差別的な暴力によって酷い悲劇を経験した加害者に責任を問う代わりに、今後こんなことが二度と起こらないように済州四・三事件が抑止力となることを願っている。言うのは簡単だが、行動に移すのは難しい、平和的な方法である。その結果、いつからか済州四・三事件の隣には平和という単語が並んでいる。日本統治時代の最後の時期と絡んでいるため、日本もこの事件の歴史に全く関わらないということはない。実際に済州四・三事件の悲劇から逃げるため、多くの済州島民は日本に渡った。韓国の軍事独裁政権時代、この事件についてあからさまに話すことができなかった時に、最初に世の中に知らせたのも日本だった。このように済州四・三事件の歴史は、韓国と日本を行き来する。それだけだろうか。

冷戦という世界情勢が東アジアに及ぼす影響の中で、台湾もまた同じような苦しみを経験した。済州四・三事件は韓国を超えて、東アジアに暮らす全ての人に伝える意味があるようだ。ほどなくして台湾でも翻訳出版される予定なのも、そのせいだろうか。同じ気持ちで、私はこの本が韓国と台湾に続いて日本の読者にも伝わる日が来ることを願う。

イ・ジュンソプ、済州四・三事件、東アジアの美術を扱う四冊の本をふと眺めると、特につながりはないように見える。しかし、韓国人の心を扱う本を紹介してほしい、と提案を受けたあと、これらの本を思い浮かべたのには理由がある。韓国と日本の仲を規定する荒っぽい言葉たち、ニュースやメディアを通して露わになる硬直した単語、互いへの侮蔑や憎しみ、さらに憎悪を躊躇うことなく行動に移す事件や事故を見ていると、私たちの間には希望がない。だが、そうだろうか。すでに数多くの人々は、それぞれの場所で、それぞれの力で、各自の物語を伝えている。その中には韓国と日本を行き来するたくさんの方々が抱える心がある。韓国と日本という国境を飛び越えた一人の芸術家のやるせない人生も、悲劇的な事件の真相を究明する姿勢にも、互いに異なる芸術品の根底に流れる同一の感情を見つめる視線にも、そんな心が存在する。その心が作り出す物語の中で、互いへの恨みや憎悪、嘲弄はどこにも見当たらない。隣り合って生きてきた長い時間の中で積み上げた心の痕跡がここにある。この四冊の本を通じて私が発見したその心を、さらに多くの人に分かってもらえることを夢見ている。私が作った本を通して、誰かがその心を見つけてくれたなら、編集者として胸が熱くなる。こんな心が、韓国と日本でともに出版されるこの本に載って読者に伝えられると思うと、さらに嬉しい。（訳・山口裕美子）

【李賢化】一九九四年から出版編集者として生きてきた。人文教養書や文化芸術書を主に出版する出版社にいくつか勤めて本を作ってきた。二〇一七年にある一軒の古い韓屋と縁があり、この家で出版社を始めようと決心、二〇一八年春に出版社「ヘファ一一七」代表になった。現在は建て直した韓屋で本を作りながら生活している。韓屋を修繕して出版社を立ち上げるまでの過程を写真と文章で記録した書籍『私の家になっていく途中です』と、小さな出版社を始めることになった動機と適応していく初期過程を盛り込んだ書籍『小さな出版社を作る方法』を執筆した。

石井《いしい》未来《みき》

이시이 미키

『엄마를 부탁해』
신경숙(저)／창비／2008★

1
『母をお願い』
申京淑（著）、安宇植（訳）／集英社／2011◆

2
『韓国現代詩選』
茨木のり子（訳編）／花神社／1990★

『母をお願い』

韓国ではベストセラー、日本ではNHKのレベルアップハングル講座に取り上げられた事もある有名な作品である。ソウルにいる子供たちと一緒に家族で誕生祝をしようと、夫と二人で田舎からソウルへ出てきて、地下鉄ソウル駅で夫とはぐれて行方が分からなくなってしまった母、パク・ソニョが主人公だ。物語は主人公や家族それぞれの視点から描かれる。

パク・ソニョは一九三六年（一九三八?）生まれ。日本の植民地解放と六・二五を経験している世代であり、十七歳で顔も知らない相手と結婚し、家族や身近な社会の中で生きた人である。行方不明になったのが二〇〇八年だとすると七十二歳。それ程の高齢ではないが、強い頭痛や記憶障害を持っている。

家族への愛情を柱に、ひたすらに自分の役割を果たそうと生きた女性。彼女の生活から昔ながらの韓国の価値観や生活習慣を知ることができる。一方、子供世代は街中で生きる現代人である。時代の変化によって無意識に生活習慣や正しいとされていることが親世代とは異なり、愛情の基盤はあるもののすれ違いが起きることはどの国でもみられるのではないか。

この物語を読むとき、思い出す人がいる。お嫁に来た時は小川や田畑だった場所が、道路が出来、新築住宅が並び、整備された公園が出来たりして住民層も変わり、それまでの生活習慣で暮らしている彼女はすっかり〝変わり者〟扱いになってしまっていた。彼女は街の人を〝まちもん〟と言って敬遠するような引け目を感じるような表情をみせた。それ程、昔は街と田園地域の文化は違ったのだろう。けれど、家や家族のために思いを込めて働き続けてきたことは彼女の手をみれば明らかで、八十代中盤になると彼女は畑や樹木の手入れ方法を少しずつ折り合いの悪い息子夫婦に伝えるようになった。そして、当たり前だが彼女もパク・ソニョと同じで生まれた時から母ではないし、ましてやお婆ちゃんでもなく、小さな赤ちゃんの時代があり艶やかでしっとりとした頬の少女時代があったのだ。

『韓国現代詩選』茨木のり子訳編

茨木のり子は著名な詩人である。一九二六年生まれ。日本の敗戦を十九歳で経験している。出会いは、中学か高校の国語の教科書に掲載されていた「自分の感受性くらい」。とても共感して、よく心の中で思い返していた。茨木のり子が韓国朝鮮に強い関心を持ち著作まであると知ったのは偶然だったが、心強く思ったものである。

『別冊太陽　茨木のり子』にも韓国朝鮮との係わりの章があり、一ページをつかって「人をさがしています　洪允淑」が紹介されていた。

韓国現代詩選によれば、洪允淑は一九二五年平安北道定州群出生。ソウル大へ進学したことからもパク・ソニョ（架空の人物であるが）とは違う社会で生きてきた女性であると考えていいと思う。けれど、自身の事ではないかもしれないが、失ったものや取り戻せないものを抱えて生きてきたことは、詩を読めば心に刺さり、重軽の差はあれど自分の身に置き換えてしまう人もいるのではないだろうか。

韓国現代詩選からもう一編、

「銀の箸と匙　黄明杰」黄明杰は、同詩選によれば一九三五年平壌生まれである。

一歳のお祝いの詩である。無垢な可愛いらしい笑顔が思い浮かぶ。周りにもお祝いで駆け付けた親戚の笑顔が浮かぶ。

ああ　おまえは笑わなくちゃ
笑って　生きてゆかなくちゃ
堂々とわるびれず銀の箸と匙を使って
末長く生きてゆかなくちゃな

祖父母や父母が苦労した分、幸せになって欲しい。そして、その幸せがずっと続いていくようにと願う希望と期待にあふれる詩である。

詩を読むとその国の人々の心に触れることができる。時代や文化などの社会背景を調べながらゆっくりと詩の世界を味わうことは隣国のことを知る手がかりになるし勉強にもなるものだ。この本は新版として若松英輔さんと斎藤真理子さんの解説が掲載されたものが二〇二二年に出版されていて手に取りやすいと思う。

韓国には古いものから斬新なものまで、豊かな詩の世界がある。ぜひ、足を踏み入れて欲しい。

【石井未来】一般人。韓国文化愛好家。焼き物や絵画、自然を身近に感じられる文化が好きです。伝統を大切にしながら今の時代だからできる事にも取り組んでいきたい。

石橋毅史

いしばし　たけふみ

이시바시 다케후미

1　『もう一人の力道山』
李淳馹（著）／小学館／1998 ★

2　『コリアン世界の旅』
野村進（著）／講談社文庫／2009（初版 1996）★

3　『青き闘球部：東京朝鮮高校ラグビー部の目指すノーサイド』
李淳馹（著）／ポット出版／2007 ★

4　『禁じられた郷愁：小林勝の戦後文学と朝鮮』
原佑介（著）／新幹社／2019 ★

日本で刊行されたノンフィクションから四冊を選んだ。まだ韓国を訪れた経験がなく、いまほど関心もなかった二十代まで遡ると、それでも幾つかのノンフィクション作品が僕と韓国・朝鮮をつないでくれていたことを思いだした。

筆頭に挙げたいのは『もう一人の力道山』。

二〇二二年十月一日、元プロレスラーで国会議員でもあったアントニオ猪木が逝去した。日本人なら知らない人はいないほどの有名人で、発言も影響力があった。

猪木をきっかけに韓国・朝鮮について考えた人は意外と多い。彼が力道山の弟子だったからだ。一九九五年の平壌のプロレスイベントなど派手なパフォーマンスを覚えている人が多いが、師匠が戦後の復興を象徴するスーパースターでありながら日本では出自を隠さなければならなかったこと、強い望郷の念を抱えていたことを、よくインタビューなどで話題にしていた。語り継がれるべきことだと考えていたのだと思う。

そして『もう一人の力道山』は、まさにプロレスラー力道山の出生時の名である「金信洛」に光を当てた作品である。

力道山は十代半ばだった一九四〇年に日本へ渡り、大相撲二所ノ関部屋の力士となった。関脇まで昇進しながら突然髷《まげ》を切って廃業し、その後プロレスラーになった。廃業の理由は、出自のせいで出世を望めない、肺ジストマを患った、性格的な問題など諸説あるが、著者は髷を切ったのが一九五〇年八月、つまり朝鮮戦争勃発の二カ月後であったことに着目する。祖国の分断が、日本で生きる彼や多くの朝鮮人の心にどんな影響を与えたか。その翌年の二月、力道山は本名を「百田光浩」とし、戸籍上も日本人となった。

プロレスラーとしての全盛期も信頼する人には故郷への強いこだわりを見せていたこと、南北の融和の旗手となる政治的動きもあったことなどが、興行の世界のスキャンダラスな裏面の様子も交えながら語られる。次つぎと紹介される貴重な証言、臨場感あふれる会話文をはじめとした文章には、いま再読しても惹きこまれる。

文庫版は亡くなる直前の力道山と婚姻の約束をしていた朝鮮人女性に取材した長い文章も加わるなど、さらに充実している。また『もう一人の力道山』と同時期に刊行され、多くの日本人に見えていなかった韓国・朝鮮を描いたノンフィクションの傑作に『コリアン世界の旅』（野村進）がある。二作とも、古書か電子書籍版で入手が可能だ。

なお『もう一人の力道山』がデビュー作となった著者の李《リ》淳馹《スンイル》は、その後も韓国・朝鮮に関係するノンフィクションを発表している。東京朝鮮高校ラグビー部の軌跡を描いた『青き闘球部』も刊行から十余年を過ぎているが、まるで現場に立ち会っているような気分にさせられる筆力は本書においても変わらない。ラグビーとは何かを知る入門書でもある。

近年に刊行されたノンフィクションで、やはり著者の文章によって韓国・朝鮮に導かれたのは『禁じられた郷愁』。日本による韓国併合時代の一九二七年に慶尚南道晋州に生まれ、植民者として生活した十代後半までの経験ばかりを題材にした作家・小林勝の評伝である。

朝鮮への移住を決めたのは両親であり、本人は生まれ育ったに過ぎないのだが、小林は被植民者たちが自分に向けた視線を忘れず、自身の経歴に戸惑い、逡巡しながら、このテーマに小説という形で取り組みつづけたという。

《小林勝のポストコロニアル文学は、日本人は朝鮮人や中国人に未来永劫土下座しつづけなければならない、といった安直で教条主義的な結論でよしとするような単純な代物ではまったくない。そのようなものが答えだと考えていたとしたら、そこでかれの思考はたちまち停止し、かれがあれほど悩むこともなかっただろう。杓子定規に悪辣な「日帝侵略者」の悪行や「良心的な」日本人の謝罪行脚の旅でも書いていればよかっただろう。観念的な懺悔録だったのなら、かれの作品は今につづく生命力をもちえなかったのではないかと思う。》

本書の魅力は、すでにこの世にいない小林勝に、著者が懸命に、ただし冷徹に食らいついていることだ。軌跡を丹念に追い、ときには文学者としての小林の限界を発見しながら、生まれた土地でもある朝鮮を「懐しいと言ってはならぬ」と決心した小林の心の深奥を、多彩な角度から検証していく。小林をわかりたい、伝えたい、という著者の熱い思いが最初から最後まで伝わってくるので緊張感が途切れない。話が深まっていく場面ほど文章が平易で、意味を掴まえられずに立ちどまってしまうことがない。言葉遣いにかなりの心配りをしていることがうかがえる。

【石橋毅史】一九七〇年、東京都生まれ。出版業界専門紙「新文化」編集長を経て、二〇一〇年よりフリーランス。著書に『「本屋」は死なない』（新潮社）、『口笛を吹きながら本を売る』（晶文社）、『本屋な日々 青春篇』（トランスビュー）、韓国、台湾など東アジアの書店を訪ねた『本屋がアジアをつなぐ』（ころから）など。ハン・ミファ著『韓国の「街の本屋」の生存探究』（クオン）には「案内人（解説）」として参加。

磯上竜也

いそがみ　たつや　이소가미 다쓰야

『디디의 우산』
황정은(저)／창비／2019★

1

『ディディの傘』
ファン・ジョンウン（著）、斎藤真理子（訳）／亜紀書房／2020◆

2

『いつも鳥が飛んでいる』
ぱくきょんみ（著）／五柳書院／2004★

『미래 산책 연습』
박솔뫼(저)／문학동네／2021★

3

『未来散歩練習』
パク・ソルメ（著）、斎藤真理子（訳）／白水社／2023◆

その日入荷した本を荷分けしていると、『誰でもない』という言葉が目にとまった。「韓国文学のオクリモノ」のなかのひとつで、すっきりとした線によって傘が描かれた、愛らしい一冊。手にとって頁をめくると、目次のあとに現れた「人はしばしば〈誰でもない〉を〈何でもない〉と読み違える」という一文が何だか心に掛かって、少しの間仕事の手をとめ、結局同僚に声をかけられるまでその場でしばらく読みこんでしまった。その後働いている間も身体の中には熱がずっと残っているようで、帰りにレジを通し、その日の夜には読み終わった。そこには（時には積極的に）見過ごされ、私たちが生きるこの世界からこぼれ落とされそうになる一人ひとりの生が、決して何でもないものではないことを丁寧に掬いとり、鮮やかに描きだされていた。その鋭さに打たれた余韻のなかで、この作家をこれからずっと追い続けようと心に決めた。

そうして知ったファン・ジョンウンの小説のなかでとりわけ好きなのが『ディディの傘』だ。セウォル号沈没事件、そしてキャンドル革命という韓国で起こった歴史的事変を背景に、愛する人を痛ましい事故で喪ってしまう物語「d」と、小説家である「私」の革命の歴史をめぐる思索を描いた「何も言う必要がない」の中編二作が綴じられた一冊。過酷な現実に幻滅、落胆してしまった二人の主人公を通して語られる物語は、個人と社会の双方向から韓国の現在を照射する。そして語りのなかに響く、小さくとも正しさを、未来を希う声は、社会と、その一員である私たち自身に、人が人と生きることの意味を、まっすぐに問い続けている。その声が身体のなかに響き伝う時、心に触れたような気がした。

詩人・ぱくきょんみのエッセイ集『いつも鳥が飛んでいる』を手に取ったのは、仕事の関係で済州島に行くことになったからだった。上司に日本の沖縄みたいな所だよ、という説明を受けて、それはリゾートのような意味合いを指していたのだけれど、その頃私は目取真俊の小説を読んでいて、沖縄が持つ歴史のことを考えていた。せっかく行くのだからと済州島について調べ、そこにもやはり容易に語ることのできない歴史があることをその時に知った。

「済州島へ」という旅の話からはじまるこの本は、詩や書評、映画とともに、ポジャギやカヤグムなど韓国の伝統文化に触れたものが綴じられている。在日朝鮮人二世である彼女は、子どもの頃は避けていたこともあった自らのルーツのひとつである韓国の伝統文化の世界へ、葛藤を乗り越えて踏み込んでいく。そのなかで見つけた歴史や記憶を喜びとともに認められた文章は、どれも思慮深く澄んでいる。なかでもあとがきは、何度も読み返す一篇だ。欧米の美術館に所蔵されることになったポジャギのなかに、雀の柄のはぎれがあしらわれたチョガッポ（パッチワーク様式のポジャギ）を見つける。それは古い日本のきものの生地で、朝鮮半島の布とともに丁寧に継がれた素敵なポジャギを前に、著者はふたつの国の割り切れなさを思いながら慈しむ気持ちを汲み、空飛ぶ鳥のように眺める。その想像力は、複雑な心の輪郭をそっと撫でるようだった。

思い描く未来を想像しながら今を生き、過去に思い描かれた未来を考えながら今を生きる。それは、歴史や政治をただの言葉ではなく、自分のこととするための練習だ。パク・ソルメ『未来散歩練習』は、そのしなやかな実践の物語だ。釜山アメリカ文化院放火事件を起点として、作家である「私」とスミという二人の女性の視点から二つの物語は進んでいく。

事件に関わる人々を「来たるべき未来を練習した人」とし、「私」は現地周辺を歩き、人と出会いながら、当時何を思い、記憶し、来たるべき未来の練習をしていたか、自らの身体で想像していく。答えを急ぐことなく、生活のなかの歩みで過去や未来の距離を測るやわらかな実践は、地に足が付いている。そうしてたどり着いた場所から、私たちは未来を思い描いていける。過去も今も未来も重なりあう場所で、たゆたう心はより良い世界を求め続けている。

心に触れることはできるのだろうか。それはわからないけれど、本を読む時にそのように感じることはある。小説を書いた作家の、書かれた人物の心に触れたと、確かに感じることがある。ここにあげた本もそうしたものの一つひとつだ。

今日も私は本を読んでいる。誰かの言葉に目を、耳を傾けさえすれば、心に触れる機会は案外すぐそばにある。この文章が、そうしたきっかけになればとても嬉しい。

【磯上竜也】一九八七年生まれ。大阪・本町の本屋toi booksにいて、本を売ったり買ったりして生きています。文章にあげた以外にも、『少年が来る』ハン・ガン（著）井手俊作（訳）／クオン／二〇一四、『広場』崔仁勲（著）吉川凪（訳）／クオン／二〇一九、『カメラを止めて書きます』ヤンヨンヒ（著）／クオン／二〇二三、『海女たち』ホ・ヨンソン（著）姜信子、趙倫子（訳）／新泉社／二〇二〇、『詩と散策』ハン・ジョンウォン（著）橋本智保（訳）／書肆侃侃房／二〇二三、『悲しくてかっこいい人』イ・ラン（著）呉永雅（訳）／リトルモア／二〇一八『きょうの肴なに食べよう？』クォン・ヨソン（著）丁海玉（訳）／KADOKAWA／二〇二〇を、韓国の心に触れる作品としてお薦めします。

1 『クレメンタインの歌』
金時鐘（著）／文和書房／1980★

2 『海峡──ある在日史学者の半生』
李進熙（著）／青丘文化社／2000★

3 『中くらいの友だち　韓くに手帖　Vol. 1』
『中くらいの友だち』編集部（編）／皓星社／2017★

伊東順子
いとう　じゅんこ　이토 준코

二〇二〇年に大ヒットした韓国ドラマ『サイコでも大丈夫』（ｔｖＮ）に、「クレメンタインの歌」が流れるシーンがある。日本の視聴者は「え、なぜ雪山讃歌？」となるのだが、韓国人には歌がドラマの重要な伏線であることがわかる。韓国語の歌詞は原曲のアメリカ民謡に近く、海辺に暮らす年老いた父親と娘の物語だからだ。

韓国で「クレメンタインの歌」が最初に流行したのは一九二〇年代、韓国語の作詞者は朴泰遠という説もあったが、はっきりしないようだ。ただ、日本統治下の朝鮮半島では、外国の歌曲や童謡などが日本語から重訳されることが多かったのに、この歌詞は日本語の影響を受けておらず、それが解放後の韓国で大衆化する動機になったという。

「ずっと朝鮮の歌だと思っていた」──一九二九年生まれの金時鐘は幼い頃に父親がこの歌をうたうのを聞いた。『クレメンタインの歌』は二十歳で済州島から日本に渡った著者が、父親や故郷への思いを綴ったものだ。引っ越しのたびに本を処分してきた私が、ずっと手元に置いてきた大切な一冊でもある。

高校生の頃、憧れの先輩が在日韓国人だと聞いた。その人のことを切実に知りたいと思った私は、図書館に入り浸り、ひたすら本を読んだ。金時鐘をはじめ、金達寿、金石範、高史明、李恢成、金鶴泳……、韓国カルチャー全盛の今とは違い、四十年前の日本で身近だったのは在日作家たちの作品だった。

大学に入って自分で本を買うようになってからは、季刊『三千里』を購読した。韓国の独裁政権批判などの政治的な話題もあったが、文化的な大らかさがあった。それは編集長だった李進熙の力だったのだろうと、最近になり『海峡 ある在日史学者の半生』（以下、『海峡』）を読んで思った。民族の心を求め、南北統一を願う、一方で学者としてのユニバーサルな知への敬意は常にみずみずしい。

金時鐘と同じく一九二九年生まれの李進熙が「考古学」と出会うのは一九四九年夏、新聞で登呂遺跡発掘の記事を読んだ時だ。戦前の学校で習った歴史に対する懐疑は、考古学という学問をすれば科学的に超えられるかもしれない。その時に神田の古本屋で買った考古学関連の何冊かは全く理解できなかったが、「それがかえって『むずかしい考古学』に挑戦する気持ちを強くさせた」という。翌年、明治大学に入学し、大学一年生の夏には登呂遺跡の発掘作業に参加している。

しかし、その時に祖国では戦争が始まっていた。在日社会でも南北の対立が深まり、米軍占領下での左翼弾圧もはげしくなる。李進熙の自伝『海峡』には、この頃の逮捕の経験や政治活動、日本での貧しい暮らし、金芝河らの救援運動、祖国訪問ができない苦悩などに並行して、考古学者としての仕事の積み重ねが書かれている。「高松塚古墳」、「広開土王碑」、また「朝鮮通信使」について書き、誰も訪れることのなかった対馬の雨森芳洲の墓を世に出したのも李進熙の功績である。

韓国で四半世紀余りを暮らしながら、『韓国・朝鮮の心を読む』というタイトルから思い浮かんだのは在日作家の書籍だった。韓国の人々にとって何気ないことでも、故国を離れた人々は「その心」を忘れまいとしたし、日本生まれの二世作家たちは彼ら自身も「韓国・朝鮮の心」を探していた。それらは「在日朝鮮人文学」というジャンルとして注目されもした。

最後に紹介したいのは、二世どころか十五世が発見した

「韓国・朝鮮の心」。私が編集した同人雑誌『中くらいの友だち』の創刊号には十五代沈壽官による「一九九〇年暮れのこと」というエッセイが掲載されている。当時、まだ襲名前の彼は韓国に留学するのだが、そこで受け入れ先の大学総長からこんなふうに言われた。

「君がここで学ぶ二年の間に、四百年の日本の垢を洗い流し、韓国の魂を腹に入れてほしい」。

「四百年の垢？」。三十歳になったばかりの沈壽官はその言葉に激昂し、その場で入学を取りやめてしまう。「僕は我が家の四百年の流れを汚されたと感じた」のだが、ずっと後になってその言葉に込められた本当の意味を知ることになる。

「沈さん、その方を恨んではいけませんよ」

話を聞いた「金老人」は、それに続けてこう話したという。

「四百年の垢を流すと言うのは、長い旅の垢を落としなさいという意味で、貴方に、よく我が家に帰ってきたね、ゆっくりしていきなさい、という労いの思いなのです。言葉が足りませんでしたが、韓国人の使う日本語です、ゆるしてあげて下さい」

十五代に「韓国の魂」を教えた「金老人」とは、十二歳で植民地下の朝鮮半島から日本に渡った金泰九氏である。ハンセン病訴訟元原告であり、元患者たちの人権回復に尽力された方だ。訃報に接したのは、ちょうどそのエッセイ原稿を校正している時だった。亡くなる前にその魂が私のところにも伝えられたと思った。

【伊東順子】ライター、編集・翻訳業。愛知県生まれ。一九九〇年に渡韓。ソウルで企画・雑誌オフィスを運営。著書に『韓国カルチャー 隣人の素顔と現在』（集英社新書）、『ピビンバの国の女性たち』（講談社文庫）、『韓国 現地からの報告――セウォル号事件から文在寅政権まで』（ちくま新書）等。訳書に『搾取都市、ソウル――韓国最底辺住宅街の人びと』（イ・ヘミ著、筑摩書房）等。二〇一七年に同人雑誌『中くらいの友だち――韓くに手帖』（皓星社）を創刊。

『원주 통신』
이기호(저) ／문학과경계／2006★

1

『原州通信』
イ・ギホ（著）、清水知佐子（訳）／クオン／2018◆

『고마네치를 위하여』
조남주(저) ／은행나무／2016★

2

『コマネチのために』
チョ・ナムジュ（著）／ウネンナム／2016

稲川右樹

いながわ　ゆうき
이나가와 유우키

韓国語には「허세를《ホセルル》 부리다《プリダ》」という言葉がある。「ホセ」は漢字で書くと「虚勢」だが、その他にも「見栄」という日本語に訳すことができる。「허세를 부리다」全体で「虚勢を張る」あるいは「見栄を張る」となるわけだが、「虚勢を張る」というと「威張る、痩せ我慢をする、強がる」という意味合いが強いのに対し、「見栄を張る」には「自分の価値を高めるために取り繕う」というニュアンスが多分に含まれている。今回私がここで取り上げようと思うのは、「見栄」としての「ホセ」である。そこに現代の韓国社会に生きる人々の姿が色濃く反映されていると思うからだ。

ポン・ジュノ監督の『パラサイト　半地下の家族』が二〇二〇年のアカデミー作品賞を受賞したことは、韓国映画のクオリティの高さを広く世界に知らしめることとなった。と同時に、この映画のヒットによって多くの人の認識に深く刻まれたことがある。それは韓国が残酷なほどの格差社会であるということである。以降、「格差」は現代韓国社会を語る上で欠かすことのできないキーワードとして定着した。

「金のスプーン・土のスプーン」という言葉に象徴されるように、現在の韓国は生まれた瞬間から持てるものと持たざる者が明確に分けられ、両者が決して交わることのない人生を生きつつ共存する社会である。日本にも「親ガチャ」という言葉があるように、このような両極化は資本主義社会であれば多かれ少なかれ存在するものだが、韓国のそれは日本とは比較にならぬほど冷酷であり、その冷酷さの度合いは年々強まっている。教育の機会すらも親の経済力に大きく左右されるため、かつてのように寒村から一流大学に入学して一気に人生逆転…というサクセスストーリーも夢物語になりつつある。持たざる者は持たざるなりに、分相応な人生を生きていくしかないという諦めの空気が社会を覆っている。そして、自分より持たざる者を探し出しては「あいつよりはマシだ」と自らを慰めることでかろうじてささやかなプライドを保つのである。

そんな社会において、持たざる者がその境遇から少しでも逃避するための武器が「ホセ」である。自分を実際以上に大きく、強く、素晴らしく見せることで少しでも周囲よりも優位に立とうとするわけだ。そのためには偽りの姿を作り上げる必要があり、多少の後ろめたさや不安も伴うが、そんなことに構っている暇はない。なにしろ格差社会のジャングルでは周囲に舐められたら終わりなのだ。

先述した『パラサイト　半地下の家族』でも、主人公の一家はさまざまな詐欺を働くが、それらはいずれも自分を偽り大きく見せる「ホセ」である。その結果まんまと上流階級の一家に寄生することに成功する。そんな彼らの姿は痛快でもありつつ、なぜかどこか物哀しい。本稿で紹介する韓国文学に登場する「ホセ」も同様のほろ苦さを伴って、チクリと読者の心を刺激する。

イ・ギホの短編小説『原州通信』の舞台は、タイトルの通り江原道の原州市だ。イ・ギホ本人の故郷でもある。特に何といったこともない、韓国のどこにでもある典型的な地方都市だが、ここに『土地』で知られる作家のパク・キョンニが引っ越してくるという小さな「事件」が起こる。最初は作家の存在など大して気にも留めていなかった街の大人たちだが、やがて、『土地』がテレビドラマ化され大ヒットするや、「パク・キョンニ先生とどれほど親しいか」を巡って壮絶なマウント合戦が繰り広げられる。主人公の「ぼく」も家がパク・キョンニの近所であるのをいいことに、クラスの仲間たちの前で大作家と親しい間柄であるという「ホセ」をでっち上げ、泡沫の優越感に酔いしれる。

チョ・ナムジュの長編小説『コマネチのために』はS洞と呼ばれるソウル南部の貧民街が舞台だ。再開発の噂が何年も前から出ては消えを繰り返しているが一向に進展を見せず、街全体が諦めにも似た無気力感に包まれている。住民たちは自らの身の上を嘆きつつも、お互いに助け合うというよりは、他人より少しでも早くこの境遇から抜け出そうと機会を伺ったり、あるいは自分より「下」だと思う存在を見つけては安心したりしている。ここでも辛い現実から目を背けるための手段として様々な「ホセ」が登場し、その空気感は子どもたちにも少なからぬ影響を与えている。時は折しもソウルオリンピックの熱狂に韓国中が包まれていたころ。S洞の少女たちの間でちょっとした体操ブームが起こる。自分の中の小さな可能性に気づいた主人公コ・マニは、友人たちの体操熱が冷めた後も体操に対する情熱を持ち続ける。と聞けばマニが貧しい境遇にもめげず一流の体操選手になるまでのサクセスストーリーかと思いそうなものだが、この作品は一人の少女の挫折の物語である。体操教室だと思って通っていたのが実はエアロビクス教室だったことにも気付かぬほど、マニは悲しいほど無知なのだが、その現実に気づいてからも級友たちに対しては、自分は本格的な体操を習っているのだと「ホセ」を取り繕う。マニにとって体操こそが他人より優位に立てる（と思える）唯一のものだったのかもしれない。その後マニは体操を専門的に学ぶことのできる学校に進学するのだが、そこで努力ではどうしようもない残酷な現実の壁にぶち当たることになる。

「ホセ」の力でいかに自分を大きく強く見せたところで、所詮それは自らが作り上げた虚像であり、どこかのタイミングで必ずボロが出てしまうものだ。『原州通信』の「ぼく」は結局何年も後に学生時代の「ホセ」が仇となって大きな代償を払わされることとなる。このあたりの描写は、「情けない男を描かせたら韓国随一」と言われているイ・ギホの筆力が遺憾無く発揮されており、慌てふためく「ぼく」の無様さは同情を通り越してちょっと笑ってしまうほどだ。『コマネチのために』のマニも残酷な現実の壁に阻まれて、すごすごとS洞に戻ってくるのだが、そこでもまた悲しい「ホセ」を重ねてしまう。そして結局何者にもなれぬまま大人になり、何者でもない人生を生き続けている。そんなマニの無気力な様子もまた独特のユーモアで包まれており、悲しいはずなのにどこか可笑しい。そう、韓国の作品に登場する「ホセ」はその末路も含めて切ないほどに痛々しいと同時にどこか滑稽であり、どこか憎みきれないような心情を読者に与える。それは「ホセ」こそが、持たざるものが熾烈な格差社会で生きていくためにすがることが許されている唯一の藁であり、その必死な姿にどうしようもない人間臭さと愛しさ、そして生に対する強烈な執着を感じてしまうからではないだろうか。

【稲川右樹】帝塚山学院大学リベラルアーツ学科長（韓国語専攻コース准教授）。ソウル大学言語教育院に語学留学、その後、時事日本語学院などで日本語教育に携わる。ソウル大学韓国語教育科博士課程単位取得満期退学後、二〇一八年に帰国。現在は大学で教鞭をとりながら、韓国語セミナーを行うなど、精力的に活動している。著書に『一週間で驚くほど上達する！日本一楽しい韓国語学習５０のコツ（ＫＡＤＯＫＡＷＡ）、『ゆうきの「韓国語表現力向上委員会」発！ネイティブっぽい韓国語の表現２００』、『ネイティブっぽい韓国語の発音』（ともにＨＡＮＡ）などがある。現在中国語も学習中。

印鉉鎭
インヒョンジン　인현진

1
『한국인의 심리상담 이야기——현실역동상담의 이론과 실제』
장성숙, 노기현(저) ／학지사／ 2010★

『韓国人の心理カウンセリングの話——リアリティ・サイコダイナミックセラピーの理論と実際』
チャン・ソンスク、ノ・ギヒョン（著）／HAKJISA／2010

2
『코로나를 애도하다』
양준석(저) ／솔트앤씨드／2022★

『コロナを哀悼する』
ヤン・ジュンソク（著）／ソルトアンドシード／2022

「心に触れる心」

作家、相談心理士として働いていると、多くの人に出会う。人に会って話を聞くことが「直接的な役割」でもあるが、一人の人間の内面を覗き込むことに、個人的にも大きな関心を持っている。一人の人間の人生にどれほど多くの話が宿っているのか発見し、目撃するたびに、あらためて驚きを覚える。ある人は、話を言い出せずに心の中にしこりとしてしまい込み、ある人は語らずにはいられなく、やたらに話しまくる。どちらであっても辛いのは同じだ。

そのせいか、私たちは本音に耳を傾けてくれる人と向き合うとき、あるがままの存在を受け入れてもらっていると感じる。最初は難しくても、心の奥底にしまわれている話を引き出せるように、まるで初めて言葉を習う子どものように、話した言葉をまた話す。心の飢えをどんな言葉で癒せるというのだろうか、空っぽの心を満たすのは、結局は言葉に込められた心だ。そういうこともあるよ、いままでつらかったね、ほんとうにがんばって生きてきたね、と。「話すことができれば治る」という言葉があるように、ある種の心の傷は、共感の時間を経て初めて心の模様となる。

『韓国人の心理カウンセリングの話』

心理学の一分野である心理相談は、西洋文化の産物だ。チャン・ソンスクは、心理相談という分野が不毛だった時期から、現場でクライアントに向き合っていたカウンセラーとして、大学で教鞭を執る教授として、悩みながら韓国的な心理相談のひな型「リアリティ・ダイナミック・カウンセリング」を提案した。嫁と姑の確執、嫁入り道具の問題、息子を娘より可愛がる差別、離職、子どもの教育、海外で教育を受けさせるため妻子を韓国に送る父親の悲哀に至るまで、家族、隣人、友人、同僚が人生で味わう葛藤を、パノラマのように見ることができる。

「人には人が必要だ」という著者の言葉のように、人と人の間で、人と共に生きる存在なのが人間だ。さまざまな関係の中で、他人の心に自分の心を投影し、自分の心を通して他人の心を探りもする。ある人は他人の心を感じ取れるほど繊細だが、ある人は自分の心さえもわからないほど鈍感だ。海を渡り、山を越え、砂漠を横断するのはもちろん、地球を超えて広大な宇宙空間を探検する人間だが、永遠に未知の領域として残っているところがある。まさに人間の心だ。「十尋【訳注／尋は海の深さを測る単位。一尋は両手を広げた長さで約一・五メートル】の水の深さはわかっても、一尋先の人の心はわからない」という諺が生まれるほど、人の心のスペクトラムは広いという意味だろう。

心について考えを巡らし、表現しようと必死になるが、内にある心を引き出し、明らかにするのは簡単そうで難しい。「心はかならず言葉で表現しなければならない」と主張する人もいるし、「心はかならず言葉にしなければいけないのか」と反論する人もいる。表現したいが、どうすればいいのかわからない人たちもいる。心をどう表せばいいのだろうか。心理カウンセラーの立場で言えば、まずは「言語」で表現することを勧める。しかし、言語は単なる言葉を表すわけではない。私たちが交わす対話は、心という中身を言語という形式に当てはめてやり取りすることだからだ。

実際に対話が行われる過程を見ると、適切な言葉と共に、話し方、声、語調、物腰、身振りなど、非言語的な要素が言語的な要素よりも大きく作用している。相手の心に共感するとき、私たちの体は自然とその人のほうに傾く。一方、退屈だったり、居心地が悪かったりすると体は引き気味になる。足を震わせ視線を逸らして、腕組みをする、そうした身振り一つ一つがシグナルになる。体全体が言語なのだ。私たちがお互いの心に真摯に耳を傾け、適切に反応することは、存在を受け入れようとする努力でもある。「あなたは一人ではありません」と伝えることなのだ。

『コロナを哀悼する』

人の心の生態系は複雑な世界だ。文字どおり「あらゆる」感情や考えが交錯したかと思うと消え、生まれては消えるのを繰り返す。カウンセリングに訪れる人たちの大半は人間関係の問題を解決したがっている。しかし、生きている人間との関係は解決するか、終わらせるかを選択できるが、故人となってしまった人との関係はどうすればよいのだろうか。

ヤン・ジュンソクの『コロナを哀悼する』では、新型コロナウイルス感染症（COVID-19）という前代未聞のパンデミックの経験を通して、死別と哀悼というテーマが掘り下げられている。グリーフケアカウンセリングの専門家である著者が、死に対する教育やグリーフケアカウンセリングに身を捧げてきた時間が丸ごと込められた一冊だ。

誰もがいつかは死ぬと知りながら、私たちはその当たり前の事実を忘れて生きている。そうやって生活をしているうちに身近な人に死が訪れ、その人を失うことで身が裂かれるような苦しみを味わう。心の痛みを感じずに愛する人の死を受け入れられる人はいないだろう。まして、予想していなかった死を味わい、まともな葬儀もできず、死を悼むことさえできなかった彼らの心情は計りしれない。愛する者の死を前に、呆然と立ち尽くすのは、一人の人間が何ものにも代えがたい絶対性を持っているからだ。現実感を持って生活していた人たちも、喪失という人生の峠に出くわすと脆さが露呈する。普段、健全な自尊心を持ち、良好な人間関係を結んで生活をしている人も、死による喪失を経験すると、心が折れるものだ。喪失の痛みを味わっている人であればあるほど、本音で語り合える人が必要だ。虚心坦懐に本心をさらけ出すことは、私たちが弱い存在でも構わないということを共有する行為だ。

人生が終わりを告げても、人間関係は続く。故人が自分の人生に及ぼした影響を辿ってその意味を探し、故人との関係を新たに位置づける関係性の再構成を行うことで、私たちは故人がいない世界で、その存在を記憶にとどめ、故人の愛を心に抱きながら、さらに広がりのある人生を生きることができる。哀悼は一度だけのイベントではなく、長い期間にわたるため、その方法も人によって異なるものが必要だ。喪失と哀悼の時間を、ある人は記憶に残し、ある人は体に刻み、ある人は文章にする。記憶にとどめようと、記録する心に思いを巡らす。

（訳・バーチ美和）

【印鉉鎮】小説家、カウンセラー。韓国・カトリック大学校相談心理大学院で相談心理修士学位を取り、韓国相談心理学会正会員として活動している。作家であり相談心理士として、話を読み、聞き、書き、語る仕事をしている。著書に『大人の感情修業』があり、共著には『最低限の心理学』、『人は生きてきたように死ぬ』、『日読』、『異読』、『トバロッティ　キム・ホジュン』、『ソン・ガインだ』などがある。人間の心を覗き込み、それを胸に抱き、観察したものを文章にするのだが、自分の心を理解するのに苦しむときが多い。

植村幸生
うえむら　ゆきお
우에무라 유키오

『만신』
김금화(저)／궁리출판／2014★

1

『万神』
キム・グムファ（著）／究理出版／2014

韓国には巫俗（シャーマニズム）の根強い伝統がある。ムーダンと総称される巫者がクッという巫俗儀礼を執り行うことで、神々や霊魂の声を人に渡し、人の願いを神々の世界に送り届ける。村落の繁栄、仕事の安全、死者の供養、商売繁盛、病気直し、果ては合格祈願まで、あらゆる願い事に応じてクッはあげられる。巫者の大半は女性であり、信者の大半もまた女性である。信者にとって巫者は宗教的なカリスマであり身近な相談相手であり、さらにエンターテイナーでもある。というのもクッは、目的や規模、巫者の類型、地域ごとの違いにもかかわらず、そのほとんどが芸術的要素に富んでいるからである。言葉、音、舞踊、身振り、図像、衣装、巫具、供物のすべてが精妙に作りこまれ、信者ならずともその美に魅了される。実際、パンソリ、シナウィ、散調、農楽、仮面劇といった民間芸能は、みな直接・間接にクッの要素を引き継いでいるという意味で、クッは韓国芸能の母体であったといっても過言ではない。

　韓国の伝統音楽を研究する筆者は、機会あるごとにクッの現場を訪ね、記録にとり、巫者の話を聴いてきた。なかでも「国巫」とまで称された、韓国で最も有名な巫者、金錦花《キム・グムファ》（一九三一～二〇一九）氏がつかさどるクッには、舞台上のものを含めると七、八回接したと思う。クッの合間には氏とお話させていただく機会もあった。ふいに現れた外国人である筆者を暖かく迎えてくださったことが今も印象に残る。それと同時に、氏が儀礼執行の高い技術だけでなく、その高潔な人柄によって、信者はもとより、シンタルと呼ばれる弟子たちからも心から慕われ尊敬されていることが、現場の雰囲気から如実に感じられたものである。

『万神　金錦花』は、その金錦花氏の自叙伝である。巫者の自伝はたいへん珍しい。本書に基づいて二〇一四年には同名の映画が制作され、氏自身もそこに出演した。表題の「万《マン》神《シン》」とは、ソウル以北の降神巫（突然の神がかり経験を経て巫者となる類型）を指すが、金錦花氏自身、黄海道延白出身の降神巫である。本書はもともと『비단꽃 넘세』というタイトルで二〇〇七年に出版された。비단꽃《ピダンコッ》は「錦花」のことだが、넘세《ノムセ》は十三歳までの彼女の幼名だという。その名は、本人の言によれば「弟が肩越しに見ている」という意味だそうである。男子の誕生を望み、女子が生まれると期待はずれだったとあからさまに嘆いた、そんな時代を反映するこの幼名は筆者に、朝鮮半島全域に伝わる巫俗神話「バリ公主」（バリテギともいう）を想起させてやまない。

「バリ公主」という名は「捨てられた姫」に由来する。そのあらすじは次のようなものだ。ある国の王に娘ばかり六人が生まれる。七番目もまた娘であった。そのため王はその娘を捨ててしまう。その後、王と王妃は重病にかかるが、死後の世界にある蓬莱山の薬水を飲まないと死んでしまうという。誰も死を恐れて薬水を取りにいかない中、七番目の娘であるバリ公主がその役を引き受けて旅に出る。苦難の末に薬水を手に入れ、父母のもとに帰ると葬儀の最中であったが、その薬水を口にふくませ、父母を生き返らせた。このバリ公主こそ巫者の先祖である、というものである。

捨て子という理不尽な仕打ちを受けながら、その父母のために敢えて黄泉の国に踏み込み、ついにはこの世で人々を救済する力を得るというこの物語は、金錦花氏自身を含む降神巫が実際に経験することと重なり合う。いや、巫者とは神話を追体験し、神話の中に生きる者であるとすら言えるかもしれない。というのも降神巫はみな一様に、巫病（神病《シンビョン》）という神がかり体験を経て巫者へと「生まれ変わる」からである。

巫病にはさまざまな症状があるが、金錦花氏の場合、十五〜十七歳ごろには精神的・身体的不調にひどく悩まされた。すでに嫁入りしていた彼女は姑にいじめられ苦労が多かった。病床で奇妙な夢をみたり、台所で釜の蓋を打ち合わせながら突然に踊り出すなどの不思議な体験をした。そしてある読経師に「これはダメだ、頭に手ぬぐいを巻かねばならん」と宣告される。これは「ムーダンにならなければこの病気は治らない」という意味である。巫病は当人を巫者に選んだという神からのメッセージであり、これを拒否することはできない。こうして彼女は、有力な巫者であった彼女の外祖母のシンタルとして修業し、その後に正式に神を降ろす儀礼、ネリムクッをあげて巫者になるのである。十七歳の時であった。ネリムクッの際、彼女は思わず「ナラマンシン（国巫）より も高い位につきたい」と口走り外祖母を激怒させたというが、無意識に出たその「野望」は後に実現をみることになる。

巫者になった後も金錦花氏の試練は続く。朝鮮戦争では仁川への避難を余儀なくされた（その結果巫業を続けられたのは皮肉でもある）。一九七〇年代から展開されたセマウル運動のもとでは、巫俗は迷信であり排除の対象であった。キリスト教の布教者との間でも軋轢があった。私生活でも悲哀と不幸が絶えなかった。そんな彼女に転機が訪れるのは民俗文化再発見の機運が高まった一九八〇年代からのことである。日本を含む海外での度々のクッ公演を経て、一九八五年にはいわゆる「人間文化財」に巫者として初めて認定された。その後は韓国精神文化のアイコンとしての役割を引き受け、自らをさらけ出すことで国家と国民の求めに真摯に向き合った。メディアへの露出や学術調査への協力も惜しまなかった。その結果、金錦花氏とそのクッは韓国でも最も多くの記録に残された。もちろん本書もその一環である。

長らく社会的に卑賤視されていた巫者は、出自を進んで人に語ったり書き残したりしなかった。クッでは膨大な言葉を発しながら、自身を語らない、という巫者の習慣を初めて破った金錦花氏の心中には、帰ることのできない故郷・黄海道への思い、豊饒な巫俗文化とそれを伝えてきた先人に対する敬愛、伝統の灯を絶やすまいとする使命感があり、さらにその奥には、何かのために、誰かのために生きることこそ天職とする、巫者としての献身と自己犠牲があったであろう。

「万神になることは、人には耐えられない苦痛をいくつも耐えきるということだ」と、金錦花氏はネリムクッで外祖母から言い渡されたという。この世のあらゆる苦難を経験し、神に選ばれ、その言葉通りの人生を生き切った彼女は、たとえ人間文化財となり「国巫」となったとしても、つねに庶民の悩みに寄り添う「野の女神」であった。

「西海岸豊漁祭」でクッを執行する金錦花万神。2013年、仁川蘇莱浦口にて、植村撮影。

【植村幸生】一九六三年、横浜市生まれ。東京藝術大学音楽学部楽理科で小泉文夫の講義に接し、韓国音楽への眼を開かれる。一九八九〜九一年、ソウル大学校に留学。以来、十八〜二十世紀朝鮮社会における音楽と音楽家を研究するとともに、植民地主義と音楽研究の問題にも取り組む。現在、東京藝術大学音楽学部教授。東洋音楽学会会長を歴任。著書に『アジア音楽史』（共編著、音楽之友社）『韓国音楽探検』（音楽之友社）『東洋音楽史』（田邉尚雄著、植村校注、平凡社）『民族音楽学12の視点』（共著、音楽之友社）『조선의 음악』（兼常清佐著、共訳、民俗苑）ほか。

内海信彦

うつみ　のぶひこ　우쓰미 노부히코

『희생자의식 민족주의 —고통을 경쟁하는 지구적 기억 전쟁』
임지현(저)／휴머니스트／2021★

1 『犠牲者意識ナショナリズム　国境を超える「記憶」の戦争』
林 志弦（著）、澤田克己（訳）／東洋経済新報社／2022◆

今、ポーランドのトルンにいます。トルンはコペルニクス生誕の地です。コペルニクス生誕五百五十年祭に招待されて、コペルニクス大学でライブペインティングを行いました。ポーランドジャズ界の重鎮ヴォイテク・コニキヴィッチさんと日本ジャズ界の鬼才加藤貴之さんがコラボレーションで制作に合わせてインプロビゼーションライブをしてくれました。コニキヴィッチさんは、何度か韓国公演を行っています。私も一九九七年に、三十八度線のすぐ近くでライブペインティングを行いました。私はポーランドを十数回訪れ、アウシュヴィッツおよびマイダネク強制収容所跡で、犠牲者のためのレクイエムとしてライブペインティングを行うなどして来ました。ポーランドにいると韓国が視えて来ます。ポーランドと韓国・朝鮮の近現代の歴史は、重なることがたくさんあります。

本稿では林 志弦さん（韓国西江大学教授）の著作『犠牲者意識ナショナリズム　国境を超える「記憶」の戦争』（澤田克己訳　東洋経済新報社刊）をポーランドに行く機内で読み、ポーランドおよび韓国に関わる歴史認識についての痛苦な自己切開を受け止める機会としたいと思います。本書に対して多様な批判と異論が続出しながら、韓国国内で新たな歴史の誤用と濫用を超えていく契機となっていることも確かなようです。むろん私自身、日本帝国主義の植民地支配と南北分断固定化における日本国家の犯罪性を擁護する日本社会を蝕む謬論に断固反対するものであり、あるいは歴史修正主義に対していかなる容認をするものではありません。韓国人の心という私に与えられた課題に応えられない私ですが、私の試行として敢えて述べてみたいと思います。

一四八〇年ころまでキーウ・ルーシ、後のロシアは「タタールのくびき」と呼ばれるタタール・モンゴルなどチュルク系の支配を受け、今日においてもロシア語をはじめスラブ文化の相当な部分はチュルク系の強い影響を遺しています。ロシア語の経済・法制度にかかわるチュルク系言語の影響は、きわめて濃厚です。しかし「タタールのくびき」という従来の欧州優位思想に反して、ロシアはタタール・モンゴルなどのチュルク系諸民族との共生でロシア独自の固有性が生まれたのです。帝政ロシアの過酷な支配を受け続けたポーランドではロシア語が強制され、文化帝国主義としてロシア民族優位思想への屈従を強いられました。これは今日のプーチン独裁のウクライナ侵略戦争の根底にある、疑似イデオロギーとしての単一スラブ民族幻想による強制併合の野望に受け継がれています。

帝政ロシア崩壊後に独立を勝ち取りながら、独ソ不可侵条約で二つの全体主義ドイツとソ連が同時侵攻し、独ソ戦とともにドイツの大量殺戮と残虐な占領を受け、ワルシャワ蜂起を見殺しにしたソ連共産党によってふたたび支配され、戦後長期間ソ連とポーランドの共産党独裁によって苦しみ抜いたポーランドの人々が、独立自主管理労組「連帯」とカトリック教会を基盤にして民主化闘争を進め、共産党支配を打倒して自由と解放を自らの手で勝ち取りました。ただし問題は、ポーランドに根強いポーランド「単一民族」意識に内在する両義性は、ポーランドにおける「犠牲者意識ナショナリズム」(林 志弦)の形成に至る複雑な歴史認識問題を招来したのです。具体的には近代ポーランドで多発したポグロムなどポーランドに内在した反ユダヤ主義、そして共産党支配下のポーランドにおけるユダヤ系市民への排他的排外主義と、ホロコーストへの加害・被害の関係を超えた傍観という共犯関係の歴史です。これは韓国における「犠牲者意識ナショナリズム」による「集合的過剰歴史化」と、加害者―被害者の二分法的世界観」による「記憶の戦争」としてポーランドにおける「犠牲者意識ナショナリズム」と通底しています。

中国の歴代王朝のうち漢、明以外の王朝は、すべてチュルク系、モンゴル系に起源を持ち、異民族支配という観念は否定されています。清代にチュルク系と並ぶアルタイ系ツングース語族の女真族に支配された中国が、西欧近代による植民地主義的侵略を受け、中華民族意識を高めて、侵略を進める日本帝国主義に対する抗日戦争と国共内戦の勝利とともに、中国共産党により中華民族意識すなわち漢族という共同幻想が政治的に組織されたのです。中国における「犠牲者意識ナショナリズム」は日本の戦争犯罪による二千万ともいわれる戦争犠牲者の存在を根拠に、中国内部の少数民族とチベット軍事侵攻、そして大躍進政策の強行と反右派闘争、プロ文革に至る正当化の原理が、民主化闘争を武力弾圧し、民衆虐殺を行った天安門事件と、権威主義的な全体主義体制を支えています。

韓国における「犠牲者意識ナショナリズム」は、日本帝国主義の植民地支配と過酷で残虐な搾取と収奪、強制連行、従軍慰安婦などへの強烈な反発によって高揚し、「万宝山事件」における華僑虐殺、捕虜収容所戦犯問題、朴正熙軍事クーデターと維新体制、ベトナム戦争における戦争犯罪、光州事件における国軍による市民大虐殺と全斗煥への擁護論、北韓陰謀論による自己正当化などの「記憶構成体」を形成し、一部の韓国支配層による強欲資本主義の自己肯定を支え、犠牲の記憶の反復による思考の固定化をもたらしたことで、韓国社会の宿痾となっているという痛苦な指摘には胸が痛みました。

私は一九九〇年代から日本における反ユダヤ主義が世界でもまれにみるほど蔓延し、ユダ金だの、イルミナティ・ディープステートの世界支配だの、ユダヤ=フリーメーソンが支配する世界経済だのという帝政ロシア秘密警察オフラナの陰謀論を受け継いだナチ由来の陰謀物語が、広瀬隆などによってリベラルを自称する人たちや、いわゆる自然食、無農薬野菜などに関わる人たちの一部に急速に拡散していることを批判して来ました。しかしイスラエルのシオニストによるパレスチナ人へのジェノサイドが日増しに行われ、ユダヤ人はホロコーストに遭っていながら自分たちもパレスチナ人に同じことをしているではないかという言説が彷彿して、ホロコーストなどこの時期に語ること自体がイスラエル国家を擁護することだと決めつけられることが少なくありません。

韓国・朝鮮に対して日本帝国主義が行った植民地支配により凄惨な犠牲者と惨禍が繰り返されたと言えば、韓国だって経済成長して低開発と従属する周辺部から収奪し、搾取の極みを行っているではないかという言説には、論理の飛躍があり、過去の免責やどっちもどっち論に与することはあり得ないと思います。韓国人の心といっても五千百七十四万通りあるとして、そのうちの少なくない人たち、特に若い人たちの中には、「犠牲者意識ナショナリズム」の桎梏を超えようとするグローバルヒストリーのオルタナティブの萌芽が形成されているのではないかと思います。私はこの二十年以上、韓国の十代の若い人たちが日本の大学に入る手伝いをして来ました。彼女ら彼らから学んだことは数多くあります。日本の高齢化したリベラルの一部に遺された民族責任論と贖罪意識論は、日本国家と日本社会に根強い「犠牲者意識ナショナリズム」を超克するには到底叶わない限界があり、思想的展開が求められますが、韓国の若い人からさり気なく言われた一言に、林 志弦さんの果敢で大胆な剔抉に通じる示唆があったことが思い起こされました。これはホロコーストを相対化する構えを見せて、リベラルにまで浸透する反ユダヤ主義の急速な展開にいかにして批判的に向き合うかという私の課題に刺激的な示唆を与えてくれたように思います。

【内海信彦】美術家。ペルー国立美術学校名誉教授。一九五三年、東京都生まれ。一九七二年、慶應義塾高等学校卒業。一九七四年、慶應義塾大学法学部政治学科中退。一九八一年、多摩美術大学美術学部絵画科卒業。『季刊クライシス』編集者を経て、アメリカ、ペルー、韓国、ポーランドなど諸外国からの招待により現地での滞在制作を行い、内外で百七回の個展を開く。二〇一二年より早稲田大学で早稲田大学「内海先生のドロップアウト塾」を開催している。

呉銀《オ・ウン》 오은

『연이와 버들 도령』
백희나(저) ／책읽는곰／2022★

1

『ヨニと柳の坊ちゃん』
ペク・ヒナ（著）／ベアブックス／2022

『말 놓을 용기』
이성민(저) ／민음사／2023★

2

『敬語をやめる勇気』
イ・ソンミン（著）／民音社／2023

『너무 보고플 땐 눈이 온다』
고명재(저) ／난다／2023★

3

『会いたくてたまらないときは雪が降る』
コ・ミョンジェ（著）／ナンダ／2023

未来へつながる飛び石のような心

韓国の心とはなんだろう。それは東洋の心の部分集合だろうか。西洋の心とは大きく異なるのだろうか。日本や中国といった隣接国家の心とも性格が違うのだろうか。「恨《ハン》」という情緒で朝鮮／韓国の心が表現される例が長く続いてきたが、「非常に恨めしく無念な気持ち。または、切なさや悲しみでしこりのできた心」という辞書的な定義に込められない心もあるはずだ。朝鮮半島という地政学的位置や植民地時代、朝鮮戦争、軍部独裁体制、民主化運動など、束縛の歳月を振り返ってみると、心の桎梏《しっこく》と揺動を全て込めるのは不可能だということをひしひしと感じる。だが、それにもかかわらず、韓国の心を未来への飛び石と解釈した何冊かの本を紹介してみようと思う。

『ヨニと柳の坊ちゃん』

ペク・ヒナの絵本は、つい夢中になって読んでしまう。『ヨニと柳の坊ちゃん』もそうだった。「アストリッド・リンドグレーン記念文学賞（訳註：スウェーデンの児童文学賞）受賞作家」というタイトルがなくても、彼女の独自の世界はいつも読む人を魅了する。彼女の作品は向き合う度に「描かれている」というよりも「構築されている」という感覚をよりいっそう強く感じる。ペク・ヒナはスケッチをして色を纏わせ、切り抜き、破いて、くっつけて模型を作り、その後ろに絵を配置して優れた舞台を作り出していく。その空間は平面が立体になる世界であり、物語がにょきっと立ち上がる空間でもある。空間を縫い取る登場人物と背景から、素材のもつ色々な質感を満喫することができる。刻一刻と変わりゆく私たちの心と同じように、実に様々に。

『ヨニと柳の坊ちゃん』は同名の昔話をペク・ヒナが再解釈した作品だ。原作に登場する継母はペク・ヒナの世界で「老婆」に変身し、柳の坊ちゃんは主人公のヨニと似た顔で描かれる。昔話では決まって女性は男性の力を借りて危機を克服し愛と平和を手に入れるが、『ヨニと柳の坊ちゃん』は違う。ヨニは柳の坊ちゃんに会うためにこっそり家を抜け出す。受け身の姿勢から踏み出して勇気を奮い起こすとき、心はついに本来の姿を現す。人生に振り回されるのではなく開拓するのだと決心したとき、心はまたとなく固い意思となるのだ。ひっぱってついてくる関係が同伴者の関係に変わるとき、心の平衡錘が頑丈になるのはもちろんだ。

『敬語をやめる勇気』

イ・ソンミンの『敬語をやめる勇気』は日常で「平語」を使う冒険について述べた本だ。平語は「名前　呼称＋ぞんざいな言葉」の形態をもつ相互尊重の言葉だ。平語を使うときは集団内のアイデア交換が容易で不必要な努力を注がなくてよいが、「上下」が明確な社会において平語が日常化されるのには時間が必要だろう。世界中で尊卑語体系を固守している国は韓国と日本だけだそうだ。礼儀をわきまえるということなのだと思うが、これは上からの命令に下が服従するという意味の「上命下服」に代表される序列をそのまま露呈している。相手を立てるために自分を低くする必要はないはずで、尊重と尊敬を込めるのに敬語が必ずしも必要なわけでもない。著者は平語の使用を試みたいくつかの例から本物の意思疎通の可能性を垣間見せてくれる。

平語を使うとき、私たちは完全に会話にだけ集中することができる。目の前の事案を解決することにだけ、相手の話に耳を傾けることにだけエネルギーを注ぐことができるので、一段と簡単に良質の疎通ができるだろう。垂直的な心と親密な心が入り乱れた尊卑語体系は自分の本心をそのままさらけ出させてはくれない。平語は自分と相手を同一線上に置くことで平等な状態で互いに向き合わせてくれる。平語を使うとき、尊卑語体系ではとうてい表わすことができなかった数多くの心が現れるだろう。話し終えて悔しさが残ることも少ないはずだ。この本は「伝えきれなかった心」から「ついに明かされた心」を想像させてくれる。

『会いたくてたまらないときは雪が降る』

詩人コ・ミョンジェの初の散文集『会いたくてたまらないときは雪が降る』は感情が溢れ出す本だ。溢れだす感情は「愛」に至るのだが、これは色を全て合わせれば黒になり、光を全て集めれば白になる現象を彷彿とさせる。彼が本に込めた百編の文章が無彩色のものから出発する理由でもある。色相と彩度はなく、あるのは明度だけだが、その明るさと暗さの隙間をくまなく埋めるのは他でもない、心だ。ご飯を炊く心、羽釜から熱湯が噴きこぼれる心、小麦粉がパンに膨れあがる心、吹雪の中に自ら閉じこもる心、豆腐のように純真な心、歳を重ねてできるシミのように時間とともに咲き始める心、石仏のように屈強に生きる心、碁石のように交わされる心、修道服や法衣の灰色から正しさを絶えず汲み上げる心……。わかるようでわからない私たちの心のように、静かなときよりざわめくときの方が多い心のように、日に何度も考え直す心のように、失敗でもないのに元に戻そうと四苦八苦する心のように、体の調子が悪いと決まって調子が悪くなってしまう心のように、この本を読むときは絶えず何かしらが目に浮かぶだろう。自分にとって二つとない存在かもしれないし、手離すことのできない記憶かもしれない。考えてみよう。白眼と黒眼も無彩色だ。目を「心の窓」と表現する理由を、この本でしっかりと再確認する。この本に載っている心は涙になる寸前の心だ。愛に向かって体の内側から水柱のように激しく流れる心だ。

（訳・高上由賀）

【呉銀】一九八二年生まれ。大学では社会学を、大学院では文化技術を学ぶ。二〇〇二年『現代詩』で詩壇にデビュー。詩集に『無の代名詞』、『僕には名前があった』（吉川凪訳、クオン、二〇二三）などが、青少年詩集に『心のこと』、散文集に『なぐさめ』、『君と僕と黄色』がある。たまに書いているがいつも書いていると思っている。いつも息をしているがたまに生きていると感じる。「間隙」を作って「感激」を発見するのが好き。

大澤文護

おおさわ　ぶんご　오사와 분고

1　『パンソリ春香歌・沈晴歌他』（東洋文庫 409）
申在孝（著）、姜漢永、田中明（訳注）／平凡社／1982 ★

2　『アリランの歌　韓国伝統音楽の魅力をさぐる』
草野妙子（著）／白水社／1984 ★

私と韓国の出会いを語るとき、真っ先に脳裏に浮かぶのは韓国の国文学者、姜漢永《カン・ハニョン》先生（一九一三～二〇〇九）の名前と韓国の伝統的庶民芸能「パンソリ」のリズムとメロディーである。先生はパンソリに本格的な学問の光を当て、パンソリ学会会長としてパンソリの社会的評価を高めた人物であり、私が韓国に留学した時の身元引受人になってくださった恩人でもある。

勤務先の新聞社を休職して韓国に留学した私を、先生はパンソリの本場である全羅北道《チョルラブクド》全州《チョンジュ》市などに連れ出した。訪問先では、韓服に身を包み大きな扇子を持った人々と出会う。やがて、太鼓を持った鼓手の拍子と掛け声に合わせ、韓服の人物が朗々たる声を響かせ始める。声は高く低く、早く遅く、変幻自在のリズムとメロディーを奏でながら、韓国で口伝されてきた恋愛、親孝行、おとぎ話を語る。その人々が「名唱」とか「名手」と呼ばれる、韓国を代表するパンソリの名人たちであることは、韓国語を理解し、本や雑誌でその人たちの姿を見た時に初めて知った。

姜先生は『パンソリ春香歌・沈晴歌他』（東洋文庫４０９）の解説でパンソリの本質を次のように語っている。

「パンソリ文学の特色は、辞説（台本）のもつ庶民精神の再現反映であり、ユーモアとウイットに満ち溢れていることである」「悲劇の主人公である沈晴《シムチョン》の悲しみに満ちた場面の合間々にさし挟まれる、愛欲に溺れた父親のコミカルな姿は、庶民文学の真骨頂を示している」「庶民が両班（貴族）を辛辣に嘲弄罵倒する場面でも、その辞説はすこぶる含蓄に富み、愚かしげな言葉でカムフラージュしているので、両班たちはそれを見てむしろ吹き出してしまうのである。庶民精神の勝利というものであろう」

パンソリの醍醐味は、権力者の横暴や貧困に苦しむ庶民に最後は正義（天命）が手を差し伸べるところにある。主人公の絶望的な状況を唱者は喉奥から絞り出す悲痛な声で歌い上げたかと思うと、突然エロティックな場面や滑稽な場面を軽快なリズムとメロディーで描き出し聴衆の心をほぐす。そして最後に純真な主人公に祝福が訪れた時、唱者の声は韓民族固有の複雑なリズムと、独特のバイブレーションを響かせるメロディーによって喜びを爆発させるのである。

パンソリが紡ぎだす大きなエネルギーについて、桐朋学園大学音楽学部講師をつとめた民族音楽学者の草野妙子さんは著書『アリランの歌　韓国伝統音楽の魅力をさぐる』（白水社）の中でこう分析する。

「パンソリは韓国の民衆の心のすべての表現である文学的、音楽的、演劇的諸要素を集大成した高度な技法をもつ芸能の一つとして完成した」「（パンソリが歌われる）市場の活力は、民衆すべてのエネルギー源であった」「今日なお、（市場の）その熱気には、バイタリティーに富んだ庶民の自由と活力がある」

かつてソウルの街には様々なリズムやメロディーが満ち溢れていた。路地裏から聞こえる子供たちの数え歌、市場で客を呼び止めるアジュマ（おばさん）たちの声、練炭や飴を売り歩く行商人が客寄せのために打ち鳴らす鋏の音色。韓民族の紡ぎだす音には、日本のどこか悲哀を帯びた呼び声や掛け声とは異なる陽気さと軽やかさが漂っていた。

現代は、経済力や軍事力がその国や社会の強さを図る基準になっている。しかし、韓国を守り通してきた強さの源は、他民族の支配や、国土全体を焦土と化す戦争という絶望的な境遇に置かれた中でも、諦めの言葉を発する代わりに、明るく力強いリズムとメロディーを奏でることができる庶民の心にあったのではないだろうか。
一九九〇年代から長く韓国社会の変容を眺めてきた。政治や社会が行き詰まりを見せた時、韓国の民衆は街に出て救済や変革を訴える。その時、民衆の中から聞こえてくる声は、日本人にはない底知れぬ楽観のエネルギーに満ちた、あのパンソリの声とどこか似通っていると感じた。それと同時に、自分たちの社会を、そして運命を自分たちの力で変えることができると信じる韓国民衆の心の強さに、私は羨ましさを覚えてしまったのである。

【大澤文護】一九五七年東京生まれ。天理大学客員教授、NPO法人東アジア相互理解促進フォーラム理事長、博士（危機管理学）。一九八〇年毎日新聞入社。二〇〇九〜二〇一一年ソウル支局長。二〇一三〜二〇二三年千葉科学大学教授。二〇一五〜二〇一六年韓国・世宗研究所客員研究委員等の韓国での学習・学術活動歴がある。主な著書に『北朝鮮の本当の姿がわかる本』（こう書房、一九九四）、『金正恩体制形成と国際危機管理　北朝鮮核・ミサイル問題で日本人が本当に考えるべきこと』（唯学書房、二〇一七）などがある。

太田《おおた》慎一《しんいち》

오타 신이치

『BACK TO THE BOOKS』
장동건의 백 투 더 북스 제작팀(저)／인디컴／2021★

1
『バック・トゥー・ザ・ブックス』
「チャン・ドンゴンのBACK TO THE BOOKS」制作チーム(著)／INDECOM／2021

『BACK TO THE BOOKS　SEASON 2』
장동건의 백 투 더 북스 제작팀(저)／인디컴／2023★

2
『バック・トゥー・ザ・ブックス シーズン2』
「チャン・ドンゴンのBACK TO THE BOOKS」制作チーム(著)／INDECOM／2023

恋愛の切なさに身を焦がすとき……涙が落ちる、紙に。人間嫌いになり独りになりたいとき……手垢でよごれる、ページが。そう、いつの時代も、自分の世界にひたりたい時には本を読む。とても長い時代……、といってもわずか百年？　二百年？　それとももっと長く？　紙の本を読むことで、心を平安に保った人は多いと思う。

さて現代、デジタルブックで、物語を読んでもそんな気になるのだろうか？　それは単に「情報」を得ているだけであり、あらすじを見ているだけではないか？

とにかく現代、書店は閉店し、活字のデジタル化の流れは止めようがない。しかし、僕の思い込みかもしれないが、デジタルの揺り戻しか、「紙の本」を読む人が増えたような気がする。そして特別な本を置く書店を訪れる人が増えたように感じる。

この本『バック・トゥー・ザ・ブックス』では、そんな、世界のとっておきの本屋を紹介している。

取り上げている書店をいくつか紹介すると……。世界一美しい書店と言われるオランダの「ドミニカネン書店」は、中世のゴシックの教会が書店になった文化財で、まさにひと目見れば驚愕の美の世界が広がる。二十世紀の芸術家の交差点フランス・パリにある文学者のたまり場であり、文学の香りを求める人の聖地「シェークスピア・アンド・カンパニー書店」は、代を継ぐ古いロマンが見てとれる遺産だ。古書を交換するイギリスの「バーター・ブックス書店」では、古本が詰まったダンボールから偶然に発見されたナチスに対抗するポスターがきっかけで、世界の有名店になったというとっておきの秘話が語られる。この本で紹介されるのは、歴史を背負った書店だけではない。「本が恋人」という店主が作った中国南京の「先鋒書店」は、極貧から十四の支店ができるまでに大成長。おもわず「いまも元気でやっているのかな」と心配したくなる人間ドラマがそこには存在する。もちろん韓国の書店もある。全てが、テレビの番組になりそうな興味深い物語の連続だ。

　そう。実は、紙の本の危機に立ち向かう個性的な書店たちのこの物語は、元は同名の映像作品『チャン・ドンゴンのバック・トゥー・ザ・ブックス』の副産物である。著者キム・テヨンは自費で世界の書店のドキュメンタリーを十二本作り上げた監督だ。僕はこのシリーズの作品のうち七本をＮＨＫで『韓流スター チャン・ドンゴンと行く 世界〝夢の本屋〟紀行』として制作放送した。少しばかり軽い題名だが、内容的には、最近の日本の番組では見られないほどのクオリティを保っている。二〇二三年の夏、猛暑が続く日本にチャン・ドンゴンを招いて、日本の書店ロケも敢行した。

　そして、この本も、見応えがある本に仕上がっている。本からはキム・テヨン監督の「恨」にも近い、消えゆく書店文化への思いが綴られており、行間からは韓国の雰囲気が伝わってきて「韓国朝鮮の心を読む」思いだ。

　昔、僕は本が好きで部屋中に本が溢れていた。……しかしいつしか断捨離で真っ先に処分するのは本になってしまった。つまり古い友達だった本を捨てるようになっていた。しかし、今でも、部屋の片付けをしていると、残った数少ない本の中から一冊を手にとったまま読みふけることがある。そして紙の本の存在の重さを感じる。失われてようやく、大切さを知る、とは歌にもよくある稚拙な表現だが、紙の本や、書店は失われてからでは遅いと思う。

　この本の最初のページには「この本は、いつかどこかで出会うであろう未知の恋人に送る手紙である」と書かれているが、その恋人とは人間だけでなく、目には見えない人生の目標のようなものなのかもしれない。

　また、本には韓国のトップスター、チャン・ドンゴンがいろいろな書店を訪れる綺麗な写真も載っており、韓流タレント本のようでもある。しかし、内容は世界の個性溢れる書店を紹介するノンフィクション本である。その曖昧というか中途半端なところがあるからか、今の所日本のどこの出版社も日本語版を出してくれない。このエッセイを読んだ誰かが、関心を持ってくれればと思う。


【太田慎一】映像作家。一九九二年東京ビデオフェスティバル大賞受賞「韓国へ行った」。羽仁進、大林宣彦等に絶賛され、のちに木村栄文により「太田慎一の世界」として放送。

　一九九八年に番組製作会社、アイ・エー・ダブル（ＩＡＷ）設立。二〇〇二年Ｗ杯日韓共催記念番組（外務省・韓国海外広報処、ＮＨＫ・ＫＢＳ）の日本側総責任者となる。また日本人で初めて韓国ＫＢＳの特別番組も製作した。ＮＨＫや民放で多くの番組を作り、特に韓国関連映像の専門家として高い評価を受けている。

ホームページ　http://iaw.co.jp/

大林えり子

おおばやし　えりこ　오바야시 에리코

1

『つぶつぶ日記　방울방울일지｜日本語・韓国語併記』

大林えり子(文)、イム・ジーナ(絵)、キム・ホング(編集)、チェ・ウンジ（デザイン）On Lee、ジョン・ヨンウン、清水博之（翻訳)、キム・ハンソル（協力）／ポポタム／2024★

2

『88Seoul 팔팔서울』

최지웅(저) ／프로파간다／2017★

『88 ソウル』

チェ・ジウン（著）／プロパガンダ／2017

3

『일과 도구』

권윤덕(글·그림) ／길벗어린이／2008★

『仕事と道具』

クォン・ユンドク（文・絵）／キルポッオリニ／2008

二〇一三年秋に初めて旅行するまで、私にとって韓国は他の外国と同じ遠い場所だった。最初は観光、そして少しずつ人の縁ができて、今では年に四、五回、東京―ソウルの航空チケットを購入している。コロナ前は東京から実家のある四国に帰省するより時間も交通費もかからなかったので、何かにつけ用事をつくって行き来するようになったのだ。

韓国のどこが気に入ったのか、何にはまっているのかと聞かれると困る。アイドルでもドラマでもなく、会いたい人たちや行きたい店ができたからとしか言いようがない。

きっかけの一つは、二〇一三年に発表された「パーティー51」という自主制作の映画だった。初渡韓の際に知り合ったミュージシャンたちが関わっていると聞いて見たところ衝撃をうけた。ソウルは弘大エリアの再開発に巻き込まれたうどん屋を守るため、常連のインディ・ミュージシャンたちがライブやスクワットで抵抗する姿を記録した作品だ。何もかもがうまくいくわけではないけれど、知恵をしぼって体をはって押し寄せる波を堰き止めようとする。音楽も人間も魅力的で、胸を打たれた。社会問題と表現活動の結びつき方も私には新鮮で、興味深かった。

知り合ったミュージシャンのライブに足を運んだり、周辺のお店でご飯を食べたり、また彼らが（私が書店主ということで）独立書店をおすすめしてくれたりして、少しずつ付き合いが広がった。訪れる場所も増え、会いたい人がまた一人、また一人と増えていった。

二〇二〇年から三年間、パンデミックのため日韓を自由に往来できない日々が続いた。ずいぶん懐かしい話のようだけれど、街の重苦しい空気や、喉のあたりのきゅっと詰まったような感覚を今でも覚えている。当時は韓国に行きたくて行きたくて、友達に会いたくて会いたくて、誇張でなく枕を濡らす夜もあった。

二〇二二年の初め、私は辛抱たまらず学生ビザを取得して、語学堂に通う名目で渡韓するという荒技をやってのけた。このときの珍道中と、コロナ下での海外留学という少し特別な体験、そして三ヶ月一緒に暮らした韓国の友人たちとの日々を綴った本『つぶつぶ日記 방울방울일지』をその二年後に出版した。

私は普段日記をつけないのだが、このときだけは一日の終わりに小さな手帳に数行メモを残していた。帰国後、雑誌『中くらいの友だち』から光栄にも執筆依頼があり、メモをもとに三ヶ月の話を記事にすることができた。この文章を韓国の人たちにも読んでほしい、そう思って本をつくることにした。

　日本語と韓国語併記で、写真も掲載して、たくさんのお店や人が出てくるので脚注もつけて…と、どんどん欲が出てしまい、最終的には韓国人と日本人合わせて六人の中心メンバーと、翻訳を手伝ってくれた日本在住の韓国人二名の大所帯の制作となった。おかげで大手出版の本の隣に並べても遜色のない、しっかりとした一冊が完成した。売れるかどうかは別として。

　この本はUnlimitede Edition: ＵＥこと、ソウル・アートブックフェアに出品する。独立出版と呼ばれる、個人を含む小出版の本がたくさん集まるイベントだ。海外からの参加も多い。

　初めてこのブックフェアに参加したのは二〇一五年で、会場はソウル市庁近くのイルミン美術館だった。当時は洗練されたアートブックだけでなく、個人の思い入れが強い「ミニコミ」や「ＺＩＮＥ」が混じった雑多なお祭りのようだった。二〇一六年のＵＥは、キャンドル・デモのため土曜日の開催が数時間早めに切り上げられた。それとなく見物していたらどんどん人が集まって来て、あっという間に道路も市庁前広場も「人間」で埋め尽くされた。個人が集団になって社会を動かしていくさまを初めて目の当たりにした、忘れられない年になった。この経験も韓国に興味を持つきっかけの一つになったと思う。

　当店でロングセラーを誇る『88Ｓｅｏｕｌ』はブックフェアで見つけた本だ。一九八八年ソウルオリンピックの観光写真や記念グッズなどを集めた一冊で、表紙のホドリが可愛くて目を引く。版元のデザインスタジオPROPAGANDAの代表チェ・ジウンさんによると、ここの本を国外で最初に仕入れたのが私の店とのことで、事務所を訪問するたびジウンさんは歓迎してくれて、穴場の食堂や、韓国の流行語を毎回ひとつ教えてくれる。

　ブックフェアで本を通じて出会い、仕入れのために何度かやりとりしていくうちに仲良くなった人たちも多い。私が今の仕事を辞めたら、その人たちとは疎遠になるのだろうか。

近頃はそんなことも考えるようになった。

訪れるたび、ソウルの街の変化に軽いショックを受ける。外国人で、たまに来るだけの私が胸が痛いなんて厚かましい、とも思う。けれどあまりの破壊と再構築のスピードに気持ちが追いつかなくなることがある。渡韓するたびに好きな店ができて、その街が好きになる。だから記憶の景色が更地になっているのを見ると、いっときの訪問者であっても少し傷つくのだ。

そんな街のひとつが乙支路で、再開発の反対運動に参加した韓国の友人も多い。裏通りはすっかり変わってしまったが、大通りには今でも「道具」の専門店が軒を並べている。工具、ドアノブ、ライト、タイル、ネジ類……その多様さは眺めるだけでワクワクする。

さまざまな仕事とそれにまつわる道具を描いた絵本『일과 도구』は、少し韓国語がわかるようになって教保文庫で購入した絵本だ。民画のように装飾的で素朴な雰囲気と、子供に伝えるための正確な描写のテクニックに目が釘付けになった。二〇〇八年発行の本なのでもう使われていない道具も多いだろう。

韓国社会の変化のスピードは、日本と比べてとても速いと思う。人の心や考え方は、そのスピードについていけるのだろうか。私にはわからないけれど、本の形で保存された「あの時の韓国」をこれからも集めていきたいと思う。

【大林えり子】二〇〇五年東京・池袋で「ブックギャラリーポポタム」を立ち上げる。二〇一五年よりUnlimited Edition（ソウル・アートブックフェア）に毎年参加。店頭では韓国のリトルプレスの本を多く取り扱い、ギャラリーでは韓国人アーティストの展示も開催。二〇二〇年、韓国の友人に協力を得て、共に自費出版や展示を行うチーム「pokotame」（ポコタム）を結成。日本人アーティストのイベントを韓国で開催するなど、不定期で活動している。

Website: popotame.net

SNS: @popotame_shop

岡崎暢子

おかざき のぶこ　오카자키 노부코

1

『케이팝 시대를 항해하는 콘서트 연출기 : 소극장에서 웸블리 스타디움까지, 케이팝 콘서트 연출 노트』
김상욱(저)、김윤주(그림) ／달／2021★

『K-POP 時代を航海するコンサート演出記』
キム・サンウク（著)、キム・ユンジュ（イラスト)、岡崎暢子（訳) ／小学館／2021 ◆

2

『당신은 다른 사람의 성공에 기여한 적 있는가? —대전환 시대의 새로운 성장 방정식, 파트너십』

이소연(저) ／퍼블리온／2021★

『PARTNERSHIP　マイクロソフトを復活させたマネジメントの 4 原則』
イ・ソヨン（著)、岡崎暢子（訳) ／ダイヤモンド社／2022 ◆

3

『꿈은 없고요, 그냥 성공하고 싶습니다』
홍민지／다산북스／2022★

『夢はないけど、成功したいです』
ホン・ミンジ（著)、豊田祥子（訳) ／イースト・プレス／2023 ◆

私が初めて仕事で付き合った韓国人は、九十年代末、編集業も担う広告代理店の人たちだった。残業の後の深夜までの飲みニケーション、早朝からジムや習い事で自己研鑽する彼らのパワーに舌を巻いた。あれから四半世紀――。コロナ禍の直前くらいだったか、あちらの出版社の編集者たちの話を聞いて再び驚いた。「最近は残業していない」と口をそろえて言うのだ。えっ⁉ 詳しく聞くと、「ワークライフバランスが充実しないといい物も作れないし、会社によい人材も集まらない。制作は吟味して取り組んでいる」と。いや、ごもっとも……。今回の推薦図書に拙訳書を2冊も入れて恐縮だが、この3冊のエッセイからも、この四半世紀の韓国の人たちの仕事と人生への意識変遷が垣間見えるかも……。

『K‐POP時代を航海するコンサート演出記』は、コンサート演出会社のPLAN Aを率いるキム・サンウクPDによるエッセイ。現在四十代半ばの彼の少年時代から下積み時代、そして、防弾少年団（BTS）のコンサート演出に奔走する日々が綴られる。BTSのコンサートの舞台裏エピソードも圧巻だが、個人的には、厳しい受験戦争や入隊生活、し烈な就活戦線の中でも自分のやりたいことを見つけて貪欲に突っ走る著者の生き方や、BTSの成長とともに大規模になる仕事への向き合い方のほうに痺れた。とてもひたむきで泥臭く、真剣なのだ。二〇〇二年、歌手イ・スンファン率いる「ドリーム・ファクトリー」の養成スクールに飛び込んだ彼は、コンサート演出の最前線でプライベート後回しで貪欲に働き、もっと舞台が見たいと、芸術の殿堂（ソウルにある複合文化施設）でもアルバイトをしながらあらゆる公演を鑑賞。独立してBTSに出会ってからは、彼らのコンセプトをダイナミックに具現化するためにスタッフたちと奮闘する。そこで繰り出されるキムPDの引き出しの豊かさにも驚くが、読者は、本の前半で語られていた彼の十代、二十代のころのひたむきさがその基礎体力になっていることに気付く。そこには確実に、昨今敬遠されがちな「仕事への情熱」や「努力」、「根性」があった。

そうしたひたむきさは、『PARTNERSHIP マイクロソフトを復活させたマネジメントの4原則』の著者イ・ソヨン氏からも感じ取れる。同書のタイトルや、マイクロソフト社のアジア・リージョンマネジャーとして奔走していた著者の経歴からビジネス書と分類されがちだが、かなりエッセイの要素が強く、仕事術や体験談とともに、自己実現を可能にするためのパートナーシップ構築について綴られている。本書で語られる「パートナーシップ」は、日本で言うところの「助け合い」や「情けは人のためならず」だ。職場でも家庭でも、相手の利を考えて行動することがひいては自分のためにもなるというわけだ。

一時低迷を続けていたマイクロソフト社は、インド出身のサティア・ナデラが会長に就任以降、それまでの個人成果主義から一転し、「あなたは他人の成功にどれだけ貢献したか？」を問うパートナーシップ主義、チーム協力路線へ舵を切る。やがてスタッフも会社も再生していく様を目の当たりにした彼女は、これが育児や家事にも当てはまるはずと気付き、さまざまなチャレンジをする。自分が心地よく生きるために、他人に配慮したり、力を借りたりすること……。その詳細なノウハウや事例がまとめられた本書を読んでいると、不思議と「自分の人生の中心は自分である」ということにも気づかされる。

そんなイ・ソヨン氏よりずっと下の世代のリーダーは、そのマインドに加え、さらに周囲に配慮していた。『夢はないけど、成功したいです』の著者で、ウェブバラエティ番組「文明特急」の演出を務める九十二年生まれのホン・ミンジPDだ。

テレビが幅を利かす放送局内で、当時格下扱いだったウェブ番組を任されたホンPDは、ウェブの特性を考えながら限られた予算内でトライ&エラーを繰り返す。映像編集では絶妙な爆笑タイミングを探してコンマ勝負に挑み、没頭するあまり何日もPCの前で過ごすことも。そうやって成功に向け肩ひじ張って突っ走っていた彼女は、ある時、「自分ができないことはそれが得意な人に頼る」ということができるようになり、一皮むける。前述のイ・ソヨン氏の言う「パートナーシップ」のマインドだ。また、部下（本書では〝メンバー〟と呼んでいる）に頼ることも学ぶ。部下に頼むというのは彼らの能力を信じることだが、当然、指導する場面も生じる。著者自身は、辛口の指導で成長できるタイプだそうだが、そうじゃない部下もいる。彼女は個人面談を行い各人に「厳しいフィードバックに耐えられるか否か」を確認して対応を使い分ける。このあたりのくだりは、Z世代と年の近い彼女ならではのやさしさだろう。彼女は部下の幸せや出演者の幸せも気にしている。「文明特急」が若い人に支持されるのは、こうした気配りが感じられるからだろう。私もチームを動かしていた経験があるため、ホンPDの葛藤が赤裸々に記された本書には何度も感情を揺さぶられた。数字と人の幸せの二兎を追うときの苦労に共感し、解決策にひざを打った。Z世代との向き合い方と彼女の多くの気づきにも、学ぶところが多い。

【岡崎暢子】韓日翻訳者・編集者。アルク、キネマ旬報社、ソウル新聞東京支社、NHK国際放送局などで、韓国語・韓国文化関連のムックや書籍、ニュース等の編集歴二十年以上。女子美術大学芸術学部デザイン科卒業。高麗大学国際語学院（現韓国語センター）などで韓国語を学ぶ。翻訳書に『あやうく一生懸命生きるところだった』『教養としてのラテン語の授業』（以上ダイヤモンド社）、『頑張りすぎずに、気楽に』（ワニブックス）、『僕だって大丈夫じゃない』（キネマ旬報社）、編集書に『ひとりでゆっくり韓国語入門』（クオン）、『小学生が知っておきたい からだの話』（アルク）などがある。

岡本厚

おかもと　あつし　오카모토 아쓰시

『尹東柱全詩集 하늘과 바람과 별과 詩』
윤동주(저)、윤일주(편) ／정음사／1983（초판1948）★

1

『尹東柱詩集　空と風と星と詩』
尹東柱（著）／金時鐘（編訳）／岩波文庫／2012◆

『난장이가 쏘아올린 작은공』
조세희(저) ／문학과지성사／1978★

2

『こびとが打ち上げた小さなボール』
チョ・セヒ（著）、斎藤真理子（訳）／河出文庫／2023◆

『촛불혁명 2016 겨울 그리고 2017 봄, 빛으로 쓴 역사』
김예슬(저)、김재현(사진)、박노해(감수) ／느린걸음／2017★

3

『写真集　キャンドル革命——政権交代を生んだ韓国の市民民主主義』
キム・イェスル（著）、キム・ジェヒョンほか（写真）、パク・ノヘ（監修）、韓興鉄、青柳優子ほか（訳）、白石孝（日本語版監修・解説）／コモンズ／2020◆

一冊目は、『尹東柱詩集　空と風と星と詩』（金時鐘編訳、岩波文庫、二〇一二年）。この詩集は、日本でも知る人が多くなった、というよりほとんど唯一日本人に知られている韓国人の詩集かもしれない。

「死ぬ日まで天を仰ぎ、一点の恥じ入ることもないことを」（序詞）

「そこで私を呼んでいるのは誰ですか、／柏の若葉が色めいている日陰ですのに、／私はまだ息が　ここに残っています。」（恐ろしい時間）

「人生は生きがたいものだというのに／詩がこれほどもたやすく書けるのは／恥ずかしいことだ。」（たやすく書かれた詩）

ここにあるのは、いたいたしいまでに純粋で清冽で孤独な魂である。同時に日本の敗戦直前のあの狂乱の時代、さらに厳しい植民地の抑圧の中で、あくまで自由で、個として自立している人間の姿である。しかし、自分を気恥ずかしそうに見つめる青年が書いた、一見叙情と見えるこの詩集は、当時禁じられていたハングルで書かれ、日付は西暦で打たれている。「なよなよしい」（同書、金時鐘氏の解説の言葉から）どころではない激しさと矜持を秘めているのである。だからこそ解放後、尹は韓国で「民族詩人」と呼ばれたのである。

純粋さ、純真さへの憧れと激しさ。「韓国人の心」のキーワードではないか。

なお、日本人としては、この詩人を「独立運動」の科で拘束し、虫けらのように殺したこと、その押収したノートや日記帳（金時鐘氏は「朝鮮人の遺産」と呼ぶ）を消失させたことを、慚愧の念をもって記憶し続ける必要があると思う。

ほぼ雑誌一筋であった私の岩波書店での現役時代、岩波文庫の編集を担当した珍しい一冊でもある。

二冊目は、チョ・セヒ『こびとが打ち上げた小さなボール』（斎藤真理子訳、河出文庫、二〇二三年）。韓国の現代文学はいま、日本でも多く読まれるようになったが、その中で古典ともいうべき一九七〇年代の連作。原本は一九七八年に刊行されている。

解放後、南北で分断され、戦争（一九五〇～五三年）の後、韓国では長く軍事政権が続いた。七〇年代、その厳しい人権弾圧と急速な都市開発の中で、人びとは虐待され、貶められ、侮辱され、騙され、追われ、しかし声を上げることも出来なかった。その姿こそ「こびと」である。
「おじさんはこれまで、働いてきませんでしたか」「働いたさ。必死で働いてきた。うちの家族はみんな一生けんめい働いてきたんだ」「じゃあ、何か悪いことをしたことがありますか？　法律を破ったことがありますか？」「ないよ」「じゃあ、お祈りをしなかったんじゃありませんか。心をこめてお祈りをしなかったんでは？」「祈ったさ、祈ったとも」「それならなぜ、こんなことになってるんでしょう？　どう見ても何か間違っているんです」

　知識人、ジャーナリスト、宗教者たちを中心に民主化運動が広がり、軍政は激しい弾圧を加えた。低賃金で搾取され劣悪な環境の中で働かされている労働者の運動も始まった。私はもちろん日本にいて、報道で見聞きしていただけだが、田舎から出てきた年若い女性労働者が抑圧に耐えかねて声を上げると、警察や暴力団が彼女たちを職場から引きずり出し、激しい暴力と侮辱を加えたことを覚えている。ある詩人は彼女らを「民族の娘たち」と呼んだ。

　この作品の底を通奏低音のように流れているのは、しかし「怒り」というよりはむしろ「悲しみ」である。出口のない暗闇の中で、生き抜こうともがき、少しでも人間らしい生活をしようと苦闘する市井の人びとの姿があり、だからこそ軍政時代が終わった後も古典として読み続けられているのではないか。抑圧される側だけでなく、抑圧する側に組み込まれた人たちの「悲しみ」もまた描かれている。

　一九八七年、民主化運動は勝利し、軍政は退いた。民主化運動は非暴力を貫き、犠牲的精神と高い倫理性を保った。悪辣な弾圧にも、報復で応えなかった。社会に広くこの民主化運動の精神がしみ通ったからこそ、いまの韓国社会があるのだと思う。

　しかし、民主主義とは永遠の革命であって、それで完成するということはない。民主化後の三〇年余の韓国社会の曲折がそれを示している。金大中、盧武鉉二代の民主化政権のあと、保守の政権が続き、その中でかつての独裁に戻るような言論弾圧や権力の恣意的な行使などが行われるようになった。その流れをひっくり返したのが、数百万の非暴力の市民が街頭を埋めたキャンドル革命である。

　その記録が、キム・イェスル『写真集　キャンドル革命政権交代を生んだ韓国の市民民主主義』（白石孝日本語版監修、コモンズ、二〇二〇年）である。

高校生など若者、高齢者、農民、労働者。バギーに赤ん坊を乗せた家族連れも多い。酷寒の中、厳しい表情もあるが、はじける笑顔もあり、ユーモアとウィットに満ちた言葉をそれぞれが掲げている。全国で最大二三〇万人もの人が集まったが、一人の死者や逮捕者も出さなかった。この奇跡に感動する。

「民主主義とは、私の生の決定権を持つことである。人生の最も多くの時間を送る働く場と暮らす場で、公正と自律と公平が作動しなければ、民主主義ではない」（朴ノへの「序」から）

誤った現実を認めず理想や正義に向けてあくまで行動するのが韓国人である。「既成事実への屈服」（丸山真男）を旨とする日本人との根本的な違いである。この心こそが、植民地支配や軍政支配への長い抵抗を耐えさせ、最後には勝利させた原動力だと思う。

【岡本厚】一九五四年生れ。一九七七年早稲田大学第一文学部卒業、岩波書店入社。月刊誌『世界』編集部に配属。一九九六年同誌編集長（〜二〇一二年）。一九九八年金大中大統領に単独インタビュー。二〇一三年岩波書店代表取締役社長（〜二〇二一年）。二〇一九年、安倍政権の韓国への経済制裁を批判した声明「韓国は敵なのか」世話人。

沖《おき》啓介《けいすけ》

오키 게이스케

1 『朝鮮王朝の絵画と日本～宗達、大雅、若冲も学んだ隣国の美～』
読売新聞大阪本社文化事業部ほか（編）／読売新聞大阪本社／2008★

心の相似形

北極方向を上面とするメルカトル図法の地図では、日本列島はぶら下がったネクタイのような格好をしている。

ところが地図を反時計回りにまわしていくと徐々に日本列島が左右に水平に近づくころ、日本列島の形は、何とはなしに「心」という文字に相似してくる。

これを誰が最初に指摘したのかはわからない。私がこの奇妙な話を知ったのは、かなり前に保守政党の中の若手グループが指摘していたことからなのだが、いまは話題の源をたどることができない。

彼らの主張は、大陸から見ると、日本列島は「心」の形であり、極東の心だということだった。私の考えは彼らの主張と相容れないのだが、「心」の文字と日本列島の形状の「相似」を、位相幾何学の図形の変容を見るかのように、よく見つけ出したと妙に感心した。

世界の文物を眺めていると、形状以外にも相似が気になることが多い。

自分の経験では、アフリカのマリでは米食が中心で、時に魚肉をすりおろして作る揚げ物が出てきた時、はるかに遠方の文化も異なる地で、日本の食との相似を見つけて思わず感動した。

人間は、このような単純な相似を見つけるだけでも、喜ばしい気持ちになるものだ。

朝鮮と日本は、相似した文化を色濃く持っている。世界的に見ればとても近い。だが、そう言い切ってしまうと、いやここが違うとか、異なる点を強調したくなる、そういう文化だと思う。

初めてソウルに行った時に、友人の父親が博物館を案内してくださり、その時に漢文で書かれた石碑の前で、流暢な「読み下し」で内容を解説してくださった。

漢文の訓読には、漢字文化圏でありながらも、中国とは異なる言語を用いて、文化を吸収していった韓日両国の歴史を感じた。また当時は、自分は日本語とハングルの語順が似ていることにひどく感銘を受けていたので、ことさらに感動した。

ただ父上の読み下しは、おそらく植民地時代の日本語教育の結果であり、朝鮮での漢文の読み下し方は、日本のものとは異なっているのを後になって知ることになる。しかし両国の知識人が、古代の至上の教養である数多の漢籍を読んで文化のみならず、社会制度まで築いてきた共通する歴史を感じたものだ。

日本の美術も朝鮮の美術も、中国美術の大きな影響のもとにあった。ここにも相似の関係を見ることができる。

他方では、この相似のなかに違いを見つけ出していくのが東洋美術史研究の妙味でもあるようだ。

例えば、京都・正伝寺にある「虎図」は、伊藤若冲（一七一六〜一八〇〇）が「猛虎図」を制作した時に模倣したものである。当時は北宋の文人画家李公麟（一〇四九？〜一一〇六）の作品と思われていた。若冲は「我画物象非真不図、国無猛虎倣毛益摸（我物象を画くに真に非ざれば図せず、国に猛虎無ければ毛益に倣ひて摸す）」と書き込んで、南宋の画家毛益（生没年不詳）に倣ったのだと主張した。ところが現在の調査では、明代の浙派の影響を受けた朝鮮中期の画家の作品ではないかと考えられているという（福士雄也、同書二百十四頁）。今後の研究の推移は美術史家たちに任せるとして、一つの作品をめぐる距離と時間の隔たりを超えた特異に伝承された文化が見える。

生物学では、「相似」は、「相同」という概念とあわせて扱うようである。

相似器官とは、もともとは別の器官であったが，形やはたらきが同じ器官であり、他方、相同器官は、進化して形やはたらきは違うが、もともとは同じ器官であったと考えられるものである。

この生物学的な概念では、時間的な遷移が加わることによって、形状や機能の変化が着目される。文化も人間の生物的な活動であるからこのような視点を取り入れることができるかもしれない。

では現在の文化の相似と相同はどうなのだろう？

韓国と日本の流行音楽には身近な心情の相似形が現れているように思える。

高年齢層では、演歌が両国の気持ちの相似形だったかもしれない。

若年齢層では、Ｋ－ＰＯＰがそれに取ってかわっている。

日本の演歌は、古賀政男の貢献が大きいようだ。海峡を越えて歌われる演歌が描き出す世界は、かつての日本列島と朝鮮半島に住む人々の「心」の相似形と言ってもいいのではないかと思う。

世界で日本で大ヒットしているＫ－ＰＯＰについては、韓国音楽文化の「相同」ではないだろうか。Ｋ－ＰＯＰには、演歌のような心情は少ない。だがどちらも韓国文化なのだ。

日本で活躍している韓国人のＤＪがＫ－ＰＯＰのヒットの要素の一つに、パッチムがあるのではないかと解説していた。これは面白い考えだ。英語の歌詞とのつながりの妙によって、いまやＫ－ＰＯＰは世界で受けまくっている。

現代文化の心象の多くは、元来は同じでも過去のものとは違って見える「相同」である。未来の文化もそうであるのだが、また多くの「相似」を同時に生み出していくだろう。

【沖啓介】アーティスト、デザイナー、ミュージシャン。東京都出身。カーネギーメロン大学 STUDIO for Creative Inquiry 研究員を経て創作、演奏、研究、講演活動を行う。専門分野はエレクトロニク・アート、情報デザイン、映像。主な展覧会に、キヤノン・アートラボ「サイコスケープ」、第一回横浜トリエンナーレ、SMAAK（ボネファンテン美術館、オランダ）、「身体の夢」（京都国立近代美術館、東京都現代美術館）、Medi@terra（ギリシャ）、「Art Scope」（インドネシア）、transmediale2008（ベルリン）など。翻訳書に『ジェネラティブ・アート　Processingによる実践ガイド』（マット・ピアソン著／ビー・エヌ・エヌ／二〇一二）※二〇二〇年に社名変更

奥田順平

おくだ じゅんぺい　오쿠다 준페이

『미래 산책 연습』
박솔뫼(저) ／문학동네／2021★

1

『未来散歩練習』
パク・ソルメ（著)、斎藤真理子（訳）／白水社／2023◆

『소년이 온다』
한강(저) ／창비／2014★

2

『少年が来る』
ハン・ガン（著)、井手俊作（訳）／クオン／2016◆

『디디의 우산』
황정은(저) ／창비／2019★

3

『ディディの傘』
ファン・ジョンウン(著)、斎藤真理子(訳)／亜紀書房／2020◆

水俣未来散歩練習

三か月前に京都から水俣に引っ越してきた。おおよそ毎日散歩をしている。家からゆっくり歩いて五分ほど、水俣川河口に架かる水俣大橋。一九三二〜一九三四年の工事で不知火海とつながる川はこの水俣川ひとつになった。たくさんの朝鮮のひとがこの工事にはいた。いま、水俣川は満ちていこうとしているのか、引こうとしているのか。いま、どんな魚が泳いでいるのか。河口の先には天草島がある。晴れた日は青く、曇りや雨の日は白く。河口の右手には避病院（最初期の水俣病患者が入院）があった、いまはない。火葬場があった、いまはない。河口の左手には朝鮮人集落があった、いまはない。チッソ（現ＪＮＣ）の産業廃棄物最終処分場八幡残渣プールがある。ここから水俣川へ水銀を流したのだ。水銀は不知火海にひろがる。水銀はみえない。水俣病はみえない。不知火海はみえる。風景は変わる。えらそうなやつらのためには急激に変わる。だけど、なくなることはあるんだろうか。みえなくなることはあるんだろうか。川が海が川と海に暮らす生き物がその生き物を食べる猫が鳥がひとが、殺された。体と心を踏みにじられた。原因が自社の工場排水だと確信してからも九年間不知火海へ毒を流しつづけたチッソは、いまも水俣駅前にある。いまはない、ではないのだ。ない、のは水俣病で苦悩した、苦悩している生き物への思慕だ。

一九八〇年五月、光州民主化運動。一九八二年三月、釜山アメリカ文化院放火事件。二〇二三年八月、水俣未来散歩練習。一九八〇年五月の光州を散歩している。一九八二年三月の釜山を散歩している。練習をしているのだ。よい未来のために、よい過去のために、よいいまのために。『未来散歩練習』という本をわたしは持っている。自慢である。スミとジョンスンとユンミ姉さんとチェ先生がいる。いっしょに散歩をしている。きのう、スミが釜山で手を振って別れるように、わたしも水俣で手を振って別れた。手を振ったあと、ちょっと笑ってしまった。いま、スミみたいだったな。スミは光州を釜山を散歩する。釜山アメリカ文化院放火事件で投獄されたユンミ姉さん、よく眠るユンミ姉さん。釜山アメリカ文化院が燃えているのをみたチェ先生、ほんとにひどい言葉を聞いたチェ先生。光州民主化運動と釜山アメリカ文化院放火事件を体のそばに引き寄せながらスミは釜山で映画をみる、本を読む、ご飯を食べる、散歩をする。「私はずっと、

すべてのことがほとんど全部終わった後に到着した感じだった。でも、そのことが何か問題になりますか？」とはスミの声。水俣を散歩しながら声にだす。スミの声は水俣でも聞こえる。確かにあった恐ろしいことを、起きるかもしれない恐ろしいことを未然にふせぐことを。絶えず考える。過ぎ去った時間と、来たるべき時間と、いまこの散歩をしている時間。未来は練習できるのだ。素直に真面目に時間に没頭すれば。スミが釜山で、わたしが水俣で思い描く未来は、未来ではまた、甦らせたい未来となるのだろうか。スミはジョンスンとコーヒーをのむ、話をする。友だちは大切。わたしもきょうだれかとコーヒーをのみ、話をしよう。著者のパク・ソルメさんは一九八五年生まれ。光州民主化運動も釜山アメリカ文化院放火事件も体験はしていない。ユンミ姉さんやチェ先生のように、苛烈な体験をした生存者はまだたくさんいるはずだ。生存者の声はなによりだ。だけどだ、生存者の声だけをたよりにしていたら、生存者がいなくなってしまったときどうなるのか、ということだ。きっと大変。えらそうなやつらに、あったことがなかったことにされるかもしれない。この遠慮はえらそうなやつらの思うツボだ。そのツボはつまらなさのルツボだ。投げよう。割ろう。だけどだけど、すごくむつかしい。あきらめそうなとき、韓国文学を読む。パク・ソルメを。ハン・ガンを。ファン・ジョンウンを。チョン・セランを。キム・ボヨンを。勇敢に親切に韓国の作家は虐殺され拷問され踏みにじられたひとたちのことを書く。自分が体験していなくても、書く。恥辱をうけたひとたちに、あなたたちは恥ずかしくない、と書く。まだ生まれていないわたしたちより賢いひとたちのためにも、書く。本は、届く。光州にも釜山にもソウルにも水俣にも、未来にも。今日も『未来散歩練習』を、読んだ。夕方になったら散歩をしよう。水俣大橋からなにがみえるのか。わたしたちは、えらそうなやつらに言われなくても、会ったことのないひとを、声を聞いたことのないひとを助けることができる。見返りをもらうつもりなんてつゆ知らず、わたしたちは衝動的にこまったひとたちを助けることができる、わたしたちにはほんらいその心がある。すごく単純なこと、親切な心だ。その心がほんとうにあるんだとわたしに信じさせてくれたのは韓国文学だ。정말 감사합니다. 本当にありがとうございます。どうか健康でいてください。いつかどこかで会えるのを楽しみにしています。

スミのように手を振る姿を想像しています。

【奥田順平】一九八〇年京都市に生まれ育つ。二〇〇九年に京都市で奥田直美とカライモブックス開店。二〇一九年六月、立ち退きにあい第一次カライモブックスだったボロ屋はぶっつぶされる。いまは金持ちの暮らす家がたっている。二〇一九年九月、第二次カライモブックス開店、第一次の近くに。二〇二三年二月『さみしさは彼方 カライモブックスを生きる』（岩波書店）を、奥田直美と共著で刊行。二〇二三年四月、水俣に移転のため、第二次カライモブックスを閉店。いまは友だちが暮らしている。すごくうれしい。二〇二三年八月、作家の石牟礼道子さんと石牟礼弘さんの旧宅で第三次カライモブックスを開店しようと準備しています。散歩をしています。（二〇二三年八月）

追記

二〇二三年十一月、第三次カライモブックスは開店しました。ご来店お待ちしております。散歩をしています。（二〇二四年二月）

小国貴司

おぐに たかし　오구니 다카시

1
『ビューティフル・ネーム』
鷺沢萠／新潮社／2004★　現在電子書籍のみ

2
『핑퐁』
박민규(저) ／창비／2006★

『ピンポン』
パク・ミンギュ（著)、斎藤真理子（訳）／白水社／2017◆

鷺沢萠は作家となった後、二十歳を過ぎて自身の隠れたルーツを知った。「朝鮮半島の血が流れていること」は、特に彼女の後半生の作品に大きな影響を与えている。しかし日本の国籍を持った家族にとって、鷺沢がそれをテーマにしながら書くことに、複雑な思いがあったことは、鷺沢のエッセイでも書いてある通りだろう。その葛藤が、本人は不本意かもしれないが、彼女の文学をより「飛躍」させたという側面もあるだろう。

『ビューティフル・ネーム』は鷺沢萠が自死する直前まで書いていた連作短編だ。「眼鏡越しの空」「故郷の春」の二つは完成された作品で、いずれも日本での「通名」を捨て、「本名」を獲得する物語だ。かといって、民族意識に急に目覚めて、というようなストーリーではない。どちらの主人公も、日々のちょっとした出来事をきっかけに自分のルーツに自覚的になる。

たとえば「眼鏡越しの空」の主人公、奈蘭は小学校では本名を使っていたが、進学した中高一貫校では、通り名の「奈緒」と名乗る。しかし、高校のテニス部で「チュー先輩」こと白春純と出会い、最初は嫌悪感をもっていたものの、その完璧な運動神経と人格に憧れを覚える。そしてある日、図書館で見つけた本の貸し出しカード（！）にたった一人、白春純の名前を見つけて、その下に「自分の本名を書きたい」という理由から、自らのアイデンティティに目覚めるのだ。

　こうしてまとめてみると、すごく他愛もない物語のようにも思えるが、それは私のまとめ方が悪いから。でも、あえて言うなら、そのような他愛もないものこそが、わたしたちの人生を作っているのだ、と開き直りたい。

　鷺沢萠は、『ビューティフル・ネーム』を通して、在日二世三世たちが自らのルーツを再発見、再構築する物語を書いたが、その視野は「国」や「自分」を超えたもっと大きなものを見ていた、と思う。それは言ってみれば、たった一人の目の前にいる「他者」を思うことが、生きている日常のささやかな連続が、国やアイデンティティを超えた大きな力になり得る、ということだ。鷺沢萠は、その力こそが、新しい世界を切り開くと願っていただろう。だからこそ、鷺沢萠の死には、その願いが失われるような、大きな喪失感を感じる。

　鷺沢萠が自死した二〇〇四年、その前年に韓国では、『ピンポン』の作家、パク・ミンギュがデビューしている。その小説の読み心地は、鷺沢萠とはまったく違う。どちらかといえば、初期村上春樹や高橋源一郎のようなポップ文学の読み心地に近い。でも、そのテーマ性、というか、パク・ミンギュが見ている世界、は鷺沢萠ととても似ている。

『ピンポン』の主人公は中学生の「釘」と「モアイ」。彼らはどちらも凄惨ないじめにあっている。そんな彼らが、ある日見つけた空き地の卓球台で、卓球をする。お互いが打つ球は、言葉の代わりになって届き、お互いの気持ちを確かめ合うようだ。卓球にハマっていく彼らの前に、師匠のようなセクラテンが現れ、彼に導かれるようにして、地球代表として、宇宙人と人類の行く末を決める卓球の試合をする…。

　その主人公に作者はこんなことを言わせている。

「適応できないんです　みんな結局、自分のことしか言わないし　話を聞いたらみんな間違ってないし　何でこうなんでしょう、何で、誰も間違ってないのに間違った方向へ行くんでしょう　僕がこうなっちゃったのは誰の責任なんでしょう　何よりも　許せないのは　六十億もいる人間が　自分が何で生きてるのか誰もわからないまま　生きてるじゃないですか　それが許せないんです」

それに対して師であるセクラテンは言う。

「ねえ君、世界はいつもジュースポイントなんだ」。悪意と善意の結果を出せないままジュースポイントを繰り返し、宇宙のなかで人類だけが卓球を続けている、と。

　鷺沢萠がどうして自ら命を絶ってしまったのか、もちろん誰にもわからない。けれど鷺沢萠は、ジュースポイントの人類に向けて、間違っていないのに間違ったほうに行こうとする人々に向けて、それをなんとか引き戻そうとする物語を書いていた、と思う。新しい家族の姿、血や名前を超えた、新しい人と人との繋がりを書こうとしていた。だから、もし鷺沢萠がこの『ピンポン』の物語のラストを読んだらどう思うだろうか、と考えてしまう。

　パク・ミンギュはセウォル号の沈没を受けて書かれた『目の眩んだものたちの国家』に寄せたエッセイでこんなことを書いている。

「傾いていくその船の中である子が言った、『僕のライフジャケットを着なよ』。誰も既得権を手放さない、手放すことができないこの傾いた船の上で、そう言ったのだ。僕はこの言葉が、亡くなった生徒たちが僕らにくれた最後のチャンスだと思っている」。

　二人の作家が見つけたそのチャンスは、まだ手の中にある。まだ、今なら。


【小国貴司】一九八〇年生まれ。ナショナルチェーンの新刊書店での勤務ののち、二〇一七年「ＢＯＯＫＳ青いカバ」を開業。「ずっとＧＯＯＤ ＢＯＯＫＳ」をコンセプトに、十年後も本棚に入れておきたい一冊を集めています。メインは古書の販売・買取ですが、店内では新刊書籍も取り扱っています。新刊書の注文から蔵書の整理まで、本のことはだいたいのことでご相談いただけます。入荷情報やおすすめの本の情報、時にはどうでもいい情報をＳＮＳで発信もしています。カッコいい本の画像ギャラリーはInstagramで掲載中。ぜひご覧ください。

小幡倫裕

おばた　みちひろ
오바타 미치히로

1 『白磁の人』
江宮隆之（著）／河出書房新社／2010★

2 『朝鮮の土となった日本人――浅川巧の生涯』
高崎宗司（著）／草風館／2002★

3 『朝鮮の膳／朝鮮陶磁名考』
浅川巧（著）／筑摩書房／2023★

4 『浅川巧　日記と書簡』
浅川巧（著）、高崎宗司（編）／草風館／2003★

浅川巧の「韓国・朝鮮の心」に近づく姿

한국의 산과 민예를 사랑하고 한국인의 마음속에 살다간 일본인 여기 한국의 흙이 되다（韓国の山と民芸を愛し、韓国人の心のなかに生き世を去った日本人、ここ韓国の土となる）

民芸運動の主唱者柳宗悦《やなぎむねよし》（一八八九～一九六一）の朝鮮芸術研究に最も影響を与えたと言われる浅川巧《あさかわたくみ》（一八九一～一九三一）。彼が眠る韓国京畿道九里市《キョンギドクリシ》の忘憂《マンウ》共同墓地にある墓前の石碑に刻まれた言葉だ。日本と朝鮮半島の関係が「究極の非対称性」（木宮正史『日韓関係史』、岩波新書）を示した植民地期に、足かけ十八年に渡って朝鮮に暮らし、朝鮮でその生涯を終えた人物である。朝鮮の山林緑化に功績を上げ、朝鮮の工芸研究にも大きな足跡を残した。しかし、その存在は未だにあまり広く知られていないようである。

「韓国・朝鮮の心とは何か」と問われると、私にはどう答えていいか正直難しい。しかし、「支配―被支配」「差別―被差別」の構造が顕になった植民地期に朝鮮の人々の心のなかに生きた浅川巧について書けば、「韓国・朝鮮の心」へと近づくあり方について読者とともに考えていけるのではなかろうか。
浅川巧は朝鮮語を身に着け、朝鮮の文化様式に合わせた生活をし、多くの朝鮮庶民と心を交わしていく中で、朝鮮林業の発展と朝鮮工芸の理解を深めた人物として知られている。その生涯を知るには、まずは江宮隆之の小説『白磁の人』を読んでみてほしい。物語の展開は決して大きな起伏があるわけではなく、穏やかに進んでいく感がある。時に浅川巧は日本の軍人から詰問され暴力をうけるが、彼は決して強い抵抗を示さない。それはそうした迫害を「朝鮮の人々の苦しみを具体的に知ること、として受け入れた」姿であった。江宮が描く浅川巧は「温かく優しく、それでいながら毅然としたものを秘めた白磁のような人」であった。そして「チョゴリ・パジを脱ごうともせず、朝鮮語で話し、朝鮮語で笑う巧と、誰もが友達になりたがった。朝鮮人たちは日本人を憎んだが巧を愛した」。二〇一二年にはこの小説を原作とした映画「道—白磁の人—」(高橋伴明監督)が上映されている。

『白磁の人』を読んで朝鮮の人々に愛された浅川巧のイメージを掴んだら、より歴史的な実像に迫るために高崎宗司『朝鮮の土となった日本人』を読んでほしい。本書は『白磁の人』のなかで江宮隆之が浅川巧との出会いのきっかけとなった本として挙げている。

本書では浅川巧の生涯を記す中で、彼と交わった多くの日本人や韓国・朝鮮の人々の声が登場する。そこで注目されるのは、浅川巧の朝鮮語への取り組みの姿勢である。多くの在朝日本人の中で浅川巧のように積極的に朝鮮語を学んだ人は珍しい。高崎は、浅川巧が朝鮮の人々の肉声を朝鮮語で聞くことを通じて「植民地朝鮮に対する認識を深め、自分のものとし」、「植民地民衆の生活にふれることを通して、血の通った朝鮮への認識を獲得していったといえるだろう」と指摘している。言葉さえできれば異文化理解ができるというわけではない。しかし、相手の言葉を知ろうとし、話そうとすることは、異文化の人の心に近づき理解する上での大切なステップであることは間違いない。植民地期という時期にそうした姿勢を実践したところに、彼の存在の重要性があるのである。

また、本書では、浅川巧が勤務していた朝鮮の林業試験場の同僚の声として、彼が言葉だけでなく、常日頃からパジチョゴリを着、食事も一切韓国式で、彼が暮らす官舎は韓国人の同僚のクラブのようだったという発言が紹介されている。

生活そのものをも朝鮮の人々に溶け込ませていた浅川巧の姿が、朝鮮の人々に強い親しみの情をわかせていたのである。高崎は本書の最後に付記として、「浅川巧が重要なのは、彼が、欧米と朝鮮とを比較して、欧米が進んでいる、朝鮮が遅れているというような問題の立て方をしなかった人であるからである。浅川巧のように朝鮮をあるがままにとらえ、なおかつ愛した人は、そう多くない」と述べている。「支配―被支配」の非対称な関係にあった日本と朝鮮半島の中で朝鮮に寄り添った浅川巧の姿に、朝鮮の人々も感銘を受けたのである。

高崎の著作を読んだら、やはり浅川本人の言葉に触れてほしい。『朝鮮の膳／朝鮮陶磁名考』は浅川巧の朝鮮工芸研究を代表する著作である。『朝鮮の膳』の冒頭で彼は、「正しき工芸品は親切な使用者の手によって次第にその特質の美を発揮するもので、使用者は或《ある》意味での仕上工とも言い得る」と述べ、いわゆる「用の美」の重要性を指摘する。特に朝鮮の膳については「淳美端正の姿を有ちながらよく吾人の日常生活に親しく仕え、年と共に雅味を増すのだから正しき工芸の代表とも称すべきものである」とする。朝鮮の道具を用い、親しむというこの言葉は、彼が日常から朝鮮の文化をもとにした生活スタイルをしていたこととも通じる。また『朝鮮陶磁名考』では、取り上げた陶磁器の漢字名だけでなく、朝鮮での固有名のハングル表記とその発音をローマ字で記している。浅川はその「緒言」で「生まれながらの名前」で陶磁器を呼ぶことが、「その主人であった朝鮮民族の生活や気分にも自ら親しみ有る理解を持てること」につながるとしている。この点も彼が朝鮮語習得が朝鮮の生活や芸術の理解に必要だと考えていたとして、前述の『白磁の人』や『朝鮮の土となった日本人』で指摘されるものである。

『浅川巧　日記と書簡』では、関東大震災に対する彼の思いが綴られた日記も注目に値する。大正十二年（一九二三）九月十日の日記で、震災時にあった放火に関して「日本人の社会主義者輩が主謀で何も知らない朝鮮人の土方〔ママ〕くらいを手先きに使つてしたことゝ思ふ。一体日本人は朝鮮人を人間扱ひしない悪い癖がある。朝鮮人に対する理解が乏しすぎる。朝鮮人と云へば誰れも彼れも皆同じと考へてゐる。白い着物さえつけてゐたら皆ゝ朝鮮人と心得てゐる」と記している。社会主義者への認識や「土方」という表現に対する検討の余地はあるものの、否定的なステレオタイプの朝鮮認識への批判が溢れている。そして「事実があるなら仕方もないが、少なくも僕の知る範囲で朝鮮人はそんな馬鹿ばかりでないことだけは明らかに云ひ得る。それは時が証明するであらう」と綴られたその言葉には、朝鮮語を話し、白いパジチョゴリをまとうことへの彼の信念が垣間見えるような気がする。

浅川巧が植民地期の朝鮮生活の中で示した姿は、当時の日本人としてはまさに異質のものであった。しかし、言葉を学び、現地の生活に溶け込もうとするその異質な姿は朝鮮の人々の心を感動させ、一部の日本人をも感動させた。そうした姿勢を通じて「韓国・朝鮮の心の読み方」のひとつを示した浅川巧の思いに、私達は改めて目を向けてもいいのではないだろうか。

【小幡倫裕】一九六九年静岡生まれ。翻訳家・近世日韓関係史研究家。韓国平沢大学校日本学科助教授を経て現職。近世日韓関係史・日韓比較文化を専攻。著書に『朝鮮の歴史を知るための66章』（共著、明石書店）、翻訳書に『朝鮮王朝時代の世界観と日本認識』（河宇鳳著、金両基監訳、明石書店）、『朝鮮時代の女性の歴史』（奎章閣韓国学研究院編、明石書店）、翻訳監修に『師任堂のすべて　朝鮮時代に輝いた女性芸術家』（劉禎恩著、青島昌子訳、キネマ旬報社）等がある。

頭木弘樹

かしらぎ　ひろき

가시라기 히로키

『벌레 이야기』

이청준(저) ／문학과지성사／2013★

1

「虫の話」『絶望図書館』所収

李清俊（著)、斎藤真理子（訳)、頭木弘樹（編）／ちくま文庫／2017◆

『거기, 내가 가면 안 돼요 ?』

이금이(저) ／사계절／2016★

2

『そこに私が行ってもいいですか？』

イ・グミ（著)、神谷丹路（訳）／里山社／2022◆

『난장이가 쏘아올린 작은 공』

조세희(저) ／문학과지성사／1978★

3

『こびとが打ち上げた小さなボール』

チョ・セヒ（著)、斎藤真理子（訳）／河出文庫／2023◆

「**虫の話**」

私が韓国の作品と初めて出会ったのは——もちろん、それまでも出会っていたのだろうが、それを強く意識したのは——「シークレット・サンシャイン」という映画だった。それ以降、私は韓国映画、韓国ドラマ、韓国文学に注目するようになり、どんどんはまっていった。それくらい、この映画は衝撃的だった。監督、脚本、製作がイ・チャンドンと知り、過去の作品も見た。そして、「シークレット・サンシャイン」には原作小説があることを知った。それはぜひとも読んでみたいと思った。

私はアンソロジーの編者になるのが夢のひとつだったが、それがようやくかなうことになり、その初めてのアンソロジーに、ぜひ「シークレット・サンシャイン」の原作となった短編小説を収録させてもらいたいと思った。

韓国文学の翻訳者の斎藤真理子さんに相談した。斎藤さんに新訳していただいて、収録することができた。原作小説は予想以上に素晴らしかった。それが李清俊「虫の話」だ。

子どもを誘拐され殺された母親。犯人は逮捕されるが、子どもを失った苦しみは癒えない。耐えがたい日々の中で、キリスト教に入信し、ついに犯人を許す決意にまでいたる。しかし、面会に行った母親に犯人は、自分も刑務所の中でキリスト教に入信し、すでに神に許されたことを告げる。衝撃を受け、立ち直れなくなる母親……。

最近の宣伝文句によくあるような「最後に希望の光が」といった欺瞞はいっさいない。そんなものは寄せつけない厳しさ。

李清俊の作品に惚れこみ、次のアンソロジーにも別の短編を収録させてもらったし、その後のアンソロジーにはいつも斎藤さんに韓国文学を初訳や新訳をしてもらっている。「虫の話」は私にとって、韓国文学への入口として忘れがたい特別な作品だ。

『**そこに私が行ってもいいですか?**』

韓国ドラマでとくに感じたが、イケメンや美女が出てくるファンタジーラブロマンスでも、そこに非常に重い社会問題が描かれていたりする。日本ではありえないことだ。しかも、社会問題が入っていることで、エンターテインメントとしても、より面白くなっている。これにはとても驚いた。社会問題をあつかうと、エンターテインメント性はどうしたって削がれると思っていた。

日本で社会問題をテーマとした作品を作っている人たちにとって、いちばんの問題は、すでに問題意識を持っている人しか作品に接してくれないことだ。韓国のように、エンターテインメント作品の中で社会問題をあつかうことができたら、見てくれる層はぐっと広がる。

この長編小説も、読み始めると一気に読んでしまうくらい面白い。そういうエンターテインメント性と同時に、さまざまな社会問題が描かれている。ヤングアダルト向けの作品なのに、慰安婦問題なども出てくる。子どもを軽く見ていなくて、本気で書いてある。

そして、面白さにつられて読んでいくうちに、韓国の歴史もいろいろわかってくる。歴史を知ることで、この作品だけでなく、韓国文学全体の面白さも増していく。いきなり韓国の歴史を知りたいと思う人は少ないだろうが、この作品には、それを面白く自然と伝える力がある。

もちろん、大切な問題をすべてエンターテインメントにする必要はないし、それはおかしいわけだが、エンターテインメントでも社会問題をあつかえるというのは、間違いなく素晴らしいことだと思う。

『こびとが打ち上げた小さなボール』

私が感じる韓国文学の特長のひとつに身体性がある。社会問題にしても、理念を語るだけでなく、身体を通して描くところがある。身体の描き方の生理的なリアルさが、社会問題にも臭いや汗や息づかいを感じさせる。私は自分が難病患者なので、作品の中で身体がどう描かれているかがつい気になるのだ。

そういう中でも、この『こびとが打ち上げた小さなボール』はとくに凄かった。社会的に虐げられた人々の悲惨な現実を、こびとという身体障害者を通して描き、健常者に「私たちもこびとです」と言わせるのは、下手をすると、とても図式的になってしまいかねない。しかし、まったくそうはならない。こびとやいざりやせむしたちは、たんなるメタファーではなく、生きた肉体を持っている。血を流すとき、それは悲惨さの象徴であるだけでなく、本当の生血だ。

そして、この小説で描かれている社会状況は、まるで今の日本のようだ。過去の作品なのに、読んでいて未来への恐怖を感じさせられた。社会の仕組みというものが、ほうっておけばどんどん、人が人を踏みにじる方向に固まっていくことが感じられて、座していられない思いにかられる。韓国でロングセラーとのことだが、今後、日本で読まれていくべき本だと思う。

【頭木弘樹】文学紹介者。筑波大学卒。大学三年の二十歳のときに難病になり、十三年間の闘病生活を送る。そのときにカフカの言葉が救いとなった経験から、二〇一一年『絶望名人カフカの人生論』（新潮文庫）を編訳。編訳書に『ミステリー・カット版カラマーゾフの兄弟』、著書に『食べることと出すこと』『落語を聴いてみたけど面白くなかった人へ』『自分疲れ』、アンソロジーに『トラウマ文学館』『絶望書店　夢をあきらめた九人が出会った物語』『ひきこもり図書館』『うんこ文学』、共著に『こどもに聞かせる一日一話「母の友」特選童話集』など。ＮＨＫ「ラジオ深夜便」の『絶望名言』のコーナーに出演中。

川原秀城

かわはら ひでき

가와하라 히데키

1

『自省録』（東洋文庫 864）

李退渓（著）、難波征男（校注）／平凡社／2015◆

『이퇴계의 자성록』

퇴계 이황(저) ／최중석(역주) ／국학자료원／2003★

韓国・朝鮮の心と聞いて、ただちに思い浮かぶのは、中国伝来の儒学・儒教が土着化しながら、優に二千年を超えて韓国・朝鮮に思想的影響を及ぼしつづけたことである。儒学・儒教の思想が韓国・朝鮮の心を育んできたことは儒学・儒教に由来した用語が現行の韓国・朝鮮語に散在することからみて自明であり、贅言を弄する必要はないであろう。

だが儒学・儒教思想の内容を厳格に「心学」と限定すれば、韓国・朝鮮の心をなすと称するに足る思想家は、李滉《イ・ファン》／李《イ・》退渓《テゲ》（一五〇一〜一五七〇）をおいてほかにない。李滉の歿後、朝鮮朱子学の二大学派の一つ李滉学派の朱子学者はいうにおよばず、退渓学の理論を批判した二大学派の他の一つ李珥学派の朱子学者も、また朝鮮朱子学を根本から改革した朝鮮実学派の朱子学者も例外なく、李滉の心学のフレイムワークを基礎とし、それに依拠したからである。実学を含む李滉後の朝鮮朱子学を一言で定義すれば、すこし強引ではあるが退渓心学のバリエーション／変奏曲とのべることができないわけではない。

李滉の代表書としては文集『退渓全書』にくわえて、専門書『聖学十図』『朱子書節要』『自省録』、および人間固有の道徳性をめぐって奇大升と論戦した書簡集『四七理気往復書』をあげることができる。いずれも退渓心学の内容をよく明らかにしている。

李滉の哲学は簡単に定義すれば、敬の心学と称することができる。朱子学のいう「敬」とは、「敬もって内を直にする」こと、すなわち、「主一無適（一事に集中すること）」に努め「身心を収斂する」ことによって、繊毫の私意もなく、胸中洞然とし、徹上徹下、表裏がなく、つねに心中が「惺々《せいせい》（覚醒するさま）」に保たれていることである。精神機能が正しく整った状態、具体的には心の安静専一・整斉厳粛を指すとみてよいであろう。

李滉は特に『聖学十図』の中で、自らの敬の心学の哲学的構造を明らかにした。『聖学十図』は①「太極図」、②「西銘図」、③「小学図」、④「大学図」、⑤「白鹿洞規図」、⑥「心統性情図」、⑦「仁説図」、⑧「心学図」、⑨「敬斎箴図」、⑩「夙興夜寐箴図」の十図に、各図のもとづく原文と自らの解説を添えたものであるが、前四図は敬の理論哲学、後六図は敬の実践哲学と称するに足る著述である。すなわち、李滉は周敦頤『太極図説』と張載『西銘』の宇宙生成論を自らの敬の心学の「標準本原」と位置づけ、その基礎のもと心法の命題として『大学』『小学』の内容を解釈し、『大学』『小学』二書の綱領が『大学』篇首三言にあり、篇首三言の綱領が「明明徳」一句にあり、また「明明徳」の綱領が「敬」の一字にあるとし、「敬の一字は、聖学の始めをなし終わりをなすゆえんである」と結論し、その理論命題を前提として、『小学』『大学』の「田地」（実践するところ）「事功」（内容・任務）として敬の実践論を展開した。他に類例を見ない優れた『大学』『小学』の解釈とのべることができるにちがいない。

朝鮮朱子学史上、重要な著作ゆえ、『聖学十図』の韓国語訳は多い。手元の韓訳書を便宜的に示せば、趙南國訳『聖學十圖』（教育出版社、一九八六）や이광호 옮김『성학십도』（홍익출판사、二〇〇一）などをあげることができる。だが邦訳書のばあい、現代語訳は一部、宮嶋博史責任編集『原典朝鮮近代思想史Ⅰ』（岩波書店、二〇二二）にみえるものの全訳ではない。一方、訓読は『朱子学体系第十二巻　朝鮮朱子学日本朱子学（上）』（明徳出版社、一九七七）などで参照することができる。

李滉の学術の特筆すべき特徴は、本質が中国明清の朱子学と大きく異なっていることである。わかりやすい事例をあげれば、李滉は明の朱子学者の程敏政『心経附注』を深く研究することによって、自らの学的世界を確立した。『心経附注』は源流として退渓心学を規定したが、また李滉の顕彰を経て朝鮮朱子学の必読書の一つに発展した。だが明清の朱子学者は逆に、程敏政の著作を意識的に排斥し、『心経附注』をほとんど読んでいない。

『心経附注』は南宋の真徳秀以来の朱子心学の伝統を誇る優れた著作であるが、朱子学の発展に生じた元学（元の朱子学）の影響をうけ、陸王学を全面的に排斥する明清学（明清の朱子学）とは軌を一にしない。明清の朱子学者が低く評価するのもある意味、当然かもしれない。

最後に日本の読者に李滉の心学を学ぶのに最適の著作を紹介したい。難波征男校注の『自省録』（東洋文庫864、平凡社、二〇一五）がそれである。原書は山﨑闇斎や大塚退野が熟読し、朱子学の精髄に開眼したとのエピソードもあり、江戸朱子学への影響も深い。邦訳書は校注が丁寧、翻訳もこなれている。一読をお勧めする。

【川原秀城】福岡県生まれ。京都大学理学部数学科と文学部哲学科（中国哲学史）を卒業。東京大学名誉教授。大学院人文社会系研究科で東アジア思想文化と韓国朝鮮言語思想を兼任した。専門は中国朝鮮思想史と東アジア科学史。主な著作に『中国の科学思想―両漢天学考』（創文社、一九九六）、『朝鮮儒学史』（裴宗鎬著、安大玉などと共訳、知泉書館、二〇〇七）、『朝鮮数学史―朱子学的な展開とその終焉』（東京大学出版会、二〇一〇）、『高橋亨　朝鮮儒学論集』（金光来と共編訳、知泉書館、二〇一一）、『西学東漸と東アジア』（岩波書店、二〇一五）、『数と易の中国思想史―術数学とは何か』（勉誠出版、二〇一八）などがある。

姜泰雄
カン・テウン 강태웅

『헌책방 기담 수집가』
윤성근(저) ／프시케의 숲／2021★

1

『古本屋は奇談蒐集家』
ユン・ソングン（著)、清水 博之（訳）／河出書房新社／2023◆

『어느 책 수선가의 기록』
재영 책수선(저) ／위즈덤하우스／2021★

2

『書籍修繕という仕事：刻まれた記憶、思い出、物語の守り手として生きる』
ジェヨン（ジェヨン書籍修繕代表）(著)、牧野 美加（訳）／原書房／2022◆

3 『戒厳』
四方田犬彦（著）／講談社／2022★

4 『水戸黄門「漫遊」考』
金文京（著）／講談社／2012★

『古本屋は奇談蒐集家』

『書籍修繕という仕事：刻まれた記憶、思い出、物語の守り手として生きる』

『古本屋は奇談蒐集家』のタイトルを見ただけでは、古い本を探して奇談を集める人の話と思うかもしれないが、本書は実際の出来事をもとに書かれている。著者は古本屋の運営者だ。彼の元にはたびたび、絶版になった本を探してほしいという客が訪ねてくる。初恋に悩んでいた頃に読んだ本を探しに来る人もいれば、脳卒中で倒れた弟の原稿を完成させるために哲学書を探しに来る人もいる。その客は、なぜ哲学なんか勉強するんだと怒って、弟が薦めてくれた本を引き裂いた過去を告白する。また、本書の中には本当の奇談も登場する。過去に友人の家から盗んでしまった本を、その友人に返してほしいという依頼人も現れたり、怖い話の本を求めていた客がひっそりと消え、その客が残した数字には悪魔の数字といわれる六六六が入っていたり。

客が探す本の中には、新しく版を変えて販売され続けているものも多い。しかし、彼らが求めているのは本の内容ではない。その時代に出版されていた、その表紙、その活字の本なのだ。二、三十年をはるかに超える人生が、それらの本には詰まっている。次々と起こる出来事を通して、韓国人の愛に対する思い、社会に対する考え、思い出を噛みしめる方法、人生に対する深い思索を、この本は新しい視点で読者に伝えている。

『古本屋は奇談蒐集家』は、『書籍修繕という仕事：刻まれた記憶、思い出、物語の守り手として生きる』と一緒に読むといいだろう。幼い頃に読んだ童話、料理本、日記、聖書、辞書など、長い年月を自分の隣で一緒に過ごしてきた本を大切に取っておきたい人たちが、修繕家の工房を訪ねてくる。決して安くはないお金を出してでも本を修繕しようとする客には、それだけ深い理由がある。この本にはそれぞれの依頼にまつわるエピソードとともに、修繕前と後の本の写真が載っているので、読者の感動を増幅させる。

『戒厳』

セロハンテープで貼られた四角い紙がこの本の表紙だ。よく見てみると、ソウルの古い地図だとわかる。著者が一九七九年のソウル滞在時に実際に使っていた地図である。今では一年に一千万人を超える人々が韓国と日本を行き来している が、一九七九年、韓国人は外国への旅行を禁止された状態で、日本人は韓国への旅行にビザが必要な時代だった。韓国は日本に、そして世界的にも未知の国だった。そんな時代に大学を卒業したばかりの主人公が、ふとしたきっかけでソウルのある大学の日本語講師として働くことになる。

本書は、著者である四方田犬彦の実体験をもとにしている。彼の目を通して、当時の韓国の姿、そして韓国人のさまざまな側面が映し出される。高層建物の建築制限のせいで高い建物がほとんどなかったソウルの風景、下宿の主人家族や日本語を学ぶ学生たちとの会話、その会話からわかる韓国人の日本に対する認識、そして著者が受けた韓国人に対する感情などが映し出される。日本での大学同期たちはヨーロッパに行って自由を満喫しているのに、著者は真逆の軍事独裁政権下の韓国に来て、日本から送られてきた手紙はすべて開封され、日本から届いた書籍の内容まで検閲される生活を体験する。政治の話を口にしないようにする学生がほとんどだが、何人かの学生は本音をさらけ出して彼に迫ってくる。そんな学生と著者は、あちこち巡りながら韓国社会や文化に接していく。そうした日々の中、来る時が来た。韓国中央情報部（ＫＣＩＡ）から来た車が、大学で彼を待っていたのである。著者はなぜ中央情報部に呼ばれることになったのか？　ここから先は、この本を手にする読者のために残しておこう。

実はこの小説は、私にとってあまりにも身近なものだった。小説では主人公が日本語を教える大学名に架空の名称を使っているが、描写される風景だけでも、その大学がどこなのか特定するのは難しくない。現在も私はその大学の近くに住んでいるし、彼が描写する風景がまさに私の幼い頃のものなので、この本は私に凄まじくノスタルジアを呼び起こした。日韓関係の原風景といえるこの時代の描写を通して、日本人から見た韓国人に根付いた心を知ることができる本だと言うことにしよう。

『水戸黄門「漫遊」考』

最後に紹介する本は、水戸黄門だ。韓国の心を紹介する本と水戸黄門は、かなりかけ離れているのではないかという反論がどこからか聞こえてくるようだが、ちょっと待ってほしい。よく知られているように、水戸黄門は、江戸時代に庶民の恰好をして全国を巡り、百姓たちの苦悩を聞き、悪政を働く官僚たちを懲らしめる正義の味方だ。水戸黄門のモデルになった水戸藩主徳川光圀は、全国を巡ったこともなく、別の地域の官僚たちを懲らしめる権限もなかったが。

著者は、中国と韓国で水戸黄門の話と類似したものを探し出した。中国には宋の時代の官僚、包拯《ホウ・ジョウ》（包青天）を主人公にした一連の物語がある。包拯は「犬斫刀を用意しろ」という台詞で有名な台湾ドラマ「判官包青天」により、韓国でもよく知られる人物だ。物語の中の包青天は身分を隠して視察に回り、周囲を武芸に優れた者が護衛をした。包青天の話が武侠と繋がるのが中国らしい特徴ならば、ロマンスと繋がるのが韓国だ。それが韓国を代表する物語「春香伝」である。

日本とは違って、実際に地方官僚の悪政を取り締まる権限を与えられた御史が、中国や韓国には存在した。彼らは「暗行」しながら巡察するので、暗行御史《アメンオサ》と呼ばれたりする。著者によると「玉堂春」のように、妓生の無念さを癒し、その妓生と結ばれる御史の話が中国にも存在しており、これは包青天の話と影響関係にある。しかし「玉堂春」は、韓国の「春香伝」のように国を代表する物語としてもてはやされてはいない。財閥の男性と屋根裏部屋の女性のように、現代にも身分や家柄、貧富の差を巡って展開されるロマンスを愛する韓国の特徴が、「春香伝」選好に現れている。

本書は、水戸黄門から春香伝まで、日中韓はもちろん、古今東西の物語を比較していく。日本語はもちろん、韓国語と中国語を自由自在に駆使する著者だけが果たすことができる知的「漫遊」に、読者の皆さんも参加してみてほしい。

（訳・山口裕美子）

【姜泰雄】光云大学東北アジア文化産業学部教授。ソウル大学東洋史学科で学士を、一橋大学大学院社会学研究科で修士を、東京大学大学院総合文化研究科で表象文化論博士号を取得。日本文化、日本映像文化論について研究している。著書に『こんなに近い日本』、『争う美術：アジア太平洋戦争と日本美術』（共著）、『日本大衆文化論』（共著）、『帝国の交差路で脱帝国を夢見る』（共著）、『台湾を見る目』（共著）、『戦後日本の保守と表象』（共著）、『水とアジアの美』（共著）などがあり、訳書に『日本映画のラディカルな意志』、『複眼の映像』『化粧の日本史』などがある。

康熙奉

カン・ヒボン　강희봉

『옷소매 붉은 끝동』 전 2 권
강미강(저)／청어람／2022★

1

『赤い袖先』上・中・下巻
カン・ミガン（著）、本間裕美、丸谷幸子、金美廷（訳）／双葉社／2023◆

本書は韓国時代劇『赤い袖先』の原作小説である。

まずはこのドラマについて紹介したい。2PMのメンバーで俳優としても高い評価を受けているイ・ジュノが名君イ・サンに扮した作品で、イ・セヨンが宮女ソン・ドギム（成徳任）を演じている。この女性は歴史的に宜嬪《ウィビン》・成氏《ソンシ》と称されている。

ドラマは主にソン・ドギムの視点から描かれていて、国王の求愛を受けながら自らの信念で拒んでいく女性の自立がまばゆく映る内容だ。過去に多くの韓国時代劇を見てきたが、『赤い袖先』は最高傑作だと思っている。

何よりも、朝鮮王朝時代の王宮に奉職する宮女たちの繊細で生き生きした感情表現に感銘を受けた。国王に仕える宮女という抑圧された立場を美しくも苛烈に見せる展開も良かったし、サイドストーリーとして丹念に描かれた王宮の生活実態にも大いに興味をそそられた。

演出面で言えば、朝鮮王朝時代の身分差を超えた恋愛を情感豊かに展開させる手法に斬新さがあった。当時の固定的な制度や男女差別といった深刻な部分を現代的な捉え方で描き、最後まで視聴者を飽きさせない脚本も巧みだった。

このように、ドラマ『赤い袖先』を自分なりに絶賛していたところ、原作小説も非常に良いという評判が広まってきて、日本語翻訳版となる小説『赤い袖先』が出版されたので期待をもって読んでみた。

内容は、一七六二年に主人公のソン・ドギムが九歳で宮女の見習いとなって恵慶宮《ヘギョングン》（イ・サンの母）の下で働き始めるところから始まる。当時の王宮は重大な事件で揺れていた。それは、思悼世子《サドセジャ》（恵慶宮の夫）が父親の英祖《ヨンジョ》から叱責を受けて米びつに閉じ込められて餓死するという悲劇的な騒動だった。

しかし、小説は王朝を揺るがせた大事件の詳細は語らず、宮女から見た王宮の日常を淡々と描いている。その中で徐々にソン・ドギムの個性が強調されるようになり、自分を押し殺すのではなく奔放にやりたいことに執着する女性の生き方が垣間見られていく。

そんなソン・ドギムと対照的なのが世孫《セソン》（国王の正式な後継者となる孫）のイ・サンである。十代前半の彼は飛びぬけた才能を持ちながら性格が気難しい。しかも、王族の常として人を寄せ付けないような雰囲気を持っている。それでも彼はソン・ドギムの自由奔放さが気になって仕方がなかった。この時点でイ・サンは彼女に恋をしている。その感情の揺れを小説は細やかな筆致で華麗に描き出す。

強烈に印象的だったのは、イ・サンがソン・ドギムに「お前は私のものになりたいのか？」と質問する場面だ。彼女は「私は誰のものでもありません。ただ自分自身として生きたいと思っています」と答えるのだが、イ・サンは「お前は私のものだ。ただ私の命によってのみ生き、そして死ぬのだ」と傲慢に彼女を突き放す。しかし、ソン・ドギムは黙って従う女性ではない。その反骨心がいかにも頼もしい。

史実を言えば、一七七六年に英祖が世を去りイ・サンが二十二代王として即位する。歴史的には正祖《チョンジョ》と呼ばれるわけだが、小説の中の彼は常に政治に没頭している堅物ではなく、一途に愛する女性に求愛しながら断られるという生身の姿を見せてくれる。そんなイ・サンを気持ちよく翻弄するソン・ドギムの生き方はどこまでも痛快だ。

小説は同時に、「王宮の中で生きる女性たちの心の在り方を紹介する」という役割を持っていた。ソン・ドギムの宮女の仲間たち、歴史に名を残す恵慶宮、貞純王后《チョンスン》、孝懿王后《ヒョウィ》などの王族女性……彼女たちが何を考えてどう動いたのか。その精神的な喜怒哀楽が行間からも大いに感じられた。フィクションの部分が多かったとはいえ、「韓国の現代女性である著者が朝鮮王朝時代の宮女や王族女性の心をどう推察していたのか」という点はとても興味深かった。

その中でもやはりソン・ドギムの自立した女性像は異彩を放っていた。朝鮮王朝の抑圧された女性史の中で光るソン・ドギムの存在感は、たとえ小説の中だけであったとしても間違いなく希望を見いだせるものだった。

【康熙奉】一九五四年東京・向島で生まれる。在日韓国人二世。韓国の歴史・文化・韓流や日韓関係を描いた著作が多い。二〇一一年には『知れば知るほど面白い　朝鮮王朝の歴史と人物』（実業之日本社）が三十七万部のベストセラーになった。主な著書は『済州島』『宿命の日韓二千年史』『悪女たちの朝鮮王朝』『徳川幕府はなぜ朝鮮王朝と蜜月を築けたのか』『韓国ふるさと街道をゆく』『韓国のそこに行きたい』『韓流スターと兵役』『韓国ドラマ&K-POPがもっと楽しくなる！かんたん韓国語読本』『韓国ドラマ！愛と知性の10大男優』『韓国ドラマ！推しが見つかる究極100本』『韓国ひとめぼれ感動旅　韓流ロケ地&ご当地グルメ紀行』（共著）など。

姜賢植

カン・ヒョンシク　강현식

『한국인의 심리학』
최상진(저) ／학지사／2011★

1

『韓国人の心理学』
チェ・サンジン（著）／HAKJISA／2011

『한국인의 심리상담 이야기――현실역동상담의 이론과 실제』
장성숙, 노기현(저) ／학지사／ 2010★

2

『韓国人の心理カウンセリングの話――リアリティ・サイコダイナミックセラピーの理論と実際』
チャン・ソンスク、ノ・ギヒョン（著）／HAKJISA／2010

『심리학으로 보는 조선왕조실록』
강현식(저) ／살림출판사／2008★

3

『心理学で見る朝鮮王朝実録』
カン・ヒョンシク（著）／Sallimbooks／2008

『韓国人の心理学』

大学で心理学を勉強して少なからず驚いた。心理学で扱うほとんどすべての理論が西洋から学んだものだったからだ。韓国のアカデミアにおける西洋事大主義は昨日今日に始まったことではない。しかし自然科学ではなく、人の心を研究する心理学においてもそうだという事実には容易に納得できなかった。もちろん、時代や世の東西を問わず人の心に共通するものがあるのは否定しない。とはいえ、西洋と東洋で人の心理や行動が異なるのは明らかで、同じ東洋であっても国ごとにはっきりとした違いがあることは自明ではないだろうか。

こうした疑問を抱えながら勉強を続ける中で、文化による心理的な違いを研究する文化心理学という下位分野の存在を知った。また、国内には韓国人の心理的特性を研究する心理学者も何人かいて、中央大学心理学科教授として在職していた崔祥鎭《チェ・サンジン》先生が先駆者であるという事実を知った。

崔祥鎭先生は米国ハワイ州立大学で博士号を取得し、帰国後は大学で教鞭をとりながら本格的に韓国人の心理を研究した人だ。代表的な研究テーマに、情、恨《ハン》、ウリ（われわれ）性（weness）、体面、ヌンチ（他人の顔色や場の空気を読む）などがある。本書は韓国人特有と言われる情緒を心理学的にどう解釈するかを分かりやすく示してくれる一冊だ。

『韓国人の心理カウンセリングの話――リアリティ・サイコダイナミックセラピーの理論と実際』

文化心理学では、西洋と東洋の文化を個人主義と集団主義に大別する。個人主義は全体より個人を、集団主義は個人より全体を優先する。個人主義文化である西洋では、人々が日常生活において互いの困難をあまり共有しない傾向がある。

米国での交換留学から帰国した後輩に興味深い話を聞いた。留学中に親しくなったアメリカ人ルームメートに、今夜少し時間を作れるかと尋ねた。相手がなぜかと聞くので、その後輩は最近悩んでいることについて相談したいと打ち明けた。すると相手の学生は忙しいからといって、学校の相談センターに行くことを勧めたそうだ。そうはっきり断られるのは予想外だった後輩はずいぶん戸惑ったという。最初は嫌われているのかと思ったが、時間が経つにつれて彼は、それが文化の違いによるものだと理解したらしい。

もしこれが韓国だったらどうだろう？　相談にのってほし

いから夜に時間を作ってくれと友人に言われれば、ほとんどの人は受講すべき授業を休んでも友人の悩みを聞いてやろうとするだろう。言葉で慰めるだけでなく、食事でも酒でもなんでも奢ってやるはずだ。こうしたことからも分かるように、心理カウンセリングは西洋的なものだと言える。韓国の人々は専門家を訪ねて自分の悩みを話すより、知り合い同士が互いにカウンセラーの役割をすることが多い。韓国人が自分の悩みや困りごとを友人ではなく専門家に打ち明ける場合があるとするなら、そこで期待されるのは傾聴と共感ではなく問題解決のための具体的な方法だろう。しかし、西洋文化を基盤とする心理カウンセリングでは、カウンセラーがクライアントの問題に対して解決策を提示することはできない。解決策の提示は、クライアントのカウンセラーへの依存を可能にするという理屈からだ。また、クライアントの自律性にも弊害を与えるとされている。

一体いつから韓国の情緒が依存ではなく自立になり、関係ではなく自律になったというのだろうか。カウンセリングを学べば学ぶほど私の悩みは深まった。しかし、こうしたことで悩んでいたのは私だけではなかった。米国オハイオ州立大学で博士号を取得し、帰国後に心理カウンセラーとして活動していたチャン・ソンスク先生も、長い間そうした点で苦悩した末に、韓国人の心理的特性を活かしたカウンセリング法を考案した。それが「リアリティ・サイコダイナミックセラピー」だ。フロイトの精神分析理論に基づく治療をサイコダイナミックカウンセリングと呼ぶが、チャン・ソンスク先生は韓国人にとって重要なのは現実だとして、問題解決型のカウンセリングを行っていた。

学部生の頃に先生の授業を受講した私は、授業中に膝を打つことが何度もあった。これまでのカウンセリング関連授業ではぬぐえなかったもどかしさがすっきりと解消され、韓国文化に適したカウンセリングが可能であることを知った。先生の主張は明確で、クライアント自身が自律的な大人として機能する必要があり、心の問題だけでなく現実にある問題にも背を向けてはならないと強調した。本書ではチャン・ソンスク先生のカウンセリング技法であるリアリティ・サイコダイナミックセラピーの理論的枠組みとともに、具体的な事例も紹介されているため、韓国人の心理特性に合わせたカウンセリング技法を容易に理解することができる。

『心理学から見る朝鮮王朝実録』

私は心理学者として、また心理学コラムニストとして活動しながら、これまでに何冊かの本を出版した。毎回全力を尽くしてはいるが、その中で最も力を入れたのがこの本だ。歴史専攻でもない私が、よりにもよって朝鮮の歴史を素材に執筆するということ自体がある種の冒険だった。わが国の歴史の中でも、朝鮮時代については他のどの時代よりも研究されており、歴史学者はもちろん一般の人たちもこの時代への関心が高い。研究結果が多ければ当然議論も多くなる。誤解を招きかねない素材を極力減らし、歴史的な内容に間違いがないように、非常に多くの調査時間をかけて執筆した。

本書は朝鮮時代の王室で起きた歴史的事件の数々を心理学者の視点で再解釈したものだ。権力をめぐる父子の葛藤、王妃と側室の暗闘、兄弟間の対立、仇討ちなどの復讐、いかなる努力も認めてもらえない心情など、韓国最後の王朝だった朝鮮王室のエピソードから人々の心を読みといている。

王室での事件が、果たして日常を生きる普通の人々の心を正しく映し出せるのかと考える人もいるだろう。しかし、朝鮮王朝を舞台にした物語は、現在でも映画やドラマ、演劇、ミュージカル、そして小説やドキュメンタリーなどで再生産され、多くの視聴者から人気を得ている。こうした現象は、王室の人々の心が今この時代を生きている普通の人々の心と大きく変わらないことの証明ではないだろうか。

この本を手に取る読者は、歴史的事実だけでなく登場人物たちの心の動きに興味があるはず。そう思いながら執筆した一冊だ。朝鮮王朝での出来事をベースに書いたものではあるが、本書を通して、今日を生きていく私たちの心がより理解しやすくなることを願っている。

（訳・柳美佐）

【姜賢植】だれもが身近に心理学を、を意味するフレーズを略した「ヌダシム」というペンネームで活動する心理学コラムニストであり、ソウルで心理相談センターを運営するカウンセラー。コラムニストとしては心理学の正しい知識を人々がより簡単に面白く理解できるようさまざまなテーマで文章を書き、カウンセラーとしては対人関係構築の訓練と心の健康を目標とするグループカウンセリングを主に行っている。著書に『一度読んだら絶対に忘れない心理学勉強法』、『これまで私はあまりにも我慢しすぎた』、『私の心に見知らぬだれかが住んでいる』、『少しくらい悪口を言われても大丈夫です』、『傷ついた記憶はなぜ消えないのか』、『心理学の逆説』などがある。

姜侖廷

カン・ユンジョン　강윤정

『새 마음으로　이슬아의 이웃 어른 인터뷰』
이슬아（저）／헤엄／2021★

1

『新たな気持ちで　イ・スラの近所の年配者へのインタビュー』
イ・スラ（著）／ヘオム出版社／2021

『너라는 생활』
김혜진(저) ／문학동네／ 2020★

2

『君という生活』
キム・ヘジン（著）、古川綾子（訳）／筑摩書房／2022◆

本のタイトルは時代を映しだす。実用書や自己啓発書のように目的がはっきりとした本はもちろん、文学書も同じだ。時代精神を共有しているからだ（作家がその時代の人でなくても同様だ。その作品を見いだし、出版しようと決めた編集者が時代精神を共有しているのだから）。この三年間、本のタイトルで見かけることが多かった言葉がある。それが「心／気持ち」（訳注：韓国語では気持ち、心も「マウム」という言葉で表す）だ。某日刊紙では「〜する気持ち／心」という特定のスタイルのタイトルが流行しているのに着目して、記事を出したほどだ（「この言葉さえつければ、本のタイトルになります。魔法の言葉『気持ち』」／二〇二二年、朝鮮日報）。記事で言及されている『描写する気持ち』、『女性、警察官になる心』、『株を持つ心構え』をはじめ、『帰宅途中の心』、『心が動く仕事』、『貧しくならない心』、『ミレニアル世代の心』などが次々と浮かぶ。ある時期を本のタイトルで記憶する私のような人間にとって、先のパンデミックは「心／気持ち」を冠した数多くの本で記録されることだろう。あの時期、私たちは様子を見ながら、身を守らなければという気持ちが大きく働いていたと。

色褪せた気持ちでも、抜け殻のような気持ちでもない、新たな気持ちで──『新たな気持ちで』

作家イ・スラのインタビュー集『新たな気持ちで』は、そうした気持ち（心）を描いた本の中で特に印象に残った一冊だ。「気持ちや心」がタイトルに入った他の本では「立場」や「状態」といったニュアンスが強いが、本書は違った。「気持ち」の後に、なにかを行う方法や手段を表す格助詞「で」が付いている。そのうえ、「新たな」気持ちでとあり、色褪せた気持ちと新たな気持ちがあり、それによってなにかを行うことができるというのだ。このタイトルを初めて見たときに受けた爽やかな衝撃が忘れられない。作家イ・スラほど、うまくタイトルをつける作家もめずらしい。最初に刊行した『日刊イ・スラ』から『心身鍛錬』、『清らかな尊敬』、『素晴らしい人生』など、毎回わかりやすく、親しみのある言葉の組み合わせで新鮮な感覚を呼び起こすのは、彼女の大きな武器だ。

『新たな気持ちで』は、副題にあるように「近所の年配者へのインタビュー」集だ。作家は、救急センターの清掃員、農業従事者、マンションの清掃員、印刷所の職人と経理、洋服修理工房の社長と会話をしている。彼らはみな長年にわたり一つの仕事に従事してきた中高年で、いまではあまり使われない「近所の年配者」という、懐かしく響く表現のよく似合う人たちだ。

「こんなに長々と仕事の話をしたのは初めてです。話してみると幸せな気分になるものですね」。「近所の年配者」たちは、自分の生活や仕事について話すのに慣れていない。自分たちの人生の幅を広げてくれた思慮深いインタビュアーの前で、少しずつ心を開いていった。

イ・スンドク：私が早くに両親を亡くし、他人の手で育てられたせいだと思います。つねに寂しく、ひたすら苦しかったのです。愛されることもありませんでした。幼い頃からこう思っていたんです。大きくなって、お金を稼ぐようになったら、かならず自分よりもつらい思いをしている人を助けようと。そう心に決めたんです。

救急センターの清掃員として二十七年間働いてきたイ・ス

ンドクは、独居老人の支援活動に参加して二十年以上になる。辛酸を舐めた彼女の人生は、誠実でたゆまぬ愛の心へとつながっていったのだ。イ・スラが付け加えた言葉のように、「生きるのが苦しかった」と「だから自分よりもつらい思いをしている人のことを思った」という二つの文章がつながっていくのは「奇跡のように感じられる」。

ユン・インスク：感情が込み上げてくるときもあるけれど、さっさと忘れることにしています。ストレスを抱いて、むすっとしていると、私自身が傷つくでしょう。新たな気持ちで始めるのよ。

この本に載っているインタビューは、私たちが互いに労働で結びついていることを示す対話でもある。作家イ・スラが、自分の口に入ってきた一つの椎茸の、生産の流れを遡るように出会った農業従事者ユン・インスクさん。「新たな気持ちで生きる」という彼女の言葉は、辛い仕事と生活に対する清々しい指針となる。

「近所の年配者」の年齢層が幅広いため、韓国現代史の風景がおのずと見えてくるのは、本書の大きな魅力の一つだ。朝鮮戦争後、山に鳥も鳴かないほど国土が荒廃した時代の話から、女性には教育が必要ないと考えられたのはもちろん、嫁に出して「一つでも口減らし」をしなければならなかった時代、「箱部屋（バラック小屋）」で寝ながら、一ヶ月に一、二度の休みで炭火アイロンを手に「シタ（下働き）」として過ごした日々まで。他人の人生と仕事を「具体的に尊敬するために、具体的に感謝するために」作家イ・スラが描き出そうとした世界は、思っていたよりも多彩で、驚くべきものになっている。

人生はそれ自体が複雑に絡み合って美しく輝いていることを、本書は示してくれる。「近所の年配者」と作家イ・スラ、そして本書を読む読者は、それぞれ異なる時代に属していることだろう。時間の連続性において、自身の役割を果たしながら生きていることだろう。「色褪せた気持ちでも、抜け殻のような気持ちでもない、新たな気持ちで」。

#階級　#ジェンダー　#住居――『君という生活』

「新たな気持ちで」が上から下に、過去から現在へと流れて染み込んだ心を見せてくれるのだとすると、「いま、この場所」での人生と、とその人生を生きる人たちの心情をありのままに映し出す本も、一冊紹介したい。『娘について』（キム・ヘジン（著）／古川綾子（訳）／亜紀書房／二〇一八年）で知られるキム・ヘジンの短編集『君という生活』だ。

作家キム・ヘジンは、二〇一二年に文壇入りをしてからずっと、主流から外れた者たちの人生、嫌悪と排除の暴力性を、正面から描いてきた。作家がこれまで登場させてきた人物たちを見てみよう。中央駅を終の棲家とみなすホームレスの男女、生活と生業、「仕事らしい仕事」に対する問いを抱える青年、退職を強要される通信会社の工事技師、再開発後に貧富の差により二分化された地域社会を生きる人々……このようにキム・ヘジンはフェミニズムとクィアのイシューに代表されるような、韓国文学のここ五、六年のトレンドとは少々異なる、世代と時代の問題、具体的には労働と住居の問題を核心に据えて小説を書いている。

そのため、なぜ本書のタイトルが君という「人生」ではなく、君という「生活」でなければならないのか推測できることだろう。新自由主義とパンデミックの時代、青年の自殺率が世界第一位、低出生率の問題、住居および雇用の不安など、韓国社会の特性といえる側面が、キム・ヘジンの作風において「私―君」という最も本質的であり内面的な関係における、具体的で物理的な「生活」の姿として現れる。

『君という生活』に収録された八つの作品は、すべて「君」を見つめ、大切にし、厄介に感じ、持て余す「私」の話になっている。「君」は「野良猫をとても大切に思っている人」であると同時に、「古くなったものはきれいさっぱり壊すべきだと信じている人」（「三区域、一地域」）だ。また、「君」は「どんな扱いをされているかも理解しておらず、怒ることを知らない」人（「君という生活」）なので、「私―君」の「生活」は、しばらく全面的に「私」が担っていかなければならないのだろう。また、「君」は「こうした一件が無駄な誤解を生み、それが取り返しのつかないほどの一大事になり、最終的にはいつも私たちをさらに遠くの知らない町へ追いやっているとは思いもよらないようだ」（「ご近所さん」）。愛と連帯のようなキラキラした関係を結ぶ「私―君」にも格差はある。ときには感情の大きさの違いによって、住む場所の違いによって、未来に対してどれほど不安を抱いているかの違いによってだ。

なによりもこれらをすべて見つめている「私」という限られた視野に注目したい。「私」は絶対に「君」のすべてを推し量ることができず、読者もまた限られた情報のまま読み進めていくしかない。むしろ限られているからこそ、小説の真実味を高める。「要するに、あの晩の私が実感したのは君との隔たり、そして格差だった。でも、もし君がそういう人じゃなかったら、君と私は、私たちになれていただろうか」。このときから読者は「君」に向けられた指先の主である「私」に集中し、その「私」という鏡に自らを映しだすようになる。つまり、『君という生活』は「君」について語ることで、いくども「私」について語る小説集なのだ。

この時代の韓国社会を構成する者として生きるということは、どういうことだろうか。市民であり個人として生きる私たちには、倍音のように存在する疲労感や絶望感がある。同時に、「君」を理解しようとし続ける、互いの生活を見つめて守ろうとする意思表示も存在する。ときには成功し、ときには失敗する、その試みが絶えず交わりながら描き出す心の

地図がここにある。現実の世界との差がほとんどないイ・スラとキム・ヘジンによる精密な地図は、「韓国の心を読む」もっともよい指標になるだろうと信じている。

（訳・バーチ美和）

【姜命廷】文学編集者。YouTubeチャンネル「編集者K」の運営者。詩集を作成している。『文学書をつくる方法』、『わたしたちは並んで座って　それぞれ本を読む』（共著）がある。

姜英淑

カン・ヨンスク　강영숙

1

『서울 자가에 대기업 다니는 김 부장 이야기 1 ~ 3 편』
송희구(저) ／서삼독／2021 ★

『ソウルの持ち家に住み大企業に勤めるキム部長の話　1～3編』
ソン・ヒグ（著）／書三読／2021

2

『돌봄과 작업』 전 2 권
정서경 외(저) ／돌고래／2022★

『ケアと創作作業』全２冊
チョン・ソギョン　ほか（著）／トルゴレ／2022

3

『차녀 힙합』
이진송(저) ／문학동네／2022 ★

『次女のヒップホップ』
イ・ジンソン（著）／文学トンネ／2022

会社員、母親、K次女の世界

地下鉄に乗ってどこかに向かっている時、前に座っている人がうつむいて携帯電話を見ているのを眺めながら、一人こんなことを考えたりもする。あの人の悩みは何だろうか。何が一番つらいのかな。今何を読んでいるのだろう。そのうちすぐに思考は私の元に戻ってくるのだが、それでもいつだって気になる。朝が来て、一日を始める頃には希望を抱いてはいるものの、午後になると、しわくちゃになって縮んだままの心で家に帰る。心に抱くものはそれぞれ違うけれど、私たちはこんなふうに、同じ時代を生きている。

『ソウルの持ち家に住み大企業に勤めるキム部長の話　1〜3編』

いつからか、作家に専念したり執筆を専門にしたりするのではない、会社勤めをする一般の人たちが書いた文章が主流になった韓国の出版市場。この本の著者は入社十二年目の課長で、出勤前に早起きして一時間ずつ書いた文章をまとめて本を出した。地道に、コツコツと努力する著者だと思う。私が講師を務める小説創作ワークショップで、受講生たちから何度も勧められて読むことになったのだが、実のところ、私にとってこの本が大きく役立ったとは言えない。けれど、平均的な会社員の気持ちをうまく代弁している本だと思った。一般的にオフィスものと呼ばれる、会社を舞台にした小説が数多く出版されているのも、会社員がたくさんいるからなのではないだろうか。実に多くの人が会社勤めをしている。大変な会社員生活を送りながら組織文化に適応し、家庭を築き、老後を憂い、薄給ながらも不動産や株式に投資して、失敗することなくそれなりの富を築こうと努力する人たち。現実に希望を見いだすことはできないけれど、今日の平均的な会社員の心がこの本にある。昼休みになると、食事をしにゾロゾロと外に出てくる会社員たち、ランチの後は甘ったるいドリンクをそれぞれ手にしてロトを買いに行くキム部長、ソン課長、チョン代理、平社員のクォンさんは、どんな気持ちで一日を過ごすのだろうか。

『ケアと創作作業』全2冊

妊娠や出産がすごいことだと言うつもりはないけれど、創作者でありながらケア労働を行ったことがある人は、これが人生で経験するどんなことよりも極めて大変な部類に入るということを理解できる。私を産み、育ててくれた母の助けによって子どもたちを育ててきたが、結局母をこき使うことになってしまった。最近では、そのことをとても後悔している。なぜ母を搾取してしまったのか、どうして母の時間を担保に自分の子どもを育てたのか、悔やんでも悔やみきれない。女性たちにとってケア労働はいつだって大きなイシューだったし、解決困難な問題だった。女性たちは、仕事をしていようがいまいが、母親と自分自身との間で常にジレンマを抱えねばならなかったし、二重に拘束された状態だった。子どもの母親であると同時にさまざまな分野で働く女性たちが、罪悪感にとらわれることなく働けるシステムや環境が作られるのはいつになるのだろうか。少子化の時代ゆえ、このような女性たちに頭が下がる思いだ。ケアと創作作業のバランス、こんな大変なことを行っている、多様な背景を持つ女性たちの視点を確認することができる貴重な企画だ。

『次女のヒップホップ』

日本の作家、篠田節子の『長女たち』を読むと、娘だから、結婚していないからと、親のケア労働に真っ先に駆り出される長女に出会うことができる。超高齢社会の日本はもちろん、韓国も例外ではないので似たようなことが起こっている。その上、未婚の娘は、昼は会社で、退社後は家で病気の親の面倒を見る。人間として、病んだ母を、病んだ父を見て見ぬふりはできないけれど、長女たちに課された苛酷な重荷であることは否定できない。では、次女はどうだろうか？　この本は、次女だから、娘だからと、家族の中でどこにも居場所がなく、のけ者にされ、周辺に追いやられる次女たちの話をテーマにしており、著者は「次女性」という概念で、彼女たちが成長期に感じてきたあらゆる悲しみの根源を分析している。この本を読むと、悔しいなら先に生まれてくればよかったのに、というようなことは、とてもじゃないが言えなくなる。推薦の言葉の中にあった「K‐次女の登場」という表現がまさにピッタリだと思うが、私たちが歩んできた時間のうちで、正さねばならない地点に存在する人々の叫びをうまく捉えた作品だ。

（訳・金知子）

【姜英淑】一九九八年、ソウル新聞新春文芸に短編小説「八月の食事」が当選し、作家活動を開始。小説集『揺れる』『毎日が祭り』『ダンベルを持つ夜』『赤の中の黒について』『灰色の文献』『置いてきたもの』、長編小説『悲しくて愉快なテレタビーズの少年』『ブリン地区のバンカーX』を出版した。韓国日報文学賞、白信愛文学賞、金裕貞文学賞、李孝石文学賞、カトリック文学賞を受賞。邦訳作品に『リナ』（吉川凪訳、現代企画室）、『ライティングクラブ』（文茶影訳、現代企画室）がある。

金暻和
キム・キョンファ　김경화

『사람, 장소, 환대』
김현경(저) ／문학과지성사／2015★

1
『人、場所、歓待——平等な社会のための３つの概念——』
金賢京（著）、影本剛（訳）／青土社／2020◆

『마음의 말 : 정동의 사회적 삶』
김예란(저) ／컬처룩／2020★

2
『心の言葉：情動の社会的生活』
キム・イェラン（著）／カルチャールック／2020

心は隠れたところにある。心は揺れ動く。心とは元来そういうものだ。だからこそ、誰かの心を理解するのは難しい。実際、自分の心を覗き見ることすら容易ではない。心をコントロールすることは聖人にとってすら至難の業だったではないか。それゆえに、心について深く考察した社会科学的研究は滅多に見られない。客観的考察の対象にするには、心というのはあまりに主観的で流動的だからだ。そんな中でもこの難題に取り組み、心と社会の関係について深く考察した二冊の社会科学書を紹介する。

『人、場所、歓待——平等な社会のための3つの概念——』

人類学では一般的に、一つの社会で長い時間をかけて形成され合意された共通の生活様式を文化と定義している。伝統的な儀礼や慣習など華やかな形で表に現れる文化もあるが、抽象的な観念や精神世界の中に隠れていて、そうそう表には出てこない文化もある。

本書は「人」、「場所」、「歓待〔手厚くもてなすこと〕」というキーワードを通して文化の中に隠された心について人類学的に考察している。心は常にポジティブで寛大なわけではない。

好意を持ち優しく受け入れる心もあれば、嫌悪感を持ち拒絶する心もある。そして、この多様な心のスペクトラムはそっくりそのまま相互作用と社会的秩序に映し出されている。他者を理解し尊重する気持ちは歓待、友情、承認などの形で現れるが、誰かを拒絶し軽蔑する気持ちは侮辱、烙印、差別などの形で現れるのだ。著者の視線鋭い文体は、まるで私たちの美しくまた醜い心のスペクトラムをじっと覗き見ているようだ。そして、その心が我々社会の日常生活や秩序の構造にどう反映されているのかについて淡々と記している。

『心の言葉：情動の社会的生活』

私たちは一般的に、心は言葉で表現できると信じている。しかし、常に揺れ動き移り変わりやすい心と、明確で揺るぎない言葉の間にはいつも隔たりがある。言葉は心をそのまま映し出す鏡のようなものではなく、自分の気持ちを確固たるものにするために書く日記帳やラブレターのような弱々しい紙のメモにも似たものだ。

本書には、心と言葉でできている社会への考察が記されている。文化の研究者である著者は、身体的な感覚と心の動きを意味する「情動」という概念を論の主軸とし、繊細な私的考察と学術的問いの間を絶えず行き来しながら、言葉がどのように心を具体化し、世界を動かす力として作用するのかについて記している。著者によると、情動は社会を動かす要因であり弱さの根源であり、真実を明らかにしたい、あるいは隠したいという欲望でもある。また、幸福や愛、真実といったきらきらとした概念もまた、情動の躍動的作用の中で生まれ、変化していく人生の一断片だという。結局のところ、世界は私たちの心が無防備に現れ出る言葉が作る現場に過ぎないのだ。

二人の著者とはそれぞれ個人的に多少の親交がある。だが、それが理由で彼女らの本を取り上げたわけではない。遠くで、あるいはごく近くで著者らの人生について知る機会があったことに感謝したい。おかげで穏やかながらも力強い文章の背景に著者らの温かく誠実な心があることを知った。どちらの本も思想家や哲学的概念についての引用が頻繁に出てくる。すべての人にとって読みやすい文章ではないかもしれないが、結局著者らが考察する概念は私たちの心の一つの姿である。一文ずつ読み進めていけば、他者に対する私たちの心と、その心が集まって作られた私たちの社会についての省察に触れることができるだろう。

（訳・金憲子）

【金暻和】メディア人類学者。一九七一年に統一前の西ドイツのボンに生まれ、ソウルで育つ。ソウル大学人類学科を卒業後、新聞社やポータルサイトなど複数のメディアの現場で働いた。東京大学大学院の学際情報学府で修士・博士号を取得し、東京大学、神田外語大学などで教鞭をとった。韓国と日本を行き来しながらインターネット文化について研究し、韓国語、日本語、英語で執筆活動をしている。韓国語の著書は『世相を変えたメディア』（二〇一三）、『二十一世紀デモ論』（二〇一八、共著）、『すべてはインターネットから始まった』（二〇二〇）、『同じ日本、異なる日本』（二〇二二）など、日本語の著書は『ケータイの文化人類学』（二〇一六）、『ポスト・モバイル社会』（二〇一六、共著）など多数。

金建淑

キム・ゴンスク　김건숙

『바느질하는 여자』
김숨(저)／문학과지성사／2015★

1

『針仕事をする女』
キム・スム（著）／文学と知性社／2015

『현의 노래』
김훈（저）／문학동네／2012★

2

『弦の歌』
金薫／文学トンネ／2012

「いま、を生きる」

『針仕事をする女』

休息が必要だったときに、本棚に並んだ背表紙を眺め、抜き出したのがキム・スムの『針仕事をする女』だった。学生時代は刺繍、編み物、裁縫などの実技授業が好きではなかった。不器用なので、姉が代わりに作ってくれたもので点数をもらうこともあった。しかし、年齢が上がるにつれて、手作りのものに強く惹かれるようになった。そこには独特な質感があり、作った人の息遣いが生きている。じっと見つめていると、会ったこともないのに製作者の手や心が浮かび上がることもある。このような魅力から解放感が得られるのかもしれない。本を選ぶときに無意識に『針仕事をする女』を手に取ったのも、そうした理由からだと思う。

体と心を風のように解き放ちたいという期待とは異なり、本の世界に入り込むにつれて、主人公が手にした太い縫い針が私に刺さり、背筋が伸びる思いになった。呼吸すら整った気がする。

真っ黒な墨汁のように、登場人物たちの生活と時代像は重く、暗かった。産業化の波が押し寄せているにもかかわらず、伝統的な針仕事を頑固に続けている主人公の生活と針仕事、そして人々の心理を、繊細かつ卓越した筆力で描写し、六三〇ページにもなる本だが分量が多いと感じさせない。「韓国人の心」というキーワードから真っ先に思い浮かべた本だ。

最初の文章が「母が娘たちを西側の居間に呼んだのは午後遅くのことだった」だ。「西側」と「午後遅く」から伏線が読み取れた。「母、スドクが韓服通りを出て、二人の娘と共に入ってきた《井戸の家》も小説の雰囲気を漂わせる重要な単語だ。自ら居間に閉じこもり、針仕事に打ち込んで生きていくスドクの日々は、まさに井の中の生活だった。暗く、深い井戸から水を汲みだすように、スドクは西側の部屋で一針、一針と縫っていき韓服を完成させる。縫い上げるのにかかる時間は短くとも三、四か月、長いときは一年。作業するときは、一針ごとに心を込める。スドクは体調を崩し、意識が遠のくまで針を手放さなかった。

「一針、一針の繰り返しを通して美に至り、自己修養と忍耐、克己に近い節制を通して最上の美に至るのが我が国の伝統的なヌビ【訳注／二枚の生地の間に綿を入れて、細かく糸を渡し縫い合わせていく韓国伝統のキルト】の針仕事。他の国にはない、我が国だけにある固有の針仕事なんだよ」（四〇九ページ）

ヌビキルトの運針は最も単純で、最も難しい。息が詰まるほど厳格で、時間を要する技法のため、自己修養と忍耐、節制を通して完成するという表現も登場したのだろう。スドクが使った生地は木綿布と絹布だ。それらを柿渋、藍、五倍子【訳注／ウルシ科のヌルデの葉にできた虫癭】などの自然素材で染めた後、砧で布を打って撚りをなくし、刺し縫いをしていく線を表示し、寸法を測り、図案を示して乾燥させる。次に、糸に蝋を引いてから、前後を合わせた布と線の間に、木綿綿や絹綿、または紙などの充填剤入れ、針を刺していく。複雑で、真心を込めなければできない準備過程も、心の修養、修行に他ならない。

ヌビキルトの針仕事の精神が自己修養や修行であるならば、それは朝鮮のソンビ【訳注／在野にある高潔な人柄の儒学者であり貴族】精神にも通ずる。ソンビたちが追い求めたのが終わりのない自己修養であった。書物を読み、詩を書き、絵を描き、白磁を愛したのも、欲を捨てて心を静めるための行為であった。そうした朝鮮のソンビの精神が、スドクの心から読みとれた。

『針仕事をする女』を最初に読んだときは、針仕事が伝える哲学的な面に集中したが、二度目に読んだときは違う面に没頭した。新型コロナウィルスが流行していた時期に、自然に親しみ、森林について学んだおかげか、以前には気が付かなかった多彩な自然の世界に出会えた。「チョゴリの襟の位置をニラの種ほど少し下げてまつります」という文章でしばらくページを繰る手が止まったのだが、自然を愛し、自然に親しむスドクの生き方を読み取ることができた。小説ではこのように数字の代わりに穀物や種、果実、木の葉が計測単位として使われ、樹、花、季節が登場し続ける。スドクが娘たちに勉強を教えるときも、名前の次に自然の名称を覚えさせた。時間や色彩なども、色とりどりな自然物で語っている。次にその一例を挙げる。

　右の眉の上にナタマメのような
　子どものおしっこ色、井戸周りの苔色、肺病患者の唇色、赤貝色、綿雲の影色、鯉の口色、牛骨を煮込んだ色、鴨油色、貯水池の水の色、
　夜明けは、世の中のすべての瞳が、熟した栗のように開く時間だ

自然を大切に思い、自然に仕え、自然から生きることを学んだ先祖たちの素直な気持ちが、小説のいたるところに溶け込んでいる。これは作家の心中に「韓国人の心」が刻まれているからだろう。『針仕事をする女』は、「韓国人の心」という切り口で見るとき、さまざまな視点で読むことができる小説だ。紙面の都合上、詳しくは触れていないが、キム・スムはこの作品を書くために、工房でヌビキルトを習ったそうだ。おそらく幼少期から体に染み付いているだろう自然に関する豊富な知識に、裁縫の経験が加わり、この作品を際立たせたのだと思う。ヌビキルトのように一針、一針刺して、二二〇〇字で完成させたこの小説はまるでヌビマゴジャ【訳注／チョゴリの上に着るチョッキのような防寒着マゴジャに刺し子で綿入れしたもの】のようだ。読者をして、心の襟を正させる小説だ。

『弦の歌』

金薫は短文で有名だ。作家はむだのない文体と明瞭な文章を使いこなせるようになるために法典を数多く読んだそうだ。韓国の知識人の一人、故・李御寧《イ・オリョン》教授は、金薫のことを「語彙の達人」だと言った。彼の記者時代の同僚が言った言葉のように、金薫の文章には現場を飛び回って流した汗が滲んでいる。作家自身がその生涯で確認できない単語は使わないそうだ。こうした点が作家の文章に独特で強い力を与えるのだと思う。ある対象を目が痛くなるほど凝視し、眠りについたものにも耳を傾け、また傾けるので、それらが作家の体や血管に入り、心や指先できらめくような命を得るのであろう。彼の文章を読んでいると、何度も感嘆させられる。だから金薫の本が刊行されたというと、小説だろうとエッセイだろうと必ず買って読む。

『弦の歌』は国立国楽院にある楽器博物館の展示ケースの楽器を、十か月にわたって目が痛くなるほど見つめ続けた作家が記した于勒《ウルク》の話だ。于勒は伽耶国の宮廷楽士だった。伽耶は属国が集まった古代国家連盟であり、上質な鉄が多く産出され、さまざまな国と交易をしていたが、高句麗、百済、新羅の三国とは異なり、歴史的な記録がさほど残っていない。音楽を通じて不安定な社会を一つにまとめようとした嘉室王《カシルワン》【訳注／大加耶の第七代王】の命により、于勒は伽耶琴《カヤグム》【訳注／韓国の伝統的な十二弦の琴】を作り、十二の曲を作った人物だ。

小説は嘉室王の死によって始まる。加耶はさらに弱体化し、新羅によって滅ぼされる日が近づくと、于勒は新羅に亡命する。于勒は真興王に厚遇され、新羅で音楽家としてその生涯を送る。

「琴ができあがれば、地域の音をそれぞれ整えよ。地域ごとに話し言葉が異なり、山河や雨風が異なると聞いている。ゆえに、世の中の音をどうやって一つにまとめられるわけがない。地域ごとに、地域の音を生かすようにしろ」（九四ページ）

王が于勒に伝えた言葉だ。嘉室王は地域ごとに山河や風が異なることを強調する。于勒は各州を訪れながら、そこで感じ、耳にした音をまとめ、伽耶琴に込めた。于勒が弾く伽耶琴の音が大きくうねりながら崖に落ちていくとしたら、その地の様子がそうなっていたからだ。数多くの支流がうねりながら激しくぶつかり合い、砕け散っては、また飛沫を上げる音が溢れ出てきたかと思ったら、再び落ち着いた調べに変わるのだが、また激しい渓流を形成しては幾多に分かれ、千々に乱れたとしたら、それは于勒がその地で目にし、耳にしたものだ。それらを自分の心にしまってから伽耶琴を弾いた。各地の風や水の音、山河の姿が、伽耶琴によってそれぞれ異なる音として生まれ、一つにきちんとまとめられた。

土地を囲んでいる自然が、その地の人々と一体になり、心の中に留まり、生活として再び生まれてくるのだ。人々が集まって暮らす村を「トンネ」と呼ぶが、「同じ水を飲む」という意味がある。同じ水を飲み、同じ水の音、風の音を聞き、同じ陽射しを浴びて生きた人々の気質は似通っているはずだ。

剣ではなく音楽で国を一つにまとめようとした嘉室王、村々の自然を伽耶琴に込めて芸術として昇華させた于勒の姿から、韓国人の生き方や心情が、自然から生まれ出たものであることがわかる。于勒が全国で人々の心を癒すことができたのも、伽耶琴の音色で故郷の自然を呼び起こすことができたからであろう。大きくも華やかでもないが、村の素朴な自然が彼を包み込んだのだと思う。遠くを見つめながら、静かに弦をつま弾く髭の長い老人の姿が浮かぶ。

『針仕事をする女』のスドクは、子どもが産まれて初めて着るベネチョゴリ（産着）も、死に装束も仕立てなかった。自分のもとを訪ねてくる人たちの綿入れだけを作った。『弦の歌』の于勒は、「音は生きている者のもの」という信念を持っていた。そのため、伽耶琴を抱えて新羅にも向かい、死の間際には、自分の体の一部のように思っていた伽耶琴を新羅に手渡した。この二冊の主人公は二人とも過去に未練を持たず、未来に対する漠然とした幻想も抱いていない。いかなる執着も所有欲も見られない。単に「いま」を生きていくだけであった。それは自然を師と仰ぎ、友や家族のように思い、自分の生活のなかに取り込んでいたからであろう。自然はいまを生きる代表的な存在だ。

現代の都会人の心を占めているものが何か、どのような時空間があるのか考えさせられる二冊だ。このような文学作品を自然に代わるものとして、失われた我々の心を取り戻してはいかがだろうか。

（訳・バーチ美和）

【金建淑】読んで書く人。本、樹、小型書店を愛する。絵本活動家、森林解説家とし生きている。著書に『書籍愛好家、近所の書店で何を見たのか』（教保文庫、今日の本に選定）、『書籍愛好家、絵本で何を見たのか』、『初めて自分に出会う』、『レッドクローバーが私の所へきた』がある。

金世一
キム・セイル　김세일

1

『김광림 희곡 시리즈 5—「홍동지는 살아있다」「달라진 저승」』
김광림／평민사／2005★

『キム・グァンリム戯曲シリーズ５—「ホン・ドンジは生きている」「変わったあの世」』
キム・グァンリム／平民社／2005

2

『그게 아닌데（이미경 희곡집 1)』
이미경／연극과인간／2014★

『そうじゃないのに（イ・ミギョン戯曲集１）』
イ・ミギョン（著）／演劇と人間／2014

社会的問題を題材にする韓国の演劇

演劇業界に携わっていると、韓国の演劇は社会性が濃い、という内容の話を日本の演劇仲間からよく言われます。確かに韓国には社会的な問題や話題を題材にする演劇が比較的に多いと思います。それは演劇という芸術ジャンルの特徴と韓国の歴史的・社会的な環境による韓国人の心とが良く相まっての結果ではないかと思います。私は皆さんにこの件に関する私の考えをお話ししようと思います。

戯曲の特徴

演劇を構成する要素の中では俳優がしゃべる「セリフ」があります。漢字では「台詞」と書き、昔は「科白」と書く時もありました。そのセリフが書かれている本を私たち演劇人は「台本」といいます。台本は稽古の時に用いられるときの名称であって、文学として読まれる場合は同じものを「戯曲」といいます。

戯曲は、戯曲作品のジャンルによって多少の違いはありますが、書くのにも読むのにもちょっとした工夫が必要です。どういう工夫かというと「省略の記法」に関する工夫です。

私たちが会話をする際は、場合にもよりますがものごとを全部説明するわけではありません。会話が進んでいるうちに主語が抜ける場合も多ければ、共通の認識を基盤に会話をしていると分かれば細かい表現は省略してしゃべります。むしろ言いたい内容を全部言いながらしゃべったら言う方も聞く方も面倒に感じます。

例えて言うと、AとBが次のように会話をしていると思ってみましょう。

A「お昼食べた？」B「カレー食べた。」A「また？」B「好きだから。」

この会話には何が省略されているのか気づきますか？　省略しなかったパターンを書いてみましょう。

A「お昼の食事で何を食べた？」B「うん、お昼の食事はカレーを食べた。」A「またお昼の食事にカレーを食べたのか？」（もしくは「お昼の食事にもまたカレーを食べたのか？」）B「お昼の食事でカレーを食べるのが好きだから」（もしくは「カレーが好きだから朝の食事もお昼の食事もずっと続けて食べられる」）というパターンになるでしょう。

いかがですか？　私たちが普段の会話で省略の記法をどれほど使って会話を行っているのかお分かりいただけましたか？

戯曲のセリフは基本的に発話することつまりしゃべられることを前提に書かれています。なので会話の細かな内容が省略された形で書かれています。セリフだけではなく、場面の展開も省略及び圧縮された形で進みます。分かりやすく言うと戯曲を読むのには「行間を読む力」が、書くのには「行間を作る力」が必要です。この点が戯曲と小説の大きな違いであり、一般の読者が戯曲を読みにくく感じてしまう理由にもなります。この意味で言うと、最も行間の力を必要とするのは「詩」でしょう。作品にもよりますが詩は言葉の省略の記法の最高峰であるといえるでしょう。戯曲は詩と小説の間にあると言ったらお分かりいただけるでしょうか？

それではこういう戯曲の特徴と韓国演劇の社会性との間にはどういう関係があるのでしょう。

韓国の民衆

ご存じだと思いますが、朝鮮戦争後の韓国は独裁政権がしばらく続きます。独裁者の支配下で韓国の民衆は自らの自由と権利を訴える運動を力強く行います。しかし軍事独裁政権は抑圧や弾圧、そして検閲などで民衆の運動を押しつぶそうとしました。民衆の運動によく用いられたのが戯曲の行間でした。比喩や風刺や諧謔などで変用されたモノを表面に出しておいて、独裁者への批判や民衆の自由と権利などの本当に言いたいことは行間の間に隠して訴えました。

紹介させていただいたキム・グァンリム作の「달라진 저승」は、軍事政権に対する民主化運動が最も活発だった一九八七年に上演された演劇作品です。死者たちが、あの世に行く直前に舞台公演を披露する内容で死者達が死者達のために作るお芝居になっています。演劇を見に来た観客を含めて民衆を死者に見立てていて、支配層に対する批判が比喩と風刺で良く表れている作品です。

そもそも韓国の伝統演劇の内容は支配階級に対する風刺とからかいや家父長中心の家族制度の矛盾などを主としています。こういった内容をマダンと呼ばれる野外の広場で仮面を用いた演者が踊りを混ぜながら滑稽に演じ、演者を丸く囲んだ形で民衆である観客がそれを楽しんだものが韓国の伝統演劇なのです。支配層に対する批判や現実社会で感じる不条理を、直接的ではなく比喩と風刺の行間に省略された形で共有・共感しながら笑いに替えていました。一九九三年に初演されたキム・グァンリム作の「홍동지는 살아있다」にはこういった形式と内容が良く表れています。

軍事政権も終わり、二〇〇〇年に近づいていくにつれては政治的な環境も変わったので支配層に対する批判を中心にした作品は数が少なくなっていきますが、結局のこと人間は社会的な存在であるという意識が演劇舞台に反映され続けます。二〇一四年に初演されたイ・ミギョン作の「그게 아닌데」はそれをよく表す作品です。個人の人間の存在というのは、家族との関係によって、法律・制度によって、そして知識として固定化されてしまった分類によって規定されてしまうのだということをテーマにした作品です。社会的な環境の中で規定されてしまい、人間性を失わせられた個人が象に替わっていく話です。

韓国の民衆は社会的な存在として自らを意識する傾向が強かったと思います。現実に置かれている自分の境遇をしっかり見つめ、何が問題なのかを見つけ出し、どうしたらその問題が改善されるのかを探し出そうと努力し続けてきたと思います。そしてそれを表す方法として、表は比喩や風刺や滑稽などでごまかしておいて、言いたかったことは行間に隠すことで共有・共感してきたのだと思います。戯曲や詩の行間は、民衆の心をひとつに合わせるのに最も適切な方法ではなかったのだろうかと私は思います。

【金世一】俳優、演出、演技トレーナー。劇団世ａｍＩ主宰。俳優訓練所SEIL’S academyのマスター講師。芸術文化の国際交流を企画するSEAMI project代表。九州大谷短期大学表現学科演劇放送フィールド非常勤講師。韓国・釜山生まれ。慶星大学在学中（演劇専攻）の一九九八年、ドンニョック（釜山演劇製作所）創立に参加。俳優として活動する傍ら、演技指導者として活躍。高校教員（演技教育）を経て二〇〇三年から日本文化庁の海外芸術家招聘研修員として来日。その後東京を中心に、劇場の規模を問わず映像まで幅広く活動。東京、京都、福岡などで演技トレーナーとしても活躍中。東京大学大学院文化資源学研究専攻修士、同大学院博士課程満期退学。国際演劇祭受賞作品をはじめ、アジア各国の共同制作による演劇作品で演出・出演を重ね、一貫して演劇における余白の思想や美学を追求・探求している。韓国の釜山市立劇団やポハン市立劇団などで客演演出として招聘される。演出作『秋雨』（ジョン・ソジョン作）がMiryang Summer Performing Arts Festival二〇一二にて作品賞受賞。また、『水の駅』（太田省吾作、金世一演出）がポーランドのInlanDimensions Festival二〇一二閉幕作品として招聘されて高い評価を得た。

金炯洙 キム・ヒョンス 김형수

『원본 김소월 시집』

김소월(저) 김용직 (주해) ／깊은샘／2007★

1

『原本　金素月詩集』

金素月（著)、キム・ヨンチク（註解)／キップンセム／2007

『김대중옥중서신』

김대중(저) ／청사／1984★

2

『金大中獄中書簡』

金大中（著)、和田春樹・金学鉉・高崎宗司（訳)／岩波書店／1983

(『김대중옥중서신』の翻訳書ではなく、日本オリジナルの書籍だが、『김대중옥중서신』に収録されている29通の書簡が収録されているので挙げておく）

『김지하 사상기행 1』

김지하(저) ／실천문학／1999★

3

『金芝河思想紀行 1』

金芝河（著）／実践文学／1999

朝鮮の障子紙に涙を描《えが》けたら
『原本　金素月《キム・ソウォル》詩集』

アメリカの学者による『ブルース・カミングスの韓国現代史』は、「平等」の価値よりも「美徳」の価値を尊ぶことで、世の中を純然と「美徳」によって定義し、そして構築されてきた「韓国的現代」の礎を次のように定める。

　儒教思想、仏教思想、そして数千年間にわたって朝鮮人の在り様を決定してきたものの、現在ではすでに消えてなくなっている朝鮮古来の思想がみなぎっていた。だがそれでも、朝鮮人の心にはこうした世界の片鱗が残っていて、朝鮮人の行動の動機を説明し、彼らがどのようにして近代の生活に自分たちを適応させてきたかを理解するのに役立っている。

（『現代朝鮮の歴史――世界のなかの朝鮮』明石書店　二十六頁）

異邦人の目に留まったものは、韓国人が「私の考え」というとき「頭」ではなく「心」を指していることだった。つまり、韓国人は「主観」の居場所を「頭脳」ではなく「心」に置くということでもある。私にこの「心」の万華鏡を教えてくれた教科書は金素月の詩だった。

雨が降る
降りたるを
降る雨は
降るならば　五日ほど降ればよい
八日　二十日には
来ると言い
一日　十五日には去ると言う
去っても去っても　往十里《ワンシンニ》に雨が降る

　金素月の「往十里」の話者は、とめどなく降る雨を眺めている。〈降る〉〈降りたるを〉〈降るならば〉〈降れば〉という語尾の変化がつくりだすのは、詩の話者の心理的な動きだ。物悲しい雨が降るならば、五日ほど降ればよいと語る理由は、〈八日　二十日には来ると言い〉〈一日　十五日には去ると言う〉人のためだが、ここに何か約束や根拠があって語る言葉ではない。来たと思ったらすぐに行ってしまう「あの人」を、雨がいつまでもつかまえてくれたらいいと願うものだから、この「行き来」はただ「心」が起こす「事件」というわけだ。

金素月は、空と風が息づく音が耳に届くたびに、大地の五臓六腑がうごめくのを感じ取ったようだ。

芽が　絹の霧に　取り囲まれ　泣くとき
そのときは　忘れるはずのないときでしょう
会って泣いた日も　そんな日です
恋しくて　狂おしい日も　そんな日でしょう

芽が　絹の霧に　取り囲まれ　泣くとき
そのときは　ひとり　命を保つことはできないでしょう
雪がとけゆく枝に　着古した裳《チマ》の紐で
若い娘が　首を吊るときでありましょう

（金素月「絹の霧」部分）

この詩「絹の霧」の〈눈《ヌン》〉は、空から降る〈雪〉ではなく、植物が芽吹くときの〈芽〉である。絹の霧というのは、早春に茂みの間から立ち上がる暖かい霧のことだ。冬枯れの枝から芽が出るとき、春の気配を含んだ霧は大地のあらゆる生命を高みへ押し上げる。その生命の一つである人間もうごめくしかないのだが、これを導くのは存在の礎である「心」だ。しかし、心というのは自分で操れるものではないので、身を焦がすほどの恋しい人に会って泣いたり、そうできないときは狂おしいほど恋しさが募ったりする。そのため、冬の間ずっと孤独に耐えていた「若い娘」は芽吹きの枝で首を吊ることさえできるのだ。引用した部分の後ろに、初恋もそのような日にやって来て、〈永遠の別れ〉もそのような中で起こると、詩は続く。金素月のほとんどの詩は、大地と人間が心でつながって自然と触れ合う接点で繰り広げられる迷信、直観、啓示、洞察力、狂気、知恵、自由などの生命現象が詠われている。

『金大中《キム・デジュン》獄中書簡』

韓国人が「心」を重視する現象が、合理性の欠如の証明になることがよくある。これは、裏返せば、アイデンティティの氾濫を示すことでもある。例えば、〈朝鮮の障子紙に涙を描けたら〉は、朴鳳宇《パク・ボンウ》の詩「朝鮮の障子紙」の一節だが、これは朝鮮の心情を描きたいという趣旨だ。昔の画家や文人が絵や文字を影で映し出そうとしたとき、障子紙を使った理由も生命の主役を「心」に置いたところにある。障子紙は視野を遮るが、外の気配を遮断しない。太陽の光、月の光、風などが出入りして、〈障子が泣く声〉を耳にし、すぐに消え去っても、庭に現れる目に見えない何かを心で感じる。家族や親しい人が行き来するのも、扉を開けて目で確認するのではなく五感で意識する。「認識する」ではなく「感じる」を重視する人々の特性である。

　人間の心が客観的な世界を「認知する器官」ではなく、人生への態度を「支える」ための内燃装置だとすれば、酒はこの内燃装置の潤滑油となって心の抑圧を取り除く仕事をする。そのため、酒は存在の明暗、喜怒哀楽に介入し、押しつぶされた記憶をよみがえらせ、心の明暗をはっきりとさせ、本心を隠せないようにする。共同体の文化にも影響を及ぼし、多くの人と飲めば幸せになり、恐ろしい敵の前でも心を燃やし、倒れた人を起こして歌をうたうこともある。ところが、約束を破ったり、自分が口にしたことを守れなかったり、重要な秘密をばらしたりするなど、よくない心になることもある。そのため、判断力が鈍り、表に出してはならない癖を出し、清らかな心を穢したりして、友人と距離を置くことになったりするのだ。

　韓国の現代史は、構成員である個人にとって試練と逆境に満ちた時空だった。その中で人間ひとりひとりは、生の安定が保障されず、心の平静を保てない歳月を過ごした。生の時間というものは学習の時間でもあるが、極限の試練は人間性そのものを破壊する。肉体が満身創痍であっても、精神が壊れないようにするのは心だ。そうだとすると、韓国人は自我の泥沼から抜け出し、物事の良し悪しを判断する「心理的物体」をどのように扱うのか。これについて重要な事例を示す書籍が『金大中獄中書簡』だ。

> 　利己心と貪欲はもっとも大きな罪悪だ。利己心は自己を偶像化し、貪欲は貪欲の対象を偶像化する。
>
> （『金大中獄中書簡』岩波書店　二百二十九頁）

　このようなアフォリズムが机から浮かぶときと、燃える世界の真ん中で誕生するときとでは違いがある。政治家であった金大中は軍事政権から残酷な迫害を受けた。彼の政治的な生涯史は、拉致、殺害の脅威、軟禁、拘束等で綴り合わされ、挙句の果てに、「金大中内乱陰謀事件」という濡れ衣を着せられ、軍事クーデター勢力から死刑宣告まで受けた。まさにこのような現実、人間の心が受容できない世界の作動方式、例えば、悪人が審判し、善人が懲罰を受ける修羅を体験しながら、存在の「恒心」を守ることは非常に難しい。これを克服するため、拘置所でひと月にたった一度だけしか許されていなかったのだが、金大中は封緘葉書（日本の郵便書簡に該当）の表面と裏面にぎっしりと文章を書きつけた。それは、二百字詰め原稿用紙が何十枚にもなる分量となった。その二十九通の書簡を出版した書籍が『金大中獄中書簡』だ。副題の「民族の恨を抱き」は、本書の行間を埋め尽くしている、煉獄から抜け出そうと求めた脱出口としての「救い」そのものといってもいいだろう。

> 苦難の時節に、幸福な日がくるのを待って耐えよ、というのは間違いだ。幸福な日は来ないこともあるし、来るとしてもそれまでは不幸でなければならない。私たちは苦難の時節それ自体を幸福な日としなければならない。そのためには、何になるのかということよりも、どのように生きるのか、ということに人生の目標を置かなければならない。
>
> （前掲書　百九十一頁）

獄中の金大中は、胸が塞がるほどの悔しさを膨大な読書と思索を行うことで収拾し、歴史的な受難の真ん中に置かれた韓国人の心を深く思惟する。人間は逆境を経験することでどうやって壊れ、また、鍛錬することでどうやって変化するのか、憐憫と敬虔などはどこから生まれるのか悩んだ末に、前述のブルース・カミングスが言及した「主観」の居場所を見つける。

> 良心は私たちの心のもっとも奥深い部屋です。私たちが神と単独で対する指定の場でもあります。
>
> （前掲書　三十三頁）

これこそが、彼が「行動する良心」という現実的存在のめやすを手に入れた場面だ。

『金芝河《キム・ジハ》　思想紀行1』

人間の大地は、「心」の百家争鳴が記録と発掘を繰り返し堆積層になっているといえる。その地層で注目すべき宝は、魂の技師と当代の民衆が共鳴し合って産み出した民間信仰だろう。『金芝河　思想紀行1』には、韓国らしい「心構え」のレベルを超えて、思想戦線がつくり出した燃えるような「構図の年代記」がある。

一八九四年の冬、四十代になった金芝河と李文求《イ・ムング》は、小説家の宋基元《ソン・ギウォン》、パンソリの歌い手であるイム・ジンテク、映画監督のチャン・ソヌ、僧侶のウォン・ギョンとともにワゴン車に乗り、韓国史の泥沼から救いの思想の痕跡を探そうと旅に出た。百済の面影がいまも消えていえない都、扶余《プヨ》、亡伊《マンイ》と亡所伊《マンソイ》が決起した錦江《クムガン》一帯、東学農民軍が身を潜めた公州《コンジュ》の牛禁峙《ウグムチ》、民間信仰と新興宗教の本山である鶏龍山《ケリョンサン》、後天《こうてん》開闢《かいびゃく》の母岳山《モアクサン》、光州民主化運動の精神を産んだ無等山《ムドゥンサン》など。これらは、当代の予言者たちが、絶望的な暗闇の中で苦闘を繰り広げ、もがき苦しんだ僻村といえる。途中で、風水学者のチェ・チャンジョ、パンソリ専門家のチョン・イドゥ、作家の宋基淑《ソン・ギスク》や黄皙暎《ファン・ソギョン》らと会って討論を繰り返し、世界を支配する文明の生命軽視が環境破壊、貧富の差の拡大、人間の内部分裂、アイデンティティと自己活動の乖離をもたらしていると糾弾する。その過程で「朝鮮の心」が大地の息吹と合致した瞬間に注目する。民衆が自らを解放できる思想として、鄭鑑録《ていかんろく》、弥勒、東学、甑山《チュンサン》道などのような、韓国の心を動かす救援思想を「再開闢」「後天開闢」と呼ぶようになったものだ。

まさにこの開闢という独自の思想体系を作り出した「東学」を、歴史の教科書は「西学」に対応する概念として説明するが、「東学（동학）」の「동」の文字が「東方の〝東〟」ではなく「族属または群れとしての〝同〟」という主張もある。「同族」と「異族」が合わさって先祖になった「同異族」の思想という解釈だ。だから、これは「中華」をはじめとするアジアの思想ではなく「生命を生かすことが好きで、殺すことを嫌う民族」（山海経《せんがいきょう》）、「明るさと光と生命を求めて東に来た族属たち」の「心の思想」といえるものだ。

「心の思想」は、歴史的事件としての東学農民革命が起きた後も、海月《ヘウォル》・崔時亨《チェ・シヒョン》、甑山・姜一淳《カン・イルスン》、少太山《ソテサン》・朴重彬《パク・ジュンビン》の精神史に継承された。そして、近代西欧文明に内包された「大地を狙った暴力性」を克服するための「文明代案思想」として、張壹淳《チャン・イルスン》の「ハンサリム運動」、金芝河の「生命運動」にまで受け継がれている。その共通点は、「社会制度の改革だけ」ではなく「生滅」という不安定な存在の深淵から世の中の変化を促すという点だ。

私はいつだったか、『少太山評伝』を執筆しながら「暴力は現実の中への逃避であり、神秘主義は現実の外への等位」という概念を用いて、少太山の「心の思想」に注目したことがある。「開闢」という人間の行為そのものを「思惟（理性）」ではなく「心（霊性）」に置いて表した単語だ。崔時亨は「道《どう》を磨くことは心を磨くことから始まる」とみなし、姜一淳は「言葉は心の叫びで、行いは心の形跡」とみなし、朴重彬は「心の変乱はすべての変乱の根源であると同時に、最も大きな変乱」とみなした。こんにちの弟子たちが、これらの言葉を掘り下げて探求し、心を学ぶ体系を構築する姿も韓国らしい風景ではないかと思う。

（訳・五十嵐真希）

【金炯洙】詩人、小説家、評論家。詩集に『たまにこうやって幻を見る』、長編小説に『私のトロット時代』『ゾド――貧しい聖者たち一、二』、短編集に『理髪所に置いてきた詩』、評論集に『散らばった中心』、評伝に『文益煥評伝』『少太山評伝』『金南柱評伝』があり、作家授業シリーズ『暮らしはどうやって芸術になるのか』『作家は何で生きていくのか』が大きな反響を呼んだ。

金衍洙
キム・ヨンス　김연수

『양화소록』
강희안 (저), 이종목(역해) ／ 아카넷／ 2012★

1

『養花小録』
姜希顔（著）、イ・ジョンモク（訳解）／アカネット／2012

この世に背を向けて花を眺める心

花を繊細に眺めるようになったのは最近のことだ。道を歩いていて塀の向こうに頭を突き出したり、外に置かれている植木鉢の花を見ようとひとりでに足が止まったりすることもある。ラルフ・ワルド・エマーソンだったと思うが、「花は大地の微笑み」という言葉がある。ふとした弾みに周りに笑みをもたらす人を目にしたときのように、一か所に集まって咲く花を見る心には痛快ささえある。混乱や不条理、時にはぞっとするほど悍《おぞ》ましい世の中に、これほど明るく清らかな存在があるなんて。大地の微笑みという表現も実に絶妙だ。

だから、花を眺める心は大切だ。どれだけ世の中の悪と不条理を目の当たりにしたとしても、明るく清らかな側につとめて目を向けようとする心を意味するのだから。悪と不条理に背を向けることは現実を否定することではないのか、と詰める人もいるだろう。そういう人は心が強い人にほかならない。普通の人の心には、現実の悪や不条理とそのまま向き合うためにも、のんびりと花を眺める時間が必要なのだ。私が朝鮮時代の本の中から『養花小録《ヤンファソロク》』を見つけて安堵した理由もそこにある。『養花小録』を書いた姜希顔《カン・ヒアン》は朝鮮王朝、世宗《セジョン》の時代の人物だ。この本には当時の花の育て方がわかりやすく整理されている。花を早く咲かせる方法、植木鉢の並べ方など興味深い話が満載だ。

序文には「一四四九年八月　閑職に任命されて以来、朝夕の両親へのご機嫌伺いのほかに花を育てることを日課とする」という一節がある。彼が生きていた時代を詳しく調べてみなくても、政治に携わった彼の周辺で数多くの事件が起きたことを推察することができる。最も知られているのは、一四五三年に起きた癸酉靖難《きゆうせいなん》だ。首陽大君《スヤンテグン》（後の世祖《セジョ》）が甥の端宗《タンジョン》を支持する重臣たちを殺害することで王の座に就いたという政変だが、これに異を唱える多くの士《ソンビ》〔人格の高潔な儒者〕たちも殺害された。姜希顔も端宗を復位させようとする党争に巻き込まれ、辛苦をなめることになったという。

姜希顔は詩文、絵画のすべてにおいて抜きん出た才能を持っていた。彼の代表的な絵画は「高士観水図《コサクァンスド》」だ。垂れ下がる蔓と切り立った絶壁を背景に、岩に体をもたせかけて水を眺める士の姿が描かれている。蔓と絶壁は悪と不条理に満ちたこの世を意味するだろう。このような世に背を向けて士が眺めるのは水だ。何て立派な無視だろう。水は濁りが生じても、時間が経って濁りが底に沈めば清らかだったことが明らかになる。だから、水を見る行為は単なる水の観察ではない。背を向けることが単なる無視ではないように。

「高士観水図」と同じく『養花小録』には当時の政治的な激変についての言及は全くない。この本の主人公は、檜、万年松、菊、梅、蘭、柘榴、梔、蜜柑などだ。蘭について書かれた文を読むと、厳しい現実にくたびれ果てた貧しい心にも、暖かい光が射してくる気がする。

春先に花が咲いたとき、灯りを点して机の上に置くと、葉の影が壁に印影のように映し出される。美しくて見応えがある。読書をする余暇の眠気も追い払える。雪窓《せっそう》が描いた「九畹春融圖」を置けなくても寂寞感をなくすことができる。

雪窓は中国の元朝時代の禅僧で画家だ。当時、彼が描いた蘭の水墨画が流行ったそうだ。そのため、雪窓は絵を求められると、蘭を育てながらその影を映し出せば、絵のように眺めることができると語ったという。こうした態度も世の中に背を向けて水を眺める士の心そのものだ。権力と財力がすべてを決める社会において、士は権力と財力では享受できない悠々自適な心の平和を自然から見つけ出したのだ。

『養花小録』を読む心もこれと大きく変わらない。朝鮮時代の政治家というと、党争や筆禍などの事件、権謀術数ばかりが頭に浮かぶものだが、このような本が後世まで残っていることに安心感を覚える。この世では正義が覆され、信義が踏みにじられているが、この本には大地の微笑みのみがある。『養花小録』の序文を弟の姜希孟《カン・ヒメン》が次のとおり書いている。

天地氤氳化生萬物（天地の盛んな気運が交わり万物を生かす）

「天地の盛んな気運」……、兄の息子である幼い王を流刑に処して権力を奪った者を王と呼ばなければならない現実からつとめて目をそらし、そして本を開いたときに向き合うことになる「天地氤氳」。この四文字は余りにも明るく清らかで悲しみさえ漂っている。

『養花小録』について「花の国の優れた歴史書」と高く評価した十八世紀の金履萬《キム・イマン》は、明るい窓辺で一日中この本を書き写したと伝えられている。明るい窓辺でこの本を書き写す人の心もなんとなく理解できるのだ。

（訳・五十嵐真希）

【金衍洙】小説家。三十年近く文を書き、『こんなに平凡な未来』『あまりにも多くの夏が』『時代日記』など、長編小説、短篇小説、エッセイ等、多くの本を出してきた。邦訳に『世界の果て、彼女』『ワンダーボーイ』（以上、クオン）、『皆に幸せな新年・ケイケイの名を呼んでみた』（トランスビュー）、『夜は歌う』『ぼくは幽霊作家です』『七年の最後』（以上、新泉社）、『四月のミ、七月のソ』『波が海のさだめなら』（以上、駿河台出版社）、『目の眩んだ者たちの国家』（共著、新泉社）がある。

金容暉

キム・ヨンフィ　김용휘

『하늘과 순수와 상상』
정진홍(저) ／강／1997★

1

『天と純粋と想像』
鄭鎮弘（著）／カン／1997

『나락 한 알 속의 우주』
장일순(저) ／녹색평론사／1997★

2

『米一粒の中の宇宙』
張壹淳（著）／緑色評論社／1997

『흰 그늘의 길』
김지하(저) ／학고재／ 2003★

3

『白い陰の道』
金芝河（著）／學古齋／2003

仕える心と白い陰の美学

天に侍る人生『天と純粋と想像』

生涯、韓国宗教学を研究してきた鄭鎮弘《チョン・ジンホン》教授によると、韓民族は昔から天に仕える人生を歩んできたのだという。天は私たちにとって無限であり神秘であり、超越であり神聖なものなので、天の経験を通して私たちの有限が無限に至って日常が神秘的になり、条件づけられた人生はその殻を破り、汚点のついた人生が明るくなっていくのだという。しかし朝鮮朝（朝鮮王朝）に入り、天の経験は性理学[1]の影響で極度に衰退したという。

それを再びよみがえらせたのが崔済愚《チェ・ジェウ》の東学だった。特に東学の根本思想である侍天主《シチョンジュ》「天主様に侍る」は、韓民族の失われた天に対する畏敬の念をよみがえらせたと評価することができる。東学の呪文は仏教に乗っ取られ、儒教に押さえられ、民俗の姿に転落した天の経験の情緒をよみがえらせる激発だったので「普通の人々」の意識の深い底に忘れられたまま、だがはっきりと生きていた神の出現だと、東学をそう称えることができるのだという。

ここで「天」はあの天空だけを意味するわけではない。道徳の源泉であり生命の根源で、神秘と神聖さで満たされたエネルギーの場である。よって天に侍るということは多くの生命を恭敬する生命尊重の人生であり、見えない生命の秩序を体得して、この世界で道と徳を追求する人生を意味する。これが古朝鮮以来、弘益人間、済世理化を追求した韓国人の心性であり、これが大韓帝国（旧韓国）末期、東学の「侍天主」すなわち「天主様に侍る」思想として開花されたのである。

仕えると暮らし『米一粒の中の宇宙』

韓民族の「天主様に侍る人生」が、朝鮮末期の対内外的な苦難の中で開花したのが東学にほかならない。そして東学の核心を貫く概念がまさに「侍天主」天主様に侍るだ。一生涯カトリック信者であったが、東学の海月《ヘウォル》先生を最も尊敬していたという張壹淳《チャン・イルスン》は東学の核心が侍天主にあることを看破して「侍る」に基づく生命運動を主張している。

天地自然の原則通りその巡りに気づき理解しながら、それに合わせて生活に同参すること、その中で事を処理していく、そのとき自分の本意であっても本意でなくても侍《シ》(侍る)の枠の中で生活していくことになります。生命活動とは全体に仕えていく一つの生活態度ではないか、と私はそのように考えてみます。だからこの隅をみても侍で、あっちの隅をみても侍で、侍ではないものがありません。全てが侍なのです。

　張壹淳は「侍る」を「仕える」と解釈しながらこれを生命運動の基本態度にしている。本来、水雲《スウン》・崔済愚が気づき打ち出した「侍天主」の意味は「全ての人が天主様に侍ること」で、ここでは「侍る」は「内在」の意味が強い。このような天主様の内在性の知覚は人間の存在に対する新しい理解をもたらした。すなわち全ての人々はその身分に関係なく偉大な天主様に仕える尊厳で平等な存在だ、という知覚だった。これは自然に全ての人々、さらに広げて全ての生命を差別なく天主様として仕え恭敬する人生の教えになっていった。よって「侍る」は両義的な意味を内包するようになった。本来「侍る」は「内在」の概念が強かったのだが、実践的意味では「仕える」の意味を内包するようになったのだ。張壹淳は金に侍らず生命に侍り、鉄のろくろに仕えず土に仕え、目に見える上辺に仕えずその内側にある貴重なものに仕え、仕えるときだけが結局のところ新しい世界を開くことができるのだといった。またこのような侍天主の仕えに基づくことで真の和解はもちろん、全ての葛藤の解決が可能だろうともいった。ゆえに張壹淳は「仕える」に基づいた積極的な生命の暮らしを主張した。「仕えるが天と地、石、草と虫、全てに仕えて暮らす態度なら、この仕える姿勢をもって生命の秩序に合った新しい生活様式を創造していくことが『サリム(暮らし)』である」。彼が「ハンサリム」を設立するうえで先頭に立ったのもこのような理由からだった。

　このように張壹淳は東学の「仕える」を生命思想で再解釈して今日の代案的な人生の様式でよみがえらせた。彼は東学の「仕える」で人間と天、人と自然が同功一体になる社会を作ることができるし、人類と地球共同体を助けることができるといった。そしてこのような東学の精神に基づいて全ての宗教が自分の囲いを下げて、この地球共同体の平和と共存のための努力を共に傾注しなければならないと力説したりもした。

白い陰の道『白い陰の道』

「仕える」が韓国人の宗教的な心像ならば、韓国人の美学的心像は「白い陰」だといえる。これまで韓国人の情緒を恨《ハン》、神明《シンミョン》などで照らし出してきたが、これを「白い陰」という美学的概念で定立させた人物が金芝河《キム・ジハ》である。彼は一九六〇年代のソウル大学美学科に通いながら民族・民衆芸術、民族美学を苦悶しており、一時『黄土道』『五賊』などを発表しながら詩人として一九七〇年代の反維新独裁闘争の先頭に立ちもした。だが、一九八〇年代から生命思想と生命運動家に転換しており、この「白い陰」の概念を通してこれまで分裂していた自意識と本人のアイデンティティを統合しながら、それまで悩んできた美学と東学の生命論を一つにした。

しかしながらこの「白い陰」はすぐに登場したのではなく、一九九〇年代半ばから「陰」という美意識に注目しながらこれを発展させた概念だということがわかる。

薄暗くもあり明るくもある微妙で憂鬱な意識の流れ、辛酸辛苦と厳しい試練でしか手に入れることができないパンソリの最も重要な美学的な要諦、深い恨の動きや創造原理の核心主動力である陰、まさにその陰が人生とテキストをつなげる複合的な媒介機能であり、想像力と現実認識を媒介して主観と客観を媒介して内容と形式を媒介するのです……この陰こそが芸術と想像力の基本的な創造力なのです。

「陰」こそが、パンソリをはじめとする韓民族の芸術と想像力の根源で美学的要諦だというのだ。これがない芸術はそれこそ形式美、外形的な美しさだけである。この「陰」が結局、人生の辛酸辛苦と恨を生物のように育て上げるのであり、人生の内面的な美しさを奥ゆかしくする核心なのである。これに比べて「白い光」は神聖な超越で平和であり光明である。それはまた韓民族の光で「ᄇᆞᆰ」[2]であり「ᄒᆞᆫ」[3]であり「붉함」[4]である。「白」は暗くてお互いに対立する陰の中に隠れている神聖で偉大な、日常とは全く異なる新しい次元を意味する。

「陰」が民族芸術、民族美学の核心原理ではあるが、それ自体では創造的な新しい次元を開けない。痛み、傷、矛盾、二重性、恨を含みながらそこに留まることなく、それをさらに高い次元の神聖さで昇華させるときに初めて、全ての人々、全ての万物を抱いて神々《こうごう》しくよみがえらせることができる天心、すなわち「仕える」の心になれるというのだ。この「白」を通して陰った心が全ての生命を救う「仕える」の心に昇華されるのだ。だから「白」がなかったら「陰」は新しい次元を開くことができない。

よって金芝河は「白い陰の道」こそが韓民族の美学の核心原理であると同時に普遍的な生命学の原型だと強調する。自身の民族・民衆文芸の美学はもちろん、闇の勢力に対する直接的な抵抗から、闇の勢力まで馴致させ包括する、仕えると暮らしの世界に対する詩的怒りを「白い陰」という感覚的表象として糾明しているのだ。

（訳・清水綾子）

1　中国で宋時代から明時代にかけて隆盛だった儒学の一学説。

2　밝다（明るい）／븕다（赤い）の意味を持つ古ハングル文字でここでは밝다（明るい）を意味する。古ハングル文字はアレアハングルとも呼ばれ二十世紀初頭まで使用されていた。

3　한（恨）を意味する古ハングル文字。

4　「不咸」人類の文化に寄与したと考える韓民族の文化的な独創性のこと。

【金容暉】東学研究家、哲学者。大邱大学自由専攻学部教授。東学を中心として新しい時代の哲学、文明転換の道を模索している。著書に『私たちの学問としての東学』、『崔済愚の哲学』、『孫秉熙の哲学』、『崔済愚、龍泉剣を挙げる』、『開闢の思想、宗教学習』（共著）などがある。

金文京
きん・ぶんきょう　김문경

『징비록』
류성룡(저) ／1604★

1

『懲毖録』（東洋文庫 357）
柳成龍（著）、朴鐘鳴（訳注）／平凡社／1979◆

『교감・해설징비록—한국의 고전에서 동아시이의 고전으로』（규장각 새로 읽는 우리 고전 005）
류성룡、김시덕(역해) ／아카넷／2013★

2

『校勘・解説懲毖録—韓国の古典から東アジアの古典へ』（奎章閣　新たに読む我が古典 005）
柳成龍（著）、キム・シドク（訳解）／アカネット／2013

『懲毖録《ちょうひろく》』は、豊臣秀吉の朝鮮侵略（壬辰・丁酉倭乱、日本では文禄・慶長の役。一五九二―一五九八）のほぼ全期間において、朝鮮の領議政（宰相）として、軍事、外交諸方面を総括した柳成龍（一五四二〜一六〇七）が、自らの体験、見聞により戦乱の一部始終を記録したものである。もっとも重要な当事者の一人による一級史料であり、特に朝鮮水軍の名将、李舜臣を早くに抜擢し、その後も支援しつづけたことについての記述は有名である。『懲毖録』という題は、儒教経典『詩経』「周頌・小毖」の文句、「予《われ》其れに懲《こ》りたり、而《しこう》して後患《こうかん》を毖《つつし》む」に拠るもので、後世への訓戒の意をこめる。

柳成龍は秀吉の死により日本軍が撤退する直前、一五九八年十月、戦乱の間もつづいた朝廷での党争のため、反対派からの弾劾により罷免され、故郷の慶尚道安東（現在は慶尚北道）に帰り、本書を執筆した。その草稿は子孫の家に現存する。『懲毖録』のテキストには、この草稿本のほか、本文および戦乱の間に著者が書いた様々な文書、本文を補う「録後雑記」からなる十六巻本と、本文と「録後雑記」のみの二巻本があり、両方とも著者の死後間もなく子孫によって刊行された。序文の内容から十六巻本が先に成立したと考えられるが、現在通行するのは二巻本で、冒頭に掲げた韓国語訳、日本語訳ともに二巻本による。

『懲毖録』が朝鮮において広く読まれたことは言うまでもないが、早い時期に日本にも伝わった。朝鮮との外交を担当した対馬藩の宗家文庫の『天和三年目録』（一六八三）にすでにその名が見え、また貝原益軒『玩古目録』（一六八五）、『黒田家譜』（一六八七）、松下見林『異称日本伝』（一六九三）等にも引用されている。元禄八年（一六九五）には京都の本屋、大和屋伊兵衛から訓点を附して刊行され、さらに広まった。

この本には柳成龍自序、貝原益軒序および朝鮮地図、地名一覧がついている。頼山陽『日本外史』（一八二九）の参照書目に挙がっているのはこの和刻本で、また洒落本『北里懲毖録』（一七六八、「北里」は吉原のこと）のようなパロディーも生れ、よく読まれたことがわかる。そして日本で『懲毖録』が刊行されたことは、正徳元年（一七一一）に来日した第八次朝鮮通信使によって本国に報告され、朝鮮の朝廷で問題となり、書物の対日禁輸措置が取られることとなった。しかしやがて明治になると、清国駐日公使の随員として来日した楊守敬によって、中国にも紹介された（『日本訪書志』巻六）。

なお小説『三国志演義』の和訳として、江戸時代に広く読まれた湖南文山訳『通俗三国志』（一六九一）冒頭の「或問」（読書案内）には、柳成龍の「記関王廟」が引用されている。関王廟とは関羽を祭った廟で、援軍として朝鮮に来た明の軍隊が中国の関羽信仰を持ち込んだため、漢城（ソウル）をはじめ各地に関王廟が建てられたのである。『通俗三国志』の成立には、京都の西川嘉長という人物が対馬に行き「三国志」の講釈を聞いたことが関係しているが、対馬には『懲毖録』だけでなく柳成龍の文集『西厓先生文集』も伝わっていたのである。「記関王廟」はその巻十六に見える。

ところで二〇二〇年、京都のある古書店の目録に朝鮮版『大明萬暦二十八年歳次庚子大統暦』が出た。これは朝鮮で使われていた中国明朝の暦で、萬暦二十八年は一六〇〇年である。この暦には、日本の具注暦と同じように、所持者が日々の出来事を簡潔に記録した書込みがあるが、書店の目録解説によると、その中に日本軍の捕虜となっていた姜沆（『看羊録』の著者）が帰国したという記事があるということである。興味を持った筆者が、本屋の主人に頼んでそれを見せてもらうと、筆跡や他の記事から所持者は柳成龍であることが判明した。しかも表紙には李舜臣の戦死について、『懲毖録』とは異なる記事が柳成龍の筆跡で書かれていた。

韓国の安東にある柳成龍の子孫の家には、戦乱時期から死去まで十年分の柳成龍所持『大統暦』がもとあり、現在も五年分が保存されているという。この一六〇〇年の暦は植民地時代に日本に流出したものであった。思うに柳成龍は戦乱による激務の中で、日々の出来事をこの『大統暦』に記録し、隠棲後それをもとに『懲毖録』を書いたのであろう。『大統暦』の書き込みと『懲毖録』の内容を比較すれば、『懲毖録』が書かれた経緯がより詳しくわかるのでないかと思える。この『大統暦』は二〇二二年、韓国国外所在文化財財団が購入し、故国に帰った。

【金文京】中国文学研究者、東京都生まれ。慶應義塾大学文学部卒業。京都大学名誉教授。著書に『中国小説選　鑑賞中国の古典23』（角川書店一九八九）、『三国志演義の世界』（東方書店「東方選書」一九九三、増補版二〇一〇）、『三国志の世界 後漢三国時代　中国の歴史04』（講談社二〇〇五）、『漢文と東アジア 訓読の文化圏』（岩波新書二〇一〇）、『能と京劇 日中比較演劇論』（国際高等研究所二〇一一）、『李白　漂泊の詩人　その夢と現実』（岩波書店〈書物誕生〉二〇一二）など。

権在一

クォン・ジェイル　권재일

1 『우리말 존중의 근본뜻』
최현배(저)／정음사／1953
(『외솔 최현배 전집 19』로 다시 펴냄, 연세대학교 출판문화원／2012)★

『国語尊重の根本的な意味』
崔鉉培（著）／正音社／1953
(『ウェソル崔鉉培全集十九』として再版。延世大学校出版文化院／2012)

2 『우리 말글에 쏟은 정성과 노력 —— 주시경과 그 후계 학자들』
리의도／박이정／2022★

『国語に込められた真心と努力 —— 周時経とその後継学者たち』
李義道（著）／博而精／2022

3 『말로써 행복을』
권재일／박이정／2023★

『言葉による幸せを』
権在一（著）／博而精／2023

「言葉は心の花だ」

人類の歴史は文化と共に始まり、人類社会の発展はすなわち文化の発展だ。こうした文化を支える上で最も重要な要素は言語だ。人類の社会は意思疎通の道具である言語によって経験と知恵を積みあげ、結果的に文化を形成する。したがって、言語は人類の文化を発展させる原動力だと言ってよい。また、言語は使う人の精神世界（＝心）を形成してきた。このように言語には文化が反映しており、その言語を使う人たちの心を形成してきたので、まさに言語は心の花だと言っても過言ではない。

では、先に紹介した著書に登場する言語と心の密接な関係について、先駆者たちの考え方を見てみたい。先駆者たちは韓国語を守り、国民がより良い言語生活を送れるように、全身全霊で取り組んだ。彼らの情熱は我が民族本来の生き方を大切にする心を一貫して伝えた。

周時經《チュ・シギョン》

周時經（一八七六〜一九一四）先生の人生は三十八年と短かった。彼は国力と民族精神の根本的な土台となる言葉と文章を研究し、広く伝え、教えることに尽力した。周時經先生は、韓国語は我が民族の精神と文化のルーツであり、言葉と心、言葉と国は密接な関係があると主張した。言葉はそれを使う人たちの心を左右する力があるため、同じ言葉を使う人たちは似たような心（＝精神世界）を持つとした。

「言葉は人と人の心を通わせるものだ。一つの言葉を使う人同士が意思の疎通を図りながら生きるのを助け合うことによって、自ずと一丸となり、さらに大きな集まりとなっていくため、人の最も大きな集まりは国だ。それゆえに、言葉は国を形成し、言葉が良くなれば国も良くなり、言葉が悪くなると国も悪くなる。そのために、各国が国語に力を入れないわけにいかない。文章は言葉を入れる器なので、欠けることなく正しい位置にきちんと存在してこそ、その言葉をしっかりと守れるのだ。また、文章は言葉を磨く機械なので、まず機械を磨かないと言葉をろくに磨くことができない。その国にとって言葉と文章がいかに大切なものなのか、とうてい語り尽くすことはできないが、制することなくなおざりにしておけば、言葉は荒れていき、国も次第に悪くなっていくのだ

（上述の著書［一］、［二］、［三］より引用）。

崔 鉉培《チェ・ヒョンベ》

崔鉉培（一八九四～一九七〇）先生は、国を失った苦難の時代に周時經先生の意志を継ぎ、我々の言葉と文章を研究することは我々民族の文化を守ることであり、民族の文化を守ることは国を取り戻し、民族を守っていくことに他ならないと考えた。このように、崔鉉培先生は朝鮮語を研究する基盤を作り、これを土台に朝鮮語を守り、整備していくのに生涯を捧げた、我が国を代表する国語学者であり国語運動家であった。

彼の代表的な著書『国語文法』の序文で「一つの民族の文化創造の活動は、その言葉から始まり、その言葉をもって前進し、その言葉をもって足跡を残すので、朝鮮語は少なくとも五千年の歴史の流れにおいて、我々の創造的な活動による道であり、その延長であり、また、その成果の積み重ねによるものだ」と書いている。また、著書『国語尊重の根本的意味』では、「言葉は精神の表現であり、自由の産物だ。言葉は自由精神の創造だ。言葉は単に創造によって成立するだけでなく、愛を創り出し、知恵を創り出し、生活を創り出すのだ。故に言葉は自由精神の創造の結果であると同時に、自由精神の発現の原因であり手段である」と言っており、言葉と心の関係を明確にした（上述の著書［一］、［二］、［三］より引用）。

丁 泰鎮《チョン・テジン》

丁泰鎮（一九〇三～一九五二）先生は、日本統治時代に日本の朝鮮語抹殺政策に抗い、朝鮮語を守りながら教育を行った。一九四七年のハングルの日に、ついに『朝鮮語大辞典』第一巻を刊行したことは、民族文化史において画期的な業績だ。丁泰鎮先生は、言葉、心、文化について次のように語っている。

「言葉がなければ、いったい何を使って我々の文化を伝え、我々の心を表現できるというのだろうか。言葉が器であるからには、この器をさらに美しく、しっかりとさせなければならないであろうし、言葉が鏡であるからには、我々はこの鏡をさらに澄んだ美しいものに磨き上げなければならないのではないだろうか」

「もし我々人類に言葉という美しい宝物がなかったら、今日、我々人類がなによりも誇りに思うあらゆる文化は生まれることすらなかっただろう。言葉がない所に国家があろうこともなく、言葉がない場所に歴史があろうこともなく、言葉がない所に教育があろうはずがない。我々の国家、我々の歴史、我々の教育は、ひとえに我々の言葉を介して初めてその存在を現し、その価値を表すことになる」（上述の著書〔二〕、〔三〕より引用）。

金善琪《キム・ソンギ》

金善琪（一九〇七〜一九九二）先生は、日本統治時代には朝鮮語学会で朝鮮語を研究し、解放以降ソウル大学校で言語学を教えながら、言葉と民族の関係、言葉と思考の関連に重きを置いた言語観を確立した。

「言葉は有限の世界と無限の世界に橋を渡す虹のようだ。どこまでも深く続くこの世界へと我々を導く力を持ち、あらゆる文化を創り出す枠組みであり、文化を包み込む器であるため、人間が持つあらゆる宝の中で最も貴重なものだ」

「思考とは自分の世界であり、行動は他人の世界だが、言葉は思考と行動、言い換えると私とあなたに橋を渡す虹だ。言葉は私とあなたを結ぶ橋であるだけでなく、私とあなたが生み出す産物だ。我々なしに言葉はない。ゆえに言葉自体が我々の思考を形作る重要な役割を果たす。言葉は元々心の活動であり、心は自分の世界なので、私の内にある思考は私以外わかるはずがない。しかし思考と言葉は切っても切れない関係だ（上述の著書〔二〕、〔三〕より引用）。

許雄《ホ・ウン》

許雄（一九一八〜二〇〇四）先生の朝鮮語研究は、民族文化を維持し育むことから始まった。我が国の言葉が我が民族の精神と文化のルーツだという考え方は、許雄先生の学問の土台になっており、学問に対する姿勢として生涯にわたり一貫していた。それゆえに許雄先生は学問に卓越した業績を残した国語学者であり、我が国の民族文化と精神をしっかりと守った国語運動の実践家であった。

彼の著書『言語学概論』において「言語は単なる意思疎通の道具にとどまるものではない。人間社会は言語を使って力を合わせながら文化を発展させてきた。人類は時を合わせて共同できるだけでなく、連続的に共同することができ、一人の人間が習得した知識や経験を他の人に、そして次の世代に伝える能力を獲得している。このような継起的協同が可能なのは、ひとえに人類が言葉を話せるからだ」と言語の価値を明らかにしている。一民族の言葉は、その民族の創造的な精神活動によって生み出され、磨きをかけられていく、精神の最大の所産であるだけでなく、民族固有の精神世界（心）の形成において、他のいかなる要因よりも大きな影響力を発揮していることを強調した（上述の著書〔三〕より引用）。

（訳・バーチ美和）

【権在一】言語学者、ハングル学会理事長。一九五三年韓国慶《キョン》尚《サン》北《ブク》道《ド》栄州《ヨンジュ》出身。ソウル大学校言語学科で文学博士を取得し、ソウル大学校人文大学言語学科の教授を務めた後、現在はソウル大学校名誉教授。主に一般言語学をベースに韓国語文法と文法変遷史に関する研究を行っている。また、アルタイ言語の現地調査に加わり、南北言語の標準化をはじめとした言語政策研究にも関心を傾けた。これまでソウル大学校人文学研究院長、南北共同の民族語大辞典編纂委員長、大韓民国国立国語院長、ハングル学会会長などを歴任している。主な著書に『韓国語文法論』、『韓国語文法』、『南北言語の文法標準化』、『言語学史講義』、『世界の言語のあれこれ』などがある。

権寧弼
クォン・ヨンピル　권영필

『무량수전의 배흘림 기둥에 기대서서』
최순우(저)／ 학고재／1994 ★

1

『無量寿殿の円柱にもたれて』
チェ・スンウ（著）／學古齋／1994

『흙 속에 저 바람 속에』
이어령(저) ／문학사상사／ 2022（초판 1962)★

2

『韓国人の心（増補　恨の文化論)』
李御寧（著)、裵康煥（訳）／学生社／1982 ◆

3

『チベット人・韓国人の思惟方法（中村元選集第４巻)』
中村元（著）／春秋社／1989 ★

『無量寿殿の円柱にもたれて』

民族の「心」は多様なあらわれ方をする。時には文学作品に、またある時には美術にあらわれることがある。美術史家の崔淳雨《チェ・スンウ》（一九一六～一九八四）は、韓国古美術の特徴を、韓国人の「心の跡形」と称したことがある。

大学で美学を専攻した私は、韓国国立中央博物館の崔淳雨先生のもとで韓国美術を勉強する機会を得た。そこでの経験で今でも忘れられないことがいくつかある。先生は外国から来客があると、必ず末席の若い職員たちまで夕食に招待し、その席でひとりひとりの名前だけでなく、彼らの関心分野についても客人たちに紹介するのだ。他者への配慮、特に若者をだいじにするこうした心遣いが、私たちの周辺でよく見られる普遍的な事例かどうかは分からない。しかしこれも一つの特性であることは確かだろう。崔淳雨先生が考える民族の「心」は、彼がその生涯をかけて執筆した韓国美術作品に対する美学的評価あるいは批判にも浮き彫りになっている。彼が遺した『無量寿殿の円柱にもたれて』は、作品とそれを味わう鑑賞者の心を同時に深く掘り下げ、この国で暮らす人々の心がどのように開かれていたのかを教えてくれる一冊だ。

彼があげた作品をここで紹介しながら、韓国人の心性の特徴を紐解いてみたい。

―〈白磁龍文壺〉:「この器を使う人々の心が皆一同に天下太平だったので、この国の民は粋を凝らして楽しむことができる、恵まれた人たちではないかと考える」（四八三頁）

―〈白磁壺〉:「えも言われぬ曲線が描きだす無心の美を知らずして、韓国の美の本質を理解したとは言えまい。白磁壺が持つ丸みの豊かな味わいは、その白地と相まって無欲で純粋なあまり、まるで人間が本来持つ飾り気のない善良な心根を見ているかのように感じる」（四八四頁）

さらにここで、私たちの心の琴線に触れる表現が使われている。「無心」だ。辞書では「無心」を「世俗的な欲望や価値判断にとらわれない心の状態」と定義しているが、そのような境地で私たちが毎日生活しているとは言い難い。しかしながら私たちには時おり、そうした道家思想的な心性が顔をだすことは否定できないだろう。

―〈白磁雲龍文壺〉:「朝鮮時代の青華白磁や鐵畵白磁の壺に描かれた龍の紋様には、自由と活力に稚気が加わり、ある種の清々しく諧謔的な美を成している例が少なくない」「ともかく、恐ろしくて霊験あらたかな龍をやたらとこねた上に、こうして小動物のように向かい合わせた朝鮮の陶工の遊び心に深く感謝する必要があるかもしれない。」（五〇二頁）「清々しさ」や「遊び心」もまた、私たちが日常的に表現する心の特徴ではないだろうか。

―〈昌徳宮楽善斎〉:「空に向かって両側の軒先がゆるやかに反りかえりつつも、飛び立つような軽快さはなく、一見無骨に見える中にも温雅な美と質素な機能を併せ持つ構造は、韓国人の淡々とした心を覆い包むのにふさわしい」（二十頁）この建築の「無骨でありながら温雅な」構造的特徴は、まるでヘーゲルの「正・反・合」の理念的秩序が結論づける合一の美学を表しているようにも感じられる。

『韓国人の心』（原題:『土の中に、あの風の中に』）

文学評論家として知られる李御寧《イ・オリョン》（一九三四～二〇二二）は、彼が若い頃に発表した『土の中に、あの風の中に』の序文で、「言葉は数学とは違う。漢字由来の言葉にわれわれの土着の言葉を足して話すこと自体が韓国語の特性であり、韓国人の心だということを、私は様々な文章の中で述べてきた」

（八頁）と綴り、本の副題も「韓国初の韓国人論」とした。私たちが知ろうとする「韓国人の心」をテーマに書かれた本だ。前述の通り、崔淳雨が韓国美術品で韓国人の心を表そうとした一方、李御寧は文学作品だけでなく日常の体験や感想からその特徴を明らかにしようとした。特に、本書は、韓国人の心を韓国と外国の生活文化を比較する観点から解釈したものである。

一九八八年のオリンピックが成功裏に開催されことは、私たち皆がよく知っている。開会式のオープニングセレモニーで、一人の小学生がスタジアムの隅から鉄の輪を転がしながら、会場の中へ入ってくる予想外の光景にみんなが驚いたことを思いだす。李御寧の作品だ。童話のような純粋さで尊いスポーツマンシップを称え、わが民族の真心を世界中の人々に向けて表現しようとしたのではないだろうか。

彼が『土の中に、あの風の中に』で語った韓国人の心は極めて純粋で、時に初々しくもある。

—〈韓服を守った人々〉:「氾濫する外勢の波の中でも最後の垣根を守りぬくこの民族の知恵をだれも否定できないだろう。表面的には異民族の勢力に百パーセント同化しているようでいて、その実、韓国の歴史の暗い底流にあるのは、他でもなくこの国の心だったのだ」。（一〇一頁）「今日の韓服を作ったのは韓国の土や風だった」。（一〇二頁）韓国の土や風のように、変わることのない自然の要素になぞらえて、わが民族の品性を表したものだ。

—〈咳はさりげないノック〉:「さりげないやりとり。中の様子が見えそうで見えない「石垣」の半開放性から垣間見える韓国人の心だとも言える。半分だけ開けて、半分は閉じておく。嫁いできたばかりの嫁がいる部屋の前で軽く咳をする義父の心、それは夕暮れの湖の色のように優しい」。（七十四頁）いきなりだがここで、「慇懃と粘り強さ」がわが民族の肯定的な側面だとする事例を思い出す。

—〈韓国のおこげの味〉:「このようにおこげのスープやマッコリには『性格のない性格』のようなアイロニーがある。味があるとするなら「まずい」としか言えない逆説的な味覚だ。一生地味に生きるほかない隠者の心のように。（九十四頁）「明晰でないものはフランス的とはいえない」という言葉があるが、私たちの場合はそれとは逆に「濁っていないもの」は韓国的ではないのだ。（九十五頁）濁った面が私たちの情緒の中にあるとは言え、全く清くないという主張は耐えられそうにない。

『チベット人・韓国人の思惟方法（中村元選集第四巻）』

韓国の美学者、美術史家たちと日本の美学者、人文学者たちが意気投合して一九九二年「日韓美学研究会」を創立した。特に、美学・文化研究における大学院生たちの観点を重要なイシューとした。毎年両国で交互に主管し、韓国では嶺南《ヨンナム》大学校、梨花《イファ》女子大学校、高麗《コリョ》大学校、韓国芸術総合学校などで、日本では広島大学と神戸女学院大学などで集まって発表を行った。メンバーたちは両国の美学研究の特性についての検討を重ね、発表論集を発刊した。文化探訪もまた大事なイベントで、両国の博物館や寺院遺跡地などを訪ね歩いた。

当時、日本側代表だった神戸女学院大学教授の濱下昌宏先生は、第十四回（二〇〇八年）論集で、美学以外の面でこの研究会が志向すべき問題について言及し、日本と韓国の歴史、国民性、文化、歴史の記憶（"cultural memory"）、未来へ向けた建設的な関係の可能性、類似性とその中での差異性などをあげている（五頁）。両国の国民性の問題を取り上げるための視座としては必要十分だと考えられる。

その濱下先生が、韓国側代表をつとめていた私に下さった本がある。『チベット人・韓国人の思惟方法（中村元選集第四巻）』だ。著者は「思惟」と宗教、そして心は、あらゆる面で繋がっていると綴る。ある程度の客観性が担保されるという点において、外国人の視点から韓国人の心を洞察することはそれなりの意味があるだろう。

仏教学者であり哲学者でもある中村元（一九一二～一九九九）は、韓国人が家族関係を特に重視する点に注目した。「韓国人はともに生きることを理想にしている。愛情を表現する場合には、（中略）『ともに生きていこう！』というのである」。（二四五～二四六頁）彼はまた、韓国学者李佑成《イ・ウソン》の見解（『韓国の歴史像―乱世を生きた人と思想』／平凡社／一九八七）を引用し、韓国人の心性を明らかにしようと試みた。「今日、韓国人の意識構造のなかで、性理学の要素が多く比重を占めている。（中略）韓国国民には性理学を土台とした儒教的意識が相対的に色濃く残っている。ここには長所もあり、短所もあるだろう。いくつかの例を挙げることができる。

（一）名分が実利に先立つ。

（二）権威主義に対する服従を上級者に対する道理とわきまえている。
（三）来世観がなく、現実への執着が強い。
（四）節操観念が強く、不当な妥協を望まない。
（五）伝統を重んじ、自尊心が高い。

このようなことが、すべて、直ちに儒教からきたものと断定はできないかもしれないが、少なくとも韓国人の意識構造を語る場合、儒教を離れて考えることもできないといえよう」（二六四〜二六五頁）。李佑成《イ・ウソン》のこうした考えに対して中村元は「以上に指摘した歴史的背景を考慮しながら、あらためて現在の韓国仏教の実践のしかたを見直すことにしよう」と続け、韓国人の意識を仏教的に再解釈しようと努めている。

（訳・柳美佐）

【権寧弼】美術史学者。現AMIアジアミュージアム研究所代表。ソウル大学校にて美学専攻（修士）、国立中央博物館で韓国美術史を修める。パリ第三大学で中央アジア美術史、ケルン大学で東洋美術史専攻（哲学博士）。嶺南《ヨンナム》大学校教授、高麗《コリョ》大学校教授、韓国芸術総合学校教授をつとめたあと定年。尚志《サンジ》大学校招聘教授、韓国美術史学会会長、中央アジア学会会長職を歴任。高麗大学校学術賞、月刊美術大賞、又《ウ》玄《ヒョン》高《コ》裕燮《ユソプ》賞受賞。日本美学会正会員（一九八七）。訳書に『芸術における精神的なものについて』（W・カンディンスキー著）『エカルトの朝鮮美術史』（A・エカルト著）、著書に『韓国の美を読み直す』（共著）『美的想像力と美術史学』『文明の衝突と美術の和解』『シルクロードのエートス』など。

黒田《くろだ》杏子《きょうこ》

구로다 교코

『밝은 밤』
최은영(저)／문학동네／2021★

1

『明るい夜』
チェ・ウニョン（著)、古川綾子（訳）／亜紀書房／2023◆

2

『韓国現代詩選〈新版〉』
茨木のり子（訳編）／亜紀書房／2022★

『시와 산책』
한정원(저)／시간의흐름／2020★

3

『詩と散策』
ハン・ジョンウォン(著)、橋本智保（訳)／書肆侃侃房／2023◆

この人は私ではない。生まれた国も違う、時代も違う、性別も違う、好きな食べ物も違う、それなのに、まるで自分のことのようにこころが震えるのはなぜだろう。本を読んでいるとたびたび、名付けようのないこうした不思議な感覚をおぼえることがある。その時「こころにふれた」と思う。

ある日、Sさんという年配のお客さんが「あの人の新刊出たみたいだな」と、店にいらした。「あの人」とは、韓国の作家、チェ・ウニョンのこと。Sさんは以前に、チェ・ウニョンの短編集『ショウコの微笑』を読んでファンになったのだという。かくいう私も『ショウコの微笑』に衝撃を受けた一人。Sさんの話しぶりからすると、どうやらもともと私が薦めたようだった。「ああ！『明るい夜』ですね、とってもよかったですよ～」と手渡すと、Sさんは、分厚いな…長編か…読み切れるかな…と不安そうにブツブツ言いながら買っていった。一週間ほど経ったある日、電話がなった。Sさんだった。「こないだ買ったあれな、今読み終えた。素晴らしかったぞ。あの人は描写力がすごいな、思い出しただけでも涙が…出てくる…。私のようなおじいさんでも感動したって、皆に伝えてください。じゃあまた」
いつも明るいSさんの声が、震えていた。本屋をやって十七年になるが、こうやって感想（だけ）を伝えるために電話がきたのは初めてかもしれない。私は電話が切れたあとも、不思議な興奮を覚えていた。

『明るい夜』はチェ・ウニョン初の長編小説。結婚生活に終止符を打ち、ソウルから地方へと引越しした天文学者のジヨンは、絶縁状態にあった祖母との再会をきっかけに、それまで知ることのなかった家族の歴史に触れていく。被差別民として生まれた曾祖母、戦争に翻弄された祖母、家父長制から逃れられない母、そして、ジヨン。いつの時代も女性たちの人生は決して楽なものではなく、母と娘はその近さゆえに、すれ違い続けてしまう。

「心というものが取り外しのできる体内の臓器だったなら、胸の中に手を入れて取り出し、温かいお湯で洗ってあげたかった。そして隅々まですすいで水分をタオルで拭き取り、日当たりと風通しのいい場所に干したかった。その間は心を持たない人間として生きる。よく乾いたら、柔らかくて良い匂いのする心をまた胸にしまって新たなスタートを切れるだろう。時々そんな想像をした。」（本文より）

けれど私たちの心は、私自身とぴったりくっついていて、修理したり洗濯したりできないから、登場人物たちは皆、心の傷を抱えながらままならない現実を歩いていく。それでも、彼女たちはひとりではない。それぞれが出会う、共に手を携えて歩ける相手――ジヨンと祖母、曾祖母とセビおばさん、祖母とミョンソクおばあさん――との心のやりとりが、道を照らしてくれる。読後は私自身が背中を押されたような気持ちになった。Sさんに届いたように、きっと読む人の「こころ」に深く優しくふれることができる小説だと思う。

詩人の茨木のり子は五十歳から韓国語の勉強を始め、「まったく一種のカンだけを頼りに」韓国の現代詩人十二人の作品六十二篇を選び訳した『韓国現代詩選』を発表した。韓国はその苛烈な歴史の中で多くの詩が生まれた。本書に収録された詩にも、流された血や帰れなくなった故郷への思い、抑圧への抵抗が見えるが、それだけではない。詩から感じられる哀しみ、ユーモア、信仰、愛、言葉の豊かさが、この国の人びとの「こころ」を伝えている。「いい詩は、その言語を使って生きる民族の、感情・理性のもっとも良きものの結晶化であり、核なのだと改めて思う」（あとがきより）。昨年刊行された「新版」に掲載された翻訳家の斎藤真理子の解説で、原文からのかなり大胆な省略や、時には創作とも思える訳がなされていることを知った。きっと茨木は詩を「正しく」伝えたかったのではなく、詩によって韓国の「こころ」を直接、読者に紹介しようとしたのだと、私は思った。それが詩人としての「翻訳」なのだろう。

『詩と散策』は、詩人のハン・ジョンウォンが、ひとり詩を読み、散歩にでかけ、猫と暮らす日々の中で感じたことを記したエッセイ集。本書には、孤独を抱える人が印象的に登場する。名前も知らない近所の人や果物売り、住み込みで世話をしてくれていたオンミお姉ちゃん、夢遊病にかかっていた幼い頃の自分。それでも人生のほんの一瞬、その孤独を分かち合い言葉や心を交わすこと。それは詩を読むことにとても似ているのかもしれない。思えば本書で引用されている詩を書いた人びとも、常に孤独と共にあった。ペソア、ディキンソン、ツェラン、ヴァルザー、リルケ…。土地も時代も遠く離れた場所で書かれた言葉を、繰り返し読むこと。共感を寄せること。日常の中で思い出すこと。それは本を通して、詩人たちと「こころ」を交わしていることに他ならないのだから。

【黒田杏子】一九八一年岐阜県出まれ。二〇〇六年に書店YEBISU ART LABO FOR BOOKSを、名古屋・伏見にオープン。二〇一一年に名古屋・東山公園に移転し、bookshop & gallery ON READINGとしてリニューアル。二〇〇九年より出版レーベルELVIS PRESSを立ち上げ、これまでに約三十五タイトルをリリースしている。愉快な猫二匹と暮らしています。

桑畑優香
くわはた　ゆか　구와하타 유카

『벌새 1994 년, 닫히지 않은 기억의 기록』
김보라, 최은영, 남다은, 김원영, 정희진, 앨리슨 벡델(저) ／ 아르테(arte)／ 2019★

1

『はちどり　1994 年、閉ざされることのない記憶の記録』
キム・ボラ、チェ・ウニョン、ナム・ダウン、キム・ウォニョン、チョン・ヒジン、アリソン・ベクダル（著）、根本理恵（訳）／オークラ出版／2023◆

ひそかにずっと気になっていた。『応答せよ１９９４』しかり『シグナル』しかり、近年の韓国ドラマや映画では、なぜ一九九四年を舞台にした作品が多いのか。きっと韓国人の心を揺さぶるなにかがあるはずだ、と。

疑問の矛先が「一九九四年」だった理由は、至極私的なものだ。自分がソウルに留学生として住み始めた年だから。日本から見ると、民主化が達成され、ソウルオリンピックも成功した「韓国社会の安定期」。実際、ソウルでの生活は、和やかで穏やかだった。「オンドル」と「キムチ」くらいしか知らないまま渡韓したわたしに、日韓言語交換サークルで知り合った同世代の韓国人は、皆とても親切だった。一番仲が良かったのは、ショートヘアーとベネトンのカラフルなバッグがトレードマークのヒヨンだ。エンタメ好きということで意気投合した彼女が日本語を学び始めたきっかけは、ドラマ『東京ラブストーリー』だった。日本に一度も行ったことがないにもかかわらず、違法コピー（当時は日本文化開放前だった）のドラマを教材に、あっという間に日本語検定一級に合格。一緒に映画を観に行くと、わたしが理解できなかった韓国的な笑いや怒りのツボを解説してくれた、頭脳明晰な大学生。そんな彼女のことを、周りの子たちが「あの銀馬《ウンマ》アパートに住んでいるヒヨン」と、きまってアパート名とともに語るのが、ちょっと不思議だった。

あれから二十六年がすぎた二〇二〇年初春。一本の映画に出合った。キム・ボラ監督の『はちどり』だ。舞台は、一九九四年。ポケベルや流行歌「カクテルの愛」など、ノスタルジーをかき立てるアイテムが散りばめられていただけでなく、ベネトンのリュックを背負ったショートカットの主人公ウニが、ヒヨンに重なった。映画の舞台は、まさにヒヨンが住んでいた銀馬アパート。学校や家庭に居場所を失った中学二年生の物語は、家父長制批判という脈略で読み解かれることが多いけれど、さらに大きな問題を内包しているに違いない――。映画を深く知りたいという思いに駆られて手に取ったのが、シナリオを収めた『はちどり 1994年、閉ざされることのない記憶の記録』の原書だった。

この本には、映画ではカットされたシーンも含む完全版の

シナリオに加えて、四人の韓国人によるコラムが掲載されている。ウニとほぼ同じ世代で、自身の思春期の記憶をたどりながら「傷を美化する」文化に一石を投じる作家のチェ・ウニョン。ウニの心を救う漢文塾の先生ヨンジの過去を推しはかりながら作品の本質を探る映画評論家のナム・ダウン。家族やフェミニズムの視点で語る女性学研究者のチョン・ヒジン。それぞれの視点に気づきを得ながら読み進めるなか、積年の疑問にストレートな解を与えてくれたのが、作家、パフォーマー、弁護士として活動するキム・ウォニョンの一文だった。彼は、劇中のクライマックスで描かれる聖水大橋の崩壊について正面から切り込む。「一九九四年十月、聖水大橋崩落は韓国社会の大衆の夢想が壊れていく象徴的な事件であり、その始まりだった」と。キム・ウォニョンが言う大衆の夢想とは、朝鮮戦争以降の数十年間、韓国社会が掲げてきた、生存すること、食べるのに困らないこと、広い家に住むこと。ひいては、それを実現するために国家と社会、家族全員が総力戦を繰り広げて、高度成長を遂げること。その夢がたどり着いた最終地点が、ソウル、なかでも映画の舞台となった江南だった。

高度成長の真っただなか、一九七九年に江南に竣工された銀馬アパートは、キム・ボラ監督曰く、「韓国社会の欲望の象徴」。日本語版オリジナルインタビューで「すべてのものには政治が影を落としている」と語る監督は、登場人物の話し方や服装、好きなカルチャー、学歴などに「影」を投影して、ストーリーにちりばめたことを明かす。そして、「それらが積み重なって、ある日突然崩壊するのだ」とも。

コロナ禍が落ち着いて渡韓ができるようになった二〇二三年、わたしは初めて銀馬アパートを訪れた。まるで九〇年代にタイムスリップしたかのような建物や活気あふれる昔ながらの商店街。真新しいタワーマンションが立ち並ぶエリアで、銀馬アパートの一帯だけが驚くほどレトロな空間だった。いや、一九九〇年代の銀馬アパートは、少し前の日本の六本木ヒルズのようにピカピカでキラキラな存在だったのだろう。「あの銀馬アパートに住んでいる……」という、ヒヨンにつきまとっていた枕詞は、憧れとやっかみがまじりあう感情だったのかもしれない。

聖水大橋の崩壊の翌年には三豊百貨店が倒壊し、一九九七年にはアジア通貨危機に直面した韓国。しかし、どん底で得た教訓は、さらに大きな経済発展へとつながった。聖水大橋のふもとの聖水洞は今、ハイセンスなカフェやショップが並び、「ホットな街」として、日本からの観光客にも大人気だ。ソウルの街をヒヨンと一緒に歩きながら「ねえ、あなたは一九九四年をどう振り返る？」と問いかければ、聡明な彼女はユーモア交じりに鋭い視点で答えてくれるに違いない。ただ、手元に残っているのは、ポケベルの番号のみ。大学卒業後、見合い結婚をして渡米したと風の便りに聞いたことがあるが、もはや連絡をとる術はない。

【桑畑優香】ライター、翻訳家。早稲田大学第一文学部卒業。一九九四年から三年間韓国に留学、延世大学語学堂、ソウル大学政治学科で学び、『ニュースステーション』のディレクターを経て独立。映画レビュー、K-POPアーティストの取材など『AERA』（朝日新聞出版）、『mi-mollet』（講談社）、『Yahoo!ニュースエキスパート』などに寄稿。訳書に『花ばぁば』（ころから）、『韓国映画100選』（クオン）、『BTSを読む なぜ世界を夢中にさせるのか』（柏書房）、『家にいるのに家に帰りたい』（辰巳出版）、監訳書に『BEYOND THE STORY：10-YEAR RECORD OF BTS』（新潮社）など。

光嶋《こうしま》裕介《ゆうすけ》

고시마 유스케

1 『ダマシオ教授の教養としての「意識」』
アントニオ・ダマシオ（著）／ダイヤモンド社／2022 ★

2 『手の痕跡』
伊丹潤（著）／TOTO 出版／2012 ★

3 『ITAMI JUN—1970 – 2011　伊丹潤の軌跡』
伊丹潤（著）／クレオ／2011 ★

4 『民藝とは何か』
柳宗悦（著）／講談社学術文庫／2006 ★

5 『生成と消滅の精神史　終わらない心を生きる』
下西風澄（著）／文藝春秋／2022 ★

アメリカの神経科学者アントニオ・ダマシオは、心を「現実の知覚や記憶の想起、またはその両方によって生じるイメージを積極的に生成し、描き出す行為」[1]であると定義する。ここでは、見ることのできない心について、考えるヒントが「イメージ」にあるという示唆が、私たちに与えられている。

建築家は、このイメージの生成を仕事にしていると言っても過言ではない。建築家たちは、イメージを描き出すことに過剰な情熱をかける人たちである。というのも、建築をつくることの理由に単一なものはないが、建築が人の心に訴えることがあるのであれば、それは、イメージの力によるところが大きい。

では、どのようにして建築家はこのイメージをつくるのか。それは、空間を身体で感じて、頭で思考しながら、手を動かすことによってである。イメージを描き出す行為に心があると言ったダマシオは、「私たちの感じるものはすべて、私たちの身体の内部の状態と対応している」[2]とも述べている。つまり、人間は外の環境との絶え間ない相互作用によって、その都度立ち上がる心の中のイメージと対話している。

韓国にルーツをもつ建築家伊丹潤（一九三七〜二〇一一）の

『手の痕跡』[3]という美しい作品集がある。正方形をした本の中には、たくさんのイメージが収録されている。完成した建築作品の写真よりも、伊丹の描いたスケッチやドローイングの方が多いことに強い意志が感じられる。本のタイトルからもわかるように、建築家は手を動かすことで、言葉にはならないイメージを探り続けている。言い換えると、心と対話することで、創造しているのだ。

「建築」と「ドローイング」、「言葉」というのは、それぞれに自立した言語である。建築家は、創作を通してそれらを往来するいつも「不完全な翻訳」をしているのかもしれない。「不完全」ということがポイントである。建築という言語やドローイングという言語を言葉という言語に完全に翻訳することができれば、そもそも言葉以外の言語は存在意義をなくしてしまう。ゆえに、何かをつくることにおいて、異なる言語間を行き来する不完全な翻訳が重要なのである。

伊丹が黄色いトレーシングペーパーに模索するエスキスのために描くスケッチも、完成した建築を端正に描き出した緻密なドローイングも、すべて二次元のドローイングとして描くことでしか表現できないものが表出している。それは、三次元の建築に込められた想いの表現であり、この不完全な翻訳は、互いに補完し合う関係性にある。両者に通底するのは、そこに建築家の心が宿っているということだ。

伊丹はドローイングについて「建築のある一断面やもののフォルムをつかみとるための生々しい営為であり、矛盾に充ちた線の集合体[4]」であると述べている。常に空間と生々しく対話し、自らの心の反応とも誠実に向き合いながら手を動かしてきた伊丹には、この「矛盾に充ちた」という葛藤があった。これこそが、翻訳の不完全性である。そして、この矛盾にこそ、人間の想像力を鍛える創造の力があるように、私には思えてならない。

もう一つ、地球上に建つ建築を設計するためには、自らの力では制御することのできない「自然」と向き合わないといけないことを伊丹は、よくわかっていた。加えて、見えないはずの心をたしかに見つめるためには、自分の内側にも存在するもう一つの自然とも向き合わなければならない。心と対話するには、自分たちの外側と内側の両方の世界を見る眼が必要であることを、伊丹は教えてくれている。

そうして美の本質を手で捉えようと描き続けた伊丹の心

の中には、李朝の白磁壺があったことも指摘しておきたい。「私の眼はそれに吸い込まれ、予知し得ない初々しい温もりといおうか、尽きぬ味わいが器に滲む。そして、見つめるほどに、この捉え所のない姿に私の心は膨らみ、見飽きることがなく、新たなる覚醒にひたる」[5]と、賛美の言葉を惜しまない。

民藝の父・柳宗悦は、「民藝品とは、一般の民衆が日夜使う健全な実用品を指すのだということを明記し、かかる領域の価値を再認識することが、いかに吾々の生活にとって重要な意義を有つかを主張したい」[6]と述べている。伊丹にとって朝鮮の生活の美を宿した白磁器は、陶器という領域を超えて、イメージの萌芽となった。

最後に、「終わらない心を生きる」という副題が付けられた一冊からの引用で、筆を置きたい。

「心は生成の結果ではなく、いつも創造の現場である。（中略）私たちは心を鏡のような存在であると捉えたとき、外部を見る時もいつも内部を覗き込むようになった。（中略）心は終わらない。（中略）心は永久だと言う意味で終わらないのではなく、心は終わり続けながら再開し続けると言う意味で終わらないのだ。[7]」

注

1 『ダマシオ教授の教養としての「意識」』アントニオ・ダマシオ、ダイヤモンド社、二〇二二、百二十一ページ
2 同上、七十四ページ
3 『手の痕跡』伊丹潤、TOTO出版、二〇一二
4 『ITAMI JUN』伊丹潤、CREO、二〇一一、四十八ページ
5 同上、五十五ページ
6 『民藝とは何か』柳宗悦、講談社学術文庫、二〇〇六、十六ページ
7 『生成と消滅の精神史』下西風澄、文藝春秋、二〇二二、四百五十-四百五十一ページ

【光嶋裕介】建築家・一級建築士・博士（建築学）一九七九年米国ニュージャージー州生。二〇〇四年 早稲田大学大学院修士課程建築学専攻修了。二〇〇四-〇八年、ドイツ・ベルリンのザウアブルッフ・ハットン・アーキテクツ勤務。二〇〇八年に帰国後、光嶋裕介建築設計事務所を開設。二〇二一年より神戸大学にて特命准教授を務める。思想家の内田樹氏の自宅兼道場《凱風館（神戸、二〇一一）》を設計。主な作品に《森の生活（長野、二〇

一八）》や《桃沢野外活動センター（静岡、二〇二〇）》など多数。著書に、『幻想都市風景』（羽鳥書店、二〇一二年）、『増補　みんなの家』（ちくま文庫、二〇二〇年）、『ここちよさの建築』（ＮＨＫ出版、二〇二三）など多数。光嶋裕介建築設計事務所　www.ykas.jp

小林エリカ

こばやし えりか　고바야시 에리카

『한 명』
김숨(저)／현대문학／2016★

1

『ひとり』
キム・スム（著）、岡裕美（訳）／三一書房／2018◆

『L 의 운동화』
김숨(저)／민음사／2016★

2

『L の運動靴』
キム・スム（著）、中野宣子（訳）／アストラハウス／2022◆

『떠도는 땅』
김숨(저)／은행나무／2020★

3

『さすらう地』
キム・スム（著）、岡裕美（訳）、姜信子（解説）／新泉社／2022◆

私にとって、キム・スムという作家の存在は、私が創作を続けてゆくうえでの、希望であり、心の支え。つねに新しい地平を切り拓きながら先を進んでゆくその姿に、私は畏敬の念を抱きつづけている。

はじめて読んだ作品は、旧日本軍慰安婦の被害者の実際の証言を引用しながら、やがてその被害者がひとりになる近い未来を物語としてたちあげた、『ひとり』(岡裕美訳)であった。

折しも、私自身、震災後から「放射能」や「核」とよばれるものの歴史を、小説やマンガで書き続けてきた中で、その史実、現実の大きさに圧倒されながら、果たして、そこにどのような形で、向かい合うことができるのだろうか、と考えては、ただひたすら戦き絶望しかけていたときのことだった(小説やマンガに、文学にできることなんて、あるのだろうかとか)。

私は『ひとり』に出会い、こんな向き合い方もあるのかと目を見開かされたし、私は、心強くなるような気持ちを抱いた(勝手に)。たとえば、スヴェトラーナ・アレクシエーヴィッチの『チェルノブイリの祈り』(松本妙子訳)、たとえば、ジュリー・オオツカの『屋根裏の仏さま』や『あのころ、天皇は神だった』(小竹由美子訳)。世界の中で、それぞれ異なるやり方で、それぞれの真摯さをもって、そこに向かい合う作家たちを知るにつれ、私は、その小さな光の点と点を繋ぐようにして、希望を見た。

キム・スムの小説に、私は感動と好きが昂じすぎ、ついには対談をさせてもらいに、ソウルまで訪れた(『美術手帖』二〇一九年十二月号に掲載)。

その後、私の念願叶い、キム・スムの『Lの運動靴』(中野宣子訳)と『さすらう地』(岡裕美訳)がほぼ二冊同時に刊行されて、それを日本語で読むことができるようになった。

『Lの運動靴』は、「L」という民主抗争の中で亡くなったひとりの人間の遺品の運動靴の修復をめぐる作品である。美術修復家が、一足の運動靴を修復しようとすること、それは同時に、ひとりの失われてしまった人間を、その記憶を、生を、存在を、文学というものが、いったいどう言葉の中に、作品の中に、修復し、留めることができるのだろうか、という切実な問いでもある。

そして『さすらう地』では、スターリン体制下のソ連で、朝鮮半島にルーツを持つ人々が中央アジアに強制移送された史実をもとに、会話や声が積み重ねられてゆく。

いずれの作品にも、キム・スムの少しもぶれることのない、真摯な態度と、史実や現実に向かい合うさいの徹底した姿勢が貫かれていて、私はますます深く心動かされ、さらに感動と好きが昂じすぎて、ふたたびの対談をお願いしたのであった（『FRaU』二〇二三年八月号に掲載）。

「彼女たちにとって沈黙もまた証言のひとつであるということも知りました。」

キム・スムが元「慰安婦」の方とお会いしたときのことを語った際の、言葉。

私は彼女がその沈黙さえも、小説の中に書き留めようとしていることの壮大さと、その小説に書かれる人たちひとりひとりの尊厳をどこまでも大切にしようとする細やかさに、心打たれた。

この世界にある、声に、沈黙に、ひたすら耳を傾けようとする、彼女の作品があるから、私がいま生きるこの世界は、まだ大丈夫、と私は信じられる。


【小林エリカ】（Erika Kobayashi）作家、アーティスト。目に見えないもの、時間や歴史、家族や記憶、声や痕跡を手がかりに、リサーチに基づく史実とフィクションを織り交ぜた作品を制作する。著書は小説『女の子たち風船爆弾をつくる』（文藝春秋）『最後の挨拶 His Last Bow』（講談社）『トリニティ、トリニティ、トリニティ』『マダム・キュリーと朝食を』（共に集英社）、“放射能”の科学史を巡るコミック『光の子ども1、2、3』、アンネ・フランクと実父の日記をモチーフにした『親愛なるキティーたちへ』（共にリトルモア）など。主な展覧会は個展『わたしはしなないおんなのこ／Seance』（二〇二一年、Yutaka Kikutake Gallery、東京）、グループ展『りんご前線—Hirosaki Encounters』（二〇二一年、弘前れんが倉庫美術館、青森）『話しているのは誰？　現代美術に潜む文学』（二〇一九年、国立新美術館、東京）など。

孔善玉

コン・ソノク　공선옥

『김약국의 딸들』
박경리(저)／도서출판 나남／1993★

1

『キム薬局の娘たち』
朴景利（著）／図書出版ナナム／1993

『우리들의 하느님』
권정생(저)／녹색평론사／1996★

2

『私たちの神様』
権正生（著）／緑色評論社／1996

彼らを知らなければ、韓国の心を知ることはできない

『キム薬局の娘たち』

ある人が外国に移住する時にこれは絶対に持っていこうと荷物の中に入れた一冊の本が、朴景利《パク・キョンニ》の『キム薬局の娘たち』だったという。私でもそうするだろう。この本は小説ではあるが、実は小説に登場する時代（朝鮮時代末期から大韓帝国までの時期と日本の植民地時代）と空間（統営《トンヨン》を中心とした慶尚南《キョンサンナム》道《ド》の沿岸地域）に関する極めて写実的な報告書でもある。手で掴めそうなほど具体的に描かれた空間の中で、その時間を生き抜いた人々についての、これほど「心に沁み入る」報告書のような小説を荷物の中に入れていくということは、韓国を、韓国での時間を持っていくという意味だったのだろう。その空間とその時間の中で自らが暮らしながら見ていた、空と大地と山と川、朝と昼と夕暮れと夜を、捨てずに持っていくという意味であったのだろう。その空と大地と山と川の、色、におい、音を、その朝と昼と夕暮れと夜の、息づかいや感触や情緒を失うまいという悲壮な思いでもあっただろう。情緒を他の言葉で言い換えると、心だ。

韓国の情緒、韓国の心を、これほどまで細密に、これほど

まで美しく具現化した小説は、見知らぬ空間と時間に飛び込んでいく人にとって一種のお守りや栄養剤のようなものではなかっただろうか。戻る家が、故郷が、家族や親族がある人は、どれほど世界をさまよって、つらい他郷暮らしをしたとしても、慣れない空間に怯むことはないし、困難な時間に力なく押し流されることはない。文学、そして小説がこのように心の故郷になることもある。『キム薬局の娘たち』は、心の故郷としての役割を十分に果たしてもなお余りある作品だ。そのうえ、この小説は朴景利の大作である『土地』が生み出されるバックグラウンドになった作品ではないかと思う。『キム薬局の娘たち』が書かれなければ、『土地』の広大無辺な世界が、山河が、人々が、あれほど生々しくこの世に現れることは難しかったであろう。そういう観点から、『土地』を読む前にまず『キム薬局の娘たち』を読むことをお薦めする。

『私たちの神様』

権正生《クォン・ジョンセン》の作品を読むと、私はなぜか母の古びた「ちぢみ（訳註　日本語の「縮む」が由来）」シャツに鼻を押しつけるような感覚を覚える。

七十年代は、韓国の農村で伝統的な生活形態と産業化していく時代の生活形態が、自然にあるいは時に衝突しながら絶妙に混じり合う風景があちこちで見られる時期だった。

母のちぢみ織りのシャツもそんな風景の中の衣服だ。織物の変遷史を語ると、母はその頃もまだ、母が幼い時からやってきた手仕事をしていた。麻を育てて刈り取って、釜で蒸し、皮を剥いで灰汁に浸し、洗って乾かして、糸繰り車で糸を紡いで糸を巻き、糸を整えて染色し、織り機で麻布を織る仕事であったり、蚕の卵を手に入れて、桑を食べさせて蚕を育て、繭を取って、繭を茹で、絹糸を取り出して、絹布を織る仕事であったり、綿花を植えて、実を取って、種を取り出し、糸を紡いで杼《ひ》（横糸を通すのに用いる織り機の付属具）に入れて、綿布を織る仕事などを、母はその頃もまだすべてやっていた。母はそうやって織りあげた麻布や、苧麻《からむし》から作った布や、絹織物や木綿生地などを市場で売って、ちぢみ織りの服を買ってきた。母が買ってきたその化学繊維の生地は、麻布や絹織物や木綿生地のように簡単に破れたりすり減ったりしないのだという。そうは言っても、私は母が手間をかけて織った生地を売って買ってきた、その「破れたりすり減ったりしない」ちぢみ織りの服がなんだか悲しかった。

権正生の小説や随筆を読むと、なぜだか分からないが、母が夜なべをして織った「나이《ナイ》」や「베《ベ》」と呼ばれる天然繊維の織物を売って買ってきた、ちぢみ織りの服を思い出す。思い出しながら、言葉では説明しがたい「鼻先がひりひりする」ような症状を感じる。権正生という人は、その人の作品からは、常にそんな「鼻先がひりひりする」ような情緒が滲み出ている。そして、それもまた韓国の心なのだろう。「冬になるとオンドルの焚き口に近い温かい場所にハツカネズミがやってきて布団の中で寝た」（『私たちの神様』より）という権正生を知らなければ、韓国のある種の「心」もまた知ることはできないだろう。

（訳・道中真柄）

【孔善玉】一九六三年、全羅南道谷城生まれ。一九九一年、季刊誌『創作と批評』に中編『種火』を発表して作家活動を開始。長編に『梧池里に置いてきた三十歳』、『時節』、『赤いおくるみ』、『きび畑にいらっしゃい』、『流浪家族』、『ヨンラン』、『私が一番きれいだった時』、『その歌はどこからきたのか』、小説集に『咲けよ水仙』、『素敵な一生』、『明るい夜道』、『ウンジュの映画』、随筆集に『四十で旅に出る』、『幸せな晩餐』、『れんげ畑で私は泣いた』など。中東曄文学賞、萬海文学賞などを受賞している。邦訳に『私の生のアリバイ』（カン・バンファ訳、クオン）がある。

斎藤《さいとう》真理子《まりこ》

사이토 마리코

『그 많던 싱아는 누가 다 먹었을까 / 그 산이 정말 거기 있었을까』
박완서(저) ／세계사／2015（초판 1992）★

1

『あんなにあった酸葉《すいば》をだれがみんな食べたのか／あの山は本当にそこにあったのか』
朴婉緒（著）、真野保久・朴暻恩・李正福（訳）／影書房／2023◆

『한 말씀만 하소서』
박완서(저) ／세계사／2004★

2

『慟哭──神よ、答えたまえ』
朴婉緒（著）、加来順子（訳）／かんよう出版／2014◆

「부처님 근처」『박완서 단편소설 전집 1　부끄러움을 가르칩니다』
박완서(저) ／문학동네／2013★

3

「仏様の近所」『朴婉緒短編小説全集 1　恥ずかしさを教えます』所収
朴婉緒（著）／文学トンネ／2013

朴婉緒《パク・ワンソ》には韓国文学のすべてがある。こんなに生き生きと、激しく、そして静かに、韓国人の喜怒哀楽の隅々まで書き尽くした人は他にいないと思う。

例えば、初期の短編の「仏様の近所」は、朝鮮戦争でソウルが北朝鮮軍に占領されたときに家族を失った母と娘のお話だ。一家の父と兄が亡くなったのだが、特に兄の亡くなり方が無惨で、家族の目の前で何発もの銃弾を浴び、「ぼろきれのような」体になって死んでしまう。母と妹はそのなきがらを無言で、大急ぎで後始末する。家族が「反逆者」として殺されたことを、何としてでも隠さなくてはならないからだ。その様子が「私たちはまるで、自分の産んだ仔を食った後、残った体液までぺろぺろ舐め取ってしまう獣のように、小賢しくも平然と、一つの死をごくりと飲み下したのだった」と描写されている。

確かに動物は、外界からの危険が身に及びそうだったり、自力では育ちそうにない弱い仔だと判断したような場合は、仔を食べてしまうことがあるという。生々しい動物の営みに言及するだけで、二人の女性の心がまざまざとわかる。朴婉緒の本を読んでいるとこうした、一行の心理描写もないのに心がむき出しになっている場面にときどき出会う。

一九八八年に、朴婉緒はまだ若い息子を交通事故で失った。そのときの苦しみと回復の過程をくまなく綴った日記が『慟哭――神よ、答えたまえ』という本になっている。

著者は、息子のいない世の中でこれ以上生きていたくないと思っている。十日ほど何も食べず、体が食べものを受けつけなくなるが、それは死の前ぶれだと考え、「私にいま希望があるとすれば、私が死につつある、ということだけだ」とまで書いていた。

それほど辛い記録の中に、一つだけ明るさがほの見える回想シーンがある。それは、医師だった息子が、あまりの忙しさに使用後のトイレを流すのを忘れて家を飛び出したときの思い出だ。「健康な青年が用を足したままの便器のなかは、母が見てもぎょっとするに値した」という。だが今や、著者にとってはそれさえが暖かい記憶で、一瞬の慰めでもあるのだ。考えてみれば、排泄物は、その主体が生きているという証である。これもまた、書かれているのは身体的な生理作用だけなのに、痛いほどに心がわかる場面だった。

生と死がぎりぎりでせめぎあうとき、体の描写がそのまま心の描写になる。そのとき、人間と動物の境界線は自ずとおぼろげになる。朴婉緒はそういうところを歩いてきた作家だ。それは強烈な個性であると同時に強烈な普遍性でもある。

自伝的小説「あの山は本当にそこにあったのか」の前書きで、著者は「私の人生は平凡な個人史かもしれないが、いざ広げてみると荒々しく織りこまれた時代の横糸のせいで、自分の望みどおりの模様を織りこめなかった。それは個人史の問題であると同時に、同時代を生きた人間であれば共感でき、いまの豊かな社会の基礎が埋められている部分でもあるから、恥を忍んで広げてみたのだ」と述べている。

「仏様の近所」の主人公である妹は休戦後、兄と父が死んだことをひた隠しにし、周囲には「行方不明になった」と嘘をついて生きてきた。その方が面倒なこと一切を避けられるからだ。けれどもあるときもう耐えられなくなって、兄の死について猛然と喋り、書きはじめる。

「耐えられなさ」を心と体の両方で抱えて、多くの韓国人は生きてきた。そういう時代があった。朴婉緒の小説には、心と体が見分けのつかない一つの層となって露出している。

【斎藤真理子】翻訳者　訳書にチョ・セヒ『こびとが打ち上げた小さなボール』（河出文庫）、ファン・ジョンウン『ディディの傘』（亜紀書房）など。著書に『韓国文学の中心にあるもの』（イースト・プレス）、『本の栞にぶら下がる』（岩波書店）。

酒井裕美

さかい ひろみ
사카이 히로미

『조선구전민요집』
김소운(저)／제일서방／1933★

1

『朝鮮童謡選』
金素雲（訳編）岩波文庫／1933◆

2

『在日朝鮮人作家　尹紫遠未刊行作品選集』
尹紫遠（著）、宋恵媛（編）／琥珀書房／2022★

私の父方の祖父は慶尚南道統営出身である。名を李鍾玟という。一九一六年、日本との「ノリ」貿易で財をなした裕福な家庭に生まれ、中学から日本に留学するも、日本大学在学中に「学徒出陣」の気配を察して朝鮮に帰郷。「公務員」として働いていたが、一九四四年に徴用者の引率として再び渡日し、そのまま帰国しなかったと聞いている。日本敗戦後は貧困のなか主に屑鉄業を生業とし、一九七七年、東京で亡くなった。

　朝鮮史研究にたずさわりながら、祖父のことを隠してきたわけではないが、「あーやっぱり」と言われるのも面倒で、表だって言ってはこなかった。いや、「面倒」というよりはもう少し複雑である。いろいろな事情から、父は出生届の時点から日本国籍であった。父はそれを高校入学時まで知らされていなかったので、父のアイデンティティーは「朝鮮人クズ屋の子」であっても、韓国籍の異母兄らとは違って就職や社会保障等の面において実質的な被害を被ることはなかった。もちろん私もである。祖母は、祖父の死後も大井町で「みのや」という朝鮮乾物屋を長く営んでいて、私の周囲には食べ物にしろ、生活様式にしろ、「朝鮮」が日常的に存在していたが、親戚たちが当たり前の権利を一々争取するか諦めなければならない姿を横目に、私の前途に不条理な障害は特段見当たらなかった。このことは私に、自分を「朝鮮」に同化するには資格不足であるという思いを抱かせ、その思いは屈折して、本当の意味では享受できないと思われる物への憧れを増幅させた。その実体こそが、私にとっての「韓国・朝鮮の心」なのではないかと思う。

『朝鮮童謡選』は、金素雲が収集した二千四百首の民謡を朝鮮語で収録した『朝鮮口傳民謡集』（一九三三年、第一書房）から抜粋した童謡の日本語訳である。この成果の卓越した意義については専論も多いので省略するが、ここで紹介したいのは、本書の冒頭に付された金素雲の自序「朝鮮の児童たちに　序に代えて」である。

「ふるさとの幼い人たち、このささやかな贈物にことづけて、こころからなる親愛を君たちにおくる」との一文からはじまるこの文章では、日本語を「国語」として学ぶ環境にある朝鮮の子どもたちに金素雲が伝えたい「ただ一つの誇」―これを「韓国・朝鮮の心」と言っていいと思う―が、数首の童謡を実例に挙げながら、「あの時の心持だ」という語りかけによって輪郭づけられていく。私にも実感できるようで胸が熱くなるけれど、やはりどこかで躊躇がある。

「……閑雅なこの伝統を継承する君たちに、殺伐な武勇の精神が分る筈はない。「桃太郎」の凱旋が君たちにとってはこの上なく退屈であるように、君たちには君たちだけが知る心情の世界があり、その世界だけで君たちは思うさま翼を拡げて君たちの精神の高さを翔けることが出来るのだ。日本の童謡では「蝸牛」を見て「角出せ、槍出せ」と言い「出さなきゃ鋏でチョン切るぞ」と威すが、君たちは無骨な注文の代りに「長鼓を鳴らし、舞をまえ」と所望する。……」

このくだりには、打ちのめされる。

一方、金素雲『朝鮮詩集』（一九四〇年初版）の岩波文庫版（一九五四年）に「文友」として解説を寄せた同世代の文学者に尹紫遠がある。尹紫遠は、一九一一年、慶尚南道蔚山に生まれ、一九六四年に他界するまで、蔚山→東京→北朝鮮→三八度線越え→東京と、混乱の中で移動を繰り返した「越境の在日朝鮮人作家」である。ほとんど忘れ去られていた尹紫遠の作品を、今日容易に手にすることができるようになったのは、宋恵媛による一連の研究の賜物である。宋恵媛の言葉を借りれば、尹紫遠は自らや周囲の朝鮮人たちの経験を、あまり手を加えることなく素朴に書き綴った。歴史に翻弄された声なき人々の集団的な経験は、時に「みじめで無力」にも見えるが、「韓国・朝鮮の心」を形作ってきたのは、紛れもなくこのような試練と苦悩の蓄積なのだろうと思う。私の躊躇も、また金素雲のいう「閑雅」が単なる優美さにとどまらず、底知れぬ力強さを随伴しているように思えるのも、そのためであろう。

『尹紫遠未刊行作品選集』に収録されている「人工栄養」の主人公・李俊吉は、新宿で「パンパン」女性に中古ストッキングを売ることでなんとか稼いだ赤児のミルク代を、ヤキトリ屋で酒に費やしてしまいながら自問する。

「おれは日本を恨み、日本を呪い、憤りながら日本人を妻にもって、日本に住んでいる。おれという奴は矛盾のかたまりだ。純粋な朝鮮人はおれの血液だけだ。自分なりの知識、教養、趣味は日本から受けたものだ。生活感情も日本に近い。生きて来た時間も日本の方が長い。それでいておれは絶えず日本を恨み、呪っている。しかし帝国日本を恨み、呪う以上に、朝鮮を売った朝鮮の支配階級共を恨み呪わなければならない。結局おれは、日本を恨むと同じ程度に朝鮮をも愛していないのだ。ほんとに祖国愛があるならば、おれは朝鮮へ帰って民族解放のために敢然と戦う筈だ。四の五のと言ったところで、おれは自分個人の安全な道をおどおどしながら歩いているのだ。そんな奴に「明日」なんかあるもんか――。」

亡き祖父に、金素雲、尹紫遠、どちらにより共感するのか、尋ねてみたいものである。

【酒井裕美】一九七六年、横浜生まれ。大阪大学人文学研究科教員。専攻は一八八〇年代を中心とした朝鮮外交史。著書に『開港期朝鮮の戦略的外交　一八八二―一八八四』（大阪大学出版会、二〇一六年）などがある。

桜井泉

さくらい　いずみ

사쿠라이 이즈미

1 『「縮み」志向の日本人』
李御寧（著）／講談社／2007（初版1982）★

2 『흙 속에 저 바람 속에』
이어령（저）／문학사상사／1963★

『韓国人の心（増補　恨の文化論）』
李御寧（著）、裵康煥（訳）／学生社／1982◆

3 『恨の誕生　李御寧、ナショナルアイデンティティー、植民地主義』
古田富建（著）／駿河台出版社／2023★

4 『조국이 버린 사람들：재일동포 유학생 간첩 사건의 기록』
김효순（저）／서해문집／2015★

『祖国が棄てた人びと　在日韓国人留学生スパイ事件の記録』
金孝淳（著）、石坂浩一（監訳）／明石書店／2018◆

5 『長東日誌　在日韓国人政治犯・李哲の獄中記』
李哲（著）／東方出版／2021★

恨《ハン》を知らずに韓国には行けなかった

評論家の李御寧《イ・オリョン》は、日本でもよく知られた、韓国を代表する知識人だ。独特の日本文化論である『「縮み」志向の日本人』が一九八二年に日本で刊行されるとベストセラーになった。植民地時代に日本語を学ばされた最後の世代だった。ソウルオリンピック前の韓国ブームもあり、李は講演にシンポジウムに引っ張りだこだった。だが、二〇二二年、八十八歳で亡くなると、その死を伝える記事はあまりにも小さかった。もはや李を直接、知る記者たちは引退し、新聞社でも世代交代が進んでいた。

李の『韓国人の心（増補　恨の文化論）』を久しぶりに読み直した。一九九一年にソウルに留学するとき、まず覚えて行ったのは「恨《ハン》と怨《うら》みは違う」ということ。したり顔でそれを教えてくれた先輩も、この本を読んだのだろう。

恨は、韓国人独特の情緒として語られる。日本語では、「怨恨」という言葉があるように恨と怨を区別せず、どちらも「うらみ」だ。李は言う。「怨」は、他人に対して、または自分の外部の何かについての感情である。「恨」は、自分の内部に沈殿し積もる情の固まりであり、他人から被害をこうむらなくても湧いてくる心情だ。

なるほど。頭ではなんとなく理解できても、実感は湧かない。李の説をもう少し引用しよう。

「自分自身の願いがあったからこそ、能力があったからこそ、何かの挫折感がはじめて『恨』になる」「それは、かなえられなかった望みであり、実現されなかった夢である」「空虚な心にいまだに消えない夢の残りを保つことがなければ、『恨』の心を持続させることができない」。

一方の怨みは、「熱っぽい。復讐によって消され、晴れる」。だが、恨は「冷たい。望みがかなえられなければ、解くことができない」。「怨みは憤怒であり、『恨』は悲しみである。だから、怨みは火のように炎々と燃えるが、『恨』は雪のように積もる」。さすが、分かったような気にさせてくれる。

ここからが李の真骨頂だ。日韓の代表的な物語である「忠臣蔵」と「春香伝」を比較する。仇討ちの忠臣蔵は「怨み」、「春香伝」は「恨」の物語だ。イメージがつかめてきた。だが、韓国人と親しく付き合うようになって三十年余り。チョー・ヨンピルの「恨　五百年」は耳にしても、いまだに、これぞ韓国人の「恨」だと感じたことはない。私の韓国理解がまだ足りないせいなのか。

　韓国の精神文化に詳しい帝塚山学院大学教授の古田富建は、「日本文化の特徴は、わびとか、さびとか言うけれど、日本人だって毎日、そんなことを感じて生きているわけではないでしょう」と半ば冗談交じりで語った。

　古田は最近、「恨」言説を研究した大著『恨の誕生』を出版した。「恨」がいかにして韓国人のナショナルアイデンティティーとなり、消えていったのかを論じている。

　解放後の知識人社会に大きな影響を与えた李の「恨」の文化論だが、古田によれば、「わが文化は悲哀に満ちていて取るに足りないものだという『鬱屈した姿勢』で記されて」おり、そうした自文化への否定的な態度からは、植民地主義が思い起こされるという。そして、「韓国人の情緒」としてあれほど熱心に語られた「恨」も、最近では、韓国社会で完全に影をひそめているという。経済発展と韓流文化が世界を席巻するなかで、自信をつけた韓国人が次に求めるナショナルアイデンティティーは何なのか。興味深い。

　話は変わる。二〇一九年六月、大阪でのＧ２０サミットの折に大統領（当時）の文在寅が来日した。文は、在日同胞たちとの晩餐会で「独裁権力に深い傷を負われた在日同胞捏造スパイ事件の被害者とご家族の皆さんに国家を代表し、心から謝罪と慰労の言葉を申し上げます」と述べた。大統領と同じテーブルに座った李哲が待ち望んでいた言葉だった。在日二世の李は一九七五年、高麗大学大学院に留学中、中央情報部（ＫＣＩＡ）に連行され、拷問を受け、虚偽の自白を強要された。北朝鮮のスパイにでっち上げられ、死刑判決を受け、民主化後に釈放されるまで十三年間を獄中で過ごした。

　李のような在日の留学生や事業家が、軍事独裁政権下、北朝鮮のスパイとして逮捕された。正確な統計はないが、少なくとも七十人に及ぶという。被害者の苦悩と日本の市民らによる支援については、元ハンギョレ新聞東京特派員の金孝淳が詳細な取材をもとに『祖国が棄てた人びと』にまとめた。

　李の獄中記『長東日誌』は、夢と希望を抱いて韓国に渡った青年が、祖国に裏切られた記録だ。

　二〇一五年に大法院（最高裁）で再審無罪の判決を得た李は書く。「何よりもありがたいことは多くの仲間と素晴らしい救援運動の友人たちが固く、強く支えてくれたことだった。こんなに恵まれた人生がまたどこにあろうか」。

李は、逆境にあっても常に希望を抱き続けた。あれほどまでに過酷な経験をした李の心にあるのは「怨み」ではなく「恨」なのであろう。

【桜井泉】ジャーナリスト。一九五九年東京生まれ。中学二年のときに金大中氏拉致事件、翌年に文世光事件が起き、韓国の民主化に強い関心を持つ。大学三年のときに光州民主化抗争、金大中氏の死刑判決があり、韓国大使館への抗議デモに参加した。一九八四年朝日新聞社入社。盧泰愚政権下の九一年から一年間、ソウル・梨花女子大学「後門」近くに下宿しながら延世大学語学堂で韓国語をゼロから学んだ。趣味は韓国語学習のほか、韓国旅行、韓国のテレビ（歌謡舞台、全国のど自慢、開かれた音楽会）ラジオ（在外同胞向けのKBS韓民族放送）、ユーチューブ観賞。K－POP以前の韓国歌謡を聞き、歌うのが好き。韓国のほぼ全土を踏破。今は行けなくなった北朝鮮の金剛山に韓国から陸路で旅したのがいい思い出だ。二〇二四年、朝日新聞社を定年退職。釜山の東西大学で客員教授を務める。

佐藤結《さとう ゆう》 사토 유

『녹천에는 똥이 많다』
이창동(저) ／문학과지성사／1992★

1 『鹿川は糞に塗れて』
イ・チャンドン（著）、中野宣子（訳）／アストラハウス／2023年◆

『연년세세』
황정은(저) ／창비／2020★

2 『年年歳歳』
ファン・ジョンウン（著）、斎藤真理子（訳）／河出書房新社／2022◆

3 『カメラを止めて書きます』
ヤン ヨンヒ（著）／クオン／2023★

人はそれぞれ違う心を持っている。日本に生まれ育ったわたしと、大韓民国、朝鮮民主主義人民共和国に生まれ育った誰か、あるいは朝鮮半島にルーツを持ち、日本に生まれ育った誰かの心は違う。同じ場所で生まれ育った人たちであっても、同じ心の人などいない。だからこそわたしたちは、そんな誰かの心に少しでも近づくため本を手にとる。

韓国を代表する映画監督イ・チャンドンは、映画の作り手となる以前、小説を書いていた。しかし、八十七年の民主化達成後、芸術家たちが作品作りの根幹に置いていた「理想」や「人間らしさ」、「純粋さ」といった言葉が一気に古臭い絵空事となってしまったと虚しさを感じて筆を置き、映画界へと活動の場を移した。発表（九十二年）から約三十年の時を経て邦訳が出版された『鹿川は糞に塗れて』には、八十年代から九十年代にかけての時期を生きる人々の苦い思いが綴られた五つの中・短編が収められている。

俳優たちの体（＝演技）を通して表現する映画と違い、小説では社会の片隅で不条理に直面する人物たちの「心（＝感情）」が、文章でダイレクトに記されている。必死に働きマンションを手にした男と彼の人生の価値を揺さぶる腹違いの弟との再会を描く表題作『鹿川は糞に塗れて』では、子どもの頃からどんな相手にも正論を言っていた弟を見ながら主人公が「しかしながら世の中には正しいことと間違っていることとの基準なんて本当にあるのだろうか。もし正しいことがあるとしても、正しいことを正しいと言うことが、絶対正しいと言えるのだろうか」と考える。それぞれの信じる「正しさ」がぶつかり合う社会で、ただ静かに昨日と同じ今日を生きようとすることは、間違っているのか。妻にさえ蔑まれながらも、不様な生にしがみつく男を凝視するイ・チャンドンの視線は、その後、手がける映画にまっすぐつながっていく。

イ・チャンドンは映画『ペパーミント・キャンディー』（九九）で、ひとりの男性の人生に韓国の現代史を凝縮させたが、小説家ファン・ジョンウンは『年年歳歳』に登場する一九四六年生まれの女性イ・スンイルの体を借りて、まったく別の歴史を描き出す。幼くして父母を失った彼女は、祖父と暮らしたのちに親戚の家で下働きに追われ、そんな生活から逃げ出すように結婚する。ふたりの娘とひとりの息子を育てた後も、長女の子どもたちの世話に明け暮れ、すっかり疲れ果てている。ファン・ジョンウンは、身の回りにスンジャ（順子）という名を持つ女性が多いことに疑問を持ち、この小説を書き始めたという。その世代で最も多い名前を主人公につけた『82年生まれ、キム・ジヨン』（チョ・ナムジュ著）とも重なる出発点だが、『〜キム・ジヨン』の翻訳者でもある斎藤真理子があとがきの中で書いているように『年年歳歳』は「家族が家族に話さなかったこと、水面下の言葉で織りあげた物語」である点がユニークだ。幼い頃からまわりの人たちに「スンジャ」と呼ばれていた主人公は結婚を控えて確認した本籍で自分の名前が「スンイル（順一）」であったことを知ると同時に、亡くなった家族たちの名前が記されていることに気づく。しかし、彼女は家族たちが命を失っていったいきさつを、娘を含め、誰にも話さない。読者であるわたしたちだけが、彼女や娘たちが互いに語ることのなかった感情を「読む」ことができる。

在日コリアンの映画監督ヤンヨンヒは、否応なしに朝鮮半島と日本をめぐる歴史の結節点となってしまった自身の家族についての映画を作り続けてきた。『カメラを止めて書きます』は、そんな彼女が『ディア・ピョンヤン』（〇五）、『愛しきソナ』（〇九）、『スープとイデオロギー』（二一）という三本のドキュメンタリーに収めきれなかった「裏話」を中心にしたエッセーだ。冒頭に置かれた「猪飼野の女たち」という一文で、自身が育った街とそこに暮らしていた女性たちの思い出を綴っているのが興味深い。重いリヤカーを引きながらキムチを売っていた「猫のおばちゃん」、いつも韓服を着ていた「かんざしハルモニ」。「働き者で、豪快な彼女たちの笑顔の後ろにどれほど過酷な歴史が隠されていたのだろう」と筆者も書く彼女たちの物語をさらに知りたくなる。そして、この本で最も心に強く残ったのは「最後の家族旅行」という一文の最後に記された「私は今も泳げない。そして海が怖い。家族旅行の海を思い出すことも避けてきたし、兄たちを見送った新潟港も思い出さないようにしてきた」という言葉だった。七十年代に「帰国事業」で北朝鮮に渡った三人の兄について、作品の中で何度も言及してきたヤン ヨンヒ監督だが、彼女が家族の一員として抱えてきた思いは、計り知れない。

【佐藤結】ライター。九十年代に交換留学生として韓国・延世大学へ留学。二〇〇一年から韓国映画やドキュメンタリー映画、韓国ドラマを中心に執筆。『キネマ旬報』『韓流ぴあ』『韓国TVドラマガイド』『月刊TVnavi』などの雑誌や劇場用パンフレットに寄稿している。共著に『韓国映画で学ぶ韓国の社会と歴史』（キネマ旬報社）、『『テレビは見ない』というけれど　エンタメコンテンツをフェミニズム・ジェンダーから読む』（青弓社）、『作家主義　韓国映画』（A PEOPLE）、訳書に『私書箱110号の郵便物』（イ・ドウ著／アチーブメント出版）がある。

嶋田彩司

しまだ　さいし

시마다 사이시

1 『街道をゆく 2　韓のくに紀行』
司馬遼太郎（著）／朝日文庫／2008（初版 1972）★

2 『由煕 ナビ・タリョン』
李良枝（著）／講談社／1997 ★

『街道をゆく 2 韓のくに紀行』

一九七一年、司馬遼太郎は韓国を訪れる。旅行会社の担当者ミス・チァに旅の目的を尋ねられて、彼は「日本人の先祖の国にゆくのだ、ということを言おうとおもったが、それはどうも雑な感じもして…日本とか朝鮮とかいった国名もなにもないほど古いころに、朝鮮地域の人間も日本地域の人間もたがいに一つだった…大昔の気分を…味わえればとおもって行くんです」と答える。するとチァさんは「顔をあげ、かげのある微笑をわずかにひらいて、「つまりゴウヘイしようとおっしゃるんですか」と、おどろくべきことをいった。ゴウヘイ。合併である」。七一年といえば、日韓基本条約が結ばれて六年後のことである。「ゴウヘイ」ということばを発したチァさんの心情は、「かげのある微笑をわずかにひらいて」という表現からだけでは測りがたい。

司馬史観ということばがある。ごくかんたんにいって、日露戦争を境として、希望に満ちた明治の青春、戦前・中期昭和の暗黒という対比をなす司馬の歴史評価を指す。もちろん韓国併合についても批判的である。彼はいう。「堂々たる数千年の文化を持った…国をですね、平然と併合してしまった。

併合という形で、相手の国家を奪ってしまった。こういう愚劣なことが日露戦争の後で起こるわけであります。…それは帝国主義であると言われています。…泥棒主義と言ってもいいのです。…強欲な百姓が隣の畑を略奪するように、ただ朝鮮半島を取っただけでした」（『「昭和」という国家』）。

　チァさんのエピソードがほんとうにあったかどうかはどうでもよい。たいせつなことは、司馬遼太郎が自身のなかでチァさんの声を聞くことから、韓国への旅を始めたことである。「ゴウヘイ」はつまり彼の自戒の語なのだ。「日鮮同祖論」などをふりかざして他国を「泥棒」した愚劣なおこないと、かつては「朝鮮地域の人間も日本地域の人間もたがいに一つだった」という平和な夢想が地続きであることを、彼はチァさんの口を借りて自身に言い聞かせようとする。そう言い聞かせたところから、彼は「韓国（朝鮮）人も日本人もひとつ」という自身のロマンティシズムへの旅をスタートする。健全な歴史小説家だといえよう。

『由熙　ナビ・タリョン』

「韓国人でも日本人でもない」在日韓国人の現実を小説（ロマン）として描こうと苦闘した作家が李良枝《イ・ヤンジ》である。「由《ユ》熙《ヒ》」で第百回芥川賞を受賞した。

「由熙」は、三十歳代半ばの韓国人の「私」が、叔母と暮らす家の下宿生となった在日韓国人留学生李由熙と出会い、彼女が帰日するまでの6ヶ月を回想する物語である。「私」は由熙から電話で、彼女がいた部屋のタンスに「あの家に住むようになってから書きためていたもの」を残してきたと告げられる。それは事務用箋に書かれた「日本語の文字」であった。「私」はまったく日本語が読めない。日本語が読めない「私」は「由熙は遠かった」と作品のなかでなんどもくりかえす。

　由熙が残した日本語文については、批評家や研究者がさまざまに言及しているが、すなおに受け取れば自身の作品「ナビ・タリョン」をいったものと解される。由熙はかなり作者自身に重なりあう。早稲田大学中退、二十七歳でのソウル大学留学と、作者をなぞるように由熙のプロフィールは書かれる。そうであれば、「ソウルの下宿で書き上げた」（本書付載の年譜）その作品こそが四百四十八枚にも及ぶ日本語文の正体であろう。

紙幅の都合もあって「ナビ・タリョン」について詳しくは触れないが、そこには日本にも韓国にも安住し得ない女性の姿が描かれている。もちろんその煩悶は李良枝のそれであり、李良枝の分身ともいうべき由熙のものでもある。そしてそんな由熙の姿を、李良枝は「私」の眼をとおして描こうとする。「由熙」の受賞後のエッセイには、本作執筆の動機について「自分自身をより客観的に、より徹底的に把握」することによって「私は私の中にあった「由熙」を葬り去りたかった」のだと書かれている（「言葉の杖を求めて」）。葬り去るとはどういうことか？　別のエッセイでそれは、「現実を直視し」て「生きることの勇気」を手にすることだと書かれている（「私にとっての母国と日本」）。そのために李良枝は「私」という視点を設定した。「由熙は遠かった」とつぶやくしかない「私」を仮構することによって、李良枝は由熙という現実を超えてそのさきにあるものに行き着こうとしていたのだ。

【嶋田彩司】明治学院大学教授。専門は日本近世文学。近年は、明治期の日本キリスト教資料の翻刻紹介にも取り組んでいる。『松山高吉史料選集』、『井深梶之助日記』（かんよう出版）。

シム・ヘギョン

심혜경

『언니들의 여행법 : 도쿄 가루이자와 오키나와』
최예선, 심혜경, 손경여, 김미경(저) ／모요사／ 2016★

1

『お姉さんたちの旅の仕方：東京、軽井沢、沖縄』
チェ・イェソン、シム・ヘギョン、ソン・ギョンヨ、キム・ミギョン（著）／Mojosa／2016

『하루의 끝, 위스키』
정보연(저) ／ CABOOKS／2019★

2

『一日の終わり、ウイスキー』
チョン・ボヨン（著）／CABOOKS／2019

『모든 순간의 향기』
김민경(저) ／사이드웨이／2020★

3

『すべての瞬間の香り』
キム・ミンギョン（著）／Sideways／2020

『お姉さんたちの旅の仕方：東京、軽井沢、沖縄』

『お姉さんたちの旅の仕方』は、日本語の勉強仲間という共通点のもと初めての日本旅行に出かけた、優雅で大胆不敵な四人の〝お姉さん《オンニ》〟が共同で執筆した一冊目の本だ。多忙な合間を縫って学んだ日本語初級の実力で〝言葉の温度〟を感じてみたいと意気投合して始まったこの旅行は、その後三年も続く。はじめは東京だけだったが、軽井沢、塩尻、そして沖縄へと、旅行の範囲は広がっていく。

メンバーは年齢順に、名勝古跡は写真で見るに限ると考える最年長の翻訳家シム・ヘギョン、「食べ物こそが歴史」がモットーの酒と料理の裏話を好む編集者ソン・ギョンヨ、美術史を専攻し流麗な文章を書く芸術コラムニスト、チェ・イェソン、そして、プログラマー兼社会人バンドのボーカル、そして旅行では会計と予約係を務める末っ子のキム・ミギョン。この四人は、年齢や職業も違えば、好みやスタイルもばらばらだ。それでもともに旅をするなかで、〝他人の好み〟を受け入れ〝自分だけの好み〟を共有する術《すべ》を学んだ。

四人の共通点は、とにかく本が好きで、日本語を一緒に勉強しているということだけ。ひょんなことから出かけた初めての東京旅行が思いのほか楽しく、二回目、三回目と続くようになった。この旅行の成功の秘訣は、「別々だけど一緒」というコンセプトを保てたことだ。四人とも休みがなかなか合わないので、一緒に出発して一緒に帰ってくるということが実際には難しい。だから、だれかは数日早く、だれかは数日遅く出発し、現地で合流するという形で旅行のプランを組むことになった。こうして、出国と入国のタイミングが異なる四人が「別々だけど一緒」に行動するスタイルが自然と定着したのだ。つまり、宿も同じで朝食も一緒にとるけれど、そのあとの時間は各自好きなことをしてまた集まる、という過ごし方だ。行きたい場所が同じなら一緒に行動し、ひとりで行きたければひとりで行き、夕方はまたみなで集まって〝ナイトライフ〟を楽しむ。四人が旅先で特別な夜を過ごせたのは、美味しい夕食と〝深夜の飲み会〟があったからなのだけど、〝深夜の飲み会〟が気になる方は、この本の二五四〜二五九ページを読んでほしい。そして、四人のほかの旅行も覗いてみたければ、『お姉さんたちの旅の仕方2：台南、台中、日月潭、台北、宜蘭』もお勧めだ。

『一日の終わり、ウイスキー』

私の誘いで一緒に中国語の勉強をしていたボヨンさんが、ある日、本を出版した。『一日の終わり《ハルエクッ》、ウイスキー』というタイトルを見て真っ先に思ったことは、「あっ、韓国語の本のタイトルを三文字に縮めたら〝ハ・ル・キ〟だ!」。略称まで気に入ったその本は、著者であるチョン・ボヨンさんと私のエピソードがひとつのチャプターでたっぷりと描かれていて、私にとっては一層面白く、大切に感じられた。そこに登場する私は、著者と同じ街に住み、翻訳の仕事をし、〝勉強〟が好きな人物として描かれている。そして中国語の勉強を始めて以来、〝中国〟という単語が入っている本を片っ端から読み漁っていた私が、作家・殷熙耕《ウン・ヒギョン》の短編集『中国式ルーレット』(チャンビ、二〇一六)に登場するラガヴーリン(Lagavulin)というウイスキーを見つけ「ボヨンのことを思い出して」知らせてあげた話や、〝ラガヴーリン16年〟に関する話が出てくる。ラガヴーリンは、〝水車小屋のある窪地(Hollow by the mill)〟という意味だ。

大企業のプラットフォームマーケターだった著者が書いた『一日の終わり、ウイスキー』は、連日残業に追われて疲れ果てていたある日、立ち寄ったバーで初めてウイスキーを飲んで以来、グザヴィエ・ドラン(Xavier Dolan)の映画『わたしはロランス(Laurence Anyways)』のとあるシーンに出てくる台詞のように、世界が拡張し感覚が開かれるような気分を味わった、という話から始まる。それ以降、ウイスキーに魅了され勉強会を立ち上げたが、勉強を始めた十年前はまだウイスキー関連の本やYoutubeチャンネルが今ほど豊富ではなかった。そのため著者はアメリカAmazonのサイトで〝ウイスキー〟と検索し、売れ筋ランキング上位にある英語の原書を購入して読んだという。そして、コーヒーやワインに関する専門書籍やエッセーはたくさんあるのに、ウイスキーに関しては手軽に読める本が少ないというところに着眼して、自ら本を執筆した。ウイスキーの基礎知識はもちろん、季節に合った音楽、小説、料理とともにウイスキーを楽しむ方法が紹介されているので、特にウイスキー初心者の読者に勧めたい。ドローイングを学びながら著者が直接描いた本の装丁にも注目だ。

『すべての瞬間の香り』

〝プルースト効果（Proust Effect）〟をご存じだろうか。嗅覚が偶然とらえた香りや匂いによって、それまで忘れていた昔の記憶が呼び起こされるという現象だ。フランスの作家マルセル・プルースト（Marcel Proust）の長編小説『失われた時を求めて（A la recherche du temps perdu）』で、主人公が紅茶に浸したマドレーヌの香りに触れた瞬間、過去の記憶が蘇ったというシーンに由来している。これとは反対に、思い出を呼び起こすと、おのずとその瞬間を満たしていた香りが鼻をかすめるような感覚になったりすることもある。

人間の持つもっとも敏感な感覚は嗅覚だという。揮発性物質が発散されるときに嗅覚神経が刺激されて感じる感覚のうち、心地よさと快感をもたらす匂いを〝香り〟と呼ぶ。香りは人の個人的な経験と記憶に基づいて感じ取られ、表現される。さらに香りは、感情を支配する強い力を持っている。香りにどんな力があるのかよくわからなくても、私たちは本能的に良い香りに惹かれ、無意識にそれを嗅ごうとする。そう考えると香りとは実に驚くべきものだ。シャワーをしながらエッセンシャルオイルを体に塗り、夜はアロマキャンドルに火を灯す。ディフューザーやポプリに顔を近づけ、しばし目をつむり心を落ち着かせる、というように。

『すべての瞬間の香り』は、毎日を香りで満たしていく著者のあらゆる瞬間を記録している。良い香りはなぜ私たちをあんなにもやさしく癒し、慰めてくれるのだろうか。著者のキム・ミンギョンはその答えを求めて、二〇一四年からソウル城北洞《ソンブクトン》で〝マミー工房〟を運営しながら、日々香りを生み出している。三十種類のエッセンシャルオイルの香りについて説明しているこの本は、三十通りの香りを通して告白する三十通りの心ともいえる。日常から生まれるイメージを具現化したエッセンシャルオイルの香りを存分に感じることで、あたたかい安らぎのひと時が訪れますようにという、著者の願いが込められているからだ。〝マミー工房〟で著者と長らく日本語の原書を読む会を続けながらいつもその心をそばで見守ることができる私は幸せ者だ。

それぞれの香りやオイルの効能、成分について紹介しながら香りに込められた自分の記憶を打ち明け、心にじんわりと沁み入る愛と別れ、憎しみと喜び、悲しみと傷、勇気と友情に関する物語を綴った『すべての瞬間の香り』は、この世のすべての香りを慈しみ、愛する〝香りマニア〟のための本である。心に安らぎをもたらす香りについて詳しく知りたいときに大いに役立つはずだ。著者のほかの著書『マイ・キャンドル・ストーリー』を一緒に読めば、さらに深く香りを知ることができるだろう。

（訳・李聖和）

【シム・ヘギョン】図書館司書、作家、翻訳家。図書館の司書として働く傍ら英米文学を韓国語に翻訳する。訳書に《ザ・ワイフ The Wife》《ローレライの日記 Gentlemen Prefer Blondes》《ついにロンドン The Duchess of Bloomsbury Street》《やっぱり京都 Kyoto》《ポール・オースター、創作を語る Conversations with Paul Auster》など、主な著書に『カフェで勉強するおばあさん』『北村／北村／西村』（共著）『お姉さんたちの旅の仕方1－2：日本編、台湾編』（共著）などがある。定年退職後は外国語を学ぶという新しい趣味とともに、お気に入りのカフェで執筆と翻訳に勤しむ時間を楽しんでいる。

白坂美季

しらさか　みき

시라사카 미키

『리나』

강영숙(저) ／문학동네／2006★

1

『リナ』

姜英淑（著)、吉川凪（訳）／現代企画室／2011◆

『별 낚시』

김상근(글·그림) ／사계절／2019★

2

『星をつるよる』

キム・サングン（文・絵)、すんみ（訳）／パイ　インターナショナル／2023◆

『내가 가진 것을 세상이 원하게 하라』

최인아(저) ／해냄／2023★

3

『会社のためではなく、自分のために働く、ということ』

チェ・イナ（著)、中川里沙（訳）／日経 BP ／2024◆

ある夏、ソウル市内の国立ハングル博物館を訪れる機会がありました。広く国民が読み書きできるようにと創製された訓民正音の歴史や成り立ちを学ぶ中で、文字の一つ一つが星のように見えてくる瞬間がありました。星をつないで星座となるように、文字をつないで言葉や文章になっていく、そんなイメージが広がったのです。

言葉や文字には土地に生きる人の歴史や思いが込められている。どうかそれを忘れないで、という願いを受け取ったような気がします。

『リナ』

この小説を初めて読んだ時に感じた衝撃をずっと忘れることができません。

冒頭から、逃れられない暗闇が作品世界を覆っています。主人公の「リナ」は十六歳。炭鉱地域で働く両親の長女として生まれ、貧しさから逃れるために家族と国境を越えた彼女を待っていた世界とは―。移動に次ぐ移動、ある都市から、また別の都市へ。リナは国や家族といった既存のシステムを突き放しながら、自分の生きる道を開いていきます。

本作は、脱北者を想起させますが、国名は記されていません。邦訳版の刊行時、著者は「脱北者を、現代的な意味のノマドという視点で見るようになった」とインタビューで語っていました。

それから十年以上たちますが、この間、戦争やクーデターが勃発するなど、世界の混迷の度合いはより深まり、国や住み慣れた場所を逃れて流浪する人たち、「リナ」のような人たちを、私たちは毎日のように目にしています。

著者が本書を通じて投げかけた問いは、フィクションの世界にとどまらず、現実問題として波紋のように世界中に広がっています。どんな答えを見つけられるのか、私たち皆が試されていると思います。

『星をつるよる』

誰もが経験する、ひとりぼっちの眠れない夜。でも、孤独を感じているのは自分だけではないよ―。月のうさぎも海のカニも、森のキツネも、眠れない仲間たちが月の上に集合。みんなで空から釣り糸を垂らしたら起きる不思議な出来事。研ぎ澄まされた言葉の透明感と、ページをめくるたびに星の光があふれてくるような絵のきらめきに、ほぉっと感嘆のため息がでる美しい絵本です。

　邦訳版と共に棚に並んでいた韓国語版も手に入れることができたので、同じページを開いて文字のレイアウトの違いなどを比べながら読む楽しさも感じています。

　この絵本でカニやキツネ、うさぎが集まって、たがいの孤独を癒やすように、国の違いなど関係なく寄り添い、つながれることを作者は示唆しているように思います。国境はあれども、それは、人間が後から線を引いたもの。この絵本を読み、頭上の夜空を見上げると、本当に広々とした気持ちになれるのです。


『会社のためではなく、自分のために働く、ということ』


　著者のチェ・イナさんは、韓国の大手広告会社で副社長を務めた女性。早期退職後は大学で学びましたが、やはり仕事をしたいとソウル市内に自身の書店を開きました。

　初任給や昇進であからさまな男女差別のあった時代に社会人となったチェさんが、模索しながら歩んできた来し方を振り返りつつ、自分だからこそできる仕事に取り組む大切さを伝えるのがこの本です。飾らない、率直な語り口に説得力があります。

　出版後、チェさんにお会いする機会があり、お話をうかがったところ、自ら考え続けることの重要性を話していらっしゃいました。

　たくさんの情報がものすごいスピードで行き交う現代、自分で判断することを諦めたり、大勢に呑み込まれたりしがちですが、結局、一度きりの自分の人生をどう生きるかの舵取りは、誰にもゆだねることはできません。

　韓国の中心で数十年にわたって、表現や言葉を武器に、よりよい社会を作ろうと仕事をしてきたチェさんの著書が、「私」という船を漕いでいく推進力になってくれるような気がするのです。

【白坂美季】鹿児島県生まれ。一九九九年、共同通信社入社。文化部で文芸、演劇、介護関連、論壇などを担当してきた。二〇一五～一六年、ミャンマー・ヤンゴンで暮らした。

申京淑
シン・ギョンスク　신경숙

『관촌수필』
이문구(저) ／문학과지성사／2018（初版1977）★

1

『冠村随筆』
李文求（著）、安宇植（訳）、川村湊（校閲）／インパクト出版会／2016◆

『죽음의 한 연구』
박상륭(저) ／ 문학과지성사／ 2020（初版1991）★

2

『とある死の研究』
朴常隆（著）／文学と知性社／2020（初版 1991）

消えた言葉の心がここに

二十代から三十代にかけて読んでいた『冠村《クァンチョン》随筆《スピル》』と『とある死の研究』を読み直す。この二冊の版元はともに文学と知性社であり、相前後して「文知《ムンジ》クラシックシリーズ」から装いを新たにしたものが出版された。時が過ぎてもきれいなままにしておきたくて、古いカバーのものは本棚にしまい、新しいカバーのものを机に置いてページを開きはじめたのだが、既に六か月は経ってしまった。そのあいだに秋が過ぎて冬が訪れ、この原稿を書こうと思った日には雪が激しく降りしきり、私の視線は窓の外に引き寄せられ……そのまま執筆から逃げて、雪の中を街へとしばしの散策に出かけてしまった。坂道で尻餅をついては立ち上がって歩いたあの日、冷えきった体と心で戻ってからも時間は漠然と流れ、もう春が来ようとしている。春が来ようとしていると書いてみると、これらの本について書こうとしていた時間があまりに長くて、とても身に沁みる。決心したのは秋だったのに、冬が来てもう春が目の前だなんて。二冊の本が鎮座している私の机に目をやると、やりきれない気持ちになってくる。二冊を机に置いたまま数回も締め切りを破り、書こうとするだけで書かず

（書けず）、考えがまとまらない時間のなかで重くのしかかってきた憂鬱感の実態を、私はまだ把握できていなかった。最後通告がなかったら、また執筆を後回しにしていただろう。

『冠村随筆』

『冠村随筆』は短編小説が八編収められている。作家が語り手となって冠村という空間を舞台に、甕点《オンジョム》や大福《テボク》ら主人公によるそれぞれの視点の作品をつなげた連作小説だ。産業化が進む時代に故郷の冠村を離れた語り手の「ぼく」が、帰郷の道すがら、村のはずれに植わっていた王松の木がなくなっているのを見て感じた深い怒りが、幼い頃の冠村と冠村の人々を一途に思い出させる。忠清道《チュンチョンド》の方言や訛り、今は使われなくなった古語を、作家は井戸の底につるべを下ろして水を汲み上げるように蘇らせるが、そこにリズムがあって自然と感動を覚える。これまで見聞きしたことのなかった忠清道の言葉が満天の星のように降りそそいできて、最初は、今はもう使われていない言葉が溢れていることに、辞書でも横に置いて調べながら読むべきかと思ったが（実際にそうしたのだけど）、しばらく読んでいたら不思議なことに夥しい数の忠清道方言（ここに挙げてみようと思ったがやめておく）が、冠村や冠村の人々の貧しい暮らしを思い描き理解するのに何の妨げにもならないだけでなく、リズムある構成を生みだしていた。

本のタイトルになっている冠村（現在の忠清南道《チュンチョンナムド》保寧《ポリョン》市大《テ》川《チョン》村）は地名さえ今は残っていないが、冠村と口に出してみると、そこの人々の貧しい暮らしが頭に浮かび、だからこそ「冠村随筆」というタイトルなのだ。

『とある死の研究』

『とある死の研究』は、娼婦として暮らす母親を海辺の村に残したまま老僧の弟子となった主人公が、美里《ユリ》という荒廃した村で四十日間の苦行を修める形で物語が進む。「干上がった沼で魚を釣れ」という問答を解こうとする主人公の仏教的苦痛を一般化するのは難しいが、だからといって、これを読み続けることの魅力に目をつぶることもできない作品だ。主人公が僧侶なので一見すると仏教に頼る内容のように思うが、本作品において宗教はあまり意味を成すものではない。あらゆるものの境界を崩してはまた崩し、さらに崩していく小説として読めるのだが、その境界は仏教だけではなくキリスト教、あるいは無宗教、民間信仰へとつながっている。この世にはないと思われる美里という空間で苦行する語り手に私が魅了されずにはいられなかった力は、本作品に繰り広げられる韓国語の美しさだった。私の二十代、三十代を振返ってみると、朴常隆の『死のとある研究』を読み込むことが、読者としての関門を通過することになった時期でもあったが、『死のとある研究』を読む難しさに突き当たった読者が作家の追従者となって、作家を取り巻いた時期でもあった。作家は一九六九年にカナダへ移住し、母国語から隔離されたまま過ごした。それにもかかわらず、本作品を読むのに最も大きく影響を及ぼしたのが、私にとっては、韓国語がつくる悠長さと哲学的な彼の文体だった。作品を完成させている文体は洗練されていて、模範的な韓国語と作家の出生地である全羅道《チョルラド》の言葉が混じり合った美しい饗宴のようである。再読するうちに、作家が作品を移住地であるカナダで書いたことを、私は改めて想起した。作家特有の文体が読書にのめり込むことを難しくしている面もあるが、そのおかげで、必ず読みたい本の一冊が『死のとある研究』なのであり、そのギャップが、母国語から離れて暮らしていた作家の孤独によるものだと考えると胸がいっぱいになるのである。

だいぶ前にこれらの本を読んでいたとき、私は若く、二人の先生方もご存命だったが、いまは私も歳を取り、先生方はこの世を旅立たれた。歳月はこのように流れているのに、『冠村随筆』も『死のとある研究』も消滅したり色褪せることもなく価値を守り続けていることへの安心感を、どのように表現したらいいのだろうか。この二冊の意味と重さをここに書くことは非常に難しい。本稿を書くことを度々脇に追いやってしまった理由といえるかもしれない。でも私は、二冊の韓国語、『冠村随筆』に書かれた忠清道の言葉と、『死のとある研究』に書かれた全羅道の言葉に何度も心を奪われ、ノートのあちらこちらにメモ書きを残した。この春、どこかにこの二冊を読む人がいたら、私と同じようなことをするのではないかと思う。作家の出生地の言葉をこのように燦爛と蘇らせて命を吹き込んだ作品というだけでも、作品としての役割を充分に担っている。消えた言葉に潜んでいる美しさと改めて向き合うことは、私たちが失ってしまった心と向き合うことでもあるのだから。消えたものの由来を知り、自発的に「私たちの言葉《ウリマル》系統辞典」のようなものをつくってみる時間も静寂でいいものだろう。この二冊を原書そのままに翻訳することはたぶん不可能だろうと思いながら……。

（訳・五十嵐真希）

【申京淑】一九八五年、『文芸中央』の新人文学賞に中編「冬の童話」が当選して作家活動を始める。以後、短編小説集『冬の童話』『イチゴ畑』など、長編小説『深い哀しみ』『バイオレット』『汽車は七時に出る』『リジン』など、エッセイ集『美しい物陰』など、多数の作品を執筆してきた。李箱文学賞、現代文学賞、万海文学賞、東仁文学賞など多くの文学賞を受賞。二〇〇八年に発表された『母をお願い』（邦訳：安宇植訳、集英社文庫）は韓国で二百五十万部を超す大ヒットとなり、世界四十一か国で出版された。同作で二〇一一年にマン・アジア文学賞を受賞。邦訳に、津島佑子との往復書簡集『山のある家　井戸のある家』（きむ ふな訳、集英社）、『離れ部屋』（安宇植訳、集英社）、『月に聞かせたい話』（村山俊夫訳、クオン）、『オルガンのあった場所』（きむ ふな訳、クオン）、『父のところに行ってきた』（姜信子・趙倫子訳、アストラハウス）などがある。

進藤菜美子

しんどう　なみこ　신도 나미코

『하마터면 열심히 살 뻔했다』

하완(저)／웅진지식하우스／2018★

1

『あやうく一生懸命生きるところだった』

ハ・ワン（著）、岡崎暢子（訳）／ダイヤモンド社／2020◆

『방금 떠나온 세계』

김초엽(저)／한겨레출판／2021★

2

『この世界からは出ていくけれど』

キム・チョヨプ（著）、カン・バンファ、ユン・ジヨン（訳）／早川書房／2023◆

『시와 산책』

한정원(저)／시간의흐름／2020★

3

『詩と散策』

ハン・ジョンウォン（著）、橋本智保（訳）／書肆侃侃房／2023◆

韓国の映画やドラマを観ていると、覇道こそ王道と言えるような覇者一強主義、一歩でも踏み外したらいきなり人生の敗者に落ちこぼれてしまう苛烈な印象を受けることが多かった気がします。

そこでは人生には主役と脇役が明確に存在しているような雰囲気がありました。

物語の勝者である主役には共感を抱き、憧れを感じ、勇気をもらいます。そしてそれが今後の原動力になるかもしれません。

その一方でわたしはいつも敗れた者、取り残された者のことを考えずにはいられませんでした。主役に明るい未来がある一方でなり得なかった者たちにも同じく未来があり、その挫折や絶望とどう向き合っていくのか。もう一度立ち向かい乗り越える道を選ぶのか、別の道を選ぶのか。

実現できなかった夢や目標の後に残るものは。

しっかりと丁寧に描かれた物語や登場人物は、希望しなかった人生とその先について考えるきっかけを与えてくれました。

『あやうく一生懸命生きるところだった』の著者のハ・ワンさんはどんなときでも一生懸命生きているにもかかわらず、どうしようもなく冴えない人生であることに嫌気が差し無計画に仕事を辞めてしまいます。

自分自身を削るようにして働くサイクルから外れることによって思い出すことができた生きがい。自分を取り戻すようにだらだらと遊び呆けて自堕落に暮らす甘美な背徳感。無職となり、なんの後ろ盾もない状況で焦りや葛藤がないわけではありません。そんな不安を補って余りある快適すぎる生活が、現代社会という厳しい競争から降りることで得られるひとつの答えなのかもしれません。

自分の人生に期待しすぎてはいけないけれど、でも希望は絶対に捨ててはいけない。

他のみんなと同じ、だから安心という根拠のない考え方から抜け出してみよう。もっと気楽な気持ちで。ビールでも飲みながら。

ハ・ワンさんの絵と言葉からはそんなメッセージが伝わってきます。

多数派になれなかった者が社会の中で、どうやって自分の在り方や居場所を見つけていくのかを描いているのが『この世界からは出ていくけれど』です。

「当たり前」ができないことは失敗なのか。「普通」に当てはまらない自分は異常なのか。誰しもが抱く違和感や恐怖を仮想の世界に落とし込み、美しく昇華させます。キム・チョヨプさんの物語はいつも示唆とひらめきに溢れていて、しなかったことを後悔することよりもできたかもしれない可能性に気づかせてくれます。そして受けとる必要のない悲しみがあることも。根底にあるものは慈しみなのかもしれません。もう少しだけ自分を赦し、愛そう。余裕があったら他人も愛そう。

そういう在り方が心地よく、曇った心を軽くしてくれます。

韓国では小学生からしっかりと詩を学ぶ授業があると聞いたことがあります（※うろ覚えです、すみません）。また、社会情勢が不安定な時も、詩が人々の心の支えになったと言います。

『詩と散策』のハン・ジョンウォンさんも詩が心の支えになり、たとえデビューはせずともいつでも詩人の心を持って生きようとご自身に言い聞かせていたそうです。

散歩をして日々のうつろいを眺める。そこには詩がぴたりと寄り添っていて生活の中にある間を満たしてくれます。

何者でもないことを願う著者が歩き、観察して紡ぎ出す言葉の美しさと潔さ。口ずさむのが聞こえてくるような詩人の言葉。

静かな生活の中にある小さな炎。

詩と散歩（そして猫ちゃんとの生活）、小さいけれど決して消えない炎がいくつかあれば、それが支えになり行先を教えてくれる。

ハン・ジョンウォンさんの言葉にも小さな炎がいくつも灯り、わたしたちの足元を優しく照らしてくれているような気がします。

韓国文学を読んでいると、韓国の方々にとって文学や詩が生活のキーアイテムであり、読書を超えてセラピーのような役割があるのではないかと思うことがあります。言葉が生きる糧にもなるし、癒しにも救いにもなる。心の拠り所、あるいはお守りのような存在なのかもしれません。

わたし自身も、ご紹介した三冊はお守りのような存在です。

この機会がどこかの誰かのすてきな出会いのきっかけになれば、こんなに嬉しいことはありません！

【進藤菜美子】東北の書店に勤務。二〇一八年頃より文芸書担当。担当になったタイミングで『82年生まれ、キム・ジヨン』に出会い、以降韓国文学を愛読。お気に入りの作家はキム・チョヨプとチャン・ガンミョン。韓国映画も同じぐらい好きです。

鈴木琢磨

すずき たくま　스즈키 타쿠마

1

『朝鮮のこころ』
金思燁（著）／講談社／1972★

2

『식탁 위의 한국사――메뉴로 본 20 세기 한국 음식문화사』
주영하(저)／휴머니스트／2013★

『食卓の上の韓国史――おいしいメニューでたどる20世紀食文化史』
周永河（著）、丁田隆（訳）／慶應義塾大学出版会／2021◆

韓国・朝鮮の心とは？　そんな本質的な問いにすぱっと名答を与えてくれる本などあるだろうか。あるはずないよなあ、と思いながら、拙宅の本棚をながめていたら、懐かしい講談社現代新書を見つけた。タイトルはズバリ『朝鮮のこころ』。著者は大阪外国語大学時代のわが恩師、金思燁《キム・サソプ》先生だ。京城帝国大卒の朝鮮文学、上代朝鮮語の権威で、かの松本清張、司馬遼太郎とも交流があった。

古代、高句麗・百済のころから朝鮮時代まで、民族の心情をつづった詩歌を紹介している。まえがきに熱がこもる。〈朝鮮人の喜怒哀楽、もののあわれ、死生観、民族愛などを赤裸々に吐露したこれらの歌を、なんとかして日本のかたがたに読んでもらいたかったのは、筆者のかねてからの念願であり、歌をとおしての朝鮮観、朝鮮人観は、歴史書などによる場合とは異なる、直截的で明快、かつ正確なものだと信じている〉。詩歌は流麗な日本語に訳されている。協力をしたのは元朝日新聞記者で、朝鮮文学者の田中明さんだ。

一九七二年の刊行である。そう、半世紀も前、かくも手軽に（定価二六〇円！）韓国・朝鮮の心のエッセンスに日本人が触れられたというのはちょっとした驚きである。思燁先生の簡にして要を得た原稿はむろん、優秀な編集者がいたのだろう。幸いにして私は先生の謦咳に接することができたが、いかにも鷹揚とした大学者だった。ああ、両班とはこういう人かなとも想像した。手書きの朝鮮文学史のテキスト、その達筆にうなり、アウ、ドンドンタリ……、ろうろうと高麗の詩歌を歌い上げた声も忘れがたい。朝鮮語作文の課題は川端康成の『掌の小説』だった。帰国後は東国大学に日本学研究所を開設、晩年は『韓訳万葉集』の完成に心血を注がれた。

だが、まことに残念ながら、いま、この名著は入手困難である。いちど、東洋書院からハードカバーで復刊されたが、それももうない。ぜひ講談社学術文庫あたりに収まってほしいと願う。また同じ思燁先生の本で、現代の詩歌をもとにした『韓国・詩とエッセーの旅』(六興出版)は明石書店から『韓国・歴史と詩の旅』と改題し、再刊されたが、これも手に入りづらくなった。ただ、韓国で全三十三巻の『金思燁全集』が刊行(日本では国書刊行会が発売)されており、図書館などで読める。ちなみに二十二巻に『朝鮮のこころ』と『韓国・歴史と詩の旅』が収録されている。

さて、韓国・朝鮮の心をのぞくメガネに詩歌は手助けになるが、そこに映し出された心はおうおうにしてよそ行きの洗濯された心である。心は胃袋にあり、だ。人間の原点、飲み食いのありようにこそ、リアルな心が感じられる。いわば泥だらけの心だ。凡百の本を読みあさるより、私はKBSの長寿ドキュメンタリー番組「韓国人の食卓」を薦める。名優チェ・ブラムさんによる食紀行である。全国津々浦々を歩き、知られざる食の光景をたっぷり見せてくれる。においまで伝わってくる。その土地に生きる人たちが大いなる自然と格闘しながら、あるいは共存しながら、いかに胃袋、そして心を豊かにしてきたか。

韓流ブームもあって、グルメ本ならあふれているが、韓国の食について基礎知識が得られ、信頼おける手ごろな本はあるようでなかった。食の人文学者である周永河さんの『食卓の上の韓国史』は、その空腹感を満たしてくれる。索引が充実しているので、韓国の食を知る事典にもなる。食いしん坊で、飲んべえの私は何度読んでも飽きない。この百年、隣人たちは何を、いつから、どう食ってきたのか、当時の新聞記事や広告、写真をふんだんに使い、丹念に事実を追っている。

さらにうれしいのは、食や酒にまつわる味わいあるエッセーまで拾っていることだ。もはや堅苦しい学術書のイメージを超えている。

たとえば、第四部「テポ屋」の項には、小説家、孫素熙《ソン・ソヒ》が建国からまだまもない一九四九年に「京郷新聞」に発表したエッセー「失われた緑陰」が引かれている。〈街で、道ばたで、路地で、茶房で、テポ屋で、木陰のように濃く、日陰のように暗く、天のように高く、日差しのように明るく、人は人生と哲学を論じている〉。一杯飲み屋「テポ屋」なる呼び方が解放後に広がり、建国直後には茶房とともに庶民の声がうずまいていたことを裏づけている。著者は発刊に寄せ、韓国南端の港町に生まれながら、北朝鮮の食文化にも親しめたのは咸鏡北道《ハムギョンブクト》に郷里をもつ義父のおかげだと書いている。いまなお分断の悲劇は続くが、舌の記憶はそう消えることはない。

文字通りの労作である。だが、誠実な食の人文学者は怒っている。「参鶏湯の起源はいつ?」。「ピビンバの原型は?」。そんな放送作家からかかってくる電話にうんざりしている。「食の歴史はエピソードの墓場ではないのだ」。記者の私には耳が痛いが、「不都合な真実」に向き合う、その勇気にそっと拍手を送りたい。日本語訳を手がけた丁田隆さんは食の翻訳の難しさを記している。「マシッタ」と「おいしい」は同じかどうか。コロナ禍のさなか、そこまで悩み抜き、文化の翻訳に挑んだ孤独な仕事にもそっと、いや、大きな拍手を送りたい。彼こそ、韓国・朝鮮の心をつかんだひとりなのだから——。

【鈴木琢磨】毎日新聞客員編集委員。一九五九年、滋賀県大津市生まれ。大阪外国語大学（現大阪大学外国語学部）朝鮮語学科卒。一九八二年、毎日新聞入社。「サンデー毎日」時代から北朝鮮報道を手がけながら、芸能人から政治家まで幅広くインタビューを続けている。学生のころから韓国のトロットにほれ込み、「全国のど自慢」を追いかけている。著書に『テポドンを抱いた金正日』（文春新書）、『今夜も赤ちょうちん』（ちくま文庫）、『日本国憲法の初心』（七つ森書館）など。共著『北朝鮮を解剖する—政治・経済から芸術・文化まで』（慶應義塾大学出版会）に金正恩小説を解説した「なぜ北朝鮮文学を読むのか」を寄稿している。『韓国・朝鮮の美を読む』（クオン／二〇二一）に韓国歌謡への偏愛をつづった。

鈴木千佳子

すずき ちかこ

스즈키 지카코

1

『사이보그가 되다』

김초엽,김원영(저) ／사계절／2021★

『サイボーグになる――テクノロジーと障害、わたしたちの不完全さについて』

キム・チョヨプ、キム・ウォニョン（著)、牧野美加（訳）／岩波書店／2022◆

2

『날마다 고독한 날 : 정수윤 번역가의 시로 쓰는 산문』

정수윤(저) ／정은문고(신라애드) ／2020★

『言の葉の森――日本の恋の歌』

チョン・スユン（著)、吉川凪（訳）／亜紀書房／2021◆

『サイボーグになる　テクノロジーと障害、わたしたちの不完全さについて』

「補聴器をつけている人も、サイボーグと言えるのよ。」

勧めてくれた友人の一言で、この本を手に取らねばと思いました。

唐突ですが、私は脊柱側弯症を患っています。背骨がS字状に弯曲し、重度に進行すると肺や心臓を圧迫していくものです。十二歳の時に手術を受けて以来、胸椎の大部分を金属のスクリューとロッドで固定し、まっすぐな背骨を保っています。

「じゃあ、私もサイボーグかもしれない！」

と瞬時によぎったものの、その場ではなぜか友人に言えませんでした。

背中は言われなければわからないくらい自然な外見になり、日常生活にほとんど支障を感じることもなく、生業とする装丁の仕事も続けています。けれど、完全に健常な体かと言われるとそうでもない、なんとも中途半端な状態にあるように、ずっと感じていました。

たとえば、背中が丸まらないので、かがんで物を取りづらいといったことから長時間椅子に座ることによる背面痛など、積極的な助けまでは必要としないけれど、ふとした瞬間に体がほんのちょっと不自由に感じる程度のものです。

著者のひとりである小説家のキム・チョヨプさんは、聴覚障害当事者であり、補聴器を両耳につけています。

彼女は、大学で「ポストヒューマニズム」に関する授業を受けていた時のエピソードに触れています。

授業では、新しい人間「ポストヒューマン」の例として、人工の耳や第三の腕を持つ人の例があがります。補聴器をつけている彼女自身もまた、「サイボーグと捉えることはできないのか?」と頭によぎるものの、その場では発言することはありませんでした。それと同時に、「自分がその場にいるはずのない存在とされる」ことへの違和感を持っていました。

際立ったものに目を向けることで、中間の部分が見えなくなってしまうことがあります。けれど、実際には中間領域について細かく目を向けていくことのなかに、新しい視点を教えてくれることも多いように思います。

私は、どうして友人に言えなかったのでしょう。

必要以上に心配かけたくないという気持ちもあれば、基本的には問題なく暮らせているので、「病気を持っている」というカテゴリーに据え置くには大げさではないだろうかという、葛藤があったのだと思います。それは、身体を入り口にしながら、心としての葛藤もあります。

この本では、そういった心とも身体ともどっちともつかない、中間領域への葛藤に目を向け続けた人たちの視点がたくさん集まっているように思います。

『言の葉の森――日本の恋の歌』

「和歌」や「恋」と聞くと、どこか身構えてしまいます。

特に「和歌」というものに対しては、恥ずかしながら、好き・嫌いといった、判断ができるような前提にさえ立てないくらい、よくわかっていません。

私はいつからか、金木犀の香りがすると、仕事をさぼりたくなります。

それと同時に、いくつかの光景を思い出します。

たとえば、大学構内の芝生に寝転んでいた時のことです。放課後または授業をさぼり、「ガツン、とみかん」というアイスキャンディーをかじっていました。

あるいは、実家の庭での出来事です。シングルベッドサイズの縁台があり、晴れの日にはそこに布団が干されていました。小学生の私は、靴を脱いでその上に仰向けになり、肌寒くなるまで空を眺めていました。十四時から十六時くらいの間でしょうか。

それらの光景に、金木犀はどこにも出てきません。年代や時間帯、季節もばらばらです。

けれど、「居心地が良いあまりに、何もしたくない」という感触は通底する気がします。

この本は、翻訳者であるチョン・スユンさんが、日本の和歌を入り口に、自身の日々の生活や仕事、周辺について描いたエッセイです。

彼女と和歌との距離感は、その感じをどこか思い出します。

「君やこし 我やゆきけむ 思ほえず 夢かうつつか 寝てか覚めてか」という歌があります。

彼女は、この歌に自身が翻訳する時の状態を重ねています。夢（本）と現実の境界がとけて、行き来するような感じです。

一方で、翻訳で最も大切にされていることのひとつに、「視覚的なイメージ」があるとも触れています。読んでいて絵が浮かぶ瞬間がいいそうです。

一見するとあまり関係のない紐付きから、「通底する視覚的なイメージ」を与えてくれることも少なくないように感じます。

それは、和歌と読み手自身の間を行き来できるような、身近なものにしてくれるように思います。

一冊を読み終わるころには、そのさまざまな絵（イメージ）の断片が集まり、なんともいえない一枚絵ができあがります。

そうした一枚の心象風景に心地よさを覚えます。

【鈴木千佳子】一九八三年生まれ。武蔵野美術大学デザイン情報学科卒業。文平銀座を経て二〇一五年に独立。装丁をはじめ、デザインの仕事に携わる。近年の装丁に、『信仰』村田沙耶香（文藝春秋）、『とんこつＱ＆Ａ』今村夏子（講談社）、『あかるい花束』岡本真帆（ナナロク社）、「新しい韓国の文学」シリーズ（クオン）、「チョン・セランの本」シリーズ（亜紀書房）など。

薛欣
ソル・フン　설흔

1

『이향견문록』
유재건(저), 실시학사 고전문학연구회(역) ／글항아리／2008★

『里郷見聞録』
劉在建（著）、実是学舎古典文学研究会（訳）／クルハンアリ／2008

2

『골목길 나의 집』
이언진(저), 박희병(역) ／돌베개／2009★

『路地裏の我が家』
李彦瑱（著）、パク・ヒビョン（訳）／トルペゲ／2009

3

『여성, 오래전 여행을 꿈꾸다』
김금원 외(저), 김경미(편역) ／나의 시간／2019★

『女性、古くから旅行を夢みて』
金錦園ほか（著）、キム・ギョンミ（編訳）／私の時間／2019

平凡で非凡な韓国人の心

『里郷見聞録』は一八六二年、劉在建《ユ・ジェゴン》によって書かれた人物伝である。奎章閣《キュジャンガク》の胥吏を務めたとされる（具体的な証拠はない）劉在建は、三百八人の閭巷《りょこう》人の行跡を収集し、記録した。閭巷人という単語は聞き慣れないかもしれない。直訳すると市井の人々という意味だ。朝鮮時代、表通りに住んでいた支配階級の両班ではない路地裏に住む庶民のことで、上は中人や下級官人など、下は妓生、白丁、奴婢などを含む総称である。劉在建が『里郷見聞録』を執筆した理由は、当時、閭巷人の座長だった趙熙龍《チョ・ヒリョン》が書いた序文から推察できる。

”あの閭巷の人に至っては……たとえ記録すべき言動や伝えるべき詩文があったとしても、すべては寂寞とした日陰で草木のように朽ち果ててしまう。ああ、なんと嘆かわしいことか！　私が『壺山外記』を執筆した理由もここにある。“

やや複雑ではあるが、『壺山外記』について簡単に触れておきたい。『壺山外記』は、一八四四年に趙熙龍によって書かれた人物伝で、閭巷人四十二人の行跡を収集したものだ。『壺山外記』を編纂した理由について、趙熙龍はこう語っている。

”たとえ閭巷出身の人々の話のなかで世に伝えたいものがあったとしても、彼らの行跡に関する資料をどこから探し、手に入れることができるだろう。もし大人巨筆が現れそれが必要になったとき、願わくばこの本が役に立つことを。そのときのためにこれを残す。“

おそらく、趙熙龍にとっては劉在建が大人巨筆、つまり偉大な文人だったのだろう。劉在建は、趙熙龍が望んだとおり、閭巷人たちが書いた資料から人物の行跡をたどり、一冊の本にまとめた。すべてを網羅するとは、まさにこのことだろう。ところが劉在建はそれにとどまることなく、自分だけの独特な執筆スタイルで本を書いた。第一巻の題名が「学行」であるという点、文学と書画作品を残した芸術家が実に百四人に及ぶという点、資料が複数ある場合は両班よりも閭巷人が書いた資料を優先的に選んだという点などがそうだ。これらのことから劉在建は、閭巷人の能力は両班に決して劣らないということを証明しようとしていたことがうかがえる。学行、文学、書画、執筆は、前世紀までは両班の専有物と考えられていた。ここで、劉在建の心がおのずと感じられる夭折の詩人李彦瑱《イ・オンジン》編を少し長めに引用する。

〝おそろしく聡明で、字を読めば一度目にしたものは忘れなかった……通信使として派遣される際、李彦瑱はその才能を高く買われ書記に抜擢された。日本へ渡る船内には多くの文人がいたが、知識の深さと速さにおいては李彦瑱の右に出る者はいなかった……李彦瑱が到着すると、大勢の倭人が五百枚の扇子を手に手に押し寄せ、五言律詩を書いてくれと頼んだ。李彦瑱はその場でいくつも墨を擦ると、一方では詩を詠じ、一方では詩を書いた。見る間に終えてしまうと、倭人たちは彼をぐるりと取り囲み驚き、喜んだ。彼らはふたたび五百枚の扇子を持ってきて今度はこう頼んだ。「あなたの才能に感服しました。今度は記憶力を試させてください」

……日が暮れる前に扇子に詩を書き上げること五百首。彼は先ほどの五百首の詩をすべて暗記し、まったく同じように書いてみせたのだ。倭人はみな感嘆の声をあげ舌を巻き、彼を神と呼んだ。〟

日本で文明を伝え、神という名声を得て帰ってきた李彦瑱だったが、朝鮮では才能を開花させる機会は与えられなかった（彼の天才性に気づいていなかった者のなかには、当代朝鮮の名文人であった朴趾源《パク・ジウォン》も含まれる）。二十七歳という若さでこの世を去った李彦瑱は、死ぬ直前に自分の書いた詩をすべて燃やし、次のように泣き叫んだという。

〝残しておいたところでやはり意味がない。この世のだれが李彦瑱という人間をわかってくれようか。〟

彼の妻が火のなかへ飛び込んだが、すべてを守ることはかなわず、取り出せたのは一部のみだった。その原稿が『松穆館燼餘稿』である。松穆館は号、燼餘稿は焼け残りを意味する。李彦瑱の死後、世に広まった本には、実に李彦瑱らしい詩があふれている。

〝李兄貴（李逵《りき》）の二丁板斧でぶち壊してしまえたら。

朴刀を手に世の好漢と友人になれたら。
天下にはもとより事件はない、有識者がつくり出すのだ。
本を燃やしたのは実に見事、その罪もその功も実にあっぱれ。〟

『里郷見聞録』にも残念なところはある。妓生出身の巨富金萬徳《キム・マンドク》を除けば、ほとんどの女性が烈女（夫の死後も貞節を固く守った女性）だという点だ。夫の仇を打つために刃傷沙汰を起こした豪放な女性もいたが、それもやはり烈女の範疇にとどまっている。十九世紀を生きた特別な女性の声が聞きたければ、金錦園《キム・グムウォン》が書いた『湖東西洛記』を読んでほしい。一八一七年に生まれた金錦園は、生涯の前半は妓生として、後半は両班の妾として生きた。金錦園がほかの女性と違っていたところは、自身の人生を記録に残していたということだ。二つが刮目に値する。金錦園は妓生になる前、男装して全国を旅し、妾だった頃は同じような境遇の女性らと一種の文学同好会である「三湖亭詩社」を結成した。一度目に旅に出たときはわずか十四歳だったが、出師の表とでもいおうか、そのときの決心を綴ったものが特に良い。

〝女として生まれれば、塀の内側から門をかけ家の隅で大人しくしきたりに従うことが正しいのか？　卑しい家に生まれれば、身の丈に合った暮らしに満足し、名もないままに消えてしまうことが正しいのか？……私の心は決まった。まだ婚姻もしていない若輩の身ではあるが、江山の美しい景色を望み、曾点のように沂《き》に浴し、舞雩《ぶう》に風し、詠じて帰らんとすれば、聖人様も許してくださろう。〟

金錦園は、関東八景と金剛山《クムガンサン》、雪岳山《ソラクサン》をめぐり、都城である漢陽《ハニャン》の遊覧まで終えて家に帰った。豪快に綴られてきた紀行文は、ここに来て力を失う。金錦園が目の当たりにした現実はなんだったのだろう。直接的に言及こそしていないが、金錦園は妓生の道を歩んだと推測される。強固な現実の壁の前に立たされた金錦園は、次のように旅を締めくくっている。

〝素晴らしい景色を見尽くしたので、長年抱いてきた夢はこれで叶った。本分に戻り、これからは女としての務めを果たすとにしよう。〟

金錦園は妓生になり、運よく両班の妾となった。金錦園がどのように生涯を終えたのかは定かではない。それでも、『湖東西洛記』を書き、それを原動力に残りの人生を耐え忍びながら生きたのではないだろうか。そんな想像をしてみる。

（訳・李聖和）

【薛欣】小説家。ソウル生まれ。高麗大学校で心理学を学ぶ。『素晴らしいから遊びにきたんだ』で第一回チャンビ青少年図書賞大賞を受賞。著書に『四通の手紙』『赤いカラス』『少年、アランタへ行く』『友情持続の法則』など。

宋吉泳
ソン・ギリョン　송길영

1

『쌀, 재난, 국가』
이철승(저)／문학과지성사／2021★

『米、災害、国家』
李哲承（著）／文学と知性社／2021

2

『언어의 줄다리기』
신지영(저)／21세기북스／2021★

『言葉の綱引き』
辛志英（著）／21 世紀ブックス／2021

3

『언어의 높이뛰기』
신지영(저)／인플루엔셜／2021★

『言葉の走り高跳び』
辛志英（著）／インフルエンシャル／2021

4

『일의 기쁨과 슬픔』
장류진(저)／창비／2019★

『仕事の喜びと哀しみ』
チャン・リュジン（著）、牧野美加（訳）／クオン／2020◆

受け継がれてきた心、変化を求める心

韓国人の心を表す文字を挙げるとしたら、「情《チョン》」と「恨《ハン》」の二つだとよく言われます。相手に対する温かな気持ちを意味する「情」と、やりきれない悲痛な気持ちを意味する「恨」。この対照的な二文字の組み合わせや、これらが形を変えたものが私たちの心を成していると長らく考えられてきました。そのような考えを持つ朝鮮半島の人々は、これまでどのように暮らしてきたのでしょうか？

巨大な陸地という意味の大陸と広い海を意味する大洋の間に位置する半島の情緒は、その地理的条件からして特別です。国土の七割が山地という筋肉質な地勢は、強風を防いでくれる安堵感をもたらす一方で、山を越えては息を整えることを繰り返す民たちにとって苦労の元だったことでしょう。

決して広くはない土地で四季の風霜を乗り越えながら、数千年の間団結して暮らしてきた人々の心は、どのように形成されてきたのでしょうか？　その中心にあるのは「まとまりの情緒」、つまりは共同体的な思考です。力を合わせて米を作りながら、固有の言葉と文字を使い、自分だけでなく隣人の心も慮って生きてきたこの地の人々は、「隣の家のスプーンの数」も知っているほどに「私自身」よりも「私たち」基準であることが当たり前だという心持ちを受け継いできました。

このような「私たちの土地」で「私たちの言葉と文字」を使って表す「私たちの心」は、どんな地域でも言えることですが「私たちの半島」では一際特別な結束と連帯をもたらしてきました。

そんな「私たち」の意識ですが、今新しい環境で再び注目を浴びています。グローバリゼーションと知能化、高齢化、そして未曾有の低出生率という変化を受けて、私たちという言葉が指す範疇とその情緒を改めて定義することが必要とされているのです。悠久の年月によって形作られ、決して変わることがないと思われてきた韓国人の心が変わっていく過程を垣間見ることができる貴重な本を三冊ご紹介します。

『米、災害、国家』

シカゴ大学のフェローとして研究していた経歴を持つ李《イ》哲承《チョルスン》は、集団の結束と「隣が土地を買うとお腹が痛い」という諺に込められている韓国人の心情を社会学的な方法論で

明らかにします。荒れた土地を整え、水を張って育てなければならない米を愚直に栽培してきたこの地の人々にとって、助け合いが生存の策でした。だからこそ、私という存在よりも私たちという集団を優先する価値観を当然視してきたと語る本書からは、韓国人の心に刻まれた共同体的な思考を理解するためのヒントを得ることができます。

『言葉の綱引き』
『言葉の走り高跳び』

韓国語のうち、漢字で構成されている概念語が成り立った由来をわかりやすく紹介しながら、言葉の裏に旧来の垂直統合型の社会構造や不合理が内在していることが鋭く的確に指摘されている本です。例えば大統領という単語を例に挙げて、この言葉は「大衆を従え治める人」という意味を持った表現で、国民を主権者ではなく管理と統制の対象として見ているので、憲法で明示されている民主的な価値観が反映されていないとします。このような説明を通じて著者の辛志英教授は、従来の権威構造に基づく共同体的価値観によって阻害、抑圧されてきた自由で多様な発想が、どうやったら言葉という狭い囲いを壊し、外に飛び出すことができるのかを探ります。「君師父一体」のような封建時代の思考体系は今の新しい時代には適さず、言葉の新たな定義を通じてより平等な思考をしなければならないのだと喚起し、時代に合った表現で私たちの心もアップデートすることを促している一冊です。

『仕事の喜びと哀しみ』

伝統的な製造工業や重工業とは対照にある「スタートアップ」という新しい組織構造は、プラットフォームや知能化といったキーワードを使って説明される、世界的な産業高度化の現れであると言えます。この星に暮らす人々が水平につながる世界で生き、「スタートアップ」の文化を好ましいとする平等思考の世代は、従来の垂直統合型社会と奇妙な同居を求められています。まだ現時点では、階級と権威主義が色濃い社会の圧力は新しい世代の掲げる自由で「合理的な思考」と度々すれ違い、均衡が取れずにふらついています。作中の登場人物には、既存の階級意識が基準となっている「共同体」で思い切って自分の道を見つけようとする、才覚溢れる賢い個人の姿が垣間見えます。理想のために現実と折り合いをつけ、そのコンセンサスを内面化しなければならない新しい世代の気持ちを、新しい言葉で定義する「その世代」の著者は、批評家からも読者からも注目を集めています。

世の中の大きな変化の中で、苦楽を共にして生きてきた共同体の心もまた変わっていくことが求められています。これに適応しようとする旧世代が頭を悩ませている一方で、その変化の速度にもどかしさを感じながら耐えている新世代の生きづらさを理解しようとするならば、上記の本を順番に読んでみてください。そうすると、今現在の韓国人の心だけでなく、これから新たに変化していく韓国人の心も先読みすることができるでしょう。

（訳・須見春奈）

【宋吉泳】時代の心を深堀りするマインドマイナー（Mind Miner）。人々の日常の記録を観察し、現象とその由来について探ることで、人々がそこにどんな意味を見出そうとしているのか明らかにする試みを二十年あまり続けて来た。個人の行動がいかに群れとの相互作用と環境への適応から導き出されるのかを紐解き、個人と集団・環境の間のコンセンサスとその変遷について広める作業に没頭している。人々の抱える深い悩みからインスピレーションを得た時に、最大の喜びを感じる。著書に『ここにあなたの欲望が見える』、『想像するな』、『何となくやるな』、『時代予報：核個人の時代』がある。

孫セシリア

ソン・セシリア　손세실리아

『뗏목——압록강 뗏목 이야기』
조천현(저)／보리출판사／2023★

1

『筏——鴨緑江の筏物語』
チョ・チョンヒョン（著）／ポリ出版社／2023

『설운 일 덜 생각하고』
문동만(저)／아시아／2022★

2

『悔しいことはあまり考えずに』
ムン・ドンマン（著）／アジア／2022

『筏——鴨緑江《アムノッカン》の筏物語』

作家として生きる人生は、物質的な豊かさとはかけ離れたものだ。しかし、本に関してだけは誰にも劣らないほどの贅沢を享受する。同僚の文筆家たちが新刊を出すたびに献本を送ってくれるからだ。こうして受け取った本もその都度読めるわけではなく、家のあちらこちらを本が占拠している状態なので、よく知らない著者の本を買い求めて読むということは、正直めったにあることではない。それにもかかわらず、読むべき価値のある本は自ずと読むことになるというのが私の持論なのだが、同書との縁も後者の場合に該当する。

誰かがＳＮＳで紹介したものだったが、正直、最初はタイトルに関心が向かず、表紙に惹かれた。山脈を簡潔でありながらも深く表現した木版画に見えたからだ。拡大してみると、意外にも写真だった。それも、数百台の筏がしっかりとつながれ、曳舟に引かれていくという衝撃的に美しい光景で、まるで何かの荘厳な儀式のように感じた。

二〇〇四年の夏、鴨緑江《アムノッカン》で初めて筏流しに出合った著者は、「筏流しを見守りながら、筏が自分の心にどうやって近づいてくるのかが感じられるまで、長い間」「坑木や筏が流れていく川の土手の下で」「あてもなく佇んで待った」と告白する。筏流しと出合うためには待ちぼうけの連続であり、待つことそのものだっという趣旨だ。世界で唯一の分断国家であるため、川のこちら側とあちら側がぴりぴり張り詰めていたこともあっただろう。しかし、過ぎゆく歳月とともに筏流しに出合い、手振りで挨拶を交わし、北朝鮮の筏師と話を交わしもし、中国側の岸辺でゆっくりしたときには近寄って声を掛けるほどになったという。

同書は、長い執念と待ちぼうけの成果物だ。数年を費やしながらカメラに残した瞬間瞬間は、数えられないほど厖大なものになったはずだが、その中から百二枚だけを厳選して収録し、写真ごとに短い所感をつけた。それは詩としても読めるし、唄として吟ずることもできる数行のものだが、著者は謙遜してエッセイだと言い張る。とにかく、写真と文章がとてもよく調和していて、胸を躍らされるのだ。まるで、筏に相乗りした気分だ。

川の流れ、風、水影、水面に輝く日ざし、波紋、木と木、筏と筏のぶつかり合い、日に灼けた筏師の顔、彼の唄、早瀬、筏の上の火鉢、火鉢にくべられた樹皮から立ち上る煙、沸き始めた汁物、疲れきった素足、逆らわず流れに任せる余裕……このほかにも書き切れないほどの叙情と叙事に満ちている。

風景だけではない。筏流しに関するほとんどすべてのことが込められているといっても過言ではない。例えば、東興《トンフン》の堰、鴨緑江にある筏流事業所の林業労働者、筏をつくるときに使う縄、鎹《かすがい》、繋筏場(筏を繋いでおく場所)、木材検尺員、曲尺《かねじゃく》、筏の操縦台、長白朝鮮族自治県の十二道溝村、宙に浮いた竿から飛び散って輝く水滴、ビニールシート、茅の家、筏師、伐採から運搬に到る過程、製作過程、運行、移動経路の支流や風景、賃金および待遇、鴨緑江および豆満江《トマンガン》筏流し協定一九五三年締結、浮き木を川に移動させる理由、経済の効用まで。

ここで著者の詩を引用してみようと思う。彼が知ったら、頭を掻いてちょっと怒るかもしれない。「え、詩ではないんだって。恥ずかしいじゃないか。雑文だよ、雑文。だから、表紙にエッセイと書いたのに」

どうにかこうにか詩を書く私の目には、詩にほかならないのだから、詩だと言い張らないと。そして、読者の見解を待つことにしよう。

雨風や雪に耐え／山を守った木々が／肩をしっかり組んだ／どこにも行けないだろう／いずれにせよ　旅立つために／体を守り　背を高くしたわけではない／また　別の世界に出合うということ／それが　望んでいた夢ではなかったか／黙って横たわる木々を見る／人より優れた木の生

チョ・チョンヒョン「木の生」全文、同書百五十四ページ

怪訝に思う人もいるかもしれない。筏流しと韓国の心にいったいどんな関係があるのかと。こう答えよう。待つこと。これこそが韓国人の情緒であり、韓国の心なのだ。いつ現れるかもわからない筏流しを川の向こうでひたすら待ち、数百年もの間変わることなく、しかし、地球上でほとんど残っていない伝統の価値を黙々と記録し、今の時代と未来に示したいという心こそ、韓国の切なる心ではないだろうか。ここに分断やイデオロギーが入り込んではならず、雑多なあらゆるものを超えて一つになった自分たちが存在しなければならないと答えたい。

『悔しいことはあまり考えずに』

私は、韓国の南の島、済州島でブックカフェを十五年営んでいる。海側にあるテラスが喫茶の空間で、築百年の建物の内部が本屋だ。本屋といっても在庫数は三百タイトルほどのこじんまりしたものだ。だから、初めて訪れたお客さんたちは選べる本がないと早合点をするけれど、きちんと見れば本の宝庫だということがすぐにわかり、行きつけの本屋になると言ってくれる。必ず読みたくなる、完成度の高い本をお薦めしているのだから、そうならないはずがない。それに、文学と芸術のジャンルに力を注ぎ、その中でも詩集に大きな比重を置いている。理由は、大型書店はもちろんのこと、街の個性派書店でも買い求めようとする人がいなく、隅に追いやられて長い年月が経った詩集を、せめて私の本屋ではもっともいい場所に置いて、読者との出合いをつくってあげたいという心からの気持ちからだ。

最近あった出来事だ。端正な身なりの青年がお茶を注文したまま本棚の前を離れず、うろうろしながら話を切り出した。

「詩集をお薦めしていただきたいのですが」私はとてもうれしくなり、いつもどんな詩を読むのか、最近読んだ詩集は何かと訊いたところ、照れくさそうに「実は昨日、ここで初めて読んだんです。テラスで読んだのですが、とてもよかったです。それで、もう一度ここに来ました。詩集一冊を読み切ったのは昨日がはじめてで、これからもっと詩集を読まなければならない気がしました」と言う。どんな詩集だったのかさらに訊いてみた。「詩人の名前はわからないのですが、タイトルは『悔しいことはあまり考えずに』です」タイトルを聞いてすぐに、私は詩人と詩集について速射砲のように紹介を始めた。

「ああ、ムン・ドンマンさんの詩集ね。ずば抜けていいでしょう。生まれてはじめて完読した詩集だっただなんて、本当に惹かれたのね」

ムン・ドンマンの詩は、小さなもの、素朴なもの、低いところにあるものへの憐れみの言葉だ。男性にもかかわらず、物事や他者を母性で包み込む。そして、涙が出るほど美しい。それだけではなく、生まれつきの反骨精神もある。何かをやり始めると、急がず慌てず、途中下車も妥協もせず全力を傾ける。自分に返ってくる有益なことには一向に興味を示さないが、社会的弱者に関することとなると、闘士になったり、時には予言者になったり、黙々と奉仕の手になったりする。発言することより傾聴すること、名誉より良心と正義に周波数を合わせる人。そして、彼の詩は彼自身と一卵性双生児だということができる。詩が人であり、人が詩であると、長いあいだ彼を見守ってきた確信。

本棚に差し込まれた一冊の詩集が、詩集の価値を知らないまま生きてきた一人の青年を、二日続けて本屋に足を運ばせ、さらに、お薦めされた三冊の詩集を生まれて初めて購入した詩集にしてしまった。これはまさに詩の力！　一体どんな詩集なのか簡単にでも紹介するのが道理だろう。

収録されている詩は三十五編、詩人の言葉、詩人のエッセイ、跋文、ムン・ドンマンについて。

ほかの詩集に比べて小さく薄く、平易な詩は全く収録されていない。詩の精髄だけを選んで編もうという出版社の意図だろう。だからなのか、この詩集には駄作がない。詩評にうるさく厳しい者として確信をもっていうが、これは珠玉の一冊だ。すべての詩にいじらしい心が宿っていて、共に泣き、共に笑い、共に心を弾ませ、共に申し訳なく思ったり、ありがたく思ったりする。

　ときに、読者は「ごはんをつくりに行くあなた」であり、父親の遺体を飲み込もうとする火葬炉の前で「火　火が入ってくるのだから　出てよ　父さん！」と泣き叫ぶ友人の娘ソヒでもあり、「水槽に浮かぶコノシロ」でもある。「高尚な議員室を清掃員たちの会議室に／休憩室に差し出した」、ある政治家の葬式に作業服を礼服に着替えて弔問に訪れた女性労働者たちであり、「おいしく食べ／悔しいことはあまり考えず／枝豆のように生きよう」と願い、枝豆を残して生のあちらがわへ旅立った母親でもあるのだ。あ！「この世の女性たちに申し訳ないことが／多くなる歳」と告白する男性であり、「何でも生みたい」中年の夫であり、「人里離れた家をひとりで守る犬」であり、「かちかちに凍った水の器に／鼻を打ち込んで死んだ」二匹の犬だ。ある場所では悲痛な鎮魂歌であり、ある場所では切実なロザリオの祈りだ。切なくて多感な連帯だ。

　縮約して定義すれば、ムン・ドンマンの詩は、韓国の普遍的な心である愛そのものだ。詩人の愛が詩にはじめて触れる青年を動かした。大きな力で、多感に絶唱するこの詩集をそばに置く贅沢を、多くの読者が享受できますように。

（訳・五十嵐真希）

【孫セシリア】全羅北道井邑《チョンウプ》市生まれ。二〇〇一年、文芸誌『人の文学』で作品活動を始める。詩集に『汽車に乗り遅れる』『夢うつつに詩を枕に』があり、エッセイ集に『きみという文章』『島で歌う唄』がある。済州島の海辺の村でブックカフェ「詩人の家」を十五年にわたって営んでいて、椿やチューリップ、紫陽花、ノウゼンカズラ、藪蘭《ヤブラン》とユッカ蘭を育ててもいる。

髙木丈也

たかぎ たけや

다카기 다케야

1 『코리안 디아스포라――재외한인의 이주, 적응, 정체성』
윤인진(저)／고려대학교출판부／2004★

『ディアスポラとしてのコリアン――北米・東アジア・中央アジア』
髙全恵星（監修）、柏崎千佳子（訳）／新幹社／2007◆

2 『追放の高麗人《コリョサラム》――「天然の美」と百年の記憶』
姜信子（著）、アン・ビクトル（写真）／石風社／2002★

3 『コリアン世界の旅』
野村進（著）／講談社＋α文庫／1999（初版1996）★

韓国・朝鮮の人々の「心」を求めて――。それは、世界を巡る壮大な旅であり、また同時に想像を超えた歴史の旅でもある。

私はこの数年、各地に散在する韓国・朝鮮民族の実態について調査すべく、世界中を旅してきた。彼らを貫く「韓国・朝鮮」的なものとは。そして「民族」とは一体、何なのか。そんな問題意識に駆られて、寸暇を惜しんでは世界を駆け回った。

彼の民族は、朝鮮半島以外にも思いのほか多くの国や地域に居住している。例えば、日本。日本統治期に直接的・間接的なルーツをもつオールドカマーとよばれる人々。さらにはニューカマーとよばれる比較的最近、わたってきた人々。大阪・鶴橋の市場には喧騒の中、キムチや民族衣装を売るオールドカマー二・三世の姿が、東京・新大久保には最新のK-POPが流れる店内で化粧品、韓流グッズを売るニューカマーの姿があった。彼らは私達にとって、もっとも身近な存在だ。

それだけではない。中国や旧ソ連地域、米国など、韓国・朝鮮民族の暮らしは多くの国や地域において見られる。私はこうした人々の思いや暮らしが知りたくて、各地を旅し、多くの人と触れ合ってきた。今、そうした人達に改めて思いを馳せながら、書を紐解いてみる。

中国：朝鮮族

「これまで中国朝鮮族は、二つのアイデンティティとともに生きなければならなかった。一方では中国公民であり、他方では民族的にコリアンである」

（『ディアスポラとしてのコリアン』p.３０２）

中国には東北地方を中心に朝鮮族とよばれる人々が居住している（約百七十万人：二〇二〇年『第七次全国人口普査』）。吉林省には延辺朝鮮族自治州があり、街中に朝鮮語の看板が溢れているばかりか、公立学校では朝鮮語による教育も行われている。

中朝国境の小さな村で出会った朝鮮族の老人達は、一様に先代の出身地をよく覚えていた。北朝鮮の咸鏡道や平安道など、そう簡単には訪れられない地域であろうに、そこには自身のルーツへのたしかな「自負心」が感じられた。中朝国境の小さな町の朝鮮族学校では、廊下ですれ違うたびに学生達が立ち止まって会釈をしてくれた。そこには儒教を大事にする民族の「心」が生きていた。

辺境のある村を訪れた時、「この村で朝鮮語を話すのは、私が最後の一人だ」と話す老人がいた。息子家族は都会に出稼ぎに行き、普段はもう朝鮮語を話すことがほとんどないと言う。おまけに最近は耳が遠くなって、会話もままならないそうだ。ただ、携帯電話の電波も通じない山奥の村にあってもコチュジャンを保存する甕《かめ》は当然のように存在していた（最近は韓国でもこれを持つ家は少ない）。そこには紛れもない韓国・朝鮮の「暮らし」があった。長年受け継がれてきた韓国・朝鮮の文化。だが、もうそれは風前の灯火なのか。

最近は、さらに状況が加速化しているようだ。自治州内であっても漢語（中国語）を重視する人が多くなり、民族学校も縮小の一途を辿っている。ある朝鮮族の親は、夫婦同士で話す時は朝鮮語を使うが、子供と話す時はあえて漢語を使うようにしているという。「将来この子は、漢族社会の中で競争し、生き抜いていかなければならないのです」。そう語る親の眼差しからは、現実の厳しさがひしひしと伝わってきた。

旧ソ連地域：高麗人

「彼らがソ連という国家の良き市民となるためには、追放をめぐる記憶を、つまりは中央アジアに生きるようになったみずからの来歴を忘れることが絶対条件でした。彼らは生き抜くために、暗黙の了解のもと、記憶を語る言葉を封じ、必死に働いた」

（『追放の高麗人』p.13）

ロシアの沿海州（極東）にはもともと高麗人（朝鮮半島からの移住民）が居住していたが、一九三七年にスターリンの命により中央アジア各地に強制移住を強いられることになる。その数約十七万人。あれから約九十年の歳月が流れた今、彼らは主にウズベキスタンやカザフスタンといった新たに誕生した国家の少数民族として再編され、その命脈をかろうじて保っている。

カザフスタンの首都アルマトイで出会った高麗人の老人達は、合唱団を組織して月に数回、歌の練習をしていた。ちょうど訪れた日は秋夕（名節）であったため、みなで民族衣装を身にまとい、歌や踊りを披露してくれた。

日本でも有名な「百万本のバラ」の練習をしていた別のある日、彼女らが朝鮮語の発音を練習する光景を目の当たりにした。移住二・三世にとって朝鮮語は「民族の言語」でありながら、もはや「遠く離れた国の言語」でもある（現地には中国のような民族学校は存在しない）。口頭で連綿と受け継がれてきたその言葉の端々からは、何とも言い難い「言霊」が感じられた。

ところで、近年、高麗人は沿海州へ再移住していると聞く。先代がもともと移住していた地域への再移住。それはあたかも自己のアイデンティティを取り戻すための回帰現象のようでもある。

世界のコリアンをめぐる旅

ここではごくわずかしか紹介できなかったが、この他にも韓国・朝鮮民族は世界の各地に存在する。その移住経緯は様々であり、現地に同化しつつある者、本国との繋がりを強く持つ者など、その暮らしぶりも実に多様である。

世界の韓国・朝鮮民族を知ることは、野村進もいうように視野の拡大、ひいては「日本」の相対化に資するところが少なくない。

「世界が違って見えてくる――、足掛け三年にわたった旅を終えて、私がいま実感しているのは、ひとことで言えば、そのような感慨である。（中略）私が選んだ方法は（中略）できるだけ相対的・普遍的な視点から諸々の事象を考えていこうというものだった」

（『コリアン世界の旅』p.473）

我々は韓国・朝鮮民族のことを考える時、とかく朝鮮半島にのみ目を向けがちだが、韓国・朝鮮の文化は半島という中心の外、そう「周縁」にもたしかに存在している。そして、彼らの息遣いの中にこそその「心」は宿っていることを忘れてはならない。

【髙木丈也】慶應義塾大学 総合政策学部 専任講師。専門は朝鮮語学。世界に散在する韓国・朝鮮民族について社会言語学的な視座から探究している。著書に『日本語と朝鮮語の談話における文末形式と機能の関係―中途終了発話文の出現を中心に』（三元社）、『中国朝鮮族の言語使用と意識』（くろしお出版）、『慶大の超人気授業が本になった！ 本当によくわかる韓国語初級』（ＫＡＤＯＫＡＷＡ）など。

高橋尚子《たかはし なおこ》

다카하시 나오코

『옷소매 붉은 끝동』전 2 권
강미강(저)／청어람／2022★

1

『赤い袖先』上・中・下巻
カン・ミガン（著）、本間裕美、丸谷幸子、金美廷（訳）／
双葉社／2023◆

始まりはドラマだった。奇妙なタイトルだと思った。だが、その理由はすぐに判明する。第一話、英祖が幼い宮女見習いだったヒロインのソン・ドギムに語る、こんな言葉があったのだ。

「（側室・義烈宮《ウィヨルグン》は）お前と同じ宮女だった。その袖先が真っ赤で、余はそれを見るたび、胸を傷めたものだ。宮女が赤い袖先の上着を着ておるのは、その者たちが〝王の女〟である証だ」

　このセリフが象徴するように、このドラマは宮女の物語だった。それも、朝鮮王朝時代の〝名君〟正祖《チョンジョ》イ・サンが生涯で唯一愛したとされる女性の物語だった。彼女は宮女出身の側室・宜嬪ソン氏で、王の求愛を二度にわたって断ったという逸話があるという。宮女が王を拒むなど、ありえない話だ。それほど王が彼女を愛したということでもある。

　ロマンチックなこの王宮ドラマが小説をもとにしていることは知っていた。しかし、俄然興味を抱いたのは、演出を手掛けたチョン・ジイン監督へのインタビューがきっかけだった。彼女はドラマ化が決まる以前、人に勧められてこの小説を初めて読んだが、イ・サンの話とは知らないまま、その世界観にのめり込んだという。なぜなら、小説には「イ・サン」の名前は一度として出てこないから。「東宮と宮女見習い」「王と宮女」「王と側室」として、二人の物語は進んでいく。読み進めるなかで、〝祖父に育てられた〟〝父を非業の死で亡くした〟といった表現により、これはイ・サンのことだとようやく気づいたのだとか。「歴史小説という感覚がなく、純粋なロマンス小説として読めた」ため、時代劇の演出経験がなかったにもかかわらず、映像化に欲が出たと語っていた。

もう一つ、チョン監督の心を動かしたものが、小説のラストシーンだ。あの一節を映像化することで、王の恋を、二人の愛を昇華させてあげることができたら……。物語にどっぷりハマっていた監督は、サンの愛を映像で叶えたいと願ったそうだ。

彼女の話を聞き、私は原作小説の日本語版出版を決意した。自分が読みたいがために。そして、プロジェクトを立ち上げるわけだが、版権の買付から翻訳作業、出版に至るまでの苦労も多かった。しかし、それを上回って釣りがくるほど、この小説から得た感動は多かった。作業に関わりながら、読みたかったサンとドギムの愛の物語に触れ、ときめき、幸せを感じたほどだ。

ドラマは小説のなかでもポイントとなるセリフやエピソードを上手く活かしていた。一方で、世孫時代に多くを費やしたドラマに対して、小説は王になってからの物語が主になっていた。とくに、宮女が側室になり、王の子を授かり、彼らが家族となっていく原作のエピソードには、「妻の前では弱く、どこにでもいる平凡な男」だったイ・サンの姿があり、読みながら幾度泣かされただろう。

なかでも私が、この小説を日本語版として世に送り出して良かったと痛感した一節がある。それは、ある年のドギムの誕生日、サンが我が子のために作った東宮殿にドギムをこっそり連れていくエピソードだ。お披露目前のその殿閣で二人は夜を過ごす。そして愛を交わしたのち、ドギムは床に畳んでおいた王の衣服・袞龍袍《コルリョンポ》に触れながら、サンにこの言葉を知っているかと訊ねる。その言葉とは、

「襟が触れるほどの出会いも前世からの縁」

袞龍袍の袖先を指し、私はここをかすめるという意味だと思っていたと明かしたドギムは、

「でも、大人になってから考えてみたらそうじゃなかった

んです。襟はここじゃないですか」

そう笑いながら、袞龍袍の首回りを触れて、さらに話す。

「お互いの襟をかすめるためには、ただ道で通りすぎる程度では駄目です。抱きしめられる仲じゃないと」

そのうえでドギムはサンに、「来世で生まれ変わっても臣《シン》妾《チョ》（私）と襟をかすめますか？」と訊ねるのである。サンは顔を赤らめるだけで答えられず、「そなたはどうか？」とドギムに委ねるのだが、彼女もまた、ここでは明確に答えず、「袖だけならかすめてもいいのか、それとも襟までかすめてもいいのか。よく考えて決まったら、お話しする」と返すのである。


日本にも「袖振り合うも多生の縁」ということわざがあるが、これは仏教から来ており、様々な人との縁にいう言葉だ。しかし、韓国では、これが「襟」となり、男女の縁である意味が色濃くなるという。そして、このセリフは、ドギムが最期の瞬間、サンに語った言葉にリンクしていく。

「本当に臣妾を大事に思うなら、来世では気づいても知らぬふりをして、襟だけ一度かすめて通り過ぎてください」

私はこのくだりを読んで泣いた。「赤い袖先」を身につけ〝王の女〟となったその女性は、「襟」を触れ合ったことで〝王と愛し合う縁〟となった。


ドラマでは最期の言葉は略されており、それ以前のやり取りについても触れられていない。しかし、小説を読むことで、愛し合った二人の軌跡が、心の機微が、ドラマの端々を埋めていき、男と女として縁を持ったサンとドギムの姿がありありと浮かびあがっていく。

小説の下巻に収められている外伝には、袞龍袍のような赤い色を（つまり宮女の袖先の色を）ドギムが愛していたことについても書かれている。王の袞龍袍が赤い色であること、宮女の袖先が赤く染められていることを、これほどまで意識したことは初めてだ。そして、あらためてタイトルにこめられた意味の深さを知る。なんと繊細な恋愛小説だろう。恋愛小説の面白さを久々に感じさせてくれた1冊で、時代劇の見方を変えてくれた名著となった。

ちなみに、日本語翻訳にあたり、「東宮」「王」と表現されていた主人公は、作家の許諾を得て、「イ・サン」と記させてもらった。日本ではドラマがすでにヒットしており、「イ・

サン」という名がないほうが違和感を抱かれるかもしれないということ、また「王」だけではあの「イ・サン」とわからない人も多いだろうということを加味しての判断だったことを書き加えておきたい。

【高橋尚子】ライター、編集者。早稲田大学第一文学部中退。二〇〇三年、第一次韓流ブームのなか、韓国ドラマを紹介するムックの編集担当をしたことを機に韓国エンタメにはまり、二〇〇四年に韓国エンタメ専門情報誌『韓国TVドラマガイド』（発行：双葉社）を立ち上げる。以降、雑誌やWebで韓国ドラマに関するレビュー、インタビューを執筆。編集者としても、小説『赤い袖先』日本語翻訳版（双葉社）をはじめ、『K-POP bibimpap 好きな人をもっと深く知るための韓国文化』（池田書店）、『今日も韓国ミュージカル日和♪』（双葉社／著：田代親世）などを担当。二〇二二年より田代親世氏と韓流愛を語るYou tube チャンネル『ちかちゃんねる☆韓流本舗』を配信中。

竹内栄美子

たけうち　えみこ　다케우치 에미코

1　「玄海灘」『金達寿小説全集六』収録
金達寿（著）／筑摩書房／1954 ★

2　『火山島』全７巻
金石範（著）／文藝春秋／1983 － 1997 ★

3　『原野の詩――集成詩集』
金時鐘（著）／立風書房／1991 ★

二〇二三年九月二日、調布せんがわ劇場で『玄海灘』の舞台を見た。あの複雑に入り組んだ長編小説の世界を巧みに演出した素晴らしい舞台だった。「玄海灘を上演する会」が主催し、呉文子氏が代表をつとめる「異文化を愉しむ会」が提携して実現した公演である。原作は金達寿、脚色が有吉朝子（劇団劇作家）、演出が志賀澤子（東京演劇アンサンブル）で、八月三十日から九月三日までの上演だった。チケットは完売だったという。背景にハングルが映し出された舞台に、韓国の心を見たように感じた。

　わたしは、この芝居について『金達寿とその時代 文学・古代史・国家』（クレイン、二〇一六）、『日本のなかの朝鮮 金達寿伝』（クレイン、二〇一九）、『中野重治と朝鮮問題』（青弓社、二〇二二）の著者である廣瀬陽一氏に教えていただき、ゼミには在日朝鮮人文学を研究している院生もいることから、院生諸君を誘って総勢九名で九月二日に観劇したのだった。院生たちも皆さまざまに感想を述べ、彼ら彼女らにとっても印象深い舞台であったようである。また、会場では、舞台の発音指導を担当された崔順愛氏にもお目にかかることができた。

　原作では、二人の主人公、西敬泰《ソ・ギョンテ》と白省五《ペク・ソンオ》がそれぞれの苦しみや葛藤をあらわにしながら、植民地朝鮮で生きる青年として描かれていた。ほかにも多くの人物が登場する。一九四三年の京城が舞台で、西敬泰は、苦学して日本の大学を卒業し、地元のK新聞につとめるものの、大井公子との恋愛が破綻して、急に故国の朝鮮を思い出し、京城日報に勤めるようになる。白省五は、東京留学時代の学生運動で逮捕され、京城に戻ったあとは要視察人として、寝椅子に寝そべって何もしない無為の生活を送っている。省五は、有力者の父のもとで何不自由ない生活をし、心から省五に仕えてくれる食母《シンモ》と呼ばれる女中の連淑《リョンスク》もいる（舞台では居酒屋の娘で歌手だった）。小説では、第一章が西敬泰、第二章が白省五、第三章が西敬泰、というふうに、章ごとに主人公が入れ替わりながら、祖国光復会を知り養正中学事件などを経て、二人は次第に民族意識に目覚めていくのだが、最後は、白省五の検挙を聞いて驚く西敬泰が親日的な京城日報はやめなければならない、白省五に面会しなければならないと考え、面会室で白省五を待っているところで終わる。

ところが、舞台では、この二人に加えて、朝鮮人特高の李《リ》承元《スンウォン》が重要な三人目の青年として登場していた。二人の青年が主人公だと思っていた小説『玄海灘』が、舞台では三人の青年の物語になっていたのが意外でもあったが、その設定は、白省五の監視人である李承元が警察組織のなかで日本人上司に平身低頭して仕えている苦悩やためらいがドラマのなかでむしろ大きな効果をもたらしていた。日本人上司は狡猾なあくどい人物で、李承元に対して昇進をちらつかせながら働かせ、しかし実際に昇進はさせないのである。この三人目の主人公を設定した舞台では、李承元が日本に支配された警察機構のなかで働く朝鮮人であるがゆえに、板挟みになっている葛藤がよく表現されていたと思う。そして、もう一点舞台の特徴をあげるならば、居酒屋で皆が歌う「アリラン」「ペンノレ」の歌は「皇国臣民の誓詞」を繰り返し復唱させる日本の暴力的な場面を凌駕するような力強さを示していた。

小説では、白省五が身を投じる祖国光復会の指導者金日成は仰ぎ見るような人物として描かれている。これは、作品執筆当時、一九五〇年代前半の朝鮮戦争時の情勢が色濃く投影されているからだろう。しかしながら、そのような冷戦時代の限界があるとしても、この作品は植民地朝鮮の苦しみを描いた優れた作品であることは間違いない。金達寿は初版あとがきで「民族の独立を失った帝国主義統治下の植民地人というものが、どういうものであるか」を日本人に示したかったと述べ、文庫版前書きでは植民地は「人間の崩壊」だと述べていた。小説『玄海灘』は、日本が朝鮮半島を植民地として支配した時代の歪み——日本がいかに「人間の崩壊」をもたらしたか——が克明に描かれた作品である。いま、日本の加害の事実をなかったことにする歴史修正主義が広まっているなかで『玄海灘』を改めて読む意味は大きい。

ちなみに小説『玄海灘』には、中野重治の詩「雨の降る品川駅」の一節が引用されている。金達寿と中野重治とは新日本文学会で繋がりが深く、ともに会から派遣されて講演旅行に行ったこともあった。中野重治は朝鮮問題に真摯に取り組んだ文学者だったが、詳しくは前掲の廣瀬陽一『中野重治と朝鮮問題』を参照されたい。

＊＊＊

小説『玄海灘』は西敬泰と白省五の二人の主人公だった。金石範の大長編小説『火山島』も南承之《ナム・スンジ》と李芳根《イ・バングン》の二人の主人公の物語である。白省五が両班の家柄で有力者の父親のおかげで経済的にも裕福であり、連淑にかしずかれて生活している設定は、李芳根の設定に似通っている。李芳根も済州島屈指の実業家である父の庇護のもと、白省五同様に日本への留学経験をもち、抗日活動ののち転向したため、いまは無為の生活を送っている。李芳根の家にも食母のブオギがいて李芳根にかしずいているし、無為の生活を送りながらも親日派には批判的で「西北《ソブク》」に敵対する反骨の人物だ。

このように、挫折経験のために無為徒食だった金持ちの息子が、のちには運動のために起ちあがる構図は『玄海灘』『火山島』ともに共通している。西欧風にはノーブレス・オブリージュとでもいえるような、東アジアにおける知識人すなわち士大夫の責任を果たす存在として、白省五や李芳根は設定されているようだ。他方、西敬泰と南承之はともに日本育ちで庶民の出自、「デモクラシー」の体現者である。ただし、まっすぐで晴朗な気性の南承之は、西敬泰のような屈折があまりない。

『玄海灘』は一九四三年のソウルが舞台だった。一方、『火山島』は一九四八年春の済州島が舞台である。わずか五年の違いだが、二作の様相は大きく異なっている。『玄海灘』が植民地下の青年が次第に民族意識に目覚めていく過程を描いた作品である一方、『火山島』は済州島四・三事件を描いた作品である。一九四五年八月の日本敗戦のあと、解放された朝鮮半島が米ソによって分割占領され、アメリカに軍事占領されている南朝鮮では親日派が実権を握って、南のみの単独選挙によって南北分断が固定化されようとしていた。四・三事件はこの単独選挙に反対した済州島での武装蜂起を鎮圧する過程で三万人にものぼる島民が虐殺された事件である。このとき島民を虐殺したのは、朝鮮の警察や軍や右翼団体だったが、それらは日本の植民地時代のシステムが引き継がれたものだった。日本は四・三事件に無縁ではない。

わたしが『火山島』を読んだのは、二〇〇一年夏のこと。当時、日本近代文学会の運営委員だったわたしは、ワーキンググループで検討のうえ、例会の企画として「植民地と日本語文学」というテーマを掲げ、金石範氏に長い手紙を書いて講演をお願いした。ご快諾いただいたときの嬉しさは忘れられない。二〇〇一年十二月一日に大妻女子大学で「なぜ日本語文学か」というタイトルでご講演いただいた。その依頼をするまえに、代表作を読まねば、という思いで夏休みに一気に読んだのが『火山島』全七巻だったのである。単行本の巻ごとに読了の日付をメモしているが、一巻は八月十七日、二巻は八月二十日、三巻は八月二十二日、四巻は八月二十三日、五巻は八月二十六日、六巻は九月六日、最後の七巻が九月八日。この最後の巻は、講演時に持参して、サインしていただいた大事な本である。あの大長編小説を半月ほどで集中して読了したのは、その作品世界に引き込まれていったからだが、何よりも一九四八年の済州島四・三事件が克明に描かれて、解放後の朝鮮半島の歴史が迫ってくるように感じられたからでもあった。最後、広場に晒された人間の生首を見る李芳根は、死とともにすべてが終わることを感じて、南承之には生きてほしいと日本へ逃がそうとする。そして悪辣な鄭世容を殺害した自分は最後に自殺するのだ。

ちょうど、講演直前に金石範・金時鐘『なぜ書きつづけてきたか なぜ沈黙してきたか――済州島四・三事件の記憶と文学』（文京洙編、平凡社、二〇〇一）が刊行されて、金時鐘が同書で語る郵便局事件が『火山島』第三巻の第十一章で描かれていることも分かった。そして、この例会講演を契機としてご縁をいただき、金石範氏には、二〇一四年六月の日本社会文学会でも「文学にとっての歴史」というテーマで講演していただいた。その後の著作はさまざまあるが、『火山島』の続編ともいうべき『海の底から』（岩波書店、二〇二〇）などをみても、四・三事件を継続して書き続ける金石範という大作家の驚異的な持続力と精神力に圧倒される思いである。二〇二二年にクオンから刊行された『満月の下の赤い海』と『新編 鴉の死』、そして『世界』二〇二二年十一月号に掲載された「夢の沈んだ底の『火山島』」など、これらを読むと、二〇二三年の今年、九十八歳になる金石範氏のご健筆を願わずにはいられない。

＊＊＊

中野重治とともに堀田善衞の文学についても研究してきたが、堀田が深く関わっていたアジア・アフリカ作家会議は、一九六八年から『ＬＯＴＵＳ』という雑誌を刊行していた。英語版、仏語版、アラビア語版の三種類があり、その第五十五号は戦後日本文学の特集で、代表的な作家作品が並んでいる。

金石範「乳房のない女」が、大岡昇平「俘虜記」、小田実「Hiroshima」、深沢七郎「東北の神武たち」、堀田善衞「方丈記私記」、野間宏「青年の環」、大江健三郎「奇妙な仕事」、井上光晴「戦後三十五年目」、李恢成「見果てぬ夢」、埴谷雄高「神の白い顔」などとともに掲載された（長篇は抄訳）。金石範氏は、日本アジア・アフリカ作家会議にも関与されていて、日本アジア・アフリカ作家会議と新日本文学会が主催した講座「朝鮮と日本」では「済州島四・三事件について」というテーマで講義され『日本アジア・アフリカ作家会議月報』第三号（一九七五年一月）にその要約が掲載されている。

『ＬＯＴＵＳ』は、第三世界の文学的連帯を目指した雑誌であり、多くのアジア・アフリカ・ラテンアメリカの文学作品が翻訳紹介された。同誌では金石範のみならず、金時鐘も載っていて一九七三年四月刊行の第十六号に、金時鐘「在日朝鮮人」の詩が、宗秋月の詩「チェオギおばさん」「キムチ」とともに、ＪａｐａｎではなくＫｏｒｅａのカテゴリーで紹介されている。この号のＪａｐａｎには、井上俊夫「乳房」、小野十三郎「燃える籠」「トゥルキノのふもと」、福中都生子「娘のころにねがったことば」「わたしのこころがふるえるとき」が、日野範之の「在日朝鮮人について」というエッセイとともに掲載された。

金時鐘『「在日」のはざまで』（立風書房、一九八六）の巻末には、著者紹介として「詩人、評論家、エッセイスト　一九二九年＝朝鮮元山市に出生　アジア・アフリカ作家会議会員社団法人大阪文学協会（大阪文学学校）副理事長　長年、高校などの教職に関わっている」とある。大阪文学学校とともに、アジア・アフリカ作家会議会員であることが明記されていることは、金時鐘という詩人が第三世界とのつながりを重視する思想の持ち主であり、それはつまりプロレタリア詩の中野重治や小熊秀雄の系譜に位置づけられる詩人であると、わたしには思われた。

小熊秀雄賞特別賞を受賞した『集成詩集 原野の詩』の箱入り限定特装本のことを知ったのはいつであったか。わたしが架蔵しているのは、六十九番のもので、巻頭に墨書されている詩は「ひとつの石の　渇きの　うえに　千もの波が　くずれて　いるのだ」という一節。署名捺印があってこれは大事にしている本である。緑地のクロス装でタイトルは箔押し、一九九一年十一月二十日発行のもの。申し込みしたら手作りで梱包された段ボールに、著者の金時鐘氏ご本人の文字で宛名書きされて送られてきたからびっくりしてしまった。この宛名書きされた段ボールも記念にとっておいたのだが、研究室の引っ越しのさいにどこかにいってしまった。大事な特装本とは別に、通常の装丁本も所持しており、これは一九九四年四月三十日の第三刷発行のもの。詩を読むときはいつもこちらの通常本のほうを繙いている。吹田事件にまつわる背景を知らずに「雁木のうた」冒頭を読んでいたときは、魯迅『故郷』の最後「もともと地上に道はない。歩く人が多くなればそれが道になるのだ」を乗り越えていく力強さを感じていたが、吹田事件のことを知るといっそうこの詩の豊かさ（尾籠な話も含めて）が看取されるようだった。詩集巻末には野口豊子による詳細な年譜があり、内外政治の、とりわけ韓国民主化運動の動きも記録されて有益である。

金時鐘という詩人は、わたしにとって在日朝鮮人問題を勉強する導きであった。中野重治を長く研究してきたわたしは、中野が取り組んできた朝鮮問題（それは植民地問題や在日問題などを含む）を追いかけるうえで、朝鮮関係の本を読み続けていた時期があったが、金時鐘はそのひとりである。『「在日」のはざまで』所収の「クレメンタインの歌」や「私の出会った人々」は、日本語と朝鮮語のはざまに生きてきた著者がいかに思想形成していったのかがうかがえる文章で心に残った。「さらされるものと、さらすものと」での朝鮮語教師としての経験も何か突きつけられる思いがした。そして、金時鐘がたびたび言及する小野十三郎の短歌的抒情の否定は、中野重治の詩『歌』や青春小説『歌のわかれ』を想起させ、花鳥風月としての抒情的詩歌を克服して、もっと激烈で人間的なものへと突き進んでいく堅固なロジックと硬質な抒情を思わせた。金時鐘の詩も同様で、抉るような言葉のなかには巧まざるユーモアがあり、何より饒舌である。その詩風の一面は、同じく『ＬＯＴＵＳ』に一緒に掲載されていた宗秋月を思い出させる。四冊目として『宗秋月全集』（土曜美術社出版販売、二〇一六）もあげておきたい。

＊＊＊

東アジアの近代や韓国民主化運動を考えるとき、在日の書き手が残した文章は重要で、わたし自身それらから多くを学んできた。金達寿も金石範も金時鐘も在日の書き手で、ポストコロニアルの観点からいえばディアスポラ的存在であり日本語で書いているが、その著作には韓国・朝鮮の心を感じる。

（二〇二三年九月三〇日）

【竹内栄美子】一九六〇年大分県生まれ。愛媛県出身。お茶の水女子大学卒、同大学院博士課程退学。同大助手、千葉工業大学教員をへて、明治大学教授。日本近代文学専攻。博士（人文科学）。おもな著書に『中野重治 人と文学』（勉誠出版、二〇〇四）、『批評精神のかたち 中野重治・武田泰淳』（ＥＤＩ、二〇〇五）、編著『コレクション・都市モダニズム詩誌 第２巻 アナーキズム』（ゆまに書房、二〇〇九）、『戦後日本、中野重治という良心』（平凡社、二〇〇九）、共編著『中野重治書簡集』（平凡社、二〇一二）、『女性作家が書く』（日本古書通信社、二〇一三）、『中野重治と戦後文化運動』（論創社、二〇一五）、編著『コレクション・戦後詩誌 第９巻 大衆とサークル誌』（ゆまに書房、二〇一七）、共編著『中野重治・堀田善衛往復書簡 １９５３-１９７９』（影書房、二〇一八）、編著『新編日本女性文学全集』第９巻（六花出版、二〇一九）、共編著『堀田善衛研究論集　世界を見据えた文学と思想』（桂書房、二〇二四年）などがある。

竹田信弥
たけだ しんや 다케다 신야

『핑퐁』
박민규(저) ／창비／2006★

1

『ピンポン』
パク・ミンギュ（著)、斎藤真理子（訳）／白水社／2017◆

『원더보이』
김연수(저) ／문학동네／2012★

2

『ワンダーボーイ』
キム・ヨンス（著)、きむふな（訳）／クオン／2016◆

『동네책방 생존 탐구』
한미화(저) ／혜화1117／2020★

3

『韓国の「街の本屋」の生存探究』
ハン・ミファ（著)、渡辺麻土香（訳)、石橋毅史（解説）／クオン／2022◆

「韓国の心に触れる」

私は東京で小さな本屋を経営しています。十年前に店をはじめたのと同じ時期に、韓国文学の話題がちらほらと耳に入るようになりました。自店舗では定期的にお客さんと本を読んで感想を話す会（読書会）を行なっています。本好き、読書好きが集まり、本やカルチャーの話に花を咲かせます。その場で、最近韓国文学が面白い、これから良い作品が翻訳されるから注目していた方がいい、という話題が日に日に増えていきました。文学のアンテナの感度の高い参加者たちがそう言うならと読み始めてみました。すると翻訳された小説特有のどこか近づけない壁がない、または薄いということに気がつきました。登場人物や出てくる風景などが身近に感じられてとても読みやすい。テーマは同じでも、日本の小説にはないアプローチもあって、私もすぐに魅了されました。それと時を同じく、日本の本屋に韓国文学をとりあげるコーナーが設置されるようになりました。私の店も例外に漏れず、韓国文学の棚を作ることになっていきます。

最初に触れたのは、パク・ミンギュ『ピンポン』だったと記憶しています。読書会に参加してくれていた書評家のおすすめでした。いじめにあっている中学生の主人公が同じようにいじめられている友人と原っぱで見つけた卓球台で卓球をする。ピンポン玉は巨大化して、二人はいつの間にか人類の未来を決めることに……。書いていて何を書いているのだろうと思いますが、そういう話なので仕方ありません。テーマは重たいのですが、ストーリーの展開の奇抜さ、テンポの軽さ、があるのでスイスイと読めてしまいました。そして、翻訳された小説なのに、主人公たちを身近に感じることができたのです。私も学生時代にいじめを受けたことがあり、学校の雰囲気であったり、知っているノリであったり、どこかで経験したり見たりしたものがそこにあるように思えたのです。アメリカやヨーロッパを舞台にした小説でも精神的に近さを感じることはありますが、風景や出てくるアイテムが時折想像し難く、そこで距離感を突きつけられて、冷めてしまう時があります。韓国文学はどこか知っているものたちが出てくることで、読書自体に没頭できてより内容を吟味することができました。

そのあとは、お客さんとの読書合戦でした。クオンが出版している「新しい韓国の文学シリーズ」は出るたびに手に取り、店舗でも仕入れていきました。他の出版社からもどんどん出版されるようになっていき、もう追いつかない！　と思うほどに。とりわけ、お客さんと盛り上がったのは、チョンミョングァン『鯨』、チョン・セラン『フィフティ・ピープル』、キム・エラン『外は夏』、キム・ヨンス『ワンダーボーイ』などでした。もちろん、他にもここに書ききれないほどあります。どれも登場する人たちの心の模様が切実に描かれています。

中でも、キム・ヨンス『ワンダーボーイ』には心打たれました。これは、キム・ジョンフンという人の心が読める超能力少年『ワンダーボーイ』の目を通して、言論弾圧など政治的な圧力に巻き込まれる市民の姿を描いた小説です。歴史的な事実にファンタジー要素を融合してエンターテイメント性も高い。家族小説としても読めます。韓国文学を読んでいくと、日本と韓国は距離的に近い国なのに、自分は知らないことが多いのだなと改めて不勉強さに気付かされます。歴史の教科書では多少知っている事柄も、当時の市井の人たちがどういう思いを持って生活していたかというのはいまいちつかめません。文学作品を読むと、歴史や政治など大きなテーマでは消えてしまう人々の心の動きを想像することができるのです。

もう一つノンフィクションの分野ですが『韓国の「街の本屋」の生存探究』も読んでほしい。出版評論家である著者が本屋を運営している人たちの思いや、さらには韓国の出版界の利益構造にいたるまで丁寧にまとめた一冊です。ここに登場する本屋に関わる人たちは、日本と同じように紙の本の売上の厳しさを感じつつも、それでも自分がしたいことなんだからと生き生きと前を向いて自分たちの理想の本屋と向き合って、新しいことに挑戦しています。その姿勢にとても勇気をもらいました。また、韓国の方たちの言論の自由に対する強い思いも感じます。

今回、紹介した本は、どれも登場する人たちが困難にぶつかりながらもたくましく生きていく様が描かれています。日本で韓国文学が流行っているのは、異国でありつつもどこか身近な存在である人々が見せる正直で前向きな姿に勇気をもらっているからではないでしょうか。

【竹田信弥】一九八六年東京都生まれ。双子のライオン堂店主。高校時代にネット古書店として双子のライオン堂を開業。現在赤坂で実店舗営業中。著書に『めんどくさい本屋―100年先まで続ける道（ミライのパスポ）』（本の種出版）。文芸誌『しししし』発行人兼編集長。『街灯りとしての本屋』（雷鳥社）構成を担当。共著に『これからの本屋』（書誌汽水域）『まだまだ知らない夢の本屋ガイド』（朝日出版社）など。

舘野《たての》皙《あきら》

다테노 아키라

1 『朝鮮語を考える』
梶井陟（著）／龍渓書舎／1980★

2 『朝鮮語を考える』
塚本勲（著）／白帝社／2001★

3 『日本朝鮮研究所初期資料』「1961 ～ 69」①②③
樋口雄一・井上學（編）／緑蔭書房／2017★

4 『오무라 마스오 저작집 1 ～ 6』
편집부(편) ／소명출판／2016~2018★

『大村益夫著作集』（全５巻＋別巻）
編集部編／ソミョン出版／2016 ～ 2018

最初は『朝鮮語を考える』である。同じ題名の本が二冊になってしまったが他意（隠された意図）はない。いま何度目かの「韓国ブーム」とやらで周囲が何かと騒がしいので、日本における朝鮮／韓国語（翻訳を含む）の来歴について考えてみたかったまでである。

朝鮮語の初歩学習に苦労した者の立場からすると、いまほど学習環境に恵まれている時期はない。発音見本付きの入門書はあまた手に入るし、辞書もたくさん出ている。教わる場所はいくつもあって選択に迷うほどだ。韓国語の学習希望者が増えてＮＨＫハングル講座のテキストの売れ行きは断然上位だという。多少の時間と費用の負担さえ覚悟すれば、「語学留学」もできるようになった。こうした状況は歓迎すべきことだから、可能な人はせいぜいこの条件を十分に活かすべきだろう。

私たちが朝鮮／韓国に近づこうとすれば、まずその地で暮らす人々が使用している言語のことを考えねばならない。朝鮮／韓国語を取り巻く状況や背景、さらに日本が過去にこの言語にかかわった歴史についても振り返りみることが必要になってくる。この両書にはそのための「考える素材」がたっぷり詰まっている。これが推薦の理由である。

最近、韓国のライトノベルやエッセーが何かと話題になっていて、読者も増えているらしい。それらを読むことを批判するつもりはない。だが、ひとかどの「韓国文学通（マニア）」を自称したいのなら、この二冊にも目を通しておいてほしい。

梶井、塚本両氏はともに苦労して朝鮮語を習得し、それからは日本で朝鮮語の普及に尽力され、言語学と朝鮮文学の先駆的研究者となった。朝鮮語の入門書・辞典の編纂、また翻訳書も数多い。豊富な経験と知識の持ち主だから、両書にチャレンジしてから、さらに視野を広げるように努めたらどうだろうか。

もうひとつ、同じ意図でまとめた三枝寿勝氏の論考「朝鮮文学」を追加しておきたい。こちらは、原卓也・西永良成（編）『翻訳百年―外国文学と日本の近代』（大修館書店、二〇〇〇）に収録されている。日本における外国文学翻訳のひとつに朝鮮／韓国文学が選ばれ、その「歴史と受容の課題と問題点」が指摘されている。得ることの多い論文だった。

◆

次に挙げるのは『日本朝鮮研究所初期資料』（一九六一～六九）である。A5判で全三巻、総千二百七十ページに達する分厚い高価な資料集なので、買い求める必要はない（都立中央図書館は所蔵）。最近、韓国／朝鮮のことには詳しいと自負しながらも、この研究所の存在については知らない人が多いようだ。それも無理はない。そこで今回のキーワード「心」にちなみ、六十数年前に清新な「心」と旺盛なチャレンジ精神を持ち寄り、正しい朝鮮研究と相互理解のために努力した人々がいたことの再確認を試みたかったのである。

研究所の設立は一九六一年十一月十一日。創立会場には発起人・支援者・研究者ら数十名が顔を揃えた。この資料集には設立趣意書、毎回の定期総会・運営委員会の資料、主要事業の内容と問題点などが豊富に収録されている。読み進めていくと初期の研究所の活気あふれる雰囲気、さらに数年経過してから問題が発生し苦境に陥った様子に至るまでがよくわかる。

研究所はそれまでの朝鮮研究を顧みるなかで、あらゆる権力から自立という立場を選択した。研究や事業内容、資金問題においても外部からの干渉・支援を拒否して独り立ちを目指した。それはかつての朝鮮研究が植民地支配権力の手先になった歴史への痛切な反省に基づくものだった。研究所の頭に「日本」を付けたのも、そのような意思を象徴していた。「日本人の手による、日本人の立場からの、日本人のための研究」を唱えてスタートしたのである。

集ったのは、理事長古屋貞雄、副理事長四方博、鈴木一雄、旗田巍、専務理事寺尾五郎に、理事や所員としては藤島宇内、安藤彦太郎、幼方直吉、渡部学、畑田重夫、川越敬三、吉岡吉典、安江良介、桜井浩、小沢有作、大村益夫、梶井渉、野口肇、木元賢輔、梶村秀樹、宮田節子、村松武司、樋口雄一、井上學らで、遅れて佐藤勝巳、内海愛子らも加わった。

当時、日本を取り巻く朝鮮/韓国問題としては、小松川高校事件（一九五八）、在日朝鮮人の帰国開始（一九五九）、日韓会談反対運動（一九五九〜六〇）、金嬉老事件（一九六八）などがあり、韓国では四・一九革命（一九六〇）と朴正熙軍事政権の成立（一九六一）があった。こうして朝鮮/韓国問題が日米安保闘争以後の日本社会での新たな争点として浮上してきたのである。そして朝鮮/韓国事情や歴史を知りたい。朝鮮語を学びたいという社会的需要が高まりつつあった。それに応じて研究所は公開講座・朝鮮語講座の開設、研究生の募集、外部の学習会への講師派遣、機関誌『朝鮮研究月報』（後に『朝鮮研究』と改題）の刊行、啓蒙図書（『日・朝・中三国人民連帯の歴史と理論』『当面の朝鮮に関する資料』など）の作成・普及、専門書（『朝鮮文化史』（上下）、『金玉均の研究』）の翻訳刊行など、持てる力量を最大限に発揮し、研究所の存在を一般社会に訴える多面的な活動を繰り広げた。

研究活動のうち、連続シンポジウム「日本における朝鮮研究の蓄積をいかに継承するか」は、研究所内外の研究者が参加、十三回にわたり開催したものだが、初めての試みにもかかわらず好評で、研究所の名を広めるのに効果があった。後日、このシンポジウムの記録は所外の出版社で書籍化されている。

初期の対外活動において注目されるのは、一九六三年、朝鮮民主主義人民共和国（以下「共和国」）からの招請で、古屋理事長以下五名の所員が訪朝し、金日成主席にも会ったことである。当時は韓国との間には、在日団体を含めても、研究交流の機会はほとんどなく、相手としては共和国サイドが大部分を占めていた。したがって招請も資料提供の面でも、ほとんどが共和国側からのものだった。当時の「研究月報」の掲載記事を確かめてみても、共和国に関連の資料・論評・ニュースが多かった。

そもそもこの研究所創設の話は、寺尾五郎を中心とする代々木系活動家と旗田巍、梶村秀樹、宮田節子ら新旧の研究者、藤島宇内らメディア関係者、さらに革新系政治家、実業界の人びとらの合意に基づいており、その構想を慎重に練り上げ、実現させたものだった。

だから創立初期の数年間は、結集した人々のエネルギーの発露が強力だったこともあり、研究活動も対外的な普及啓蒙活動でも順調な滑り出しをみせた。日韓交渉反対運動には所員がしばしばオルグに出かけ、啓発パンフは予想外の売れ行きを示した。研究所は実践活動の面でも立派な働きをしたのである。

しかし日韓会談反対闘争が収束をみてからは、寺尾専務理事を含む党員所員・研究者の動きが消極的なものに変わり、やがて研究所活動からは離れるようになる。折しも中国の文化大革命（一九六六〜）が起こり、日本の民間学術団体や友好親善団体はその影響をもろに受けた。後に知ったことでは、日本朝鮮研究所の機能低下・活動不振の面にも、根底には中国文化大革命、そして日本共産党内部抗争の影響があったようだ。

加えて研究所における差別事件の発生、慢性的な活動資金の不足、自主企画出版物の赤字累積、研究所以外の仕事が多忙になったメンバーの気力喪失などが見られるようになった。

かくして佐藤勝巳事務局長の登場である。彼は孤軍奮闘、研究所を維持すべく努力するものの、月日の経過とともに研究・事業活動は次第に色褪せたものに変わり、初期の「志」の維持が困難になっていく。多くの所員が研究所と距離を置くようになると、事務局長の独断専行が始まる。個人誌化した『現代コリア』は共和国批判の専門誌に変身を遂げる。こうした過程を辿りながら、日本朝鮮研究所と雑誌『朝鮮研究』は消滅する。しかしその部分については『初期資料』が扱う対象ではない。

類書に『現代コリア年度版、朝鮮研究月報一九六二年』（晩聲社、二〇〇一）がある。日本朝鮮研究所の機関誌『朝鮮研究所月報』の創刊号から第十二号までをデジタルデータ化したもので、B５判五百九十五ページの大型本である。研究所の初期の活動状況を伝えて時期的には『初期資料』①と重なり合う。公開講座、研究報告、所員・研究者の動向、対外関係、資料紹介、受贈図書目録、雑録なども収録し、研究所の動きを詳細に知るには、むしろ『初期資料』よりも有益かもしれない。

この復刻版、刊行までの経緯は不明だが、タイトル（書名）の付け方は理解に苦しむ。「現代コリア年度版」と銘打っているから、日本朝鮮研究所が『現代コリア』なる雑誌を刊行していたと錯覚しかねないからだ。だが、日本研究所の機関誌は『朝鮮研究所月報』と『朝鮮研究』だけである。日本朝鮮研究所の名称がいつのまにか消えて、雑誌『朝鮮研究』が『現代コリア』と誌名を変えた経緯については、別の説明が必要だろう。（本稿では敬称略）

◆

二〇二三年一月十五日、朝鮮文学研究の泰斗・大村益夫氏（早稲田大学名誉教授）が逝去された。大村先生は早稲田大学で長く教壇に立たれていたが、ほかに「日本朝鮮研究所」や「朝鮮文学の会」の主要メンバーでもあり、朝鮮研究の「戦後第一期」を代表する方で、いくつもの貴重な研究・啓発業績を残された。しかし惜しまれるのは、生前の日本では、この碩学の半世紀を超える研究成果をまとめた著作集が刊行されていなかったことである。これに対し韓国では、すでに別巻を含み全六巻に達する浩瀚な著作集が上梓されている。

その各巻のタイトルを挙げていくと、①「尹東柱と韓国近代文学」（鄭善太訳）、②「愛する大陸よ」（沈元燮訳）、③「植民主義と文学」（郭炯徳訳）、④「韓国文学の東アジア的地平」（郭炯徳訳）、⑤「韓日相互理解の道」（鄭善太訳）、それに別巻の「関連アルバム」となる。

一方、日本ではあまり目立たないのだが、大村教授の論文集は二冊、『朝鮮近代文学と日本』と『中国朝鮮族文学の歴史と展開』（ともに緑蔭書房、二〇〇三）が刊行されている。これに単著の『愛する大陸よ―詩人金竜済研究』（大和書房、一九九二）などを加えて日韓双方の論文集の収録内容を比較してみると彼我の差は明らかである。

故人はまめに学術誌や地味なメディアなどにも寄稿し、東アジア各池で開催される学術シンポジウム、各種研究会などにも参加し、自ら報告者となる機会も多かった。韓国版にはこれらの会での報告予定稿なども多数収録されている。それだけに、大村教授の文学研究の足跡を辿り、特に先駆者でもあった詩人尹東柱研究に限っては、韓国版著作集の収録論文の充実ぶりに軍配を上げざるを得ない。

文学史に漏れがちな作者や作品の紹介や翻訳においても、大村先生は先見的で確かな目利きだった。済州島関係の詩人や小説家、さらに中国朝鮮族の文学者、とりわけ記録文学作家金学鉄にいち早く注目し、晩年は「金学鉄文学選集」（新幹社、二〇二〇～）の刊行に尽力された。この選集の初回配本においては、みずから『たばこスープ』の翻訳を受けもたれている。

著作集別巻の「大村益夫　文学探求アルバム」のページをめくると、金学鉄をはじめ大勢の文学者・研究者仲間との濃密で楽しげな交歓の様子、貴重な文学遺跡の記念・記録写真などが豊富に収めてあり、つい深々と見入ってしまう。そして改めて大村先生のひたむきで温かい人柄が偲ばれるのである。合掌。

【舘野晳】翻訳者、（一社）K－BOOK振興会理事

崔仁阿

チェ・イナ　최인아

『능으로 가는 길』
강석경(저) ／창비／2000★

1

『陵へ行く道』
姜石景（著）／創批／2000

『당신이 잘되면 좋겠습니다』
김민섭(저) ／창비교육／2021★

2

『あなたがうまくいきますように』
キム・ミンソプ（著）／創批教育／2021

『陵へ行く道』

韓国人の心に宿る新羅人の心

著者の姜石景《カン・ソクキョン》は、海外旅行がさほど一般的でなかった頃から、世界各地を訪ね歩いた。チベット、インドなどを数ヶ月ずつ旅したこともある。孤独や道という言葉がよく似合う彼女は、そうやって一人でこの世界の様々な道を巡った。そんな彼女がいつしか慶州《キョンジュ》に根を下ろし、本書『陵へ行く道』を出版した。

私と同年代の韓国人は、たいてい高校の修学旅行で初めて慶州を訪れ、仏国寺《ブルグクサ》や石窟庵《ソックルアン》など本で学んだことのある場所を見てまわる。しかし、慶州にあるのはそんな場所ばかりではない。むしろ慶州は陵の都市であった。つまり、本書が語る陵は慶州であり新羅であるが、私は修学旅行以来ずっと特別な思い入れがなかった慶州を、この著者を通してようやく心の深い場所に迎え入れた。

著者は慶州に点在する陵を訪れ、「執着について」「悲しみについて」など、十一章にわたって解き明かしている。すなわちそれは新羅の歴史であり、韓国の古代史である。歴史の本で読むと、ともすれば重々しかったり無味乾燥だったりする話が、彼女が綴る文章の中で美しく優雅に生まれ変わった。

著者が陵の話を通して伝える韓国の古代、新羅は性理学（儒学の一派）の国であり、朝鮮王朝とは全く異なる国で異なる人々がいた。彼女は世界の多くの道をさすらった人らしく、遊牧民の痕跡をたくさん掬い上げているが、大陵苑《テヌンウエン》を訪れた後に書いた第三章「遊牧民の夢について」では、次のように記している。

「ひょっとしたら私は二千年前、パジリク高原の天幕で腰に手刀をさげ、平原の強い風で赤くなった頬を、馬の毛にあてて眠っていた遊牧民の女ではなかっただろうか。はるか遠い記憶を辿ると、馬具とカーペットを積んだまま馬車に乗って草原を駆けていた自分の姿と、矢筒を背負い鹿を追っていた兄の姿が目に浮かぶ。母と絞った馬乳の匂いと草原の枯れ草の匂いがいまだ鼻先に漂い、弓を片手に馬に乗った瞳の美しい男が、太陽の下で手首にはめてくれた螺旋状の金の腕輪も、おぼろげながら覚えている。〈中略〉日照りになると、牧草地や井戸を求めて未練なく移動したが、星がこぼれ落ちるのではないかとフェルトの天幕をしっかり張って、草むらの虫たちの声を聴きながら愛を囁いた自然での暮らしは、どれほど豊かだったことか」

女王が三人も誕生するほど新羅は女性にとっても開かれた社会だったが、朝鮮時代における女性は、夫に従順で慎ましやかな婦人として生きていかなければならなかった。もしかして現代の韓国人女性が年を重ねて恐れを知らない「おばさん」になるのは、心の奥底に眠っていた新羅人の心がよみがえるからだろうか。韓国人には、朝鮮王朝だけでなく高句麗と同じくらい豪快で野生的で自由だった、新羅の人の心もしっかりと宿っている。『陵へ行く道』で、その心に再び出会うことができる。

『あなたがうまくいきますように』
誰かがうまくいくよう願う気持ちを持ったなら

色々なことでSNSをよく活用するようになり、今更ながら分かったことがある。どんな投稿に「いいね」が多くついているかを見ると、私に起きた良い出来事やおめでたいことに、みんなが「いいね」をたくさん押していた。例えば、自著『あなたが持っているものを世の中に欲しがらせなさい』

が出版されたというお知らせを投稿したとき、三千個近くの「いいね」がついた。そうかと思えば、私が経験した悲しい出来事に対しても、みんなが気持ちを伝えてくれた。生きていると理由もなしに嫌われることもあるが、温かい気持ちを伝えてもらって、世の中はまだ生きる価値があると感じるときも少なくない。作家キム・ミンソプの『あなたがうまくいきますように』には、情に厚い韓国人たちのそんな気持ちが余すところなく収められている。

著者キム・ミンソプは苦労して日本への旅行を計画したが、急な事情で行けなくなってしまった。こんな時、普通は航空券を払い戻しするが、彼はそうしない。誰かに航空券を譲り、自分の代わりにその人に日本旅行をしてもらうことにする。しかし、航空券は名前のハングル表記はもちろん、アルファベット表記も同じでなければ譲渡できない。そこで始めるのだ。キム・ミンソプ探しプロジェクトを。ついにはキム・ミンソプさんを見つけ出し、日本旅行に行かせてあげるのだが、この過程で、全く面識のない人たちが次から次へと出てきて、様々な善意を施す。「あなたがうまくいきますように」という、まさにその精神だ。

普段は生きるのに精一杯で、そんな気持ちがあるのかも分からないでいるが、やはり私たちは情に厚く、誰かがうまくいくことを願っている。こんな気持ちを持った人であれば、どんな国の人にもこの本をお勧めする。

（訳・岩城良子）

【崔仁阿】 作家。「チェ・イナ書房」代表。第一企画でコピーライターやクリエイティブディレクターとして勤務し、「彼女はプロだ。プロは美しい」などの多くのコピーを書いてキャンペーンを展開した。サムスングループ初の女性副社長など、何度も「初」という修飾語のもと仕事をしてきたが、二〇一二年、二十九年に及ぶ広告人としてのキャリアを自ら締めくくった。ある時、もう一度世の中の役に立ちたいという強い思いに気づき、二〇一六年に江南《カンナム》のビルディング街に「チェ・イナ書房」をオープンし、八年にわたり営んでいる。数年前から日刊紙や雑誌に連載コラムを執筆。著書として『会社のためではなく、自分のために働く、ということ』や『プロの男女は差別されない』がある。

崔基淑
チェ・ギスク　최기숙

『내가 없는 쓰기』
이수명(저)／난다／2023★

1

『私がいない執筆』
イ・スミョン（著）／ナンダ／2023

2 『みみずくは黄昏に飛びたつ』
川上未映子・村上春樹（著）／新潮社／2017★

『글쓰기에 대하여』
마거릿 애트우드(저)／프시케의숲／2021★

3

『死者との交渉』
マーガレット・アトウッド（著）、中島恵子（訳）／英光社／2011◆

インスピレーションと生涯持続の意志

書くことに対するメタ理由は、長い伝統がある。多くの作家が書くことについて告白し、さらに多くの研究者がその意味を探った。なぜ書くのかという問いは、なぜ生きるのかと質問されるのと同じぐらい難しいが、その他の好奇心と同様に興味深い。NIKEの広告（just do it）のように、とにかく生きて（just live）とにかく読んで楽しむ（just read,enjoy）ことだけでは不十分なのか？　ある行為や結果を分析し、みんなが参考にできるマニュアルにするよりも、作家自身が観察した経験を共有して、生活に内在した可能性として包容する姿勢のほうが現実的である。

詩人イ・スミョンは、エッセイ集『私がいない執筆』で「文章が私を書く」と綴った。「文章は元々なぜ書くのかわからないもの」であり、「詩は私がいない執筆」である。「一編の詩が突然やってきて、その方向に体を向かわせる」。「詩はそれ自体の動力によって動き、詩人の考えを伝えない」。詩が示すのは、詩人の考えや情緒ではなく、ある世界の存在、すなわち現象であるから、詩人はただ現象を表すのである。詩は他の芸術と同じように偶然の産物であり、詩人は偶然を待ち、気づいてかっさらう者だ。偶然を作り出すことができれば、芸術を生むことができる。

「詩を書く行為は未だに不思議だ。長いこと書けなかったのに、急に書けることもある。突然どうやって門が開くのかわからない。またその進展が、長い時間を投じたおかげなのかもわからない。時間をあまりかけずに出来上がった詩と、完成まで長くかかった詩をめぐって、満足度を比較することはできない。完成には時間ではなく別の要素も介入するからで、一方で完成というのも、一瞬そう見えるだけかもしれない。単語にひとつでも触れれば、全体がまた揺らぐ」。

詩人イ・スミョンは、以前はインスピレーションや思想が重要でアイデアが必要だったが、ある瞬間からその準備を省略できることを知り、着想なしで書くことを始めた。書いてみれば見え、見えるようになるまで書き、その瞬間を残す。この表現はなぜ生きるのかと問うより、生きていくこと自体に集中してみると、人生に対する見識も生じて洞察を得るようになるという意味として読み取れる。重要なのは書くこと、または人生という余情を続けようとする自分の意志なのである。

似たような発想を、SF作家のアーシュラ・K・ル＝グウィンの文章でも見ることができる。ル＝グウィンは「体の中で言葉が鳴る」、「耳を傾けなければ自分の声を見つけることはできない」と書いた。記憶と経験よりさらに深いところに、想像力と創作よりさらに深いところにリズムがある。作家の仕事は、さらに深く潜っていき、そのリズムが記憶と想像力を動かして言葉を探しあてるようにさせること（引用：論文「海図のない記憶の海」彷徨って　―マーク・トウェイン『自伝』の語り―有馬容子）。書くという統制権を放棄する方法を学ぶのである。作品が話してくれれば作家が実行する。ル＝グウィンは「スタイルはリズム、心の中の波」というヴァージニア・ウルフの言葉を引用して、書くことを取り巻く自身の経験が例外ではないことを伝えた。

村上春樹は、小説を書くことはコントロールができないので、時が来るまで静かに待つという（もちろんこの「待つ」は何かを書く過程の中での姿勢である）。集中していると、磁石が鉄片を集めるみたいにぴたっとくっついてくる瞬間がくる。集中力をどれだけ持続できるかが勝負である。彼はある日、唐突に完成品の形で「羊男」が急にぽんと出てきて、『羊をめぐる冒険』を書くことになり、『ねじまき鳥クロニクル』、『海辺のカフカ』、『騎士団長殺し』というタイトルが浮かんで、小説を書き始めたそうだ。書くことは作家の目的や意志の結果というよりは、それ自体の生命の現象であり、私と世界が出会う瞬間の開花に近い。「いくらうまいサーファーでも正しい波が来なくちゃ乗れません。今が時だという正しいポイントをつかむことが何より大事なんです」。

翻訳に関しても似たような発言がある。チョン・ボラ『呪いのウサギ』の英語訳者として広く知られるアントン・ホ氏は、翻訳対象を選ぶ基準について、「読むと英語が聞こえる作品があるのですが、それは翻訳しなくてはなりません」と話した。翻訳は無意識にするため、無意識に英語が出てくれば翻訳するという。キム・グミの小説『あまりにも真昼の恋愛』を日本語に翻訳したすんみ氏は、体で翻訳する。「翻訳する文章やセリフが私の体を一度通過することで、『まさにこれだ』としっくりくる瞬間がきます。まるで演劇をするような感覚です」。村上春樹は『キャッチャー・イン・ザ・ライ』を翻訳することになったとき、高校時代に読んだサリンジャーが自分の体の奥深くに入ってきている感覚があったという。読書や翻訳、創作は目や手でするのではなく、体全体で時間の中に自身を投じることである。この過程で自分らしい何か、光る完成の感覚に行き着くことができる。

「小説の組み立てはその一割の部分がインスピレーション（霊感）で、後の九割はパースピレーション（汗と労力）だが、しかし作品が芸術としてその生命を得るにはこの一割のインスピレーションこそが肝心なのである」、「芸術家というのは手をあげてなれるものでは決してない。それは芸術の神が選び出すのであって、こちらが選ぶのではない。それゆえ芸術的天職には悲劇と凶運の雰囲気がつきまとう」という、冷ややかではあるが率直なマーガレット・アトウッドの言葉は、インスピレーションのない生命の主を挫折させるより、光り輝く瞬間と出会おうとする人生を続ける意思を激励する。歌手の楊姫銀《ヤン・ヒウン》は、歌が何か分かったときほど、歌は自分から離れていき、歌う機会もなかなか与えられなかったと言う。何か分からないから知ろうと努力しながら生きるその姿勢が、望む人生へと導くエネルギーなのかもしれない。なにより、私たちはすでに生命の主人として選ばれたのだし、これからは生きていくことがまさに希望である（もちろん待つことに内在する社会的、政治的脈絡についての考慮は別）。

「なぜ書くのか」という質問は、書くことの主体である作家が、執筆の全ての要素をコントロールできる仮定の上で生じた。実際に作家たちは「どうやって」書くのかを語っている。それも個人の意思としてではなく、世界全体と自身が出会う方法として。これを文章ではなく人生に置き換えたらどうだろうか？　なぜ生きるのかを尋ねるより、どうやって生きているのか、またはどうやって生きてきたのかを問う。「なぜ」は目的や理由を仮定するが、対象が人生の場合、それはあいまいで不正確なだけでなく、確実に乱暴である。

いわゆる「パンデミック」という象徴は、人間中心主義の過ちを宣布した。人間が世界の全てを掌握、分析して統制することが不可能な虚構であることを体感する時代である。人間がすることさえ自分で統制するのではく、時間と交渉する相互作用であることを受け入れるとき、ポストヒューマン時代の「謙虚な目撃者」として自身を立て直すことができる。人間の身体性こそ、世界と新たな交渉を始めることができる有力な可能性である（フィリップ・K・ディックの小説などSF作品でも生命性自体を希望として見る）。理性中心主義は、人間を近代的に再構成しながら、感性と感覚の価値を切り下げた。今は「どうやって」という質問を経て、再発見されるのを待っているところである。

詩人イ・スミョンは、散歩中に文具店の前でじっと正面を見つめる人を見て、彼が泣くことを見抜いたという。顔を見なくてもなぜか分かった。宮本輝の小説『幻の光』には、夜中にドアを叩く管理人を通して、夫の死を直感する妻が登場する。女性ホームレスの生涯史を記録した作家の崔賢淑《チェ・ヒョンスク》は、西小門公園で過ごしていたヨンジュさんが、その日は気分が少し変だったため家に電話をしてみたところ、父の訃報を知って、急いで交通費を集めて家に帰った経験を綴った。ときには存在自体がメッセージであり、小さな動きや一瞬の直感に叙事が圧縮される。人間にはそれを見抜く能力がある。

詩や詩評、詩論、日記文学などを読者と共有してきた詩人イ・スミョンは、「ずっと詩人として前進できるだろうか」と自分に尋ねた。将来の自分に質問する詩人の姿は、読者にも慰めとなる。私たちは次の段階の自分になれるだろうか。次の文章で詩人が「作品（文章）」と書いたものを「人生」に置き換えるなら、読者としてもそれに対するヒントを得られるだろう。

「もし晩年に作品がさらに難しくなったり力強くなる作家がいたら、文句なしにいい作家だと言えるのではないだろうか。生涯にわたる戦いで止まることなく、もっと明確に、さらに拡張されて険しくなる作家がいたなら、その人は明らかに若い頃から良い文章を書いていたに違いない」。

（訳・山口裕美子）

【崔基淑】延世大学大学院韓国学協同課程教授。著書に『係留者たち：妖怪からゾンビ、魂の交換、ポストヒューマンまで、アジア怪談の系譜』（二〇二二）、『名もない女たち、本の間を歩いて出てくる：朝鮮時代両班女性の再発見』（二〇二二）、Classic Korean Tales with Commentaries（二〇一八）、『処女鬼神』（二〇一〇）などがあり、『「パラサイト 半地下の家族」を見る7つの視線』（二〇二一）、Bonjour Pansori!（二〇一七）、『集體情感的譜系』（二〇一八）、『韓国・朝鮮の美を読む』（二〇二一）、Impagination（二〇二一）などの共著を出版した。最近の論文に「朝鮮時代奴主の連絡網と共同体性、'アーカイブ身体'」（二〇二三）、「鞭打たれる奴婢と倫理／教養の逆説」（二〇二三）、「新自由主義と心の考古学」（二〇一四）などがある。

崔炅鳳

チェ・ギョンボン　최경봉

『한국영화 표상의 지도 – 가족, 국가, 민주주의, 여성, 예술 다섯 가지 표상으로 읽는 한국영화사』
박유희(저) ／책과함께／2019★

1

『韓国映画表象の地図―家族、国家、民主主義、女性、芸術の五つの表象から読み解く韓国映画史』
パク・ユヒ（著）／本と共に／2019

『은유로 보는 한국 사회』
나익주(저) ／한뼘책방／2020★

2

『隠喩から見る韓国社会』
ナ・イクチュ（著）／LITTLEBKSHOP／2020

『말끝이 당신이다』
김진해(저) ／한겨레출판사／2021★

3

『語尾があなただ』
キム・ジンへ（著）／ハンギョレ出版社／2021

韓国の「心」と韓国語

韓国の「心」について、どうすれば説明できるだろうか。

言語学者ならたいていは韓国語表現の意味を取り上げ、そこに込められた韓国人の心について説明しようとするだろう。「民族の言葉が民族の精神を映し出す」、あるいは「言語が人間の思考方法を決定する」、もしくは「人間の体と心、そして文化的背景に基づいた体験が言語に反映される」といった仮説を語りながら、だ。それぞれの仮説に少しの違いはあるが「言語共同体の文化的背景と体験」に注目している点は共通している。

『韓国映画表象の地図——家族、国家、民主主義、女性、芸術の五つの表象から読み解く韓国映画史』

パク・ユヒの『韓国映画表象の地図——家族、国家、民主主義、女性、芸術の五つの表象から読み解く韓国映画史』(本と共に、二〇一九)は、私たちの記憶に刻まれているイメージの根源と脈絡に焦点を当てながら韓国映画の歴史について叙述している。「映画が再現することで大衆に共有された心象」に注目して映画史を語ることはすなわち、韓国語共同体という集団の体験と記憶の歴史を叙述することでもある。そのような点で本書は、韓国映画史にとどまらず、韓国語に宿る韓国人の心について説明するテキストである。

一例として、韓国映画で「母《オモニ》」のイメージが構築されてきた歴史を振り返ってみると、映画を通じて再現される「母」の表象が変遷するにつれて、大衆の脳裏に焼き付いた「母」の表象や認識もまた変化してきたことが分かる。映画のなかで再現された表象は現実を反映したものだろうが、同時にその時代を生きる人々の現実認識に深い影響を及ぼしてきたのだ。

このような発見を言語の理解にまで拡張してみるとどうなるだろうか。「ウンミは母親だけど母親らしく振舞わない」だとか「母親らしい母親になりたい」といった文章を自然に話し理解してしまう背景と、その文章に対する解釈が時代によって移り変わる理由が説明できるだろう。

このように、本書を認知言語学的な観点で読んでみると、意味の生成と解釈の過程に作用する「頭の中の辞書(mental lexicon)」が映画やドラマで再現されたイメージに大きく影響を受けて形成・変化せざるを得ないことを認めるに至る。

「戦争」、「巫堂《ムーダン》〔朝鮮の土着信仰における憑依巫女〕」、「スパイ」、「法廷」などに触れたことがない人々の「頭の中の辞書」でこれらの単語がどのように意味化されているのか想像してみてほしい。映画やドラマと切り離して現代韓国人の「頭の中の辞書」を具体化するのは難しいのではないだろうか。

『隠喩から見る韓国社会』

このように大衆に共有された心象を頭の中の辞書とつなぎ合わせてみると、自然と「隠喩表現」において行われる概念化の様相に目が向く。ナ・イクチュの『隠喩から見る韓国社会』（LITTLEBKSHOP、二〇二〇）では、韓国社会で教育や経済、国際関係、性と愛、社会的な災禍、プロテスタントの世界観などを巡り進歩勢力と保守勢力が互いにフレーミング〔ものごとの見方（frame）を規定するような表現を使って印象を左右すること〕によって相手を攻撃しあっていることについて、隠喩表現を根拠に説明している。進歩と保守によるこの「フレーム戦争」は、隠喩表現でどう概念化が行われるのかの違いに端を発しているというのだ。

「名品人生は名品幼稚園から」、「学校教育の品質を持続的に管理するために」、「教育の消費者である学生と保護者のニーズ」……いつからか人は「教育」を「商取引」として概念化しはじめた。「商取引」として概念化するやり方は「教育」だけに限らない。既にパートナーがいる男女を意味する「売り切れ男（품절남）」や「売り切れ女（품절녀）」、「名品歌手」や「名品俳優」、「ニセ物芸人（짝퉁 개그맨）」、「選手の市場価値（선수 몸값）」……、このように「商取引」としての概念化を通した隠喩表現が量産されてくると、人を商品化する見方も当然一般化してしまう。

では、こうした現実に問題提起する声が出てくるとどうなるだろうか？「教育」や「結婚」や「人間」を「商取引」として概念化する隠喩体系と、それを覆そうとする隠喩体系が衝突し、隠喩をめぐるフレーム戦争が始まる。つまり、隠喩表現が働く原理を把握することは、今を生きる韓国人の心を理解することであると同時に、韓国社会の進むべき道を模索することに他ならないのだ。

『語尾があなただ』

隠喩研究のように言語を生きることと結びつけて研究する

とき、言語学は実践学問へと発展する。そういった点で、韓国語を話すとき、また韓国語について語るとき、文脈と話す人の心情を関連付けて理解しようとする研究は言語研究の新しい可能性を示してくれる。キム・ジンへの散文集『語尾があなただ』（ハンギョレ出版社、二〇二一）に注目したのは、「周囲を包み込み、世の中と連帯する言葉の力」を強調する著者の視点が言語研究の新しい可能性とリンクしていたためだ。

「あなたが最近送ったショートメッセージやチャットの画面をもう一度開いて確認してみてほしい。用件ではなく文末がどんな語尾で終わっているのかを見るのだ。親しい関係なのか距離があるのか、うれしいのか悲しいのか、自信に満ちているのか迷いがあるのか、目上の人なのか目下の人なのかがすべて現れている」という箇所や、「韓国語は自己と他者の関係を確認させる一方で、自己の呼称を他者中心にしてしまう。祖父が孫に『おじいちゃんの肩を揉んでおくれ』と言えるのは、こういった脈絡から出てくる表現である」という文章は、無意識の言語習慣を客観視させ、韓国語に対する認識の幅を広げてくれる。

だが、韓国語について振り返っていくと結局はその言葉を話す自分について省察せざるを得なくなる。「私たちは自分の意志を通そうとするとき語順にまで執着する。……話し手の意図どおりに聞くこともあるが、自分に有利な方向に解釈することもある。仕事中に後輩が『お腹は空いているけど、我慢できます』と言ったら、あなたは食事を与えるか、仕事を続けさせるか?」という一節のように。

（訳・金憲子）

【崔炅鳳】国語学者。圓光大学校国語国文学科教授。語彙意味論、国語学史、国語政策などに関する研究を行っている。著書には、『語彙意味論：意味の存在様式と実現様相についての探求』、『意味によって分類した韓国語慣用語辞典』、『近代国語学の論理と系譜』、『韓国語の誕生——国語辞典編纂五十年の歴史——』、『ハングル民主主義』、『より良い言語生活のための韓国語講話』などがあり、共著に『韓国語が国語になるまで』、『韓国語、その波瀾の歴史と生命力』、『韓国語語彙論』、『国語辞典学概論』、『国語教師のための文法教育論』、『ハングルと科学文明』、『ハングルについて知るべきすべてのこと』、『韓国語の謎』などがある。

章恩珍
チャン・ウンジン　장은진

『마당 깊은 집』
김원일(저) ／문학과지성사／1988★

1 『深い中庭のある家』
金源一（著)、吉川凪（訳）／クオン／2022◆

『새의 선물』
은희경(저) ／문학동네／1995★

2 『鳥のおくりもの』
ウン・ヒギョン（著)、橋本智保（訳）／段々社／2019◆

マダンを共同で使う人々

マダン［庭、広場］のある家に住む子どもたちはどんなふうに成長するのか。ここで言う「マダン」とは、原っぱのように駆け回って遊ぶような広場ではなく、一世帯が独り占めしているような庭でもない。

幼い頃、私は小さなマダンを囲んで六世帯がロの字型をなして暮らす家に住んでいたことがある。大家さん一家と間借りしている五世帯は、その中庭《マダン》だけでなく水道やトイレ、シャワールームを共有していたので、どうしても不便は多々あった。突然誰かに開けられやしないかとトイレのドアをつかんだまま用を足したり、誰かがトイレに近づく気配がしたら中に人がいると知らせるためにわざと咳払いをすることもあった。シャワーを浴びるときはきちんと鍵がかかったかどうかドアを何度も引っ張ったあと、水の音がしないようにして体を洗った。水道のある屋外の洗い場を使ったあとは、排水口が詰まらないように食べ物のかすを必ず掃除しなければならなかった。すべては守るべき暗黙のルールでありエチケットだった。共同所有の設備だから使いたいときに使えないことも多々ある。貧しさゆえに耐えねばならない不便だったわけだが、幼い私の目にはそれを面倒がっている人は誰もいないように見えた。子どもたちはもちろん、大人たちでさえも。耐えるべきことではなく受け入れるべきことだから、皆の表情は平然としていた。

「夜になると大体同じ時間に部屋の灯りがつき、そして消えた。まるで灯りまで共有しているかのように。気持ちまで通じているかのように。私は貧しさが作り出すその光を眺めるのが好きだった。貧しさとは無関係に、信じられないほど平穏な感じも」

けれど内実は違った。隣の部屋が隣家なのだからプライバシーの保護などできず、よその家庭事情が筒抜けで分かることがよくあった。出産して間もない隣のお嫁さんは、夫の失業で何日もまともな食事ができていなかった。それに気づいた母は「つい作りすぎちゃったの。味見してみて」とドアをノックし、チヂミをそっと渡して帰ってきた。東側の部屋に住む頭のいいおばさんは、貧乏なのに贅沢癖がひどくアクセサリーをじゃらじゃらとつけていた。のちにダンスにまで夢中になり、どら猫のように夜遅くこっそり帰宅するようになった。西側の部屋の不器量なおばさんはいつも暗い顔をしていた。夫が毎日酒を飲んで帰ってきては、家のものを壊すのだ。ある日、おばさんは夫の酒癖に耐えかねたのか、わが家に逃げてきた。母は彼女をかくまい、これ以上ないほど不幸な身の上話を一晩中聞いてあげていた。大家さんの娘は連日続くその家の騒ぎに不満がたまっていたのか、部屋のドアを乱暴に開け閉めした。北側の部屋は六世帯のなかでは静かな暮らしをしているほうだった。けれど、質素な暮らしぶりだったその家も、株でひと儲けした噂を聞いた直後からおばさんが派手に着飾るようになった。暮らしに余裕がありそうな大家一家とて、いつも平和なわけではなかった。その家の一番の気がかりは、交通事故のあと悪化しつづけるおばさんの健康状態だった。うちだって問題がないわけではなく、その問題が他の世帯に知られるのはマダンを一緒に使う者どうし避けられない運命だった。

「特に夏になると生活音や会話、においなどが隣までまるごと伝わった。夕飯のおかずは何なのか、今日は何の心配をしているのかなどすべて分かるので、彼らもうちの家族のようだし、うちも彼らの家族のようだった」

マダンのある家で育った子どもたちは、貧乏暮らしで腰が曲がった両親の気持ちをよく理解していた。ただ無邪気に笑い騒いでいた子でも、必ず一度は生きる辛さに直面して驚き深刻な顔になることがあった。良いことがあれば皆で集まって祝い、辛いときは一緒に泣いたり憤慨してやればいいことを知った。食べ物は分け合えばさらにおいしくなるということ、母さんたちは洗い場を囲んで洗濯物をもみ洗いしながら夫の悪口を言い合っているときが楽しいのだということにも気づいた。似たり寄ったりな暮らし向きゆえの生きづらさや悩みに気づき、早々に大人になる子もいた。何より、彼らは共同生活に最も必要な感情が共感だということを早い時期に悟った。たまに理解できない現実にぶつかったときは、何でもないことのように冷笑や冗談でやり過ごさなければならないのだと経験から学んだ。

金源一《キム・ウォニル》の『深い中庭のある家』とウン・ヒギョンの『鳥のおくりもの』は、多世代が集まり住む家屋を主な背景とした小説だ。苦しい時代の中で、それぞれの冷笑の中で、マダンを共有する家族たちの中で、キルナムとジニはどのように成長していくのか。私は異なる時代を生きる二人の子どもの心に私たちの時代の心を見た。時代が変わっても人の心は不変であるべきだからだろうか。ふと、マダンを一緒に使っていたあの頃の家が恋しくなった。そこにひしめき合い暮らしていた隣人らと、今も変わらないであろう彼らの心も。

（訳・金憲子）

【章恩珍】小説家。二〇〇二年に全南日報の新春文芸、二〇〇四年に中央日報の中央新人文学賞を受賞してデビュー。小説集『キッチン実験室』、『空き家をノックする』、『あなたの人里離れたところ』、長編小説『アリスのライフスタイル』、『誰も手紙を書かない』、『彼女の家はどこなのか』、『日付なし』、『天気と愛』、『ディア・マイ・バディ』などの作品がある。

田月仙

チョン・ウォルソン　전월선

『김성태 가곡집』
김성태(저)／도서출판 예음／1991★

1

『金聖泰　歌曲集』
金聖泰(著)／図書出版 禮音／1991

花びらは　とめどなく　風に散り
逢える日は　はるか遠く　約束もなく
なにゆえに　心と心は　結ばれず
はかなくも　草の葉ばかり　結ばれるのか……
『同心草』薛濤（詩）金岸曙（譯詩）金聖泰作曲　田月仙訳

この歌を歌う時、私の脳裏には再び会うことの出来ない愛しい人々の面影が浮かんでは消えていく……

デビュー当時から幾度となくプログラムに取り入れ愛唱してきた歌曲『同心草』。

詩は中国唐時代の伎女で詩人の薛濤《せつ・とう》（七六八～八三一）がしたためたもので、韓国の詩人・金岸曙《キム・アンソ》が一九四三年に譯詩した作品である。

この歌を聴いた人々は「韓国にはこんなに切ない歌があるんですね」とため息交じりにささやく。

人々の胸を打つ歌曲『同心草』。その曲調は特に印象深い。歌の出だしからわずか四小節後に、それまでの最低音からオクターブ以上の跳躍で高音へと導かれる。クラシック音楽を歌う感覚でいうと、その音に向かって腹筋や横隔膜が強く動き、その後下降音で中間部にたどりつくも、すぐさま第二、第三の高揚へと向かうエネルギーが必要とされる難曲だ。その旋律は濃厚でありながら悲しいまでに美しい。

　韓国音楽史に残るこの名曲を創ったのは、韓国歌曲の父と呼ばれる作曲家・金聖泰《キム・ソンテ》。韓国併合の年である一九一〇年生まれ。独学で音楽を学んだ。後に日本へ渡り東京高等音楽学院（現在の国立音楽大学）で西洋音楽の作曲法を学んだ。日本統治下の朝鮮へ帰国後、京城厚生室内楽団などで活動し、西洋音楽を取り入れた朝鮮の音楽発展に貢献した。日本統治時代が終わった翌年の一九四六年、歌曲「同心草」を発表。その後、数多くの作品を生み出し、韓国音楽界を代表する大家となっていった。

『同心草』のメロディーと和声に強く弾かれた私は『朝鮮半島音楽百年史』の執筆のため、二〇〇七年、韓国ソウルに住む作曲家・金聖泰を訪ねていった。

　韓国音楽界を担ってきた歴史の証人である長老作曲家は、当時九十七歳になられていたが、厳かな中にも優しい笑顔で私を迎えて下さった。

　私は、以前から歌い続けていた『同心草』を、作者・金聖泰を前にして緊張しながらも心を込めて歌った。日本の公演で機会あるごとにその作品を歌っている旨を申し上げると、老作曲家は目を輝かせながら何度も頷くのだった。

　そしてお返しをして下さるように、その場で朝鮮半島の古謡『새야 새야 파랑새야（鳥よ鳥よ　青い鳥よ）』の音符をさっと書いて下さった。金聖泰は古くから民衆の間で歌われていた『鳥よ鳥よ　青い鳥よ』を一九三〇代に採譜し、初の童謡集に収めた事で知られている。

　この歌は、近年では八分の六拍子で歌われることが多いのだが、「元は八分の五拍子で歌われていたのですよ」と諭すようにお話しされた……。

　私が訪ねた当時、韓国では「親日派（日本統治時代日本に協力したとされる人）追及」の嵐が吹き荒れ、すでに故人となった有名作家や画家、そして音楽家にいたるまで厳しい批判を受けていた。あろうことか作曲家・金聖泰ご本人もその対象として名前があがっていたのだ……。

私は、音楽家としてその真相を探りたいと思っていたが、当事者を目の前にしてとても言葉にする事はできなかった。しかし、驚くことに昔の話をしている内に当人から切り出された。

「親日派……。あのときは、銃剣の前ではやるしかない。たくさんやったでしょ…もちろん、食べるためにやった人もいるけど、そうでない人は無理やりやらされた人たちです……」

気の遠くなるような歳月を越えて、老作曲家の記憶が、はっきりと今に蘇るのが感じとれた。

「一九四三年頃は全ての公演に日本の警察が臨席していました。ある日、一緒に公演に参加したソプラノ歌手・金天愛《キム・チョネ》が『鳳仙花』を歌い、目の前で警察に連行されたのです」

しかし、日本にも知れ渡るこの名曲『鳳仙花』を作曲した伝説の作曲家・洪蘭坡《ホン・ナンパ》までもが、死後数十年経った現在の韓国で、「新日派」の汚名を着せられ激しい批判に晒されていたのだ……。

数々の貴重な証言を聞かせていただきながら、私は複雑な思いで韓国を後にした。

それから三年が経ち、私はふたたびソウルへ向かい長老作曲家のお住まいを訪ねた。金聖泰の表情は、最初の訪問時より明るく穏やかだった。

その手にはハングルの新聞がにぎられていた。御年百歳になった作曲家は、親族や支持者達の異議申し立てと証拠書類などにより、その年、親日派名簿から除名され、ようやく雪辱を晴らすことが出来たのだ。

その朗報が記された新聞を広げ感無量でいる私に、金聖泰は一冊の分厚い本を手渡して下さった。「田月仙女史へ」という手書きのサインが添えられたその本には、老作曲家が残したおよそ五十曲の作品の楽譜がしたためられていた。

『金聖泰 歌曲集』は音楽に携わる人以外にとっては、数知れない専門書の中のひとつなのかも知れない。しかしこの本は、一作曲家の作品集というだけでなく、日本と朝鮮半島の激動の時代を生きた希有な音楽家の知られざる百年の歴史が、楽譜の音符の隅々に写された貴重な書物なのだ。

二〇一二年四月十一日。美しい花の季節、春雨が静かに降り注ぐ日、花びらをひっそりと散らすように韓国歌曲の父・金聖泰はその人生を終えた。享年百二歳。

今でも韓国の教科書や、音楽本、数多くの書物にその作品が紹介され、美しいその歌たちは、あらゆる場所で歌い継がれている。

【田月仙】オペラ歌手。東京生まれ。世界各国でオペラやコンサートに出演。代表作にオペラ『カルメン』、『トスカ』、『春香伝』各タイトルロール（表題役）。日韓朝の首脳の前で独唱した唯一の歌手としても知られている。NHK『海峡を越えた歌姫』、KBSスペシャル『海峡のアリア・田月仙三十年の記録』が全国放映される。

二〇一五年、日本の皇族出身で朝鮮王朝に嫁いだ梨本宮方子（李方子）妃を題材にしたオペラ『ザ・ラストクィーン—朝鮮王朝最後の皇太子妃—』を発表（台本・主演。新国立劇場）。十五歳から八十七歳までのヒロインを演じ、ロングランを続けている。南北東西の平和を願う歌曲『高麗山河わが愛』はオリジナル曲として根強い人気を誇る。著書に『海峡のアリア』（小学館ノンフィクション大賞受賞）、『禁じられた歌—朝鮮半島音楽百年史—』（文藝春秋ラクレ）『K-POP遙かなる記憶』（小学館）等。日本国外務大臣表彰、日韓文化交流基金賞受賞。二〇二四年秋の叙勲において旭日単光章受賞。東京二期会会員。ホームページ http://wolson.com/

※田月仙の歌う『同心草』は『田月仙《チョン・ウォルソン》CD名曲集』Part2に収録されている。

鄭新永
チョン・シニョン 정신영

『여기서 마음껏 아프다 가』
김하준(저)/수오서재/2022★

1

『ここで思う存分、痛みを置いて行きなさい』
キム・ハジュン(著)/守吾書斎/2022

『공정감각』
나임윤정 외 지음/문예출판사/2023★

2

『公正感覚』
ナイム・ユンジョン他(著)/文芸出版社/2023

『ここで思う存分、痛みを置いて行きなさい』

韓国の心を読むという表現は、私にはなんとなく負担に感じる。人生のかなり長い時間を外国で過ごしたため、韓国に帰国してからは母国にも関わらず、わが国はまったく理解できないと思うことが多かったからだ。情緒の基盤が形成されるという幼児期と青年期を韓国で過ごさなかったせいか、韓国で暮らして十一年が経つ今もなお、私にとって「韓国の心」というのは海上を漂うプラスチックのブイのようだ。あるにはあるものの、深い海底に錨を下せず滑りそうに浮遊し、どっしりとした重みなく存在する、そんな感覚に似ている。だからなのか、今回の企画で私ができることは「韓国の心」で文化的な特性や特徴、最小限の国籍に対する認識よりも、後ろの「心」に比重を置くことだと考えた。

そのように考えると、最近読んだ『ここで思う存分、痛みを置いて行きなさい』という本がすぐさま思い浮かんだ。本書は小学校の保健の先生(養護教諭)が書いた本で、著者は看護士として働いた後、小学校の保健室で二十年間勤務する中での経験談を暖かい眼差しと筆致で綴っている。著者は一般の小学校に勤務しているが、驚いたことに平均して一日五十人の生徒たちが保健室に出入りするという。保健室にやってくる頻度と共に注目を引いたのは、保健室に来る理由が体育の時間や休み時間に遊んでぶつけた等、怪我の手当てをしてもらいにくる生徒だけではない点である。心理的な不調が原因で腹痛を訴えたり、突然泣き出したり、憂鬱感による強い眠気で保健室にやってくる生徒が頻繁にいるという。それだけでなく、ふとした衝動に駆られて一時間目さえ始まる前に飛び降りて死のうと屋上に行ったものの、鍵が閉まっていたので保健室に来たという生徒までいたそうだ。まだ幼いこの子はなぜ朝っぱらから飛び降りて死のうと考えたのだろうか。両親に連絡したものの、職場なのですぐに迎えに来ることもできなかったという。

　幼少期の憂鬱は過去には浪漫的に扱われてきたように思う。家庭という枠から出て学校という社会と接する瞬間、実は家庭という抽象的な枠内であっても、絶対的な弱者として耐えなければならない不条理や侮辱感が子ども達の役目になった時、大人たちは成長の通過儀礼として儀式化してきた。童話や文学でもこのような路線は数多く存在する。子どもの頃の辛さや不安感が刻まれて、しっかりした大人へと成長するというような物語は、金のスプーン、泥のスプーン論[i]の提起とともに賞味期限を迎えたようだ。スプーン論は結局、子どもの頃の苦労は消えることのないあざであり、より良い経験ができなかったという負い目として一生ついて回るという論理に基づいている。生まれた瞬間から越えることのできない経済格差を強く感じる世代だからこそのようだ。わが国が発展型の開発途上国から停滞する先進国型へと移行したせいもあるだろう。但し、経済における先進国型である。

　幼少期に舐めた苦労や痛みは成長の糧になるどころか、昇華しないまま積もり積もって逃れることのできないしがらみとなり、大人になっていく彼らを縛りつけてはいないかと思いを巡らせてみる。実際にそうだと言うことではなく、メディアを通じて広がる社会認識がこのような考えへと誘導しているように思う。本書で見る七歳から十二歳の集団における象徴性を考える時、韓国の心へと育っていく子ども達の心理状態を覗くことができる一冊だ。

『公正感覚』

ある意味で、一冊目の本から十年後に該当する二十代の大学生たちの意識を覗くことができる興味深い本だ。年始にどこかのランキングに上がった記事を読んでいると、大学図書館別の貸出一位の書籍は今なおマイケル・サンデルの『正義とは何か』（キム・ミョンチョル訳／ワイズベリー／二〇一四年）〔日本語訳版『これからの「正義」の話をしよう』鬼澤忍訳／早川書房／二〇一一年〕が根強い人気だという内容があった。大学生たちはなぜこうも社会正義や公正性に関心が高いのだろうか？　単純に授業の教材として貸し出したこともあり得るが、一般の書店でもベストセラーであり、更に授業の教材であればなおのこと、なぜこうも多く使われるのだろうか？　私もまた大学院の授業や作文の授業で、美術専攻の学生たちに社会の雰囲気を吸収し、思考の方向性を多様化させる目的で一緒に読んだことがある。我々が社会正義を享受できないという感覚のせいで、このテーマが物足りなく感じるのだろうか。

本書は延世《ヨンセ》大学文化人類学科のナイム・ユンギョン教授が筆頭著者で、その他様々な専攻の学生たちが大学生たちのプラットフォームサイトである、エブリタイムに書き込んだ公正や差別についての文章を集めたものだ。エブリタイム、略してエタと呼ばれるこのサイトは現在、大学生の推定累計加入者数が七百十万人の超大型ポータルサイトと言えるだろう。学生認証でログインし、大学毎に講義の前受講生たちが書き込んだ生の声が上がってくるので、大学生たちには重要な情報源である一方、教授や講師たちにとっては議論や反論ができず、確認が不可能な授業評価も飛び交う場所でもある。授業以外にも様々なテーマを討論する場でもあるが、コミュニティサイトの特性上、意見の衝突や悪質なコメント等の問題には脆弱な分、最近では政治的な誹謗等はＡＩで検閲、削除もしているようだ。本書はエタに書き込まれたり、削除されたりした文章をテーマ別に集めた一冊だ。韓国の二十代の意識を万遍なく見せるとまではいかなくとも、とりわけ政治、社会的意見を活発に述べる学生、ここに反論文を載せるような積極性に富んだ学生達の意見をサンプリングするものとして見るのが良さそうだ。

全国民主労働組合総連盟（民主労総）傘下である、全国公共運輸社会サービス労働組合（公共運輸労組）の集会騒音、校

i）スプーン階級論とも呼ばれ、二〇一五年から若者の間で広まった言葉。本人の努力や才能よりも親の所得水準によって、将来ひいては人生が決まってしまうという考え方。

内清掃労働者の集会騒音のせいで授業を受ける権利が侵害されたとして、それぞれ告訴と訴訟の経過を載せた大学生の話から始まる本書では、主にSKY（訳注：ソウル大学、高麗《コリョ》大学、延世大学を指す）に通う大学生たちが、既に享受している自らの権利を最大化させようとする一方で、妥当としながらも一方で利己的な態度と、これに反して社会公益の重要性を覚醒させようとする別の学生たちの声との交差で進んでいく。扱う内容は学閥主義、アイデンティティ、性差別、障害者に対する意識等、教科書的なポイントを辿っている。たとえ一部の生徒たちの文章だとしても、職業柄、大学生たちの意見に無関心になれず興味深く読むことになった。

読みながら頭を悩ませずにいられなかった点は、大学生たちは自身の現在地に対してやりきれなさを感じ、まるで一種の補償作用を抱えているような印象を受けた。ソウル内の大学に入るため、自分の意図ではなく他人からの強制で青年期を犠牲にしたと感じている態度というか、十分に幸せで感謝するにふさわしい現実に満足するよりも、憤りを抱えているような口調が若干もどかしく思った。理由は様々だろうが、ひとまず大学受験のため睡眠、食事、人間関係をすべて正常ではない方に引っ張って行かざるを得ない熾烈な競争が大きな理由だろう。自分が苦労したのなら他人の苦労にも敏感になるだろうに、そんな気持ちの余裕が芽生える前にはもう次の競争に追い立てられる、学生たちの切羽詰まった心理を理解しようと努めてみた。楽観的に眺めると、これら全ての状況にも関わらず、韓国は今も変わらずある分野においては善戦している。たとえ心は混乱していても、理性が効率よく作動しているようで幸いである。

（訳・朴純実）

【鄭新永】ソウル女子大学現代美術専攻の准教授。ソウル大学西洋画科の学士、プラットインスティチュートファインアート（Fine Arts）の修士、コロンビア大学美術史学科現代美術批評専攻で修士、ソウル大学美術教育協同課程で博士を取得。ソウル大学美術館の主任学芸員、主席学芸員及び研究部教授を務め、建国《コングク》大学、ソウル大学、韓国芸術総合大学等で講義を行う。ソウル大学日本研究所の客員研究員、国際交流基金の博士論文課程フェロー及び東京藝術大学芸術学科の客員学者として活動。アメリカで発行される『アートフォーラム（Artforum）』の韓国及び日本の展示レビューを担当しており、著書に『サブカルチャーで読む日本現代美術』（ソウル大学出版文化院／二〇一九年／未邦訳）がある。

鄭漢娥

チョン・ハナ　정한아

『향수』
정지용(저) ／민음사／1995★

1

『郷愁』
鄭芝溶（著）／民音社／1995

『사랑의 변주곡』
김수영(저) ／창비／1988★

2

『愛の変奏曲』
金洙暎（著）／創批／1988

『입 속의 검은 잎』
기형도(저) ／문학과지성사／1989★

3

『口の中の黒い葉』
奇亨度（著）／文学と知性社／1989

傷ついた子どもは育ち

『郷愁』

鄭芝溶《チョン・ジヨン》は、後に紹介する金洙暎《キム・スヨン》もそうだが、近代的な事由と伝統的事由がぶつかる合流地点を生きた詩人なので、さまざまな学問体系や言語を経由しなければならなかった。彼は一九〇二年生まれで、幼い頃に祖父から漢学を習い、日本統治下での公教育期間には日本語教育を受け、同志社大学留学時代には英文学を勉強した。そうして彼は、ちょうど近代化が進む中、いっぺんに押し寄せる文芸思潮を太く短く経ながら、心を尽くす経験をしたようだ。しかし、その過程を通過するあいだ、彼が一貫したことをひとつ挙げるならば、私は、現実と事実に対する彼の澄んだ目と、その中から彼が選び出した言葉たちの結合が見せる節制と均衡を選ぶだろう。

琉璃《がらす》に　冷たく哀しきものが揺れている
おずおずと近寄り息をかければ
なついたように凍えた羽をぱたぱたさせた
消しても　消しても
漆黒の闇が退いてはまた押し寄せ　ぶつかり
水をふくんだ星が宝石のように象眼される
夜　ひとり琉璃を磨くのは
孤独で恍惚とした心持ちだからだ
かはゆらしい肺血管が裂けたまま
お前は野の鳥のごとく行ってしまったんだね

――「琉璃窓 1」全文（『むくいぬ』吉川凪訳／クオン／二〇二一／二八、二九頁より）

肺病で幼い子どもを失って書いたことで知られるこの詩は、強烈な心の奥底の恋しさと悲しみを吐き出す代わりに、まるで自分自身を見つめる別の自分がいるかのように、意図的に観察者的な様相を貫く。しかし、観照行為を通じてもこれ以上悲しみに勝てないかのように、二人称で吐露するしかない最後の二行は、二つの自己をひとつに重ね、夜のガラス窓の前で気を切った話者の代わりに読者を泣かせるのである。

この清く端正な詩人が、朝鮮戦争勃発の時期に失踪したせいで越北詩人とみなされ、一九八八年に解禁措置がとられるまで韓国では彼の作品にまったく光が当たらなかったのは、やるせないことだと言うほかない。

『愛の変奏曲』

金洙暎は一九二一年生まれで、鄭芝溶とは十九歳も差があるが、幼くして漢学を習い、日本語公教育を受けて英文学も勉強したという共通点がある。しかし、鄭芝溶の詩や散文から士人的な精神の痕跡を発見できるのとは違い、金洙暎の詩や散文からは、激しい批判精神や厳正で峻烈な良心への訴え、さらに自分自身に対する厳しい反省に出くわすことになる。歴史の激動の中で、青年時代に朝鮮戦争に巻き込まれ、義勇軍に北朝鮮へ連れていかれながらも脱出した彼は、巨済《コジェ》島捕虜収容所で激しい理念の争いが民族の内部をズタズタに引き裂くのを目撃し、戦争が終わったあとも四月革命と五・一六軍事クーデターを経験して、政治の後進性を突破していく民衆のゆっくりだが巨大な力を実感した。そして一九六八年、交通事故でこの世を去るときまで、自身が経験した世界と、世界を経験している自分自身の中で生じる葛藤、この内部と外部の争闘を突破し、詩が突端でできることに没頭した。彼は、生前にはたった二つの月評を受けるにとどまる程度で特別な注目を浴びることはなかったが、彼の没後に始まった詩と散文への評価は今日まで爆発的に続いており、文学と政治、美術と人生を合わせて言及するほとんどの紙面で、彼の名前を目にすることができる。一九六七年に書かれた詩集の表題作「愛の変奏曲」は、一九六一年に書かれた「愛」の変奏曲として読むと、その意味をさらに豊かに理解することができる。

闇のなかでも　明かりのなかでも変わらない
愛を学んだ　君のお蔭で

でも君の顔は
闇から光へと移り行く
その刹那に消えては甦った
君の顔はそれほど不安なのだ

稲妻のように
稲妻のように
ひびのはいった君の顔は

（一九六一）

――「愛」全文（『金洙暎全詩集』韓龍茂、尹大辰訳／彩流社／二〇〇九／二四三頁より）

歴史の脈絡なしに読んだなら、人々はこの詩を恋愛の詩として読むだろう。それも悪くない。愛が伴う不安は、愛の持続に対する信頼と懐疑を行き来し、これはまるで稲妻が騒がしい夜、愛する人の顔に映る突然の闇の揺らぎのように安堵と驚愕を反復する。この愛が伴う不安を、民主化運動や軍事クーデターが一年余の時差で次々に起こった歴史の経路とともに読んだなら、私たちはこの詩を、進歩した民主主義社会の到来に対する歓喜と劣敗感の中で続く希望への必死のあがきとして読むことができる。そしてこの詩は六年後、次のように変奏された。

欲望よ　口をあけよ　そのなかに
愛を発見しよう　都市の果てに
朽ちて行くラジオのさざめく声が
愛のように聞こえその声がかき消される
川が流れ　その川の向こうに　愛する
暗闇があり三月を見渡す　枯れた木々が
愛の蕾《つぼみ》を準備し　その蕾の
ささやきが　霧のようにたちこめる彼方に藍色の
山が

愛の汽車が通過するたびに俺たちの
悲しみのように成長し豚小屋の残飯
のようなソウルの灯りを無視する
いま棘の藪、つるバラの長い棘の枝
さえも愛だ

なぜこのように手強い愛の森は押し寄せてくるのか
愛の糧が愛であることに気づくまで

暖炉の上で沸騰しているやかんのお湯が
今にもあふれそうで　あふれないように愛の節度は
熱烈だ
間断さえも愛
この部屋からあの部屋へ　祖母の部屋から

小間使いの部屋まで死のような
暗闇の中を猫のきらめく青い目のように
愛が続いて行く夜を知る
そしてこの愛をつくる技術を知る
目をあいては閉じる技術——フランス革命の技術
最近俺たちが四・一九から学んだ技術
だが　いま俺たちは声を上げて叫ばない

桃の種と杏の種と干し柿の種のうつくしい硬さよ
静けさと愛が成し遂げた暴風のよこしまな
信念よ
ポンペイもニューヨークもソウルも同じだ
信念よりももっと大きな
俺が埋もれて生きる愛の偉大な都市に比べれば
おまえは蟻か

息子よ　おまえに狂信を教えるためではない
愛に気づくときまで成長しろ
人類の終焉の日に
おまえの酒をすべて飲み干した後に
アメリカ大陸から石油が涸れる日に
それほど遠くなくても　おまえの胸に刻んでおくべき
言葉をおまえは都市の疲労から
学ぶはずだ
この硬い静けさを学ぶはずだ
桃の種が愛で作られたものではないのかと
疑うはずだ！
桃の種と杏の種が
一度はこのように
愛に狂う日が来るはずだ！
そしてそれは父のような間違った時間の
間違った瞑想ではないはずだ
（一九六七・二・一五）

——「愛の変奏曲」全文（同四〇〇〜四〇三頁より）

「愛」と同じように、「愛の変奏曲」も表面的には個人の内密な感情と関係——欲望と愛を政治史的な脈絡にかけているようにみえる。そしてこの詩によって、その脈絡は一種の世界市民主義的な規模へ拡張される。この詩が与える胸がときめく荘厳さは、この予言的な断言の言葉が「間断」を納得して受け入れながら「桃の種と杏の種と干し柿の種」のような固い意志の個人に対する信頼とともに、愛が愛を食にして進行される永遠の運動性の「ほぼ確信された希望」を描いたというところにある。

この愛と信頼のメカニズムをもっともうまく説明してくれるのが、キリスト教初の理論家といえる聖パウロに関する分析だというのは、少し違和感があるかもしれない。しかし、私は次に引用するフランスの哲学者の分析ほど、この詩に的確なものは思い浮かばない。アラン・バディウは新約聖書の書簡を分析する『聖パウロ』で、有名な「コリント人への手紙」に登場する「信仰、希望、愛、これら三つが存続する（十三章十三節）」（『聖パウロ：普遍主義の基礎』河出書房新社／二〇〇四／一六七頁より）という文言を解釈し、聖書解釈学で希望が正義と関連すると描写されていることを明示する。希望は単に「ほのかな望み」にとどまらない。それは「克服された試練であって、ひとがその名において克服したことではない」（同一七一頁より）であり、「普遍的なことの勝利の主体的様相である」（同一七三頁より）

この信頼と希望と愛が、愛を食とする愛が、愛で愛を押し進める世界を、「俺」を動かすということ。この確信に満ちた声が、研究機関のように読み手をも愛の無限動力で動かす。

『口の中の黒い葉』

ここまで書いてきたが、すでに依頼された分量をだいぶ超えてしまった。それでは詩は、政治的な脈絡から離れてはまったく読めないのだろうか？　金洙暎の詩が内包する政治的で社会歴史的な流れが強力なのは事実だが、私は先に金洙暎の詩を紹介しながら、彼の個人的で内密な自己省察の部分を十分に紹介できなかった。鄭芝溶の小さな子どものような心や自分の幼年期や故郷を、まるで見知らぬ異国を紹介するように書いた他の詩を十分に紹介できなかったように。

奇亭度が残った。尹東柱がそうだったように、彼の少年のような心や早世が、彼の詩が持つ孤独な情緒をふくらませたが、これがすべて誇張とも言えなかったので、彼の不運と詩はパズルのピースみたいにぴったり合ってしまったと言うほかない。

一九六〇年生まれの彼が若くして亡くなった後、初の詩集であり遺稿詩集となった本書は、一九九〇年代に青年期を送った人々にはひとつの情緒的象徴となった。どの程度かといえば、西欧文学でカフカの独特性が「Kafkaesque」という単語を作り出したように、この本以降、ある情緒を「奇亭度的」と称することが珍しくないほどだった。一九九〇年代中盤に過ごした大学生活を思うと、私は奇亭度の詩集と、村上春樹の『ノルウェイの森』とニルヴァーナを一緒に思い出す。この三つのあいだには、ある種の共通の情緒があるが、それは内面に傷を負った子どもたちがその傷を顧みながら成長するとき、どんな大人になるのかということを暗示しているようだ。

木の椅子の下は捨てられた本でいっぱいだった
ギンドロの森は深く美しかったが
そこでは木の葉までも武器に使われた
その美しい森に着くと　若者たちは覚悟したように
目を閉じて通り過ぎた、石段の上で
僕はプラトンを読んだ、そのたびに銃声が鳴った
木蓮の季節がくると　友人は監獄と軍隊に散らばり
詩を書いていた後輩は　自分は情報員だと打ち明けた
尊敬する教授がいたが　その人はもともと無口だった
いくつか冬が過ぎ　私は一人ぼっちになった
そして卒業だった、大学を去るのが怖かった

——「大学時代」全文

彼の詩は、まるでとても多くの傷を負った繊細で鋭敏な少年が、自分を石のように固める練習をしながら成長し、大人になって書いたもののように見える。彼は悲しみを感じないよう必死にもがいてきて、それにもずいぶん慣れてきたようだが、少しでも気を緩めると解けて涙が出てくるようだ。

君の心を開くと何度も凍ったり溶けたりしながら風が吹くたびにまた違うしぐさで場所を変えた銀の糸がもつれて泣いている。地面には氷の中で腐った枝が薄目を開けて伏せていた。誰にも与えることない光を一点ずつ空に低く打ちながら君はどんな色でまた別の愛を夢見たのだろうか。誰も君の魂に服を着せなかった荒々しく静かな夜、凍てついた大地には

何が残って君の踊りをしきりに虚空に浮かべていたのだろうか。空にはすべて君が過ぎ去った場所ごとに風が吹いている。ああ、ヤマナラシの影に満ちた世界、その果てに第一歩を踏み出し死も近づくことができない温度でまた別の空を君は回っている。君の心を開くと。

――「夜雪」全文

もっとも、傷を負った子どもではなかった大人がどこにいるだろう。しかし、それを振り返りながら育った詩人が大人になると、彼らは自分の中の節目の痕で、自らの試練を永遠に人類の標本にする言葉を生み出す。

このように、多くの詩人を切り捨てて三冊の詩集を挙げたが、私は私の言いたいこともすべて言えなかった。私が言えなかった言葉を読者たちが自ら必ず確かめてほしい。

（訳・山口裕美子）

【鄭漢娥】二〇〇六年『現代詩』でデビュー。詩集『おとなっぽいキス』『ウルフノート』、詩散文集『左手の闘争』がある。『作乱』同人。

鄭玹汀
チョン・ヒョンジョン　정현정

1　「日本人は朝鮮の心をもって―在野の思想家木下尚江と朝鮮」『木下尚江全集』全20巻
木下尚江（著）、山極圭司（編）／教文館／1990～2003★

日露戦争の際、日本でもっとも進歩的な社会主義者たちはどのような朝鮮観を持っていただろうか。彼らは日本帝国主義による朝鮮侵略と植民地支配に対してはあまり深い関心を寄せなかった。そのなかで、木下尚江（一八六九～一九三七）が日本による朝鮮の植民地化を厳しく批判しつづけたことは注目に値する。

日露戦争が始まって間もない頃、尚江は「敬愛なる朝鮮」を週刊『平民新聞』（一九〇四年六月一九日）に発表した。朝鮮はかつて「学芸・技術・道徳・宗教」を日本に取り次いだ「最古の大恩人」であるにもかかわらず、日本はむしろ「侵略」をもって報いているという。

なお、「義戦論者に問ふ」（『直言』一九〇五年三月一九日）で尚江は、日韓議定書の廃棄を上奏した崔益鉉《チエ・イクヒョン》の行動を紹介し、「義侠心ある日本人は朝鮮人の心を以《もっ》て朝鮮独立問題を観ざるべからず」と主張した。また、日清・日露戦争に際して日本は、清国や露国から朝鮮を救うためという大義名分を掲げたものの、実際は「二回の戦争を経て自ら之《これ》〔朝鮮〕を獲得」したのだと、日本の欺瞞を指摘しつつ、「朝鮮は最早や独立国にあらず、彼女の名は只だ地理誌上にのみ永く弔《とむら》はられん」(「地理誌上の朝鮮」『新紀元』一九〇五年一一月一〇日)と、朝鮮の心をもって嘆きの声を発したのである。

日本政府は日露戦争後の一九〇八年一二月一八日に東洋拓殖株式會社を設立した。尚江は「韓国拓殖」の問題について注目し、「軍備を後盾にして忌憚《きたん》なく朝鮮を蹂躙《じゅうりん》し(「是れ国家の目的」『新生活』一九〇八年三月五日)、「朝鮮経営」という名目で日本の植民地支配を正当化する日本の欺瞞性を暴いた。銃と剣で武装した軍隊を先頭に立たせて、韓国の人民の土地を取り、財宝を奪い、そこに日本の貧民を移住させ、その利益を日本の資本家に配当することこそが「韓国拓殖」の狙いだと説いている。

尚江は日本による韓国に対する経済的侵奪のみならず、歴史的主体性の抹殺という問題にも目を配っていた。いわく「伊藤博文、今夏、韓国歴史調査会ヲ起シ、宮廷ノ古史ヲ尽《つく》ク奪ヒ取レリ。斯《か》クテ韓国は無歴史ノ国トナレリ。彼ハ刀ノ代リニ筆ヲ以テ韓国ヲ根底ヨリ顛覆《てんぷく》セント企テシナリ」。これは一九〇九年一〇月二六日に伊藤が韓国の安重根《アン・ジュングン》によって殺されて間もない一一月一四日の日記に書かれたものである。尚江は歴史記録を意のままに操作しようする日本の為政者に対する憤懣を募らせていた。

さらに、尚江は晩年、白柳秀湖に宛てた葉書(一九三五年一〇月八日)の中で、伊藤が朝鮮王室図書を持ち出したと、人づてに聞いた話を伝え、それは決して看過することのできない重大な問題だと強調している。「伊藤サンが韓国統監ノ時、朝鮮ノ歴史ヲ皆ンナ日本へ持ツテ来テシマツタト、或人ガ話シテ呉レタ(事実ハ知ラヌガ)。僕ハ其《それ》ヲ聞イタ時、伊藤ハヤラレルと云フ直覚シタ」と。尚江は日本による朝鮮の「歴史抹消」問題に対し強い懸念と忿懣を抱いていたようだ。宮廷の史料を強奪し、一国の歴史を抹消しようとするのは、朝鮮の民族的自立性を根底から抹殺するものだと。

尚江はこうした民族と国家の歴史の抹消を試みるのは到底許されるものではないと考えていたが、当時、その真偽を確かめる方法はなかった。長い年月の後、伊藤が朝鮮の古史に関する王室図書を奪い取ったという噂は事実であることが判明した。韓国統監府の初代韓国統監、伊藤博文が一九〇六年から一九〇九年六月一四日、統監を辞任するまで、奎章閣《キュジャンガク》図書七七種一〇二八冊を貸し出しの形で日本に持ち込んだのである。一九六五年六月二二日に日韓基本条約及び諸協定が締結され、奎章閣に残されていた朝鮮総督府の文書を点検する過程で宮内庁に奎章閣貸し出し図書があることが知られるようになった。その詳細は二〇〇二年、ソウル大学教授で奎章閣韓国学研究院院長の李相燦《イ・サンチャン》氏の研究によって、ようやく明らかになった（「伊藤博文が掠奪した古図書に関する調査」『韓國史論』二〇〇二年一二月）。これらの図書は宮内庁書陵部《しょりょうぶ》が所蔵している。およそ一〇〇年後の二〇一〇年伊藤が貸し出しの形で掠奪した図書はほぼ韓国に返還された。しかし、朝鮮の医学や慣習、軍の歴史などに関する貴重な文化財の「帝室図書」および「經筵《けいえん》図書」は未だ返還されず、書陵部が所蔵している。

一九〇九年伊藤が死んだ時、尚江は『東京二六新聞』記者にこう語っている。「伊藤は幸運な爺だ、死ぬ時と、死ぬ場所を得たために世界的になつたと同時に不朽の人となつて了《しま》つた。のみならず、斯《かか》る死に依つて彼の他の欠点は総て忘れられて了つた」〔『東京二六新聞』一九〇九年一〇月二九日〕と。彼は伊藤が暗殺されたことで、これまでに伊藤が犯した罪が問われなくなったことを腹立たしく思っていたようである。

【鄭玹汀】韓国・ソウル生まれ。梨花女子大学卒業（ドイツ文学専攻）。東京大学大学院総合文化研究科超域文化科学専攻博士課程修了。学術博士。独立行政法人日本学術振興会特別研究員、ドイツ・アレクサンダー・フォン・フンボルト財団奨学研究員、ベルリン自由大学東アジア研究所客員研究員、京都大学・中央大学研究員、立命館大学・千葉大学非常勤講師、現在、中国東北師範大学副教授、立命館大学研究員。著書『天皇制国家と女性—日本キリスト教史における木下尚江』（教文館、二〇一三）。

楨洪

チョン・ホン　정홍

『강아지똥』
권정생(저), 정승각(그림) ／길벗어린이／1996★

1

『こいぬのうんち』
クォン・ジョンセン（著）、チョン・スンガク（絵）、ピョン・キジャ（訳）／平凡社／2000◆

『구름빵』
백희나(저) ／한솔수북／2004★

2

『ふわふわくもパン』
ペク・ヒナ（著・絵）、キム・ヒャンス（写真）、星あキラ キム・ヨンジョン（共訳）／小学館／2006◆

『할머니의 여름휴가』
안녕달(저) ／창비／2016★

3

『おばあちゃんの夏休み』
アンニョン・タル（著）／チャンビ／2016

私が住む町に古本を扱う本屋がある。本を売る人と買う人がレジに向かって平行に列をなす店だ。本一冊を抱えて買う側の列に並んでいると、つい売る側の列をちらちらと見てしまう。「あの本、なんで売っちゃうんだろう?」とやけに残念に思うことがあるのだが、主に絵本がそうだ。前に一度、売る人と偶然目が合って束の間表情だけでやりとりしたこともある。「その本、なんで売るんですか?」「子どもたちが大きくなったので」

そうなのだ。子どもは育つといずれ絵本と別れるときが来る。世の中に出て自分の役目を果たすためには、もう少し実用的な本に乗り換えなければならないのだ。そうやって有効期限が過ぎ、邪魔者扱いされていた床の絵本を処分した経験は私にもある。けれど、中にはどうしても手放せずに私の本棚にしまって時折眺めている本もある。もとは子どもたちに読んであげていたが、年を重ねて今は私のほうが気に入って読んでいる絵本の中で特に大切な三冊がある。

ありふれたものから貴いものを見出す精神

クォン・ジョンセンの『こいぬのうんち』を開くと、子犬のフンが主人公として登場する。これほど卑しい存在を主人公にしたお話が他にあるだろうかと思うのだが、最後のページまで来ると、はたと「卑しい」という人間側の物差しが恥ずかしくなる。世の中のすべてのものを高貴なものと卑しいもの、役に立つものと立たないものに振り分けて生きているのは人間だけだということに気づき、今更ながら苦々しい気持ちになるのだ。よく言う「世の中」とは、人間の、人間による、人間のための世の中ではないか。人間から見る分別や判断、社会に役立つかに基づいた価値やランクが網の目のように絡み合った世の中で孤軍奮闘していたら誰だって疲弊する。私はよく周囲の人たちにこの本を贈るのだが、その多くは人生につまずいたり、リタイア後にまた自分が何かの役に立てるだろうかと思い悩む人たちだった。もちろん、私も人生に疲れるたびにこの本を手に取ってじっと見入ることがある。汚くて臭いと冷遇されていた子犬のフンが細かく砕け、溶けて消えながら生み出す香《かぐわ》しいどんでん返しにはいつも自然と笑顔になる。大したものでなくても存在するすべてのものがこの世の主人公であり、世界そのものだという考えに至ると、生涯役に立つ人間だと認めてもらうために戦ってきた競争社会のコースから抜け出し「ありのままの自分」でも十分な自然の道にそっと足を踏み入れたくなる。

韓国では「犬の糞も薬に使おうとすると見つからない〔ありふれたものもいざ必要とする時には見つからない、という意味〕」ということわざがあるように、犬のフンはどこにでもあるものの代名詞として使われる。二〇〇七年にこの世を去るまで、社会の一番低い場所で日々何とか生きながら童話を書き続けた権正生は、そのありふれた、取るに足らない犬のフンの中から何より貴いものを見出した。そしてついに彼自身もまたこの世を豊かにする肥やしのような存在となって後世に残り、『こいぬのうんち』も韓国のクラシック童話となって長く親しまれている。

想像の一歩を踏み出させる力

「ありふれたものが貴い」という気持ちで世の中を眺めると、目に映るすべてのものが絵本の題材になり主人公になる。見上げるとそこにある雲ひとかたまりでパンを焼いてしまったペク・ヒナの『ふわふわくもパン』は、読むたびつい感嘆の声が出る。この作品が有名になったことで、現実世界でくもパンのレシピまで流行った。考えてみると雲でできたパンというアイデアだけなら私も思いついたことはある気がする。しかし、この作家の想像はここで終わらない。くもパンを食べて雲のようにふわふわと浮かんだ子どもたちは父親が出勤するあとをついて行く。父親のありふれた日常が突如として貴重な体験に変わる瞬間だ。不思議なアイデアまでなら誰でも思いつくかもしれないが、そこからさらに想像の一歩を踏み出したときに初めて貴いものが生まれる。

ところで、想像の一歩を踏み出させる力とは何だろうか？ ひょっとして、この本に登場する子どもたちのように、自分が幸せを味わうだけでは物足りず、大切な人と分かち合いたくなる、そんな気持ちではないだろうか？

ありふれたものと言えば、海辺で簡単に拾えるサザエの貝殻も忘れてはいけない。アンニョン・タルの『おばあちゃんの夏休み』では、幼い孫が一人暮らしの祖母にサザエの貝殻をプレゼントする。一緒に行けなかったおばあちゃんに海を見せてあげたい孫の気持ちが通じたのだろうか。年を取って失われたように思えたおばあちゃんの想像力が再び勢いよく湧き出しはじめる。子犬と一緒に海辺に横たわって日光浴を楽しみ、島の店で記念品を選んだりするまでに。絵本を読む私まで、おばあちゃんと一緒に夏休みの海に出かけた気分になった。

いい絵本ほどゆっくり、そして長く楽しみたくなるものだ。もとは子どもたちに読んであげていた絵本を、年を重ねた今そばに置いて時折開いて見るたび、なんとなく良い年の取り方ができているなという感じもする。はっとさせるような奇抜な発想は難しいかもしれない。平凡でありふれた想像であっても、それを貴いものにできる心のエネルギーさえきちんと発揮できれば、いつか私も誰かの永久保存版絵本を作れるのではないかと夢見ている。

（訳・金憲子）

【楨洪】童話作家。秋渓芸術大学校文芸創作学科卒業。著作に『一日五分ママの声』、『一日五分パパの声』、『ママの童話』、『パパの童話』など七冊の胎教用童話集と『子どもの考えを広げる初等人文学』、『一日五分グッドナイトストーリー』など多数の育児関連書がある。

鄭容俊

チョン・ヨンジュン　정용준

『별일은 없고요？』
이주란(저) ／한겨레출판사／2023★

1

『変わりはないです？』
イ・ジュラン（著）／ハンギョレ出版社／2023

『아직 멀었다는 말』
권여선(저) ／문학동네／2020★

2

『まだまだという言葉』
クォン・ヨソン（著）、斎藤真理子（訳）／河出書房新社／2021◆

『変わりはないです？』

韓国人の心に刻まれていて、思わず口ずさんでしまうCMソングがある。

「言わなくてもわかります。眼差しだけでわかる。ただ見つめるだけで。心の中にいるって」

人は誰かにチョコパイを渡す時、どんな気持ちなのだろうか。何がわかっていれば、その人の気持ちを知り、理解することができるだろうか。相手との関係性を把握していて、二者間の事情や二人の間に起きた出来事を探ることができれば可能だ。ささいな言い争いの後、謝罪の気持ちを込めて差し出しているのかもしれないし、歓心を得ようとドキドキしながら手渡しているのかもしれない。ただ、そうやって把握しようとするよりもっと正確で早いのは、歌詞のように眼差しと心を感じ取るという方法だ。

イ・ジュランの短編集『変わりはないです？』を声に出して読んでみる。語尾を上げて「変わりはないです？」と誰かに投げかけるように読むべきか、語尾を下げて「変わりはないです」と読むべきなのかわからないが、どちらでもありえるし、それぞれ違う形で心に響くものがある。イ・ジュランは、「変わったこと」を何でもないかのように描く小説の大家だ。普通、小説家が「何でもないこと」を「変わったこと」にしようとする方向に力を入れるのとは対照的な魅力だ。変わったことを何でもないかのように語り、描き、考えると、何が起きるだろうか？　一般的には、小説の中で描かれる変わったことは事件のきっかけとしての役割を担っていたり、何かの危機や物語のクライマックスへと発展していく。しかし、イ・ジュランは典型的な小説の起承転結にそういうものを使って描いたりはしない。それでも、彼女が描く「変わったこと」は小説らしく感じる。何事もないかのような素っ気ないタッチ、そして低い声でなだらかに語るかのような飾り気のない叙述と表現が、そうさせるのだ。

大都市に一人で暮らす主人公が様々な出来事から逃げるように街を離れ、母の暮らす小さな村に戻って一緒に家で過ごすストーリーがある。一体、主人公の身に何があって街を出なければならなかったのか？　母と一緒に暮らす中で、どんなことが起こるのか？　この二つの質問は、この話を物語らしくするのに重要なエンジンであり、小説を盛り上げていく上で頼りとなる車輪のはずだ。しかし、イ・ジュランの小説は、因果の構造が作り出され、クライマックスに向かうにつれて事件が積み重なっていく典型的な展開構造を踏襲していない。主人公は、ただ母と一緒にいる。母のいる村で、一緒に店に立ち寄って、人々と出会い、そこの風景を見つめながら、時折ぽつりと話しては相手の話に聞き入る。

読者は小説を通じて、登場人物の心を見いだす。心情を察し、内面の深いところに蓄積されていた思いを共に感じ、何かの理解に至る。登場人物の声と作家の文章は互いに似たところがある。一から十まで全て話さなくても気持ちを汲み取ることができる近しい間柄のように、声とニュアンスだけでその日一日の出来事と複雑な感情を推し量ることができる関係のように、読者はその人について知り、それぐらい近くに感じるようになる。何かを述べたり描写したりしなくても、細かな洞察とメッセージ性の強いアフォリズムがなくても、話者の視線に何が宿っているのか察する。言われなくても何となくわかってくる、説明のつかない理解力だ。

母は娘に何も聞かない。娘は母に何も説明しない。それでも、母には娘の声が聞こえる。娘が何も言わなくとも、不思議と心の中にあるたくさんのことが母には伝わっていく。

「話聞くよ。何があったの」と問いかけるのではなく、「言わなくてもいいよ。何があったのかはわからないけど大丈夫だから」と言ってひたむきに生きていく平凡な者たちの人生が詰まったこの本は、決して平凡ではない。たくさんの人に読んでみてもらえるとうれしい。

『まだまだという言葉』

叙事の世界においてリアリズムが抱える問題は、リアルに描き出したはずのものが実際にはリアルではないという点にある。正真正銘、真実だと強調する叙事の繰り返しで描き出される話と人物が、真実でもなければ、本当のことに近しくもない場合が多い。韓国に暮らす平凡な人々の話という触れ込みのドラマに登場するキャラクターたちは、いつもどこか似ていて役割も決まっている。息子のことしか考えていない義母。不遇な女性主人公に好感を持っている若くてハイスペックな男性主人公。大金持ち、あるいは貧乏人を描く典型的なフレーム。ストーリー展開や全体の流れも似ている。無条件に訪れる説得力のないハッピーエンドと、きっちり二分された善人と悪人のストーリー。

そもそも、ハッピーだろうとサッドだろうと特定の意味付けと共に終わるエンディングというものは人生にない。幸せな人にもいずれ悲しみは訪れ、悲しむ人にも朝はやってくる。善と悪は混じり合っていて、それを分け隔てる線自体がうっすらとしていたり、そもそも存在しなかったりする。リアリズム小説を卑下しているわけではない。むしろ、その反対だ。優れたリアリズムが必要だという意味だ。韓国でそういう小説を書いている作家といえば誰だろうか？　そう聞かれたら、私はこう答えるだろう。クォン・ヨソンと。

脳出血の手術後、全身に麻痺が残って死を待つのみの母親を看病している期間制教師の過ごす日々。ローンだけを残して家を出た母と自分に借金を負わせて逃げた姉を持つ主人公が、借金の返済のために孤軍奮闘するストーリー。クォン・ヨソンの小説のリアルさは一般的なリアリズムと一見同じように見えるが、その中身は異なる。実際に起こった、あるいは起こり得る人生経験と日常茶飯事を描いているのに、現実、日常、平凡の中に一歩踏み込むとそこにいかに複雑で内密な迷路が広がっているのかが伝わってくるのだ。単純な行為のように見えるシーンにも裏があり、事情があり、秘密がある。

説明することが不可能だったり、一つの意見や表面的な説明では言い表せない人生の真実を読者は直視することとなる。

悲劇は作られたストーリーではなく日々の暮らしの中にいつでも存在する。光と影は一体なのだということ。切り離すことは不可能だから、ハッピーだろうとサッドだろうとエンディングを迎えて一件落着とはできないということ。ジレンマとアイロニー。喜劇と悲劇。昼と夜のように、元から一つであったり、絶えず反復するものたち。

人生をリアルに描くというのは、人生とはこういうものだと結論付けたり一般化したりすることではない。わかりやすく簡単に要約したり、一面だけを切り取って整理することでもない。味方をするには気が引けるような秘密や真実であっても、それをありのまま語ることだ。作家は、発見した物事を淡々と、時には勇気を持って語らなくてはいけない。それが、時として不都合で何の対策もしようのない暗澹そのものだったとしても。

読者の一部は、こう訴えるだろう。ストーリーを人為的にねじ曲げて無理をしてでも良いストーリーを読者に届けて、カタルシスを味わわせてくれるべきではないのかと。それも一理ある。しかし、全てのストーリーがその義務を負う必要はなく、そうあってはいけない。この世界を正直な心で見つめている小説は、むやみやたらに生き方の代案を提示したり希望を約束したりしない。非情で公正な目で見ていて正確だからこそ、むしろ慰めになる言葉というものがある。理解しようと全力で努力して、一番遠く深くまで到達した後に言う「わからない」は、不責任で愚昧な発言ではなく、習得した一つの知識であり、人生についての的確な考察結果なのだ。

今も昔も世界は複雑で慌ただしい。常に発展し、進化しているように思えるが、ずっと繰り返し重ねられる歴史も一方で存在する。すぐ身近にあるそういう物語を描くことが小説にはできるが、それをより一層うまく描き出す作家がクォン・ヨソンだ。

（訳・須見春奈）

【鄭容俊】 小説家。ソウル芸術大学文芸創作学科教授。短編集『ガーナ』、『僕たちは血縁者じゃない』、『宣陵散策』や、長編小説『バベル』、『フロムトニオ』、『僕が話してるじゃないか』、中編小説『世界の湖』、『幽霊』、散文集『小説万歳』などの著作がある。

鄭映秀
チョン・ヨンス　정영수

1

『나주에 대하여』
김화진(저) ／문학동네／2022★

『ナジュについて』
キム・ファジン（著）／文学トンネ／2022

2

『수면 아래』
이주란(저) ／문학동네／2022★

『水面下』
イ・ジュラン（著）／文学トンネ／2022

「始まる心」
『ナジュについて』

韓国の心について書かねばならないのだが、心とは何だろう、という思いがふと浮かぶ。心は精神でもなければ、性格でもなく、気分でもない。心情に近いようにも思えるが、それも違うような気がする。私が知っている事実の一つは、少なくとも心というものは、それだけでは存在できないということだ。心は何かに向かうときに、初めて姿を現す。もしくは、何かに接することで生じるものだと言うべきだろうか。家族に対して、友に対して、恋人に対して、自分自身に対して……それだから、あっ、あの人に対するこの心のときめきは何だろう。自分でもわからない！　と思うときに、「心」という言葉が最も適切に使われるのではないだろうか。だから、この文章を書こうと決めたときに、真っ先にこの本が浮かんだ。

『ナジュについて』には八篇の短編が収録されている。どの話も異なる人物が登場するのだが共通点がある。それは誰かに夢中になっているということだ。ときには恋愛感情であり、複雑な友情でもあり、愛憎や嫉妬、好奇心でもあるのだが、結果的に、こうした感情はすべて対象を見つめる人物の心を表している。素朴な優しさや燃えあがる情熱のときもあるが、説明がつかない狂気のようなもののときもある。しかし、心とはもともとそういうものではないだろうか。相手の心を知りたいし、自分自身の心も知りたいのだが、じつは心は知るものではなく、ただ感じるものだ。表題作の『ナジュについて』では、主人公キム・ダンは、亡くなった彼氏の昔の交際相手イェ・ナジュを近くで見守るのだが、ナジュに対する説明のつかない気持ちがキム・ダンに生まれる。亡くなった恋人の元カノ、自分とはまったく違うタイプの彼女を見る時、ダンに対してどのような心情を抱くのか。親切に接してくれていた上司が、昔の恋人のもう一人の交際相手だったと知ったら、そして昔の恋人が死んだと知ったら、ナジュはどう感じるのか。さらに、この話を読む私（読者）はどう感じるのだろうか。ストーリーは私たちの心を揺さぶり、読む者の心をあらわにさせる。それこそが小説が果たすかなり重要な役割であろう。

『水面下』

『水面下』についても触れたい。本書にはかつて夫婦だった二人が登場する。語り手であるヘインは、元夫であるウギョンとは近所で生活しながら、時々日常を共有する。話しにくい事実なので、ヘインの口から一度語られるだけだが、二人は一緒に行った旅行先で子どもを失う経験をしている。『ナジュについて』に比べると、登場人物たちの感情が直接表れることはない。しかし日常生活のなかで二人がそれぞれ別の人と交わす会話や、言葉にせずにやりとりする対話を見ていると、自然と彼らの気持ちを推し量ることができる。そして、そうやって推し量ることこそが、成り行きを見守る私たちの心情なのだと思う。『水面下』の主人公であるヘインとウギョンは痛ましい経験をしているが、その経験は単なる痛みとして描かれているわけではない。大きな喪失である痛みは、巨大な世界の一部として存在しており、私たちは生きていくなかで、そうしたものに出くわすこともある。そうしたときに私たちはどのような心情を抱くのか。私たちからどのような気持ちが生まれるのだろうか。

　ところが、こうやって書いていると、これが「韓国の心」

なのか、またわからなくなる。実際に「韓国の知」と「韓国の美」に比べると、韓国の心は簡単に語れないものだと思える。上述の話から見えてくる心は、韓国の心だろうか。少なくとも、私たちの心であるはずだが、ここでいう私たちとは何を指すのだろうか。おそらく「韓国の心」というものがあるのだとしたら、つまり日本の心でもなく、タイの心でもなく、チベットの心でもない、韓国の心というものがあるのならば、これら二冊に登場する人たちが抱いているものであり、これらの小説を読むときに、私たちのなかに生まれるもの以外の何ものでもないだろう。

（訳・バーチ美和）

【鄭映秀】小説家、文学編集者。小説家、文学編集者。一九八三年ソウル生まれ。創作と批評新人文学賞を受賞し、執筆活動を始めた。短編集『愛好家たち』、『明日の恋人たち』がある。二〇一九年、二〇二〇年文学トンネの若い作家賞を受賞。

辻川純子《つじかわ じゅんこ》

쓰지카와 준코

『소년이 온다』
한강(저) ／창비／2014★

1

『少年が来る』
ハン・ガン（著）、井手俊作（訳）／クオン／2016◆

『떠도는 땅』
김숨(저) ／은행나무／2020★

2

『さすらう地』
キム・スム（著）、岡裕美（訳）／新泉社／2022◆

『거기, 내가 가면 안 돼요 ?』
이금이(저) ／사계절／2016★

3

『そこに私が行ってもいいですか？』
イ・グミ（著）、神谷丹路（訳）／里山社／2022◆

小説は愉《たの》しみで読んでいいものだ。なのに、どうして自ら苦しい読書の時間を過ごすのかと思う。そうでなくても現実には辛いことや悲しいことがたくさんあるのに。

戦争や事件など史実に基づいた小説を、なぜ私は読むのだろう。

過去にあったできごとを知りたい気持ち、知っておかなければと義務のように思う気持ちもある。日付や人数などの記録だけでなく、そこに一人ひとり名前のある人間がいてそれぞれの人生が確かにあったことを想像したい、想像しなければと思う気持ちがある。

知らずに済むのなら知らないままでいたかった、忘れてしまいたいと思う話もあった。自分の想像力ではとても及ばなかった物語だ。読んでいるだけで苦しい。読者がそうなのだから、書いた作家はどれほど苦しかったことか。それでも書かずには先へ進むことができなかったと言っている作家がいるように、私も読まずには先へ進むことができないと感じて読むのだろうか。正直、わからない。

歴史は点としてあるものではなく一つひとつのできごとが連なってできているものだと、誰かがどこかで書いていた。人々の一つひとつの人生が大きく小さく接しながらつながって、今の自分の、今の誰かの人生があるということをつい忘れてしまう。大袈裟に言ってしまえば、過去にも未来にも自分に関係のないできごとなどないと思っている。小説の力を借りて、すべては自分につながっていることであり、あのできごとは今につながっているということに気づき、覚えておきたい。

年月が経ったからこそ書くことのできた作品もあれば、年月が経つほどに書かなければとの思いを強くして書かれた作品もある。近年発表された作品から三冊を以下に選んだ。向き合う苦しさを越えて書き上げた作品を、届けてくれる作家たちが今いることに心から感謝しているし、希望を感じている。作家の良心を、私は信じている。

『少年が来る』を読むことは、一九八〇年の光州事件で命を奪われた少年の姿を間近で目撃し、殺された魂の声を聞くことから始まる。息ができないほど苦しいが、読み始めたら本を閉じることができない。生き残ってむごたらしい拷問を受けた若者たちと残された母親の、その後の苦しみ、怒り、後悔、心の傷。押し殺し、見捨てられてきた思いを知る。民主化を求めるデモに参加しただけで（あるいは参加してさえいないのに）、自国の軍隊に殺害された人々、警察に拷問された人々。少年トンホのことが忘れられない。

『さすらう地』を読む私は、行き先も理由も知らされず、大勢の人たちと一緒に、窓をふさがれた家畜用の貨車に詰め込まれる。スターリン体制下のソビエトに暮らしていた朝鮮半島出身者たちが、一九三七年のあるとき突然、わずかな荷物だけ持つことを許され、家も家畜も置いて遠い荒地へ強制移住させられたことを、私はこの本を読むまで知らなかった。姜信子さんの日本語版解説にもたくさんのことを教わった。

「どこへ向かっているの？」「どうなるの？」答えてくれる人のいない問いと身の上話が繰り返される貨車の中。ナチス・ドイツによるユダヤ人の強制収容所への移送も想像させられた。

『そこに私が行ってもいいですか？』は、二人の少女がそれぞれに運命を切り拓いていく物語だ。日本による植民地支配、対日協力者、日本軍慰安所、アメリカ日系人収容所、大韓民国臨時政府、解放と分断……ひとりの少女に抗うことなど到底できない大きな時代の流れの中で、彼女たちの人生のゆくえが気になって、ページをめくる手を止められなかった。史実を基にしながら、とてもドラマチックに展開するエンターテインメント小説だ。

韓国ではＹＡ《ヤングアダルト》向けに出版されたと知り、凄惨な描写も多いので驚いたが、考えてみれば実際に十代の少女たちの身に起きたできごとなのだった。十代にも大人にも、韓国でも日本でも、世界中で読まれてほしい。

【辻川純子】小売店主。編集・出版業。一九六七年生まれ。早稲田大学商学部卒業後、出版社でのアルバイト、日本宇宙少年団の情報誌制作などを経て、ライター・編集者としてグラフィックデザイナーの夫と共に独立。二〇一二年、山口県岩国市に「himaar（ヒマール）」を開店。クラフトや本などを販売し、読書会や音楽イベントなどを開催。二〇二〇年からは出版業も始め、アンディ・アーヴァイン著／柴田元幸訳『NEVER TIRE OF THE ROAD／旅に倦むことなし』、松井ゆみ子著『アイリッシュネスへの扉』、リクオ著『流さない言葉① ピアノマンつぶやく』を出版。こぶな書店と共同出版も。韓国ドラマ&K-BOOKファン。

辻野裕紀
つじの ゆうき
쓰지노 유키

『尹東柱全詩集 하늘과 바람과 별과 詩』
윤동주(저)、윤일주(편) ／정음사／1983 (초판 1948)★

1 『尹東柱全詩集 空と風と星と詩』
尹東柱（著)、尹一柱（編)、伊吹郷（訳）／影書房／1984◆

『한 글자 사전』
김소연(저) ／마음산책／2018★

2 『詩人 キム・ソヨン 一文字の辞典』
キム・ソヨン（著)、一文字辞典翻訳委員会（訳)、姜信子（監訳）／クオン／2021◆

読みの二重性：「集学的」な接近と詩趣の感受

福岡という地で朝鮮語の研究・教育に携わる者として、どうしても触れずにはいられない人がいる。韓国の「国民的詩人」として著聞した尹東柱である。

『尹東柱全詩集 空と風と星と詩』は、尹東柱詩集『하늘과 바람과 별과 시』の初の日本語完訳である。訳者は伊吹郷。『尹東柱全詩集 하늘과 바람과 별과 詩』（尹一柱編、正音社、一九八三年）を底本とする。尹東柱詩集翻訳の先駆である点、訳文が典雅な文体に貫かれている点、詩人の実弟である尹一柱からも高く品隲されている点、末尾に有益な解説や資料が豊富に付されている点など、本書の佳処は非常に多い。二〇一二年に発兌された金時鐘編訳『尹東柱詩集 空と風と星と詩』（岩波書店）をはじめ、他の翻訳や朝鮮語原文とも比べながら、本書を丁寧に読み開いてみるのも面白いだろう。

伊吹訳はかつて「序詩」の「生きとし生ける問題」などで論争を誘発したことでも知られる。しかし、詩の翻訳は自由の疆域に属するものであって、諍論の惹起は翻訳自体の瑕疵には決してならない。

よく言われるように、尹東柱は、「抵抗詩人」であった。

所謂「朝鮮語抹殺政策」が激化する中、密かに朝鮮語詩を書き続けたという意味においてはその通りだろう。しかし、彼を単に「抵抗詩人」としてのみ定位するのは、詩人の矮小化である。その作風は「抵抗」という熟語から連想されるような激越さとは対極にある。

一方で、尹東柱を「キリスト教詩人」として位置付ける向きもある。これもおそらく正しい。だが、「抵抗詩人か、キリスト教詩人か」という二値的な切り分けでは、我々は詩人の真面目《しんめんもく》を捉え損ねてしまう。フランスの哲学者ロラン・バルトが夙に喝破したように、テクストとは「唯一のいわば神学的な意味を出現させるものではない」[1]。尹東柱のテクストも、その理解の仕方は読み手のフリーハンドに委ねられねばならず、一意的な釈解の強要はある種の暴力である。詩の豊饒性は、その不確定性の高さに在る。また、歴史的文脈の意味付与が困難な童詩も物していることから分かる通り、一口に尹東柱の詩といっても多様である。

とはいえ、彼の詩群を、新批評＝ニュークリティシズムよろしく、社会的、歴史的文脈から完全に切断して読むこともまた不可能である。詩には社会が塗され、歴史が溶け込んでいる。尹東柱が置かれたコンテクストに対して「集学的」に接近しつつも、彼の至純なる詩趣を自由に感受するという、二重の構えがその読解には要請される。言うまでもなく、歴史を踏まえることと、開かれた複数の解釈を許容することは矛盾しない[2]。

韓国は詩の国である。ゆえに、韓国・朝鮮の〈こころ〉には、詩から迫るのが本途であろう。その中でも、尹東柱の詩語は平明であり——もちろん上来述べ来ったようにその解義は一筋縄ではいかない——、まずは彼の詩心と戯れてみることを慫慂したい。さらにそこから、植民地期の詩へと視圏を拡張させ、金素雲訳編『朝鮮詩集』（岩波書店、一九五四年）の流麗なる日本語に戦慄するのもよい[3]。あるいは晦渋な現代詩を渉猟したり、詩から派生して小説の世界に身を浸すのも愉しい。その際には、不世出の翻訳家・斎藤真理子の筆になる『韓国文学の中心にあるもの』（イースト・プレス、二〇二二年）が頼もしい水先案内人となってくれるだろう。かくして、尹東柱を契機とし、韓国文学の広野へと分け入っていく——こうした営みは限りなく知的刺激に満ちている。「契機」などという口吻では、尹東柱を手段化しているようで誤解を招来するやもしれないが、少なくとも私の場合は尹東柱の詩を門扉として、韓国文学の世界に「入門」した。尹東柱に関わる活動で辱知を得た人も少なくない。この意味で、尹東柱には読む者の関心の幅を広げ、人と人とを繋げる不思議な力があるように、私には感ぜられる。

朝鮮語の〈こころ〉を躬身に宿すこと

ところで、先に「韓国・朝鮮の〈こころ〉」という表現を使ったけれども、かかる辞遣いには実はいささかのためらいがある。〈こころ〉とは個人の奥底に潜むものであって、国家に〈こころ〉なるものは不在だからだ。臨床心理学者の東畑開人が言うように、「心とはごくごく個人的で、内面的で、プライベートなもの」である。[4] 個人を超越した集団的な〈こころ〉も実在するのか、私には判じ得ない。そもそも〈こころ〉は不可視的な存在であり、その定義も「否定神学」的にしかできない。また、「日本のこころ」、「大和魂」などといったワーディングに対して脊髄反射的に危うさを感取する者も少なくはなかろう。国家を冠した〈こころ〉はしばしばナショナリズムや全体主義と地続きになる。

そこで、次に紹介したいのは、『詩人キム・ソヨン 一文字の辞典』である。これは、詩人キム・ソヨンが一音節の単語（接辞等も含む）三一〇個について、「言語学者が収めきれなかったニュアンスを文学的に収め」たものであり、「時には冗談を言うように、時には濃密な詩を書くように」（p.7）、詩人独自の定義や喚想する事柄を自由にしたためた書である。「われわれの心は、否応なく文によって作られている」とは詩人・管啓次郎の言だが、[5] もしそうであるなら、〈こころ〉はその原子たる単語によっても組成されている。

言語とは個人史の刻印である。そして、個人史がみな異なるがゆえに、意味は常にゆらぎ、きしみ、同じ単語でもそこから湧出する心象風景は人ごとに異なる。したがって、本書は必然的に唯一無二の「辞書」となり、それによって浮かび上がるのは、通分された何かの集合体ではなく、個としての詩人キム・ソヨンの来し方である。

〈意味のゆらぎ〉は、言語の弱さであると同時に、想像／創造を生み出す力としても機能する。これは文学の可能性でもあるが、言語学習にも深く関わる事実である。私は、言語の巧拙は、個々の単語との追憶の多寡に比例すると思っている。〈意味のゆらぎ〉を全身で受け止めながら、ことば一つ一つと自分だけの思い出を育んでいくこと――言語を学ぶとはまさにそうした経験の蓄積にほかならず、それは、朝鮮語の〈こころ〉を躬身に宿すことである。[6]

1　バルト、ロラン（一九七九）『物語の構造分析』、花輪光訳、みすず書房。

2　辻野裕紀（二〇二一）「詩人尹東柱と福岡」、『言語文化論究』四十七、九州大学大学院言語文化研究院。

3　ちなみに、〈こころ〉と言えば、金素雲の孫にあたるシンガーソングライター・沢知恵の楽曲「こころ」を私は即座に想起する。これは金東鳴の詩「내 마음은」の金素雲による日本語訳に、沢知恵が曲をつけたものである。

4　東畑開人（二〇二一）『心はどこへ消えた？』、文藝春秋。

5　管啓次郎（二〇一一）『本は読めないものだから心配するな』、左右社。

6　なお、趣は異なるが、「辞書」という形態を取った珠玉の随筆として、朝鮮文学者・長璋吉の『私の朝鮮語小辞典　ソウル遊学記』（河出書房新社、一九八五年）がある。これもぜひ推挙したい名著である。

【辻野裕紀】愛知県名古屋市生まれ。言語学者。九州大学大学院言語文化研究院准教授、同大学大学院地球社会統合科学府准教授、同大学韓国研究センター副センター長。東京大学大学院人文社会系研究科博士課程修了。博士（文学）。誠信女子大学校人文科学大学（韓国）専任講師を経て、二〇一二年に九州大学へ着任。専門は言語学、韓国語学、言語思想論。文学関連の仕事も。言語学を中心とした人文学的視座から韓国語や日本語、言語一般を広く眺め、その成果を研究・教育に反映させようと努めている。著書に『形と形が出合うとき：現代韓国語の形態音韻論的研究』、共編著書に『日韓の交流と共生：多様性の過去・現在・未来』（いずれも九州大学出版会）がある。

戸田郁子《とだ いくこ》

도다 이쿠코

『남한산성』

김훈(저) ／학고재／2017★

1

『南韓山城』

金薫（著）／學古齋／2017

『괭이부리말 아이들』

김중미(저) ／창비／2001★

2

『ねこぐち村のこどもたち』

金重美（著)、吉川凪（訳）／廣済堂出版／2002 ◆

『동주의 시절』

류은규、도다 이쿠코(저) ／토향／2002★

3

『東柱の時代』

リュ・ウンギュ、戸田郁子（著）／土香／2022

韓国で最も本を読まないのは、中高年の男性だそうな。日々の暮らしを守るには文学どころではない、と。金薫《キム・フン》は、その層に本を読ませる数少ない作家として知られている。

『남한산성（南漢山城《ナマンサンソン》）』は四百年近く前、朝鮮の十六代王である仁祖《インジョ》のとき、明を滅ぼした清が朝鮮に攻め入った「丙子胡乱」を描いた歴史小説だ。

明を崇める朝鮮王朝には、夷狄《いてき》である清に従う気持ちはない。圧倒的な兵力で朝鮮を威嚇する清。王や家臣らが立て籠もった南漢山城は、兵も兵糧も限られている。仁祖の家臣らは呻吟し、互いの主張を御前で戦わせる。誰もが屈辱に身を震わせながら、この不条理を打破する力は持たない。

ついに仁祖は清の皇帝ホンタイジの前にひれ伏し、世子を初めとする数十万人が捕虜として清に連れ去られ、そのうち半数以上が長い道中で死んだという。金薫は中学生のころに聞いた話を、「いつの日か書こう」と心に誓ったと、講演会で語った。

「私の小説はいつも、弱肉強食という巨大なテーマに基づいている。私は、自分の苦痛と限界を正直に書いている。愛や浪漫については、書かない」

大韓民国樹立の年に生まれ、世界の最貧国と言われた時代に幼少期を過ごし、高度経済成長期に大人になった。国有地を不法に占拠したという理由で「不良住宅」が撤去される様子を、毎日のように目撃した。それは金薫にとって「回復できない打撃、理解できない社会」に他ならなかった。そのトラウマが『칼의 노래』（邦題『孤将』）や『남한산성』につながったと言う。弱肉強食の轍の中で、不条理な歴史はいつも繰り返される。

「言葉を惜しめ。饒舌になるな。肉をつけるな。無味乾燥な文を書け」が鉄則という金薫は、その乾いた文体で、登場人物の心の機微を読者に突きつける。それは、饒舌で感傷的な文よりも深く心に刺さり、長く留まる。心を描く錬金術師のような金薫の小説に、私はいつも酔いしれる。

韓国に暮らして三十年以上になる私が、終の棲家として選んだ町が仁川《インチョン》だ。朝鮮時代の末期に開港され、近代文物が流入した町には、今も歴史の痕跡がたくさん残っている。

この町を舞台にした小説があれば、私は必ず読む。小説を通じて過ぎた時代を知り、ここに住む人々の心を知りたいからだ。

数年前に『괭이부리말 아이들』（邦題『ねこぐち村のこどもたち』）を読み、その舞台となった場所を幾度も歩いた。ドンスの働いていた工場、子どもたちが空き缶を売って稼いだ紙幣を握りしめ、赤ん坊の服を探した市場など、二十年前に描写された風景が今もある。

最近になって作家の金重美《キム・ジュンミ》と会い、今も救いの手を求める子どもたちがここにいることを知った。金重美らはソウルオリンピック以前からこの町に住んで、子どもたちの勉強や食事などの世話をしているのだ。

民主化運動の熱気にあふれた八十年代、大学生たちは都市の貧民街に入り込み、親や学校から取り残された子どもたちを支援する活動を行った。それが今まで、途切れることなく続けられてきたとは……。

これは実話だったのか。今も巣食う貧しさ。親から捨てられ、社会から見放されて、凍りついた子どもたちの心。それを溶かす熱き心が、この小説にある。そして作家は今も変わらず、その場所にいる。

韓国で「国民詩人」と呼ばれる尹東柱《ユン・ドンジュ》。「序詩」を初めとする清冽な詩は、死後八十年近くたつ今も、国境を越えて愛されている。

日本留学中に治安維持法違反で逮捕され、福岡刑務所で悲劇的な死を遂げた詩人の生涯については、書籍だけでなく、映画や演劇などでも多く語り継がれてきた。しかし詩人が過ごした故郷の話は、あまり注目されてこなかった部分だ。

暗黒の時代に、詩人の心はどのように育まれたのか。尹東柱の心の源をたどるには、詩人の育った環境や時代背景にまで目を向ける必要がある。加えて、死後になって詩集が刊行されるまでの弟妹の奔走、故郷に遺された家族たちの痛みや、現地での詩人の顕彰にまでも思いを馳せたいと考え、『동주의 시절（東柱の時代）』を編んだ。

韓国人写真家柳銀珪《リュ・ウンギュ》と私は、韓中修交直後の一九九三年から中国東北地方を回り、中国朝鮮族を取材しながら古い写真を蒐集してきた。『東柱の時代』では詩人が故郷で書いた童詩を中心に、詩人と同時代を生きた人々の記念写真などを網羅し、朝鮮移民の歴史や間島の人々の暮らしも紹介した。

私はなぜ尹東柱にこだわり、中国朝鮮族にこだわるのか。

それは私自身が狭間に住む人間だからだろう。朝鮮と中国と日本の狭間にあった尹東柱の心には、どんな葛藤があっただろうかと、私は想像してみる。

　このところ、現世の人々が詩人の「国籍問題」を云々する様に、私は寒々しい思いが募る。二〇二二年八月韓国では、尹東柱の戸籍の住所が大韓民国独立記念館として記載された。詩人の故郷の延辺では尹を、「中国朝鮮族の愛国詩人」と主張する。死して狭間から解放された詩人の魂を、現世の線引きに引き戻そうとする愚かさを如何にせん。

【戸田郁子】作家、翻訳家。仁川開港場で築百年になる日本式木造住宅を再生して仁川官洞《クァンドン》ギャラリーを運営中。一九八三年からソウルに語学留学し、高麗大学史学科で韓国近代史を学ぶ。その後、つれあいである写真家柳銀珪とともに中国東北の朝鮮族を取材した。三十年にわたり蒐集した五万枚に及ぶ写真を使って、生活史ドキュメンタリー「間島写真館シリーズ」を編んでいる。著書に『東柱の時代』、『記憶の記録』（共に間島写真館シリーズ、図書出版土香、韓国）、『中国朝鮮族を生きる　旧満洲の記憶』（岩波書店）、翻訳書に『黒山』（金薫著、クオン）など多数がある。朝日新聞 Globe の「ソウルの書店から」で韓国のベストセラーを紹介するコラムを十年来執筆中。

中沢けい

なかざわ けい

나카자와 케이

『유년의 뜰』

오정희(저) ／문학과지성사／2001★

1

『幼年の庭』

呉貞姫（著)、清水知佐子（訳）／クオン／2024◆

『우리들의 돌탑』

한승(저) ／문학과지성사／1988★

2

『塔』

韓勝源（著)、安宇植、安岡明子（訳）／角川書店／1989◆

朝鮮のこころ

T・K生の匿名で岩波『世界』誌に『韓国からの通信』が連載されたのは一九七三年から一九八八年だった。一九七四年に岩波世界編集部編として出された岩波新書『韓国からの通信』は当時のベストセラーとなった。房総半島南端の町である館山市内の書店にも岩波新書が平積みにされていた。当時、私は中学校へ通う生徒だったが、なんとなく大勢の人が読んでいる新書を買い求め、分からないながらもそんなことがあるのかと読んでみた。韓国中央情報部にも『韓国からの通信』の筆者が特定できないというところが中学生の興味を引いたのだろう。新書には挿絵の代わりに当時、韓国で人気になっていた風刺漫画が掲載されていた。何を風刺しているのかは、中学生にはさっぱり分からなかった。私が『韓国からの通信』を買った松田屋書店は今では店を閉め、その跡地は更地になっている。

池明観《チ・ミョンガン》氏がT・K生であると名乗り出たのは二〇〇三年のことだ。日本の書店には後に嫌韓本と呼ばれるようになる書籍類が並ぶようになっていた。隔世の感を禁じ得ない。

池観明氏が『韓国からの通信』を執筆された当時の日記が

韓国春川市の翰林大学日本語楽研究所にあり、現在、出版のための原稿整理中だと聞いた。池明観氏は翰林大学日本語学研究所初代所長を務められている。日記は秘密を守るために分散され多様な人々のもとに預けられていたものを集め直したものだ。二〇二二年一月一日に池明観氏は九十七歳でみまかられた。日記に登場する多くの人はすでに故人である。私は池明観氏が残された日記をぜひ読んでみたい。

　一九七〇年代から二〇〇〇年代への韓国社会の変化を「恨の時代から情の時代へ」と説明されたのは二〇一一年から二〇一三年に駐日韓国大使を務められた申《シン》珏《ガク》秀《ス》氏だった。「恨」は胸に痞えるものがあり、心が凍えた状態だとすれば、軍事独裁政権下の韓国は「恨」の多い時代であったことだろう。「情」は胸にはときめきや憧れが宿り、心は常に動いて止まない状態で、しなやかな心の動きがある。日本の植民地支配、日中戦争、太平洋戦争の敗戦と解放、朝鮮半島の南北分断から北と南の政府樹立、さらには朝鮮戦争勃発と韓国政府の軍事独裁政権の支配と、どれほど「恨」が募る時代であったことだろう。それが「情」の時代へ展開すること自体に驚嘆する。

　ここでは池明観氏がT・K生の名で伝えてくれた「恨」の時代の中で作品を発表した二人の作家を紹介したい。いずれもお目にかかったことがある韓国の現代作家だ。

　まずは一九四七年生まれの呉《オ》貞《ジョン》姫《ヒ》氏。生まれ年は日本の団塊の世代に当たるが、ものごころついた時には朝鮮戦争が勃発した世代だ。現代韓国の女性作家としては草分け的な存在である。一九九三年から断続的に開催された日韓文学者会議で何度かお目にかかった。呉貞姫さんの周囲には必ず韓国の若い男女の作家が集まり、和やかな雰囲気が作られていた。日韓文学者会議の日本側の重要なメンバーだった安宇植さんに「呉貞姫さんから質問が来ている」と呼び寄せられたのは原州で日韓文学者会議が開かれた時のことだ。夕食会場で安宇植さんの席にうかがうと呉貞姫さんがにこやかな顔をなさっていた。「日本では男の子をどう育てているのですか」と呉貞姫さんに質問された。家父長制の強い社会から抜け出すための方策を問うのに「男の子の育て方」を尋ねるところが呉貞姫さんらしかった。おかげで、男の子にも衣食住の家事の教育をすることを巡りその場の談笑はたいへん愉快なものになった。

呉貞姫作品は複数が日本語訳となっている。私は呉貞姫さんの作品を読むと、印象的な場面が頭に残り続ける。蓬蒸し風呂へ行った帰りに漢江にかかった橋を徒歩で渡る孤独な主婦の姿は、いったいどの作品の中に書かれていたのだろう。作品タイトルは忘れてもあの大きな河を徒歩で渡る主婦の深い孤独は一幅の絵となり、脳裏に焼き付いている。仁川のマッカーサー銅像の足元から歩きだして坂を下る少女の姿。国際紛争の中に置かれた無力だけど、たしかな存在として描き出された姿として印象の深い場面であった。平明な文章で明瞭に描き出される場面は、「恨」の深い時代にあって、「恨」の底で静かに揺蕩う「情」の世界からの消息が含まれている。

二〇二四年に上梓された『幼年の庭』もまた朝鮮戦争のために避難民となった家族の住む家の内外を少女の澄んだ眼で描いている。

韓勝源《ハン・スンウォン》さんとは神保町の韓国書籍店チェッコリが開催するツアー「韓国文学の旅」でお目にかかった。「韓国文学の旅」は光州を訪れたのだが、韓勝源さんには光州事件当時のお話を伺った。韓勝源さんは長く光州で国語の先生をなさっていたとのことだ。一九八〇年の光州事件当時はすでに作家としての仕事のためにソウルへ出ていた。事件当時、メディアによる情報は途絶した状態だったので、ソウル市内のバスターミナルへ出向き、光州方面からのバスの到着を待ち、乗客に声をかけては光州の様子を聞いたそうだ。中上健次が韓勝源さんのお宅を訪ねるようになったのは、光州事件から三、四年が過ぎた頃だろうか。韓勝源さんのお穣さんで作家の韓《ハン》江《ガン》さんとは毎年、紀州の新宮で開催されている熊野大学で会い、直接、中上健次の思い出を聞いたことがある。思い出と言ってもごく子どもの頃のことで、夜中に目を覚ました時、自宅の廊下で中上健次にばったり出会い、頭を撫ぜてもらったことぐらいしか記憶にないとおっしゃっていた。ソウル滞在中の中上健次にとって韓勝源さんのお宅はきっと居心地の良い場所だったのだろう。

韓勝源氏は一九三九年生まれ。呉貞姫氏より八歳ほど年上になる。一九八九年に角川書店から出た「韓国文学の第一線作家たちの書下ろし長編」シリーズに長編『塔』を寄せている。私の手元にある単行本『塔』の末尾には同じシリーズとして尹興吉《ユン・フンギル》『鎌』朴範信《パク・ポムシン》『掟』の二作品の広告が『塔』と並んでいる。

『塔』は朝鮮戦争当時の凄惨な記憶を拭うことができない男が、離島でひたすら石の塔を積み上げる姿を描いている。塔を積み上げる男のもとへひとりの教師が尋ねてくる。教師は塔を積み上げる男と血縁関係があるのか否か、描き方は慎重で、真実は容易に姿を現さない。犠牲者供養のために塔を積み上げる男の心の時間は朝鮮戦争の凄惨な出来事の中に留められたままである。物語を生むための時間が滞った塔を積む男と、男との血縁関係があるかもしれない教師の二人を、海を吹きぬくる風が包む。海と島を照らす光が包む。滞った人間の時間を、天体の動きに支配される自然の時間が包み込んでいるのである。天体の動きに支配される自然の時間は、宇宙の時間と呼び変えても良い。「恨」に凍えた人の心の外を大きな宇宙の「情」が包んでいるのが『塔』という長編小説だ。

「恨」が朝鮮の心なら「情」もまた朝鮮の心である。「恨の時代から情の時代へ」という変化は、呉貞姫氏、韓勝源氏の作品を読むと歴史潮流の底で、ながい時間をかけ用意されたものだと思えてくる。

【中沢けい】一九五九年神奈川県生まれ。小説家。法政大学文学部日本文学科教授。一般社団法人K－BOOK振興会代表理事。明治大学政治経済学部卒業。一九七八年第二十一回群像新人賞を『海を感じる時』で受賞。一九八五年第七回野間新人賞を『水平線上にて』で受賞。代表作に『女ともだち』『楽隊のうさぎ』『月の桂』などがある。

中島京子

なかじま きょうこ 나카지마 교코

『리나』
강영숙(저) ／문학동네／2006★

1

『リナ』
姜英淑（著)、吉川凪（訳）／現代企画室／2011◆

『피프티 피플』
정세란(저) ／창비／2016★

2

『フィフティ・ピープル』
チョン・セラン（著)、斎藤真理子（訳）／亜紀書房／2018◆

『비행운』
김애란(저) ／문학과지성사／2012★

3

『ひこうき雲』
キム・エラン（著)、古川綾子（訳）／亜紀書房／2022◆

『リナ』は、初めて読んだ韓国現代作家の作品。姜英淑《カン・ヨンスク》さんとは、二〇〇九年、アメリカ、アイオワ大学のインターナショナル・ライティング・プログラムで知り合った。彼女はヘビースモーカーでいつもブラックコーヒーを飲み、宵っ張りで朝起きるのが苦手、食事は辛ラーメンがあればなんとかなる、というような人だった。わたしは全く逆で、わりと早起きだし健康的で、できれば毎日自炊したいようなタイプ。あまりに正反対なので、はじめのうちは、この人と仲良くなれるのかなと思うほどだったが、話してみたら意外に気が合った。書く小説も、ぜんぜん違う。

アメリカにいたときに、『リナ』の英訳抜粋を大学のウェブページで読んで衝撃を受け、邦訳が出たときにはむさぼるように読んだ。作品内では地名や国名が特定されないが、脱北者と思われる若い女性リナの視点で描かれる。リナは貧困から逃れるために国境を越え、〈P国〉を目指す。でも、なかなか豊かな〈P国〉にはたどり着かず、あやしい化学工場で働かされたり、セックスワーカーになったり、最底辺の労働者として流転する物語だ。全体的に悪夢のような、シュールで残酷な描写が続くが、乾いた筆致とリナの強さが、不思議な魅力を放っている。闇バイト的な環境を生きる人々の過酷な労働状況をエンジンにしつつ、疾走するようなテンポで駆け抜けるリナのビルドゥングス／ピカレスクロマンは、いまも忘れ難い強烈な印象を残している。

『フィフティ・ピープル』は、人気作家チョン・セランの作品で、韓国の都市にある大学病院にまつわる人々五十人を描き出した楽しい作品。韓国の文学の重厚でやや暗いというような、ややステレオタイプのイメージを、すっかり吹き飛ばしてくれた。チョン・セランやキム・エランのような、軽さとユーモアを持つ作家たちの登場は、笑える小説が好きなわたしにとって、とてもうれしいことだった。軽みを持つ小説だからといって、現代社会が持つ矛盾や痛みはきちんと描かれているのが、韓国の小説らしいと感じる。わたしは、今回執筆を引き受けたといっても、「韓国の心」をどれほど理解しているかはたいへん心もとないけれども、日本の作家たちより韓国の作家たちのほうが、社会と切り結んだ小説を書くなあと常々思っていた。

『フィフティ・ピープル』の登場人物たちは、年齢層も多岐にわたるし性別も問わないが、くっきりとした輪郭を持ち、なんだかよく知っている人物たちに感じられる。読むたびに、その、個性的な面々の日々のスケッチにくすっとさせられたり、ほのぼのさせられたり、びっくりさせられたりする。登場人物の名前だけが付せられた各章はとても短くて、ぱっと開いて目についた章を読む、という楽しみ方もできる。カタカナの韓国人の名前だけではイメージがわきにくいからと、日本語版に入っているイラストも魅力。ラストの描き方もとてもよかった。

『ひこうき雲』も、韓国で（日本でも）人気のあるキム・エランの短編集だ。キム・エランの作品は、初めての邦訳が出た『どきどき僕の人生』（クオン）から、一つ一つ、読んでいって、初期の作品の元気のよさやユーモアにも、しかし、いつも毎日の生活を懸命に生きている、人間たちを温かく描き出す筆致にとても惹かれていた。キム・エランとも個人的な交流があり、北京で催された文学イベントで会ったのが最初だった。重鎮が多い韓国作家代表団の中の、「末っ子」のような立場の若手作家だったけれど、シンポジウムや講演で紡ぎ出す言葉が思索に満ちていて、大器なんだなあと思わせた。

その文学イベントの中で、彼女が静かに朗読したのが、『ひこうき雲』所収の一編「かの地に夜、ここに歌」という小説からの抜粋だった。亡くなった妻が残した中国語教材のカセットテープを、タクシードライバーの主人公が聞くシーンから始まる。妻をなくした孤独な中年男が、男の貧しかった少年時代やコンプレックス、朝鮮族の中国人だった妻との出会いなどを回想する。そして、中国語初級のシンプルでたいして意味のないような文章が、その中年男の心情を浮かび上がらせる。とても技巧的な、でも、それを技巧と感じさせない作品。ほかにも、五十代で空港のトイレの清掃をしている女性が主人公の「一日の軸」など、胸に留まって離れない人物を描き出す作家だと思う。

【中島京子】一九六四年東京都出身。東京女子大学文理学部卒。雑誌編集者、フリーライターを経て、二〇〇三年『ＦＵＴＯＮ』（講談社）で小説家デビュー。二〇一〇年『小さいおうち』（文藝春秋）で直木三十五賞を受賞。二〇一四年『妻が椎茸だったころ』（講談社）で泉鏡花文学賞、二〇一五年『長いお別れ』で中央公論文芸賞、『かたづの！』で柴田錬三郎賞、二〇二〇年『夢見る帝国図書館』で紫式部文学賞、二〇二二年『やさしい猫』で吉川英治文学賞を受賞。二〇一四年に『小さいおうち』（山田洋次監督・松たか子主演）、二〇一九年に『長いお別れ』（中野量太監督・蒼井優主演）が映画化された。

仲俣暁生

なかまた あきお

나카마타 아키오

『고래』
천명관(저)／문학동네／2014★

1

『鯨』
チョン・ミョングァン（著）、斎藤真理子（訳）／晶文社／2018◆

『난장이가 쏘아올린 작은 공』
조세희(저)／문학과지성사／1978★

2

『こびとが打ち上げた小さなボール』
チョ・セヒ（著）、斎藤真理子（訳）／河出文庫／2023◆

3

『韓国文学の中心にあるもの』
斎藤真理子（著）／イースト・プレス／2022★

「小さなもの」と、「大きなもの」のなかに息づく魂

韓国の小説では健常者ではない登場人物がしばしば重要な役割を果たす。チョ・セヒ『こびとが打ち上げた小さなボール』の巻末解説で四方田犬彦は、そのような人々のことを「病身《ビョンシン》」という言葉で表現し、「身体障碍者をめぐって韓国文化が伝統的に携えてきた想像力の深さ」に触れている。「こびと」「せむし」「いざり」と作中で呼ばれる、姿かたちに特徴が明瞭にあらわれた人々だけでなく、『こびとが打ち上げた小さなボール』には庶民から支配階級に到るまで、軍政下にあった当時の韓国社会に暮らすほとんどの人々が、どこか欠落した部分を抱えた存在として描かれている。彼ら彼女ら自身も、みずからが周縁的な存在であることに気づいているのだ。

閉塞した時代のなかで行き場を失っていく人たちの悲劇が相次いで描かれるこの作品のなかに希望のありかを探すとしたら、「私たちはこびとだってことよ！」というシネの叫びの言葉だろう。それぞれの置かれている立場を超えて、「小さなもの」同志は連帯しうる。そのためにはまず「私たち」がみな「こびと」であることを認めなくてはならない。

『こびとが打ち上げた小さなボール』は、厳しい軍政下で検閲や発禁を避けるため、各章がさまざまな雑誌に散発的に発表されたという。断片的なエピソードを幾重にも織りなしたこの作品自体が、一種のネットワークのような構造をもっている。冒頭と最後で示される「メビウスの帯」や「クラインのびん」は、この作品がもつ構造そのものだ。

『こびとが打ち上げた小さなボール』のような複雑で微妙な味わいをもつ小説が、韓国では時代を越えたロングセラーとなっているという。そのことが、私にはとても尊いことのように思える。というのも、日本の現代小説で同じような性質をもつ作品を思い浮かべることがとても難しいからだ。韓国の現代小説には、日本の小説が見失ってしまった「魂」のようなものが、いまもなお込められているのではないか。朝鮮／韓国文学のすぐれた紹介者であり翻訳者である斎藤真理子が『韓国文学の中心にあるもの』で論じた、まさに「中心にあるもの」、それはおそらく「魂」という言葉にもっとも近いものだ。この国の現代文学は、いまもなおソウルフルなのだ。なぜなら、その響きを確実に聞き取る読者たちがいるから。

「小さなもの」が社会においてつねに周縁的な存在であるように、あまりに巨きすぎる存在も社会の脇に追いやられる。チョン・ミョングァン『鯨』の主人公、春姫《チュニ》はそのような人々のひとりだ。チュニは唖であり、人並み外れた体の大きさだけでなく、その意味でも「病身」なのだが、身体の圧倒的な大きさと怪力によって、唖であることの印象は後景に退いている。

怪力の大女であるチュニのみならず、この作品には鯨や象といった「大きなもの」のイメージが象徴的に用いられている。架空の都市ピョンデの隆盛と衰亡を、女傑ともいうべき人々の三代記として綴った『鯨』は、韓国現代史を高速映像で展開したかのような、寓話性の強い物語だ。しかし「大きなもの」がつねに強いわけではないし、正しいわけでもない。そもそも「大きさ」を図る物差しはなんなのか。経済か、正義か、それとも愛情か。書かれた時代はずいぶん離れているけれど、『鯨』という小説にも間違いなく、『こびとが打ち上げた小さなボール』と同様、「魂」が息づいている。

一九七〇年代と二〇〇〇年代に書かれた、「小さなもの」と「大きなもの」をめぐるこの二つの小説は、どちらも一種のポストモダン文学である。『こびとが打ち上げた小さなボール』には「メビウスの帯」や「クラインのびん」といった、ポストモダン思想のキーワードだったような決定不能性を表す言葉が用いられているし、『鯨』には初期村上春樹をおもわせる、著者自身による手描きのイラストレーションが添えられている。形式的にはこれらの作品とよく似ている日本のポストモダン文学は、しかし、それ以前の時代から「魂」を受け継ぎそこねてしまった。ポストモダン文学とそれ以前の近代文学とのあいだに、大きな断絶がある。でも韓国の現代文学には、日本の小説が失った（あるいは、受け継ぎそこなった）「魂」がしっかりと刻印されている。

　東アジアに限らず、世界中のあらゆる場所で書かれている文学の希望はどこにあるかといえば、私はそこにあると思う。

【仲俣暁生】編集者、文芸評論家。一九六四年東京生まれ。文芸に関わる著書に『ポスト・ムラカミの日本文学』（朝日出版社）、『〈ことば〉の仕事』（原書房）、『極西文学論』（晶文社）、『「鍵のかかった部屋」をいかに解体するか』（バジリコ）、『失われた「文学」を求めて──文芸時評編』（つかだま書房）などがある。目下、日本の同時代文学史についての本を執筆中。韓国渡航歴は二〇〇〇年代はじめの一度きり。当時のソウルには、コンビニエンスストアにさえ、日本の同時代の小説が置かれていて感激した。風景は当時とすっかり変わってしまっているだろうが、現在の韓国をまた訪れてみたい。

成川彩
なりかわ　あや　나리카와 아야

『춘향전』
신현수(저)／보리출판사／2021★

1

『春香伝』
シン・ヒョンス（著）／ポリ出版社／2021

2
『辛基秀 朝鮮通信使に掛ける夢』
上野敏彦（著）／明石書店／2018★

『생에 감사해』
김혜자(저)／수오서재／2022★

3

『生に感謝』
キム・ヘジャ（著）／守吾書斎／2022

『春香伝』

韓国で最もポピュラーなラブストーリーと言えば、『春香伝』だ。民衆の口から口へ伝わった説話が伝統芸能パンソリの演目となり、小説や映画、ドラマ、演劇など様々な作品となって広く親しまれてきた。私自身はイム・グォンテク監督の映画『春香伝』（二〇〇〇）で初めて知った。

主人公の春香《チュニャン》は妓生《キーセン》の娘で、両班《ヤンバン》の息子、夢龍《モンニョン》との身分を越えた愛を描いている。妓生は朝鮮の歌舞や文芸に長じた芸妓、両班は支配階級だ。

春香と夢龍は南原《ナムウォン》の広寒楼で出会った。春香がクネと呼ばれる長いブランコをこいでいる姿を見た夢龍が一目ぼれする。鮮やかな伝統衣装の韓服《ハンボク》をひらめかせ、風を切ってクネをこぐ姿は、映画『春香伝』でも幻想的な場面だった。私も南原に行った時に広寒楼を訪れたが、朝鮮時代にタイムスリップしたような美しい庭園が広がっていた。

夢龍は父の昇進に伴って上京することになり、春香と離れ離れになってしまう。ところが南原に新たに赴任してきた悪代官が春香に執拗に迫り、かたくなに拒んだ春香は投獄されてしまう。一方、夢龍は科挙に合格して南原へ戻り、悪代官を懲らしめて春香と正式に結婚するという、いわゆる「シンデレラ・ストーリー」だ。#MeToo以降少し変わってきたが、それ以前の韓国ドラマの王道パターンの一つが財閥御曹司と一般家庭の娘の愛を描く「シンデレラ・ストーリー」だったのもうなずける。

ところで、広寒楼近くの「春香館」で見た展示の中に、一八八二年の大阪朝日新聞の記事があった。『鶏林情話春香伝』という連載だ。気になって調べてみると、小説家の半井桃水が『春香伝』を翻訳したものだった。対馬出身の半井は父の仕事の関係で少年期を釜山で過ごし、後に朝日新聞記者としても釜山駐在を経験している。半井がどう『春香伝』に出合い、連載に至ったのかも気になるところだ。

『辛基秀 朝鮮通信使に掛ける夢』

二〇一七年、「朝鮮通信使に関する記録」が「世界の記憶(世界記憶遺産)」に登録された。日韓の歴史と言うと、植民地支配や戦争にまつわる不幸な歴史が注目されがちだが、江戸時代に十二回にわたって朝鮮から日本へ派遣された外交使節団「朝鮮通信使」は両国の友好的な交流であり、それに光を当てた一人として、辛基秀《シン・ギス》の功績は大きい。『辛基秀 朝鮮通信使に掛ける夢』は、ジャーナリストの上野敏彦の綿密な取材により、辛基秀（一九三一〜二〇〇二）の生涯をたどる本だ。辛基秀は京都生まれの在日コリアンで、本名で学校に通う娘がいじめられていたというエピソードからは、朝鮮通信使に掛ける思いが、在日コリアンや祖国に対するイメージ改善にもあったように感じられる。

記録映画『江戸時代の朝鮮通信使』（一九七九）を作る過程だけでも、辛基秀を筆頭に多くの在日コリアンと日本人が関わったことがうかがえる。この映画は朝日新聞の社説で紹介されるなど、朝鮮通信使を一般の人に知らしめるうえで大きな役割を果たした。豊臣秀吉の朝鮮侵略後、日本と朝鮮の関係回復のために尽力した歴史と、植民地支配や戦争で傷ついた両国の関係を再び好転させようという戦後の努力が重なって見える。その集大成が世界記憶遺産登録であり、この成果を今後も両国で大切に育んでいってほしい。

『生に感謝』

近年見た韓国ドラマで「最も泣いたドラマ」と言えば、

『まぶしくて』（二〇一九）と『私たちのブルース』（二〇二二）で、その両方がキム・ヘジャの演技によるものだった。ポン・ジュノ監督の映画『母なる証明』（二〇〇九）で見せた狂気の母の演技も圧巻だったが、『まぶしくて』や『私たちのブルース』で見せた細やかな表情には、演技を超えたキム・ヘジャの本物の愛が見えるようだった。

『生に感謝』は、一九四一年生まれ、八十代の現在（二〇二四年）も現役で活躍を続ける名優キム・ヘジャの自伝だ。幼稚園の頃から舞台に立っていたというから、人生まるまる演技人生だったようなものだ。

映画館に足しげく通った映画大好き少女ヘジャは大学生の時に正式にデビューした。人付き合いは苦手な方で、撮影が終わるとすぐに帰宅し、本を読みふけったという。「とにかく本を読め」というのが父の教えだった。感性の豊かさは多くの映画、本に触れた結果だった。

『私たちのブルース』の最終回のキム・ヘジャを見た時、『万引き家族』の樹木希林を思い出した。「ああ、最期まですべて見せてくれるんだ……」と。それぞれ死の間際を演じた。不思議なことに、キム・ヘジャ本人も、樹木希林の遺作となった『日日是好日』（二〇一八）を映画館で見て、同じことを感じたようだ。「樹木希林も私も、そうやって役になりきった瞬間、人生の虚無や苦痛、悲しみ、雑念を忘れることができました。そしてその瞬間、何にも染まらない純粋な私自身になり、他のどんな時よりも幸せでした」と、つづっている。役になりきっている時がむしろ本当に生きている瞬間なのだ。

【成川彩】韓国在住文化系ライター。大阪生まれ、高知育ち。神戸大学在学中に二度ソウルへ留学し、韓国映画の魅力にはまる。朝日新聞記者として九年間文化を中心に取材し、退社後二〇一七年からソウルの東国大学大学院へ留学。韓国映画について学びながら、共同通信やAERA、中央日報（韓国）など日韓の様々なメディアで執筆。二〇二〇年からはKBS WORLD Radioの日本語番組「玄海灘に立つ虹」で韓国の本や映画を紹介している。二〇二〇年、韓国で『どこにいても、私は私らしく（어디에 있든 나는 나답게）』（생각의창）、二〇二三年、日本で『現地発 韓国映画・ドラマのなぜ？』（筑摩書房）、二〇二四年に『映画に導かれて暮らす韓国』（クオン）を刊行した。

新見《にいみ》寿美江《すみえ》

니미 스미에

『백석평전』
안도현(저) ／다산책방／2014★

1
『詩人　白石〜寄る辺なく気高くさみしく〜』
アン・ドヒョン（著）、五十嵐真希（訳）／新泉社／2022◆

『해녀들』
허영선(저) ／문학동네／2017★

2
『海女たち――愛を抱かずしてどうして海に入られようか』
ホ・ヨンソン（著）、姜信子、趙倫子（訳）／新泉社／2020◆

『詩人　白石〜寄る辺なく気高くさみしく〜』

この本を読むきっかけとなったのは、『私（僕）とナターシャと白いロバ』という韓国ミュージカル作品との出合いにある。ナターシャということはきっとロシア人女性をテーマにしているのだろうと、勝手な想像をしたほど原作が気になった。ミュージカルを観ても何かいまひとつ悶々としたものが残った。作者を知りたいと思いネットで検索をしてみると、このタイトルは詩人・白石の作品であるということ。そして、南北分断以降、白石は北朝鮮に暮らしたということや、詩の表現にその土地のことばを使っていることなどがわかった。「白石をもっと知りたい。ミュージカルにもなるのだから」との思いから、韓国の友人に電話をしてみた。

「元気。教えてほしいことがあって。白石という詩人を」と、まで言いかけると友人は「あっ、その詩人はとっても有名で韓国人なら知らない人はいない。ミュージカルは観た？」と堰を切ったように興奮気味に話し出した。友人もまた、白石の表現方法が独特で、訛りを使っていることや多くの本が出版されていることも教えてくれた。

友人との会話でますます白石を知りたいと思った。翻訳本を探したところ、著者アン・ドヒョン　翻訳五十嵐真希『詩人　白石』が発行されたばかりだった。何という幸運なのだろう。すぐに購入手続きをし、待つこと二日間。分厚い一冊の本が届いた。

待ちに待った本は、灰色の空から舞い降りた雪を思わせる装丁のハードカバー。本を開いた。

最初にあったのは『日本語版に寄せて』という見出し。冒頭で著者は次のように書く。

「白石は韓国の高校教科書『国語』『文学』に最も多くの詩が掲載されている詩人である。彼の詩集『鹿』は、韓国の現役詩人を対象にしたアンケートで、「我々の時代の詩人に最も大きな影響を及ぼした作品」に選ばれたこともある。白石を扱った書籍や論文はこれまでに一千編を上回る。これだけみても、白石の詩と人生に対する学会や文壇、そして読者の関心が並々ならぬものであることを窺い知ることができる。

日本が朝鮮を併合した直後の一九一二年に生まれた白石は、一九四五年の光復（解放）以後、北朝鮮で活動をして人生を終えた。白石は、自分の思想的な信念に従って南から北へ移った越北詩人ではない。家族のいる北朝鮮でしばらく創作活動をしていたが、結局は社会主義体制に適応できず、平壌から追われて農作業で晩年を送らざるをえなかった悲運の詩人だ。南北分断以後の数十年間、彼は南と北のどちら側でも文学史的に認められることすらできなかった。しかしいま、韓国の研究者や読者は白石の詩に熱中している。こうした熱狂を白石は予想だにしなかっただろう。」

さらに「私が愛する白石詩人の詩と人生が日本で知られるようになれば、日本で白石を介して東アジアの過去と現在を診断する新しい視点が芽生えるかもしれない」と述べている。このメッセージはストレートに私の心に刻まれた。

「まえがき」へと進んだ。まえがきのタイトルもまた、好奇心を掻き立て著者の世界へと導いてくれる。「まえがき―白石を書き写していた時間」で著者は、二十歳の頃に（一九八〇年）白石の詩『焚き火』に、はじめて出合い、そのときから白石に心酔し続けていること。一九八九年、二冊目の詩集では『白石先生の村に行って』を発表したこと。そして、まえがきの最後に「私は、白石からのこれまでの恩を返すために本書を書いた。」とある。著者は何故、白石を敬愛するようになったのか。ますます詩人・白石に興味がわいた。

本編は、プロローグ　帰郷／第一部　詩集『鹿』が誕生するまで／第二部　咸興時代／第三部　満州時代／第四部　解放後から、で構成され、年譜・付録「白石詩抄」・解説・訳者あとがきとなっている。

著者が白石の作品『焚き火』と出合ったのは一九八〇年。南北分断後、北朝鮮で生活せざるをえなかった白石の晩年までの様子がこの本には丁寧に書かれている。読み始めは文中に登場する人物や地名の整理がつかず、何度も何度も朝鮮半島全図の頁に戻ったり、人名註へと飛んだりしながら、それでも吸い寄せられるように読み進んだ。読み終えたとき「そうだったのか」「そんなことがあったのか」と初めて知ることばかりであった。白石を敬愛する著者がこの本に費やしたエネルギーは並々ならぬものだったはずであり、心なくしてこの一冊を書き上げることはできないと思った。心の内側が感動で小刻みに震えるほどだった。

詩人・白石を知りたいという思いからこの本を手にしたのだが、気がついてみると著者アン・ドヒョンの世界観へ吸い込まれていた。著者の詳細な調査に基づく白石の足跡からは、日本に併合された時代の朝鮮半島における文壇の流れ、そして満州での白石の生活からは時代の危うさを伺い知ることができ、さらに朝鮮半島の南北分断からは不条理感が伝わり、まるで近代史を見ているかのようである。

本を開くまでは、白石の作品を評論している本なのだろうと思っていた。とんでもなかった。著者は、これまでの恩を返すためにこの本を書いた、とまえがきでも書いているように、白石がどこで生まれ、どこの学校へ通い、どんな仕事に就き、どんな暮らしをし、どんな人たちと交流し、誰を愛していたのか。そして、白石を取り巻く当時の社会情勢はどうだったか、などを詳細に伝え、決して賛美だけではない客観視した表現が随所に出てくる。詩人・白石を断片的に捉えるのではなく、生涯を通した足跡から彼の表現がどれほど素晴らしく、それは時代に関係のない普遍的なものであるかを伝えている。

白石は東京・青山学院大学に留学している。当然、日本語もできたのだが併合されていた時代であっても、彼は日本語での表現は一切行わず韓国語を使い、そしてそこにはいつも、故郷のことばがあった。著者は、白石が郷土のことばを使ったことに対する見方として、「白石は、植民地化によって汚され歪められる前の故郷、すなわち汚れていない原始性を有する故郷と故郷の方言に目をつけた。故郷の言葉である方言こそ、凋落の道をひた走る朝鮮の現実を守れる一つの詩的なパラドックスとして作用できるのではないかと判断した。だから、白石が平安道の方言を使ったことは、郷土主義に埋もれた結果ではなく、考え抜いた創作方法であり、意図したものなのだった。」と書いている。ここに、白石の詩が現代社会において多くの読者を魅了し、読まれているのだということに気づかされた。白石の作品からは、郷土への愛のみならず、そこに存在することの重要性が伝わってくるからなのだろう。一見、不便な地域だとしてもそこに美しい何かがあれば、それだけで人は生きていけるようにさえ思えてくる。

『僕とナターシャと白いロバ』を全編読んだ。この詩は愛する人へ渡したものであったことを知った。

「ナターシャを愛して／今宵はしんしんと雪が降る」、詩の冒頭から唐突感を抱いたが、何故かくっきりと言葉が残った。なんと心に迫る表現なのだろう。まるで一定のリズムで時を刻む時計と、それに反する自然の変化が同時進行しているかのようである。勝手な解釈だが、何にもとらわれることなく、そこにあるのは「そのとき」なのだろう。愛に確証はない。だが、表現の方法はいくらでもあると思いながらも、雪の白さと白いロバという表現の中に、ゆるぎない愛の形が不思議と見えてくる。

この本で白石の詩のみならず多くの作品を知った。だが、それ以上に著者の細やかな調査に基づいたこの本は、普遍的な自由と愛を伝えつつ朝鮮半島の歩みとともに、決して忘れてはならない歴史の史実をメッセージとして、託しているように思える。詩人・白石は時代に翻弄され、自由な表現もできないまま人生の幕を閉じた。だが、そこには白石らしい生き方もあり、愛しい人への素直な向き合い方や自分の信念を貫く、しなやかな強さもあった。それは著者そのものなのかも知れない。

『海女たち』

済州島の詩人による本書は、第一部『海女伝』と第二部『声なき声の祈りの歌』からなり、五十編の詩と散文が掲載されている。

　第一部、海女伝の中に『海女　キム・オンニョン1』と『海女　キム・オンニョン2』という詩があった。脚注のキム・オンニョンの紹介文に、彼女は植民地時代、日本による海産物の搾取に立ち向かった海女抗日闘争の首謀者のひとりとして、六カ月の獄中生活を送った。とあった。

「罪名は騒擾だそうです／最後まで仲間の名前を明かしませんでした／

　誰のものでもない海に潜った罪／命を海にかけて生きる罪ならば／ありましょうが／さらに　罪と言うならば／～」

　そして、最後の三行には「ついに　生きのびて　咲かせた花　ひとつ／めらめら／燃え上がる花」（海女　キム・オンニョン1より部分抜粋）

　さらに、この作品の後半で懲役を生き抜いたことを知った。

「一週間　また一週間　拷問されたあの年／

どうしても海のへその緒を断ち切れなかった／島の女たち／懲役を生き抜いた女たち」（海女　キム・オンニョン2より部分抜粋）。

　海女たちが団結した海女抗日闘争を鎮圧しようと日本の警察は、首謀者と思われる海女たちを逮捕し拷問をした。だが、海女たちは決して仲間を裏切ることをせず、どんなに身体を痛めつけられても生き抜いた。その拷問がいかに酷かったかは、詩を読むことで静かな怒りとともに知ることができる。

　酷い拷問を受け、気を失いながらも生き抜いた海女たちには、拷問にも屈しない精神力があった。その精神力はどこからくるのだろうと思わずにはいられない。それは、詩を読み返すことで伝わってきた。彼女たちの脳裏には、いつも家族と過ごした穏やかで幸せな時間や出来事、そして愛する者への優しい思いがあったということ。そして、その思いこそが生き抜く力になったのだ。キム・オンニョン1と2を読み返しながら響いてきたのは、たとえ拷問という非人道的な行為をしても、人間の心までは誰も奪うことはできないということである。海女たちの崇高なまでの生きる力は、凛としたやさしさと愛する者たちのためにという深い愛情がそうさせている。

　『第二部　声なき祈りの歌』の中に『9　海の中の呼吸は

何をつかむのか　――五人の海女の歌』という比較的短い詩がある。

「ひとつ　息を吐き出せば／ひとつ　息をのみこみ　身をひるがえすのだ／五人の女と海が一身になるのだ／もがいてもがいても何をつかむのか／胸の奥のずっと底から　息を吐き出すのだ／数珠玉のように　ばらばら／ばらけてゆくものたちだ／数珠玉のように／

散ってゆくものたちだ／ひゅうひゅうと　鳥を追う　声なのだ／海の上を　飛んで　舞って　漂うのだ」

海女たちが命を託す自らの呼吸。五人の仲間たちが息を吐き、深く息を吸い一斉に海へと潜る。何かをつかんでは、息を吐き出す。その吐き出す深い息は、かすかな音とともに飛んでは消えていく。そんなふうに想像した。おそらく、ひゅうひゅうと鳥を追う声も、海の上を飛んで舞いながら漂うのも、勝手な解釈だが海女たちの深い息のようにさえ感じさせられる。ひとつの息を吐き出し。そしてひとつの息をのみこむや否や海に潜る海女たち。その一瞬一瞬が命とのたたかいでもあるのだ。海を信じ自分を信じ、家族への愛情がなければできない。済州のたおやかな海、ときに激しく荒れ狂うときがあったとしても、約束をしたかのように穏やかになり、海女たちを見守ってくれる。著者は、海女たちの海への思い、感謝、そして愛するものたちへの気持ちを伝えている。

この本をとおして海女たちの抗日闘争を知ることは、「人間の尊厳」や「人の心」の在り方を考えるきっかけにも通じる。とかく、実存を優先するがあまり本質を見失い、人は想像することさえも忘れ、鬼畜のようにさえなってしまうこともある。「心を見よ！海女たちが伝えてくれた生きる力の本質を見よ！」と、この本は海の凪のような静けさの中から深く語りかけてくれる。

一九九八年十一月、取材で初めて済州島を訪れた。観光名所では、撮影大会でもやっているのかと思ったほど新婚さんの記念撮影風景が目に入った。見どころのひとつとなっている龍頭岩へ行ったときのこと、近くの浜辺で談笑している海女さんたちから声をかけてもらった。短い会話の中に「済州に来たらアワビ粥も食べて」と、郷土料理を教えてもらったのもこの時だった。それから三年ほどして、済州の西帰浦にある食堂で店主のお母さんと知り合いになった。その時、初めて海女の抗日闘争を知った。が、詳しく知ることはなかった。この本を読みたいと思ったのは、その当時、海女たちはどんなふうに日常を過ごしたのかを知りたかったからだ。

　この詩集は全編にわたり命の尊さ、家族の尊さ、そして何より人間の尊さを海女さんたちの声を通して教えてくれる。

【新見寿美江】新見工房代表取締役／『韓国市場あるき 町めぐり 韓国の旅』や韓国ミュージカル第二弾となる『KOREAN MUSICAL BOOKS』を発行中。／一九九七年、旅行誌で韓国を担当して以来、韓国に魅力を抱き数多くの旅行誌を手掛け、その一方で執筆活動も多岐にわたる。主な著書『韓国食めぐり』（ＪＴＢ刊）他多数。

河正雄

ハ・ジョンウン　하정웅

1 『李の花は散っても』
深沢潮（著）／朝日新聞出版／2023 ★

2 『評伝・浅川伯教と巧——14冊の日記帳』
澤谷滋子（著）、飛鳥あると（絵）／山梨県北杜市発行／2021 ★

『李の花は散っても』

深沢潮さんは、一九六六年在日三世として東京で生まれた。三十才の時、日本国籍を得て二〇二一年「金江のおばさん」で第十一回「女による女のためのR-18文学賞」大賞を受賞し、日本の小説家として登場した。

これまで在日コリアン作家が書いた小説は民族やイデオロギーの狭間での葛藤やアイデンティティーを主材にしたものが多かった。本著は歴史の現実をテーマにし、在日コリアンの立ち位置を多様に捉えており時代の流れに合う。その流れは自然であり新しい小説である。

著者は韓国旅行で李方子（りまさこ／イ・バンジャ）さんのことを知り、父が李王家の傍系子孫であったことが判り、身近に感じて取材を重ねていた。そんな折に「大正、昭和を生き、日韓の不幸な歴史の狭間で翻弄された李方子さんを描きたい」、私のコレクション資料から学びたいと、我が家を訪問取材されたことが出会いとなった。

梨本宮家に生まれた皇族、方子十四才の夏。朝鮮・李王朝の皇太子・李垠《イ・ウン》と御自身の婚約を知り以後、日韓の歴史の渦に巻き込まれ、数奇な運命に翻弄されていく。

日鮮融和の政略結婚という理不尽な時代を生き、日本人や朝鮮人からの脅しや誹謗中傷の嫌がらせを受け、両国に跨る深い溝と闇に直面していく方子を描きたいと語った。

人の美しさと尊さは真の愛である。李垠殿下と婚約が決まった時の、心の動きを綴った方子の日記には愛を以て李垠殿下を支えることを使命とした誓いが、高潔なる純真さで綴られており、それは日記文学の華だと私は語った。

生前少なからぬ方子さんとの交際があった私は、著者の意欲と情熱に心揺り動かされ、創作に期待と夢を抱いた。結実したことは幸いであった。

本著は戦前・戦中、戦後の朝鮮半島を舞台にして、日本で出会った朝鮮独立運動と恋に落ちた架空の人物マサと同年の方子を主人公にして、十三章に渡り展開する長編小説である。

その時代の人間の狂気と残虐性の悲劇が、今のウクライナ侵攻、戦争の理不尽さを見て「歴史は繰り返す」という事実を突きつけて来る。

二人の女性の愛の行方と歴史が凝縮された流れは究極の愛の真を伝えている。本著は作者自身のアイデンティティーの叫びであり、それは在日二世の私にも迫りくる心でもある。

『評伝・浅川伯教と巧―14冊の日記帳』

明治時代、八ヶ岳南麓の山梨県北杜市に生まれ、朝鮮白磁の美を日本に広めた浅川伯教《あさかわのりたか》（一八八四～一九六四）。僅か四十年で病死、短い生涯を閉じた弟、巧《たくみ》の為したことは何か。浅川巧を語る時、兄伯教の存在が大きい。

禿山となった朝鮮の山々の緑化に尽力し、「韓国人の山と民芸を愛し、韓国人の心の中に生きた日本人ここ韓国の土となる」巧（一八九一～一九三一）は京畿道九里市《キョンギドクリシ》の忘憂里《マンウリ》墓地に朝鮮人から愛され眠る。

兄弟の生き方を描いた漫画『評伝・浅川伯教と巧―14冊の日記帳』を、山梨県北杜市が発行した。

その漫画出版に寄せて小説『白磁の人』の作者・江宮隆之氏が、あとがきに兄弟の業績と人柄について、司馬遼太郎氏が「自らを一個の人類として仕立て上げた〝普通の人〟」と語ったことを紹介している。小説はのちに映画化（二〇一二年）、上映された。

『評伝』の著者、澤谷滋子氏は植民地時代に朝鮮で生きた兄弟を、小中学生にも知ってもらおうと、歴史的な問題理解の為に心を配り、漫画という手法で判り易く表現されている。

この漫画化により、郷土が生んだ兄弟を通して「誇り」と「人権」とは何か、「多文化共生」とは何か、外国との「友好」とは何か、などを考え知るための有効な著作となった。

この本を読んだ小中高生達の読書感想文からは、若人の瑞々しい感性と希望を見出すことが出来る。

「浅川巧がどうして韓国の人たちにそこまで信頼されたのか、とても気になった。」

「なぜ朝鮮の人たちを日本人は差別するのか全く分からなかった。」

「本を読むことで、その歴史的理由を知り多くの日本人が朝鮮の人たちを差別するなかで、周りに流されず差別しない兄弟の姿を学んだ。」

「伯教の、〝日本人と朝鮮人が仲良くなるには政治ではなく、芸術であるべき〟という言葉。〝違うところを認め合い、お互いを尊重すること〟が、時代を超えて受け継いでいくことだと気づきました。」

「この本の主な登場人物は〝三人〟です。兄弟の評伝だから二人と考えるのが普通ですが、三人と言えます。伯教・巧、そして朝鮮の人たちと、三者を同等に捉え、三者が相互に受け入れあっていると思います。」

「巧の〈誠意〉を受け入れた韓国人の人々の存在を忘れてはいけないと思った。巧さんの誠意を誠意として受け入れた韓国の人たちの存在に気づいた。巧からの一方的な誠意ではなく、相互の関係があってこそ、人権・他文化共生・友情の問題が成り立つと考えるに至りました。浅川兄弟の生き方には、時代を超えて受け継がれていくものが流れている。」

「この本から自分に〈伝えられた〉大切なことは、一つは〈実行〉ということ。伯教と巧の行動力を自分と比較して感銘を受けた。二つめは〈朝鮮への愛〉。自分の国ではないのに愛する姿を尊敬する。三つめは〈継続〉。伯教と巧の考え方や行動を知って、この三つを読み取った。」

「『評伝 浅川伯教と巧』を読んで〈平和ということ〉、他の国や地域を理解したり、対等に交流を深めたりすることを平和と捉え、そこに至るまでの兄弟の心の葛藤、たとえば〈芸術に本気で専念しなければ、朝鮮人を犠牲にして作られ続けているこの命に意味はない〉とか、巧の一体自分に何ができるのだろうという葛藤を読み取り、その葛藤があって現在の日本と朝鮮の架け橋になりえたのだ、と気づいたと私には思えました。〈西山の奥に世界のあるも知らず吾が育ちたる逸見の台かな〉。この伯教の短歌に現在のウクライナの戦火に対する立ち位置を見出し、平和について考えた。」

「巧から学んだことがあります。それは、どんな人でも一期一会の出会いを大切にすることです。」

【河正雄】光州市立美術館終生名誉館長。光州視覚障碍人連合会名誉会長。財団法人秀林文化財団理事長（在任二〇一二〜二〇一八年）。一九三九年、東大阪市生まれ。一九九四年、韓国国民勲章冬柏章受勲。二〇一二年、韓国宝冠文化勲章受勲。二〇二〇年、山梨県北杜市市民栄誉賞、韓国文化芸術委員会今年の芸術後援人メセナ大賞受賞。二〇二三年、日本国叙勲紺綬褒章受章。二〇二五年、寄贈家としての半生を語りつくした『アートでつなぐ』（クオン）を上梓。

1	「こころ」『一期一会』収録 キム・ドンミョン（詩）、キム・ソウン（訳）、沢知恵（曲）／Cosmos Records ／2002★ ※金素雲は1943年版『朝鮮詩集（前期）』（興風館）に「こころ」を訳出している。	
2	「李箱の児孩－韓国文学見てある記５」 『朝鮮・言葉・人間』所収 長璋吉（著）／河出書房新社／1989★	

ぱくきょんみ

박경미

こころの翻訳

シンガーソングライターの沢知恵が歌う「こころ」を聴きつづけたことがある。まさに、こころにひたひたと満ちるものがあったから。

わたしのこころは湖水です
どうぞ　漕いでお出でなさい
あなたの白い影を抱き
玉と砕けて　舟べりへ散りませう

ひろびろとした青い空に、のびやかな声をどこまでも届けるような、沢知恵の澄んで明るい歌唱のなかで、「こころ」には独特な陰影、くぐもりがある。水彩画の階調のように、端麗な色彩がにじむ、淡いくぐもり。この声の景色に、うん？　とわたしは立ち止まった。ここで歌われる湖水のように、声は深い水底へいざなう。

わたしのこころは灯火です
あの扉を閉めてください

あなたの綾衣の裾にふるへて
こころ静かに　燃えつきてあげませう

わたしは、「こころ」の収録されたCDのライナーノーツを開き、「キム・ソウン」の名を見出し、目を見開いた。懐かしすぎる、その名の存在……詩のとびらはいつもこんなふうに開けられるもので、本棚で並ぶ『朝鮮詩集』『朝鮮民謡選』『朝鮮童謡選』が目に浮かぶ。一九七〇年代後半に、朝鮮半島の芸術文化にようやく触れ出した者にとって、金素《キム・ソ》雲《ウン》[i]の著書が岩波文庫に存在すること自体、強い訴求力があった。若き日の茨木のり子のように、金素雲の著書を熟読はしなかったが、その存在の前でつねに立ち止まるのは変わらなかった。ほどなく、沢知恵は金素雲の孫ということを知り、彼女もきっと金素雲の著作や翻訳に立ち止まるときを迎えたのだろう、と想像した。

わたしのこころは旅人です
あなたは笛をお吹きなさい
月の下に耳傾けて
こころ愉しく　夜を明かしませう

二十代から三十代にかけてのわたしの本棚には、朝鮮の歴史、文学、芸術文化についての著作が何段も占めるようになった。『私の朝鮮語小辞典　ソウル遊学記』『普段着の朝鮮語　私の朝鮮語小辞典2』『朝鮮・言葉・人間』『アリラン峠の旅人たち』『大伽耶連盟の興亡と「任那」　伽耶琴だけが残った』『尹東柱全詩集　空と星と風と詩と』『韓国現代詩選』……一九八四年に「旅芸人の世界公演（国際交流基金が韓国から男寺党《ナムサダン》を招聘した）」に関わってから、朝鮮半島の民俗芸能に惹きこまれていったけれど、長璋吉が指し示した李箱《イ・サン》の詩は胸襟の奥にたたまれていた。一九六〇年代終わり戒厳令下のソウルの街を歩きながら、どこかの露地に立ったとき、長璋吉[ii]のこころを横切った詩「烏瞰図《オガムド》」――

十三人の児孩が道路を疾走します。
（道は行き止りの露地が適当です。）
第一の児孩が恐いといいます。
第二の児孩も恐いといいます。

第三の児孩も恐いといいます。
第四の児孩も恐いといいます。
第五の児孩も恐いといいます。
第六の児孩も恐いといいます。
第七の児孩も恐いといいます。
第八の児孩も恐いといいます。
第九の児孩も恐いといいます。
第十の児孩も恐いといいます。

第十一の児孩が恐いといいます。
第十二の児孩も恐いといいます。
第十三の児孩は恐い児孩と恐がる児孩とがあつまりました。

（他の事情はない方がいっそよろしい。）

その中一人の児孩が恐い児孩でも結構。
その中二人の児孩が恐い児孩でも結構。
その中二人の児孩が恐がる児孩でも結構。
その中一人の児孩が恐がる児孩でも結構。

（道は通り抜けられる露地でも適当です。）
十三人の児孩が道路を疾走しなくても結構。

『朝鮮・言葉・人間』所収

一九八〇年、わたしは二十四歳のときに、第一詩集『すうぷ』を自費出版したが、あたまの中は、二十世紀の英米詩でいっぱいだった。ガートルード・スタイン[iii]のことばを翻訳することに躍起になっていた。躍起になっていたのは、大学の卒論にスタインをとりあげたが、卒論審査で「論文になっていない」と厳しい批判を受けたからだった。スタインの文学世界を無視してきた英米文学界に対して、スタインの多声的なスタイル（文体）の魅力を論理的に伝えられなかったことは悔しくてしかたがなかった。それで、スタインの文章を日本語に翻訳することで、わたしの考えを表したい、「わたしはスタインの文章の気持ちがよくわかる」と念じながら、スタイン最晩年の作品『地球はまあるい』を翻訳した。

そのころ、在日韓国人として本名を名乗るようになって十年は経っていたが、相変わらずイデオロギーのことばでしか語られない日本社会の「朝鮮・韓国」ものにはますます辟易していた。それは、「ザイニチ、みぃつけた！」とにじり寄ってくるリベラル派や社会派たちをチクチクいじめながらも、とどのつまりは自己嫌悪に陥るパターンに辟易していたことに通じた。

長先生（ハングルを初めて習った先生なので尊称をつけたい）から、「ガートルード・スタインが気になるようなひとに、朝鮮文学を研究してほしいが」と呟かれて、即座に「朝鮮文学におもしろいものがありますか？」と返答したことがある。ふっふっと、長先生は含み笑いをしながら、遠い目をするので、むしろ強い直球がずんと胸を突いたくらいだった。

あれから四半世紀が経った。長先生は、遠い空の人となり、李箱という直球はブーメランとなって、わたしに還ってきた。李箱は、朝鮮時代末期に生まれ、一九一〇年の日韓併合以後のソウルで教育を受け、朝鮮総督府内務局建築課に勤めた。先ほど引用した「烏瞰図」は、発表された「朝鮮中央日報」に苦情や非難が殺到するほどのセンセーションを起こした。まことに、モダニズムの実験精神にあふれる前衛詩である。「十三人の疾走する子どもたち」「行き止りの露地」……いまなお、強烈な表象と言えるだろう。

二十世紀モダニズムは、美術・文学・音楽・映像・パフォーマンスの領野をやすやすと飛び越え、国とか民族とか言語も超える精神と考えるならば、何も欧米中心に繰り広げられただけでなく、世界多発的なムーブメントであった。日本列島、朝鮮半島、遼東半島、東アジアの各地に帝国主義の牙がむかれた時代に、他言語を認知することによって拓かれ、耕されていく、母語の地平——そこで新しい表現を模索した若き日の金素月、鄭芝溶《チョン・ジョン》、李箱、そして金素雲のスタイル——文体、生き方は、二十一世紀の暗雲のもとで喘ぐわたしたちに、世界を照らす光線を送り続けるだろう。

わたしのこころは落ち葉です
しばし　お庭にとどめてください
やがて風吹けば　さすらひ人
またもや　あなたを離れませう

金素雲は、エッセイ集『こころの壁』で、若いころから手がけた詩の翻訳について「こころの翻訳でなくてはならない」と強く主張している。何と誠実な指摘だろうか。わたしも母語＝日本語の地平で豊穣な土くれを握りしめたい。

i 金素雲（一九〇八〜一九八一）朝鮮出身の詩人、文学者。『朝鮮詩集』、『朝鮮民謡選』、『朝鮮童謡選』は岩波文庫で現在も版を重ねている。『こころの壁　金素雲エッセイ選』（サイマル出版会）。

ii 長璋吉《ちょうしょうきち》（一九四一〜一九八八）朝鮮文学者。『私の朝鮮語小辞典　ソウル遊学記』（河出文庫）、『普段着の朝鮮語　私の朝鮮語小辞典２』（河出書房新社）、『朝鮮・言葉・人間』（河出書房新社）。

iii ガートルード・スタイン（一八七四〜一九四六）アメリカ合衆国出身の詩人・作家。二十世紀初頭よりパリに住み、さまざまな芸術家たちと交流。『地理と戯曲』（一九二二）は、モダニズム文学の金字塔であり、春山行夫、植村鷹千代によって翻訳紹介された。戦後は瀧口修造、金関寿夫、富岡多恵子によって再解釈されて広く読者層を獲得した。邦訳に『三人の女』（中公文庫）、『アリス・B・トクラスの自伝』（筑摩書房）、『パリ　フランス』（みすず書房）、『ピカソ　その他』『地球はまあるい』（ぱくきょんみ訳／書肆山田）等がある。

【ぱくきょんみ】一九五六年、東京生まれ。第一詩集『すうぷ』（紫陽社）を一九八〇年に出版して以来、詩やエッセイをさまざまな媒体に掲載。並行して韓国の伝統音楽・舞踊を学び、伽倻琴《カヤグム》、ポジャギなど民族芸術を広く研究。著書に、詩集『ひとりで行け』（栗売社）、『何処何様如何草紙』（書肆山田）、エッセイ集『庭のぬし Words to Remember 思い出す英語のことば』（クインテッセンス出版）、『いつも鳥が飛んでいる』（五柳書院）、絵本『はじまるよ』『ごはんはおいしい』（福音館書店）。詩と絵のコラボレーションとして『にちじょう』（井上健司・絵、switchpoint）等、多数。

朴柱姸

パク・チュヨン　박주연

『몽실언니』

권정생(저) ／창비／2012（初版1984)★

1

『モンシル姉さん』

権正生（著)、卞記子（訳）／てらいんく／2000◆

『전태일평전』

조영래(저) ／전태일재단／2020（初版1983)★

2

『全泰壹評伝』

趙英来（著)、大塚厚子(訳)／柘植書房新社／2003◆
(初版『炎よ、わたしをつつめ：ある韓国青年労働者の生と死』/
たいまつ社 /1978)

『어딘가에는 살고 싶은 바다, 섬마을이 있다』

윤미숙 (저) ／남해의봄날／2023★

3

『どこかには住みたい海、島の村がある』

ユン・ミスク（著）／南海の春の日／2023

『モンシル姉さん』

ともに生きようとする心、権正生先生へ

先生、お変わりありませんか。書店で座って静かに呼んでみます。もう苦しみはすべて消えたでしょう。そこはどんな所ですか？　しばらく思い浮かべていると、やせ細った体の先生は、だんだん体力を回復して、やがてあなたの遺言書に出てくる「健康な男」になります。女性との恋愛も「おどおどせずに上手くこなす」そんな男性ですよね。実は先生が書かれた遺言書は、あなたのどんな文学作品よりも重みのあるものでした。どうやって死ぬかを明らかにしたのは、結局どうやって生きてきたのかを告白することだと感じました。

そばにいる誰もが一緒に生きることを、ともに幸せに生きることを望んだ先生は、詩「畑一枚」で、「この世のすべてはみんなのもの」とおっしゃいました。だから、今いらっしゃるその場所でも、すべての世の中のみんなとともに生きて、童話を書いていると思います。そこには「こいぬのうんち」のおかげで黄色いつぼみがほころびるタンポポ、先生の家の庭で暮らしていた白い犬のペンドギ、窮屈な部屋の中で何度も足を噛んだネズミが一緒にいるだろうと思います。何よりも、三十年来の文通友達だった李五徳《イ・オドク》先生が、すぐ隣で話し相手になっていると思うと、ようやく安心することができます。安東の一直教会の書生部屋から五坪一間の土の家へ住まいを移した後に、李五徳先生に送られた手紙をよく思い出します。「引っ越してきた家はとても良いです。暖かく静かで、そして思う存分寂しくなれるし、苦しめるし、思いに浸ることができます」

そういえば、先生はいつも苦しく寂しいことに目を向けていらっしゃいました。チョン・モンシル姉さんも、そんな一人でしたね。この間、近所の子を持つ親御さんたちがうちの書店に来て、時間が経つのも忘れて権正生文学読解に没頭していましたよ。その日、私たちは『モンシル姉さん』を声に出して読み、声を出して泣きました。それからモンシルをこれ以上放っておくわけにはいかないと、それぞれ大人になったモンシルを想像し始めました。ある人は、経験豊富なモンシル特有の共感能力でカウンセラーに成長する話を、またある人は、身体の不自由さをからかわれたモンシルが、手術に成功した後、自ら外科医になる話を聞かせてくれました。私たちは今も、モンシルが見つかるまで『モンシル姉さん』をまた読み、また書いています。

それから、モンシルと先生がどれだけ似ているか、挙げてみます。まず、自ら経験した二度の戦争が似ていました。「獣のような悪人どもがひき起こした戦争のために無惨に死んで行く」人々をどれだけ見たのでしょう。食べていくために、幼い頃からどんなことでもしたところも、体が丈夫ではないところも似ていました。そして、そのすべてを恨まずにいたところも同じです。むしろ、世の中の不幸がなぜ起こるのか、その根源を考えるという点でも、モンシルと先生は同じです。一九八四年の『モンシル姉さん』初版本の序文に書かれた「モンシルは、どんな小さな不幸にも、背後には大きな原因があると考えています」という文章は、だから一層、愛情がわく一節です。

正生という名前そのまま、生涯を正しく生きることしかできなかった先生は、継母に質問するモンシルの口を借りて尋ねます。「人生ってなあに?」きっと先生が生涯、心を痛めながら投げかけた問いだと思います。一生を通してあんなに子どもが好きだった先生を思い、はたして幼い権正生はどんな子だったのか考えてみました。先生が生まれて育った東京渋谷にある貧民街の路地裏の風景を思い描いてみます。街の清掃員だったお父さんが売るために積んでおいた古本の山の中から、『イソップ物語』『幸福な王子』のような童話を読みながら、一人で文学を学んだそうですね。少し大きくなると古本屋で『若きウェルテルの悩み』『罪と罰』『レ・ミゼラブル』を買って読み、本の包装紙に文章を書いたというのですから、しんみりとしてしまいます。

今、生きていらっしゃったら、私の書店に招いて好きな本を飽きるまで読めるようにしてさしあげます。この書店の本棚の一番上に、先生の本がたくさん集めて置いてある光景も、自慢げにお見せしたいです。書店で座って一番多くすることは、来ない人を懐かしむことです。その人はお客さんのときもあるし、しばらく会えずにいる友達のときもあるし、文章でしか会ったことのない作家の場合もあります。もし魂があるならば、一度お寄りくださいますか？　いつでもお待ちしております。

『全泰壹《チョン・テイル》評伝』

友になろうとする心、趙英来弁護士へ

書店を開店して、一番初めにしたことは、「大邱の人」コーナーと「誰も買わない本」コーナーを作ることでした。この二つの場所にあなたの本があります。ハハ、正確には、あなたの一周忌に合わせて刊行された追慕集『真実を永遠に監獄に隠すことはできない』ですが、本当に誰も買っていかないので、私だけが繰り返し読み直しています。

この本には、あなたが発表したコラムや弁論文、私的な日記や手紙が詰まっています。その中でも、息子のイルピョンに書いた葉書は、読むたびに胸がいっぱいになります。小さく平凡なことの大切さと美しさを愛するあなたの姿は、どの文章からもにじみ出てきます。そして二枚めくると出てくる詩、「労働者の火花、ああ全泰壹」は一行目から緊張します。「あの凄絶な炎を見よ　あそこで労働者の苦しみが燃えた　あそこで労働者の長い抑圧と死が燃えた……」

平和市場前の通りで、労働環境改善のために焼身自殺をした烈士に捧げたこの長く深い詩は、突然二人を同志として結びつけました。一度も会ったことない者たちも友人になり、同志になって生きていく事実もまた、この文を通して知ることとなりました。

あなたが『全泰壹評伝』を書いたのは、単純に同郷の人だからではないでしょうが、私はお二人が大邱の人だということがとても誇らしいです。私が住んでいる都市に対する愛憎にもがきながらも、大邱の人に会えばこうやってころっと好きになってしまいます。あなたにとって故郷大邱はどんな所でしたか。あなたが生まれて小学校に通った大邱は、今もあなたの名を呼ぶことを躊躇します。まして、その時代に書いた『全泰壹評伝』は、印刷所も出版社も見つけるのが難しかったでしょう。日本語版が先に出た後、トルベゲから発行されたこの本の当時のタイトルは『ある青年労働者の生と死』だったので、全泰壹の人生はこの本をもって復元されました。ある詩人の言葉のように「同じ本を読んだということは、人々の仲を繋ぐ大切な糸」となるので、『全泰壹評伝』を読んだ数多くの人々は、この時から固くしっかりと繋がりました。

指名手配によって六年間を隠れて過ごし、隠れ家を十か所も移した時期にも、あなたはボイラー技士の資格を取るなど、いろんな技術を学び、労働者としての人生を続けていきました。私は、あなたが全泰壹の「大学生の友達」になってくれたことに感謝しています。いつも心が痛むほうに近寄っていくあなたの生涯は、困窮する人、弱い人のそばにいましたが、これは社会的弱者に対する関心というよりも、人に対する深い尊重だったことはわかっています。あなたはただ、人間に対する愛情と配慮を忘れないだけだったのに、それがたびたび世の中を変えたりもしました。

小さな声に耳を傾けること、あなたはそれを生涯投げ出さなかったからこそ、生前に一度も会ったことがない全泰壹の声にまで傾聴できた気がします。『全泰壹評伝』には、こんな一節があります。「われわれは全泰壹から、もっとも人間的なとき、もっとも進歩的になるという命題を教わった」。人間に対する温かな愛を大切にすることが、すなわち正義であることを、あなた、そしてあなたの友人全泰壹は忠実に証明してくれました。

あなたに会った人たちは、あなたのことを親切でユーモアのある人だと言い、多情多感なロマンチストと表現します。文章を通してだけあなたに会った私としては、鋭敏でありながら文学的な法曹人という印象を受けていました。核心を突きながらも琴線に触れる表現が、誰かを助け、保護するのに役に立つということに感謝する限りです。残念なのは、あなたが逝ってしまった今日も変わらず「青年労働者」たちは、「生と死」の前で無視されている事実です。解雇労働者の金《キム・》鎮淑《ジンスク》は、復職できるまで人生をすべて捨てなければならなかったし、下請け労働者たちの悲劇は次の悲劇に覆い隠されてしまいます。「平和を渇望するなら正義を育てよ」という国際労働機関の叫びは、私たちのそばでだけ止まってしまいます。

ただ、地味なワイシャツ姿にもつれた髪で現れるあなたが、さらに恋しい今日この頃です。

『どこかには住みたい海、島の村がある』
抱きしめたい心、ユン・ミスク先生へ

先生に手紙を書くのは、なぜか恥ずかしいです。幸いにもこの本は来年出版されるというので、ゆっくり届く郵便ポストだと思って、書き終わったら忘れるつもりです。ふふっ。

先日、ある人に先生を紹介しようとしたときに、私が少ししどろもどろだったのか、そばで聞いていた同僚が口を挟みました。「統営《トンヨン》トンピラン壁画村企画者、新安の巡礼者の村

を作った人」と言えばみんなわかるのに、どうして違う話ばかりするのかということでした。ずっと先生に憧れてきたのに客観的な説明もできないなんて、先生の初めての本を読んだ頃にまた戻ってみなければなりません。いろんな人を連れて時々統営を訪ねた私は、ある年予期せぬ知らせを耳にしました。「トンピラン立役者、不当解雇」のニュースは、一時期社会的イシューとなり、私もその記事に出くわしました。不義を見ると、ぐっと我慢はできても忘れることはできないので、ずっとそのことだけ考えていました。

　まさにそんな中、先生の本『踊る村作り』が出版されました。最初の数ページだけでも十分に魅了される文章でした。その本を開くと、まだ村の仕事に慣れていなかった著者が登場します。その時は小さな葛藤に気を揉む活動家でした。それほど揺れながらも、羅針盤の針先のように、一つの方向を指して進む人でした。会いたかったです。作家との交流イベントに招待した日、私は読者からファンに名札を変えました。先生をひたすら力を込めて支持し、熱烈に応援することだけが、その頃の私の仕事でした。遭遇する人たちをつかまえては、本に出てくる煙台《ヨンデ》島、江口岸などを語っていると、まるで私が村作りのチームメンバーとして働いたかのように満足した気分になったりもしました。

　ある日、学生たちに先生の話を聞かせたとき、一人の学生の答えに驚きました。この人が寂しくないように、いつか自分も村の仕事をしなければ、という内容でした。先生のあとについていく私自身を想像してみたのも、その頃からだったようです。でも、働いてる姿を直接見ながら、私にはできない領域だとすぐに悟りました。村の仕事とは、知識や技術ではなく、まさに心がする仕事だと感じたのが理由です。私の心をすべて捧げてこそ、住民の心を少しでも得ることができる。彼らの心をいたわりながら、自分の心が傷つくこともあることを直視しなければなりませんでした。それゆえ『どこかには住みたい海、島の村がある』の著者は、以前の本よりずっと有能に見えますが、その能力は他でもない、「傷つくことができる能力」なのかもしれません。

　この本を読んでいる間、気になっていました。著者はなぜ、島に行き続けるのか。そこまでして疲労を我慢する理由は何なのか。心を込めた分、涙もどれだけ流したか。著者はどうして単純な村の装飾ではなく、村の再生に没頭するようになったのか。島の外部の人間としてではなく、一番深く関わる内部者になった著者は、ある村のもっとも美しく独歩的な点を見つけて、完全な村を作っていました。いつのまにか苦しいことに共感し、悪いことに憤怒し、善いことには快く進み出ていく、一番目の住民になってしまいました。

　日帰りで島をぐるっと回ってみることについて、先生は「恋人に会って一度も抱き合わずに別れること」と比喩したりしました。「必ず一晩、島の胸の中に抱かれて眠ってみなければ」という言葉は、先生が自分自身に伝える言葉のようでした。暇さえあれば村に出向く先生は、手に心を込めて、足に心を注ぐ人のようでした。絶えまなく住民たちに声をかけることは、結局は彼らを抱きしめることでした。船に乗って島の村に「行くたびに心がときめいて」、帰る時は「妙に悲しい所」と表現したのが、少し理解できます。最後のページまで読んで胸がいっぱいになったのは、慕ってきた人の文章だからだけではありません。ずっと、ある希望のようなものを見たという表現がぴったり合うでしょうか。私は、島の暮らしは百年先もずっと貧しいだろうと考えていました。しかしこれを読んで、ひょっとしたら島は私たちが生きていく代案になるかもしれないと思いました。島の村に関する文章が、彼らの話ではなく私たちの話であることを知ってから、優しい島暮らしはすでに始まりました。（訳・山口裕美子）

【朴柱妍】人文書店「旅行者の本」運営者。大邱で生まれ暮らしている。学生として生きるのが体質に合い、二十代が終わるまで学校に通った。歴史と文学、芸術と抵抗、人との付き合い方までそこで学んだ。学校に働き口があることに気づき、三十代が終わるまでそこを職場にした。十年間稼いだお金で書店を開店した。本に救われることが多く、少しずつ恩返しをしようと一緒に暮らしているところだ。愛することにはいつも不器用だったので、とうとう「心を読めない」との評を聞いた。ああ、心は「読むもの」だったんだな。しかし、解釈できない文字でできているようだ。今の私の実力では難しいので、読める本を全部読んで、いつかは心も一度読んでみるつもりだ。

朴承柱

パク・スンジュ　박승주

『그 많던 싱아는 누가 다 먹었을까 / 그 산이 정말 거기 있었을까』
박완서(저) ／세계사／2015（초판 1992）★

1

『あんなにあった酸葉をだれがみんな食べたのか／あの山は本当にそこにあったのか』
朴婉緒（著）、真野保久・朴暻恩・李正福（訳）／ 影書房／2023◆

『시인 유종인과 함께 하는 조선의 그림과 마음의 앙상블』
유종인(저) ／나남／2017★

2

『詩人ユ・ジョンインと共にする朝鮮の絵画と心のアンサンブル』
ユ・ジョンイン（著）／ナナム／2017

『あんなにあった酸葉《すいば》をだれがみんな食べたのか』

朴婉緒《パク・ワンソ》（一九三一～二〇一一）は、「韓国文学の母」と呼ばれるほど、韓国文学史において重要な位置を占める作家である。彼女は一九七〇年、四〇歳で登壇し、八〇編余りの短編と十五編の長編を残した。戦争の悲劇や中流階級の暮らし、女性問題などをテーマにした作品が多い。朴婉緒の作品はベストセラーになったものが多いが、今回紹介する本がもっとも代表的な小説である。一九九二年に刊行されて以来、三〇年が過ぎても安定的に売れているこの本は、中学校の教科書にも載るほど韓国文学を代表する必読書だ。この小説は、彼女の幼年期から大学生時代までを扱う小説形式だが、作家自ら「純粋に記憶力だけを頼って書いてみた」と言うぐらい、自叙伝に近い内容である。

　小説の時代背景は、日本統治時代から朝鮮戦争まで、韓国史では理念的にもっとも変化が大きかった時代である。この作品を読むと、当時の時代の変化が主人公家族の暮らしにどんな影響を及ぼしたのか、ありありと感じることができる。朝鮮戦争勃発以降の時代的イシューと思想のもつれの中で、主人公家族が経験する苦痛と葛藤を心理的に繊細に描写しているこの作品は、歴史的事件を単純に写実的な記録として伝えるのではなく、人間の感情や暮らしの複雑さを深みを持たせて表現している。分断国家である韓国は、今も変わらず理念の葛藤を抱えているが、この作品によって、そんな社会の葛藤がどのように始まったのかを理解することができる。

この小説の最後には、主人公が混沌の時代を目撃した自分には歴史の証言者になる責任があると気づく場面がある。そして、その気づきが主人公がいつか作家になるのではという予感を与えて、小説は終わる。朴婉緒にとって書くことの原動力が何なのかが分かる場面だ。そんな意味でも、この本は激動の韓国現代史と作家の個人史を同時に理解することができる。加えて私の個人的な思いを話すなら、この本を読むと、幼い頃に母が聞かせてくれた話を思い出す。作家と同じ年代の私の母も、朝鮮戦争のときに経験したことを時々話してくれた。そのせいだろうか、この本は両親が生きた時代が頭の中に描かれ、さらに切なく没入してしまう。一九四〇～五〇年代の韓国社会の断面と、荒波の時代を生きてきた韓国人たちの心を知りたい読者に、一読を勧めたい。

『詩人ユ・ジョンインと共にする朝鮮の絵画と心のアンサンブル』

ユ・ジョンイン（一九六八～）は、一九九六年『文藝中央』で登壇した詩人である。彼は詩だけでなく、時調（訳注：韓国固有の伝統定型詩）や美術評論でも受賞経歴のある中堅作家だ。二〇一七年に出版されたこの本は、朝鮮時代の画家たちの絵画を紹介した美術評論書である。本の冒頭で著者は、この本の意図を次のように述べている。

朝鮮の絵画はさまざまで、鋭敏であり、奥深く激しい。朝鮮のいくつかの絵画をめぐって、ある考えや思いを持ったなら、それは自分の考えである前に、その絵画の力量である。その力量を心に少しでも滲ませることが、この本の質素な意図である。これは旅行とも同じだ。

著者の言葉のように、この本は一般的な美術思潮や技法などを羅列したものではなく、詩人特有の流れるような筆致で、朝鮮時代の美術を隠喩的で感性的な観点から解き明かしている。朝鮮美術に込められた感情や哲学、美術家たちの心を十五の観点に分けて解説し、読者に多彩な視角を与える。この本では全八〇余編の朝鮮時代の絵画を分析して、美術に関する知識よりは、絵画を観賞して楽しむ方法に焦点を当てている。まるで美術展覧会でドーセントの解説を聞くように、著者の文学的な表現力で描写された朝鮮時代の絵画や画家の物語は、読者を新たな美術の世界へ導いてくれる。朝鮮時代の画家たちの絵の中に込められた美術魂とその心を、独自の方式で読み解き鑑賞する作家の視角が新鮮である。朝鮮の心に関心ある方々にお勧めしたい。

【朴承柱】一九六九年生まれ、名古屋大学大学院国際言語文化研究科（日本言語文化専攻）で文学博士号を取得。嶺南大学非常勤講師。「大邱ハル」（日韓交流拠点空間）代表。大邱慶北学研究センター「大邱を読む集い」代表。共訳書に森崎和江『慶州は母の呼び声』、『慶尚北道近代広報誌〝慶北〟一』、『慶尚北道近代広報誌〝慶北〟二』などがある。

朴榮澤《パク・ヨンテク》 박영택

『빗살무늬 토기의 비밀』
김찬곤(저) ／뒤란／2021★

1

『櫛目文土器の秘密』
キム・チャンゴン（著）／ティラン／2021

『삼국시대 손잡이 잔의 아름다움』
박영택(저) ／아트북스／2022★

2

『三国時代の把手付杯の美しさ』
朴榮澤（著）／アートブックス／2022

『석굴암을 꽃피우다』
손봉출(저) ／홀리데이북스／2023★

3

『石窟庵を花咲かせる』
ソン・ボンチュル（著）／ホリデーブックス／2023

韓国人が作った普段使いの器や美術作品の中に宿る韓国人の心や精神、気質や特性をまるごと理解するために参考にしてほしい書籍として、この二、三年の間に出版されたもの数冊を選んでみた。韓国の新石器時代および新羅と伽耶の時代の遺物について書かれたもので、既存の美術史の行間からは読み取れない新鮮で型破りで興味深い内容となっている。これら書籍の共通点は、著者たちが自ら遺物について長期間のフィールドワーク、収集、観察、研究を行った成果であるという点だ。さらに、著者らは主流の美術史学者ではない。この点が既存の書籍、論文を中心とした研究や限られた遺物に関する経験が抱える限界を超えて、大きく異なるものを生み出したのだろう。すでに広く知られている内容や常識的な事実にとらわれず、厳密な考証と長期間にわたる研究の成果をもとに説得力をもって創意的で新しい解釈を掲げており、韓国の古代史、さらには韓国の古代遺物を違った視点から見つめさせる力がある。しかも、その遺物の中に宿る韓国人の情緒的な特性や美意識、そして韓国人が世の中や物事を見て理解する際の心のひだを密かに探求している。これらの書籍は必ずや韓国美術、さらには韓国の古代文化や遺物、そして韓国人の心や情緒の特性を理解するうえで必要な幅広い見識を与えてくれるだろう。

『櫛目文土器の秘密』

本書は、韓国美術の起源とも言える朝鮮半島の新石器時代美術「櫛目文土器《くしめもん》」のデザインとパターンに隠された世界観を解き明かそうと試みたもので、膨大な文章から構成されている。豊富な図版とともに非常に説得力ある論理で、漠然とした抽象美術あるいは単純な装飾的図像に過ぎないと考えられてきた櫛目文土器の文様やパターンが実は、その当時の人々が宇宙観や世界観を表現するうえで必要不可欠なものとして生んだ文様で、空や雲、雨をかたどっていると主張する。世界的に見ると新石器時代の土器には雲と雨のパターンが描かれていることが多いが、韓国から出土した櫛目文土器には雲の源泉までもが表現されている点が異なる。空の中の水分は天の門を通って雲まで下降し、その雲から雨が降って世の万物を目覚めさせる。こういったシンボルがそのまま、韓国の岩寺洞《アムサドン》で発見された櫛目文土器の表面には刻まれている。そして、このようなデザインやパターンは韓国においてのみ一貫して見られる。本書は膨大な資料を用いて世界の新石器美術と比較を行い、この点を究明している。つまり、韓国の櫛目文土器の文様を単なる抽象柄や装飾的パターンに過ぎないと断じてはいけないのだ。土器を作った当時の人々の宇宙観、世界観が表現された極めて具体的な絵として見るべきだという話である。

『三国時代の把手付杯の美しさ』

本書は美術批評家である著者が韓国の伽耶と新羅時代、約四世紀から六世紀にかけて製作された把手付杯の造形的な美しさについて、まるで一つの彫刻作品を扱うように批評的に記した本だ。著者は韓国現代美術の評論家であると同時に韓国古美術の収集家でもある。伽耶と新羅時代に製作された把手付杯のコレクションだけでも三百点を超えるのだが、そのうち特に優れたもの七十五点についてカラー図版とともに一つひとつの造形的な美しさを繊細に記述した文章を収録した。八百から千百度に熱した窯で焼かれた把手付杯という陶器は、伽耶と新羅だけで発見されている非常に珍しい杯、つまりカップだ。現代のマグやコーヒーカップと非常によく似ているが、より洗練された感覚的なデザインと形態美、魅惑的な色合いを有している。この陶器の杯はギリシャ・ローマ文化の影響を受けたもので、四～六世紀にのみ製作され、その後は姿を消した。用途は主に副葬品で、死者と共に墓の中に埋葬されて食べ物や飲み物が尽きないように死後の世界を同行する役目を課せられたのだろう。一つの墓に通常は数十個から数百個ずつ副葬されるため、数が多いぶん形や文様も様々で古代人の暮らしや文化を垣間見ることができる豊富な史料であると同時に、韓国の美の特性を探るうえで極めて魅力的な遺物でもある。また当時、積石《つみいし》木槨《もっかく》墳《ふん》という特殊な形の墓に埋められたため、一五〇〇年余りを経てもほぼ完璧な状態で後世に残った。先史時代の櫛目文土器から伽耶と新羅の把手付杯、そして朝鮮時代の陶器につながっていく韓国人の美意識には素朴で淡泊な造形美と自由奔放さが溶け込んでいる。韓国美術文化の起源を理解するうえで最も重要な伽耶と新羅の把手付杯は、韓国の美の原点となる形や美感の伝統を唯一完全な姿で今に残してくれている。

『石窟庵を花咲かせる』

韓国の文化遺産に隠された秘密を探し研究している著者は、現役の小学校教諭だ。彼は暇を見つけてはフィールドワークに出て注意深く観察・研究し、想像力を働かせて韓国の石窟《ソック》庵《ラム》の造形的秘密を解き明かした。これまでの美術史学者には成し遂げられなかったことだ。韓国随一の文化遺産である石窟庵は日本統治時代に発見されて以来、補修や改築を経て本来の姿が失われてしまった。著者は石窟庵の原型を究明し、それが本来なぜ作られたのか、どんな仏教教理に立脚して造られたのか、石窟庵内部の構造物が元はどんな状態だったのかなどについて細かく分析している。分析のために中国やインドの石窟まで訪ねていって比較調査をし、石窟庵のフィールドワークも繰り返し行いながら疑問を一つずつ解決していくプロセスは深い興味を引く。

「新羅の景徳王は両親の極楽往生を願って石仏寺《ソクプルサ》（石窟庵）を建立した。工事の総監督は金大城《キム・デソン》である。場所は霊鷲山《りょうじゅせん》と見なす吐含山《トハムサン》の中腹で、日が昇る東海《トンヘ》を見下ろすことができて石窟を支えられる固い岩盤があり、お釈迦様にお供えする湧き水が流れている土地を選んだ。そして『妙法蓮華経』をまるで写経するように、墓のような石窟の中に再現していく。金剛力士から弟子たちまでを、眼象《げんしょう》と呼ばれる装飾が彫られた礎石の上に序列にそって完璧な左右対称をなすようにぐるりと並べ、お釈迦様の威神力《いじんりき》と授記が与えられる場面を演出する。……日の出とともに白毫《びゃくごう》と頭光《ずこう》が光り輝き、石窟を明るく照らす。降魔触地印《ごうまそくちいん》を結んだ釈迦牟尼仏が無《む》量義処三昧《りょうぎしょざんまい》の境地に入ると、空から花の雨が降り、白毫からは光明が差して東方一万八千の世界を照らす。かくして世界中を清浄と光明に満ちた仏国土にするのである」とあるが、これが石窟庵の空間が有する造形的秘密であり、韓国人が持つ美的情緒の特性なのである。

（訳・金憲子）

【朴榮澤】美術評論家。一九六三年ソウル生まれ。成均館大学校大学院で美術史を専攻し、現在は京畿大学校ファインアート学部教授、展示企画者および美術評論家として活動中。韓国の近現代美術を対象に批評活動を行っており、同時に韓国の古美術品を収集・研究している。著書には『三国時代の把手付杯の美しさ』（アートブックス、二〇二二）、『民画の味』（アートブックス、二〇一九）、『韓国現代美術の地形図』（ヒューマニスト、二〇一四）、『アンティーク収集美学』（マウムサンチェク、二〇一九）など二十三冊があり、その他共著六冊および多数の論文がある。

幡野泉

はたの いずみ 하타노 이즈미

『우리들의 일그러진 영웅』
이문열(저) ／문학과지성사／1987★

1

『われらの歪んだ英雄』
李文烈（著）、藤本敏和（訳）／情報センター出版局／1992◆

『남도사람』
이청준(저) ／문학과비평사／1988★

2

『風の丘を越えて－西便制（ソピョンジェ）』
李清俊（著）、根本理恵（訳）／早川書房／1994◆

「韓国・朝鮮の心を読む」と聞き、真っ先に浮かんだのが、この二つの作品だ。まず、韓国の国民的作家、李文烈《イ・ムンヨル》の『われらの歪んだ英雄』を挙げたい。一九八七年に韓国で発表され、李箱文学賞を受賞し、大変な話題作となった。一九九二年には映画化され、同年日本で翻訳出版されている。

ソウルの上級公務員であった父親が左遷され、一家で地方に引っ越すことになった主人公ビョンテ。転校先の小学校は、オム・ソクテという絶対的な級長のいるクラスだった。抵抗を試みるものの、その権力に組み敷かれ、ついには服従するのだが、服従ののちに得た感情は、「その屈従の果実は甘かった。（中略）私が彼の秩序の中に組み込まれたのが確認されてから、ソクテの恩恵は滝のように注がれた」、「ソクテが味わわせてくれたその不思議な甘い味にたっぷりと酔った。（中略）私は彼の秩序と王国が永遠に持続することを信じかつ願い、その中で獲得した私の人並み外れた享有物もまたそうなることを信じかつ願った。」とある。

ソクテがその権力を維持するために使う根回し、暴力や不正、すべてがゾッとするほどのものであるが、権力側に属したい人間の本能は、それを許し、寄り添い、助け、吸い寄せられていく。しかし、ソウルからやってきた新任教師がさらに大きな力でソクテの不正を暴き、その力を奪うと、それまでソクテを崇めていたクラスの子供たちは手のひらを返すようにソクテを罵倒する……。そんな人間のそら恐ろしさが、小学校の一つのクラスの出来事として表現されている。

これは大人の社会の縮図でもあると話題になったわけだが、このソクテが韓国の政治的権力者を指しているのではないかともいわれていたようだ。しかし、悪しき者は失墜するという単純なことを示唆しているのではないところが、この作品が人々の心に刻まれるゆえんであろう。それは、そんな絶対的な権力者の登場、存在をどこかで望み、崇め、過ぎ去っては回顧する。それが不正の塊であっても、その抗えない力に人々は吸い寄せられていくという事実を突きつけられ、読者は痛みを伴いつつもそれを認めざるを得ないのである。

もう一作品、映画『風の丘を越えて―西便制』を挙げたい。韓国映画界の巨匠、林権澤《イム・グォンテク》による監督作品で一九九三年に韓国で公開されると空前の大ヒットとなり、日本でも一九九四年に公開された。原作は、林権澤監督と同じ全羅道出身の小説家、李清俊《イ・チョンジュン》による連作小説『남도사람』の中の、第一篇「西便制」と第二篇「唄の光」。この『남도사람』は、早川書房から『風の丘を越えて―西便制』として翻訳出版され、第五篇までの全篇を読むこともできる。남도は、全羅道のことで、当作品は全羅道の自然描写が美しい連作小説だ。

映画『風の丘を越えて―西便制』は、口承芸能パンソリの名人である父と、その教えを一身に受ける娘の壮絶なストーリーである。公開当時日本でも話題になり、その頃大学の音楽サークルに属する私は、この作品を映画館で観た。中学生のころから楽器を持つようになり、一時は音楽で身を立てたいと夢見た時もあったが、途中、趣味人の域を越えられないことを悟り断念した。そんな経緯があり、「西便制」の、芸を極めるために異常なまでの行動をとる、血の繋がりのない父娘の姿と唄は衝撃的であり、ある意味羨望の対象にもなった。

当時、韓国語の知識はまったくなかったが、のちに韓国語の知識を得てから映画を観て、パンソリの「唄」は「노래」ではなく「소리」なのだと知り、なるほどと思った。韓国語の知識のお蔭で作品により深く入り込むことができたが、それでもやはり、そして今でも理解したと自信を持って語れないものが、この映画の肝となる〝한（恨）〟という概念に対する謎である。映画の中では、〝한（恨）〟の字幕がそのまま〝恨〟となっているところもあれば、後半になるにつれ、違う日本語訳が登場することもあった。翻訳者の苦悩と工夫がうかがえる。

父親が映画の中でこのように語るシーンがある。「人の〝恨〟というものは一生涯生きる中で積もっていき塊となるものだ。生きることが〝恨〟を積むことであり、〝恨〟を積むことが生きるということなんだ」。また、原作にはこのようなくだりがある。「この世には、自分が背負った〝恨〟という塊を大切にいたわり、それを少しずつ消化しながら生きていく人間がいる。（中略）こういう者にとって〝恨〟は、人生を生きていく力となり、糧となるのではないだろうか。」

映画、原作、それぞれの登場人物が語る〝한（恨）〟は、そのどれもが異なるようにもみえるのだが、この〝한（恨）〟をのぞき込もうとすることが、韓国・朝鮮の心に迫ることにならないだろうか。このような掴みどころのない概念があるからこそ、隣国がいつまでも近くて遠く、私たちの好奇心をかきたててやまないゆえんであろう。

【幡野泉】山梨県出身。早稲田大学第一文学部ロシア文学専修卒業。一九九八年延世大学校韓国語学堂六級修了。同年 コリア・ヘラルド新聞社主催「第三十三回外国人韓国語雄弁大会」にて最優秀賞・文化観光部長官賞受賞。二〇〇二年 有限会社アイ・ケー・ブリッジを設立。〇四年には「シゴトの韓国語講座（現・アイケーブリッジ外語学院）」を開設し、ビジネス韓国語を中心とした講座運営を開始。同年、延世大学校韓国語教師研修所 第二十期研修課程修了。著書に『シゴトの韓国語基礎編／応t用編』（三修社）、『使える！伝わる！役に立つ！ 韓国語フレーズブック』（新星出版社）ほか、翻訳書に『無礼な人にNOという44のレッスン』（白水社）がある。

八田《はった》靖史《やすし》

핫타 야스시

1

『한식 아는 즐거움』
한식진흥원(編)／한림출판사／2020★

『韓食を知る楽しさ』
韓食振興院（編）／翰林出版社／2020

2

『한국인이 사랑하는 오래된 한식당』
한식재단(編)／한식재단／2012★

『韓国人が愛する老舗の韓食堂』
韓食財団(編)／韓食財団／2012

3

『식탁 위의 한국사 메뉴로 본 20 세기 한국 음식 문학사』
주영하(저)／휴머니스트／2013★

『食卓の上の韓国史――おいしいメニューでたどる 20 世紀食文化史』
周永河（著)、丁田隆（訳）／慶應義塾大学出版会／2021◆

韓国・朝鮮料理の美味しさを語る表現のひとつに「ソンマッ（手の味）」がある。辞書的には「料理を作る際、手による腕前からにじみ出る味」と説明されるが、この解釈にはいろいろな意味が含まれるようで、手際のよさであったり、手の感覚だけでぴたりと決まる味付けであったり、手でこねたり混ぜたりする技術であったり、それらを総合した熟練の手腕を指して語られることが多い。

あるいは単なる技術的な話でなく、ひとつひとつの手作業に込められる、食べる人への思い、まごころ、愛情を示す言葉としても用いられる。美味しい料理とは、すなわち作り手の心が込められた料理と言える。であれば、料理を食べて味わうことは、それ自体が心に触れることと同義であろう。

そのうえでもし可能なら、料理や食文化についての知識があると、込められた心の見え方がよりくっきりするのではと思う。その料理は手間や時間のかかるものかもしれないし、特別な食材が使われているかもしれない。誕生日に食べるミヨックッ（ワカメスープ）や、夏負けを防ぐためのサムゲタン（高麗人参とひな鶏のスープ）など、習慣に根差した意味が込められることもある。

そういった知識を得る一冊として、韓食振興院の編纂した『韓食を知る楽しさ』を推薦したい。日本語訳は出ていないが、『Hansik, Korean Food and Drinks』として英訳はされている。同書のプロローグには「本書は韓食をより深く知り、また外国人に韓食を広く伝えようと願う海外に派遣された人たちを対象に書いた」とあり、異文化として韓国・朝鮮料理に接する人たちにもわかりやすいよう、基礎から網羅的かつ端的に特徴をまとめている。さながら教科書のように読める本であり、外国人の立場としては独学にも理想的である。

本書のテーマである心に触れるのにも適しており、第一部の最初の章は「韓食の歴史と哲学」から話が始まる。中国から伝わった陰陽五行思想を背景として料理に五味五色を調え、それが心身の健康につながると考えるのは韓国・朝鮮料理が基本とする大事な哲学だ。日々の食事は薬と同義であり、これを「薬食同源」と呼ぶ。そういった食文化の根幹を知ると、料理の飾りとして用いられるコミョン（天盛り、糸唐辛子や錦糸卵などを用いる）が、味や色の不足を補う役割をも担っていることや、ヤンニョム（薬味ダレ）を用いた味付けが論理的な組み立てであるとわかる。

こうした知識を踏まえ、実践の場として飲食店に向かう際、有益な一冊となるのが韓食振興院の前身である韓食財団時代にまとめられた『韓国人が愛する老舗の韓食堂』だ（翻訳本なし）。現存する飲食店としてもっとも歴史の古い、ソウルの「里門ソルロンタン」（一九〇四年創業）を筆頭に、全国の名立たる老舗店が歴史の古い順に百六十軒も収録されている。

住所や代表的なメニューなどグルメガイドとしての情報も押さえてあるが、各店とも見開き二ページを使って、店の成り立ちや、創業者からの系譜、看板料理が生まれた経緯などを丁寧に紐解いて読みごたえがある。飲食店が長続きする理由として、店側の努力も必須だが、客側との共同作業になる部分もあるだろう。代をまたいで通う常連客のエピソードなどもあり、その土地でいかに愛されてきたかが伝わってくる。

なお、もっとも古い「里門ソルロンタン」は名前の通りソルロンタン（牛スープ）が看板料理だが、その後に続く全羅南道羅州市の「ハヤンチプ」（一九一〇年創業）はナジュコムタン（羅州式の牛スープ）の専門店であり、釜山市の「内湖冷麺」（一九一九年）はネンミョン（冷麺）専門店として咸鏡南道興南市で創業したのち、朝鮮戦争によって南に避難してミルミョン（小麦粉で代用した冷麺）を開発した。

ソルロンタン、コムタン、ネンミョンといった面々はいずれも当時、外食の花形として親しまれた料理で、現代まで続く外食文化の原点と言える。それらが当時どのように定着し、進化してきたかを知るには、『食卓の上の韓国史─おいしいメニューでたどる二十世紀食文化史』が最適である。十九世紀後半の開港期から、フランチャイズ店の乱立する現代まで、現代でも馴染み深い料理をひとつひとつ取り上げて詳細に解説する。

ソルロンタンの由来や、本来は冬の味覚だったネンミョンが夏の風物詩へと変化した過程、ユッケビビンバ誕生の秘密、カルビ焼きの元祖、日本食から生まれたキンパ（海苔巻き）など、見出しを眺めるだけでも気持ちが前のめりになる。キンパのみならず、明太子やおでんなど日本の食文化とかかわり合う話題も多く、身近な食の話題から植民地時代の歴史を学ぶきっかけにもなる。

最後に余談として拙著『韓国かあさんの味とレシピ』（誠文堂新光社）を控えめに紹介する。伝統家屋に住む旧家から、子育て中のご一家まで、韓国に住む六人のかあさんから普段の料理を教えてもらい、それぞれの暮らしぶりとともに紹介した。家族のために作る毎日の料理は、まさしく心づくしの「ソンマッ」にあふれている。

【八田靖史】コリアン・フード・コラムニスト。慶尚北道、および慶尚北道栄州（ヨンジュ）市広報大使。ハングル能力検定協会理事。一九九九年より韓国に留学。二〇〇一年より雑誌、新聞、WEBで執筆活動を開始。トークイベントや講演のほか、企業向けのアドバイザー、韓国グルメツアーのプロデュースも行う。著書に『韓国行ったらこれ食べよう！』『韓国かあさんの味とレシピ』（誠文堂新光社）、『あの名シーンを食べる！　韓国ドラマ食堂』（イースト・プレス）、『韓食留学一九九九　コリアン・フード・コラムニストのできるまで』（クリエイティブパル）ほか多数。韓国料理が生活の一部になった人のためのウェブサイト「韓食生活」（https://www.kansyoku-life.com/）、YouTube「八田靖史の韓食動画」を運営。

原田美佳
はらだ　みか
하라다 미카

1 『朝鮮民謡選』
金素雲（訳編）／岩波書店／1993 ★

2 『物語　韓国人』
田中明（著）／文芸春秋／2001 ★

3 『흙 속에 저 바람 속에』
이어령（저）／문학사상사／1963★

『韓国人の心（増補　恨の文化論）』
李御寧（著）、裵康煥（訳）／学生社／1982 ◆
（『恨の文化論　韓国人の心の底にあるもの』1978）

4 『日韓文化論―日韓文化の同質性と異質性』
韓国文化院（編）／学生社／1994 ★

日本人の心と言われれば、わび、さびや、武士道などをあげる方も多いと思うが、「やまとうたは、人の心を種として、よろづの言の葉とぞなれりける」と古今和歌集（仮名序）にもあるように、日本人の心、文化の中核に『万葉集』、『古今集』『新古今和歌集』といった歌い継がれてきた和歌があるといえるだろう。和歌の伝統は、古今伝授の脈を途絶えさせないために戦を止めるほどの力を発揮するように、はずせない文化である。いま、私の所属している日本ガルテン協会では、毎月「人と庭物語り会」を開催しているが、庭苑は、時代背景や思想、材料集めなど多くの人々の思いや協力なしでは完成することはない。和歌をテーマにした六義園などは、長年そうした多くの人々の心によって支えられている。

韓国の心といえば、同じく詩が思い浮かぶ。

日本語を母語とするものにとって、韓国の詩文学史をさかのぼろうとすれどもなかなか難しい。

古くは『三国史記』（一一四五年）、『三国遺事』（一二八〇頃）に郷歌「処容歌」などがあり、朝鮮王朝時代の国教は、高麗時代の仏教から替わり、李退渓や李栗谷に代表される儒学が盛んとなり、漢詩文が中心であった。ハングルが創製されてからは、『春香伝』『沈清伝』といった漢文のものも、ハングルによって、自分の心情をより表わせるものに変わった。漢詩文といえば、男性中心だが、女性の詩人としては、黄真伊や、ハングル最古の小説『洪吉童伝』の作者である許筠の姉である許蘭雪軒、李玉峰、李栗谷の母である申師任堂などがいることは嬉しい。

早くから印刷文化が進み今でも出版大国ではあるが、全土が焦土と化し古文献は少なく、在日韓国人や一部研究者を中心に細々と翻訳されたものがほとんどで、日本語で読める図書がこれまで思いのほか少なかった。現代では映画などで尹東柱を知る人はいるが、日本ではあまり詩人の名は挙がらないかもしれない。近現代の詩人も、韓国では、鄭芝溶、李陸史、李光洙、徐廷柱、申庚林、金芝河、高銀と枚挙に暇がないほどだと思う。韓龍雲の「ニムの沈黙」、金素月は「つつじの花」などは韓国語の勉強をすると、以前はよくこうした近現代の詩人の詩も授業で取り上げられていた。

別格ともいえるのは、金素雲先生の『朝鮮民謡集』、『朝鮮童謡集』、『朝鮮詩集』などの労作群である。

戦前から日本でも発表され、岩波書店で文庫化されるなど、日本植民地時代の苦難を生きた詩人を取り上げた『朝鮮詩集』をはじめ、『朝鮮民謡集』や『朝鮮童謡集』は、長い歴史のなかで韓国の民衆が織りなした心情が描かれている。こうしたさまざまな韓国の精神文化を日本に紹介された功績は大きい。

田中明先生が『物語韓国人』の冒頭に司馬遼太郎氏の言葉から連想して、「三国時代（高句麗、百済、新羅の三国が鼎立していた時代）の韓国人と李朝の韓国人と同じ民族とは思えない」と書いている。

日本は海峡を挟んで大陸とは地続きでなくとも、アイヌをはじめ、大陸からの渡来人など同じ民族とはいいがたい。国は時代によって環境も人も異なり、そんな一貫した韓国の心というものがあるのだろうか。

日本では韓国ブームと言われた時があったが、その一つが、88ソウルオリンピック大会の開催を控えた頃だった。

日本人がよく理解しえなかった恨をタイトルにした李御寧先生の『恨の文化論　韓国人の心の底にあるもの』は、その後、『韓国人の心』と題して出版された。金両基先生の『キムチとお新香』、金容雲先生の『韓国人と日本人』、李圭泰先生の『韓国人の心の構造―暮らしと民俗に探る（角川選書）』といった日本と韓国の文化比較について書かれたものが多く読まれたように思う。

敗戦後のアジアの歴史で何となく抜けていた韓国の歴史や文化を知ろうとする要望にあいまって、訪韓客も増えた。

一九九二年に「朝鮮通信使イン　ジャパン」の一環として行われた韓日文化フォーラム「韓国文化と日本文化」は、「生活文化―その色とかたち―」「ソンビ社会と武家社会」など5つのセッションに、公開講演会（芳賀徹、池明観、梅原猛、李御寧）と、記憶に残るものだった。韓国文化院監修「月刊韓国文化」に収録され、『日韓文化論―同質性と異質性　韓国文化通信使フォーラム』としてまとめられた。

さらに、伝統芸術、韓国語、歌謡曲、スポーツなどに興味も少し広がり、『海峡を越えたホームラン』（関川夏央著）や『韓国は一個の哲学である〈理〉と〈気〉の社会システム』（小倉紀蔵著）といった現代の韓国人についての日本人の図書がけっこう出版されたのもこの頃だった。

金大中大統領の日本文化開放政策後の二〇〇二年のＦＩＦＡワールド杯韓日共同開催サッカー大会を前後して起こった韓流ブームまでは、文献やわずかな映像はあったとしても、実際の韓国人の文化や生活がどんなものかと知る日本人は少なかった。現在のような情報量の急増は、想像はされなかった。今後さらに韓国に関する情報や資料が溢れることは喜ばしいことである。

【原田美佳】東京都出身。大妻女子大学卒業。韓国精神文化研究院（現・韓国学中央研究所）にて研修。学生時代から長年関わった駐日韓国大使館 韓国文化院を二〇一五年末に退職。現在は、日本ガルテン協会の広報部長の仕事をしながら、国際芸術振興会理事、アジア図書館ネットワーク、十長生の会などの交流を中心に活動中である。共著書に『コンパクト韓国』（李御寧監修）、『朝鮮人物事典』（木村誠、趙景達ほか監修）、『朝鮮王朝の衣装と装身具』（張淑煥監修）などがある。韓国文化体育観光部長官賞、王仁博士報恩「神仙・太極庭苑」で韓国全羅南道霊岩市表彰碑受賞。

韓尚整
ハン・サンジョン　한상정

『평양프로젝트 — 얼렁뚱땅 오공식의 만화 북한기행』
오영진(저)／창비／2006★

1

『平壌プロジェクト――のらりくらりオ・ゴンシクの漫画北朝鮮紀行』
呉英進（著）／創批／2006

『계룡선녀전 1~5 세트』
돌배(저)／위즈덤하우스／2018★

2

『鶏龍仙女物語　1～5巻セット』
トルベ（著）／ウィズダムハウス／2018

『도토리문화센터』
난다(저)／문학동네／2022★

3

『どんぐり文化センター』
ナンダ（著）／文学トンネ／2022

脳裏に浮かんだ数多くの漫画作品を競わせた結果、『平壌プロジェクト』、『鶏龍仙女物語』、『どんぐり文化センター』に落ち着いた。この三作品はそれぞれ異なる心情を表現したものだが、同じ脈略に位置付けることができそうだと思った。

『平壌プロジェクト——のらりくらりオ・ゴンシクの漫画北朝鮮紀行』

『平壌プロジェクト』は、作者の呉英進が二〇〇〇年から二〇〇一年にかけて北朝鮮の新浦《シンポ》地区における軽水炉建設のために韓国電力の現場監督として派遣され、現地に滞在した経験を元に描かれた作品だ。この本が最後まで勝ち残った最大の理由は、韓国で生きる私たちだからこそ抱く思いがあると思ったからだ。作者も言及しているが、北朝鮮に行くと二度驚くと言われる。あまりに違うことに一度驚き、もう一度はあまりに似ていて驚くのだ。これほど「朝鮮の心」の一部を感じるのに適した本があるだろうか。ずいぶん変わってしまったとは言われるものの、それでもよく似た顔つきの人たちが同じ言葉を話しているのに、考え方も行動も全く異なる。それに加えて、理解を深めたり、ギャップを埋めたりする機会すらなかなか得られないというのは、何よりももどかしいことかもしれない。朝鮮の心という抽象的なものに面した時、韓国で暮らす人々だけが感じ取る親しみと違和感から来る複雑極まりない思いが、私たちの心の一部を成しているのではないだろうか。

『鶏龍《ケリョン》仙女物語　一〜五巻セット』

トルベの『鶏龍仙女物語』は、「仙女と木こり」という昔話を現代に生きる仙人たちのストーリーに発展させた。元々の昔話ではあまり比重の置かれていなかった鹿は、本作では魅力に満ち溢れるキャラクターに生まれ変わっている。彼は村の人々が生贄として差し出した幼い子供だった。神たちが哀れに思い仙界に連れて来るが、彼は神となった後、村人たちへ復讐する。仙界を追い出されて鹿になってしまった彼は孤独な死を迎え、現代に転生してもなお憤怒と寂しさを抱えたまま暮らしている。恨みで我を忘れた彼は木こりを死なせてしまい、木こりの子供たちの人生から父親の存在を奪ったことを後悔するのだが、どうやったら自分の怒りを鎮めることができるのかわからない。何をやったらダメなのかということだけしか理解できず、どうすべきなのかはわからない彼の苦しむ姿は私たちと何ら変わりない。ずっと前から周りが彼のことを思って手を尽くしていたと気づいてやっと、怒りは消えて平穏が訪れる。他人を思いやり、その気持ちを抱くだけでは留まらずに力いっぱい手を差し伸べる人たちこそが、今日を生きる仙人だ。

『どんぐり文化センター』

『どんぐり文化センター』は、よくありそうな設定から始まる。センターでさまざまな講座を受講する人々と、その空間を囲む土地を買収して大きな経済的利益を得ようと狙っている大企業。二者の戦いは、普通なら資本の勝利で終わるだろう。だが、作者のナンダ氏は、この平凡な設定の中の登場人物を一人一人温かな視線で描く。最初はあまり好きではなかったキャラクターたちも、時が経つにつれて皆それなりの事情を抱えた人たちに見えてくる。その事情というのも現実に起こりそうなことばかりで、読者は物語に引き込まれていく。たとえば、あるおばあさんが登場するのだが、彼女は娘にどうして距離を置かれているのかわからずにいる。おかずを持たせようにもいらないと言われ、顔を出しに来いと言っても忙しいとばかり言う娘。しびれを切らして、好物のチャプチェを作ったのにどうして冷たく拒否するのかと怒ると、娘は自分は一度もチャプチェを好きだと言った覚えはないと言い、チャプチェは兄の好物だと言い返す。娘だからと小さい頃から差別されてきた傷は、歳を重ねても自然となくなりはしない。娘の態度には理由があったのだ。今さらようやく気づいても、母には過去を変えることができない。どうしていいかわからない彼女に周りのおばあさんたちが同情し、なぐさめる。問題を解決してあげることはできなくても、一緒に涙を流すことはできるのだ。

これらの作品はすべて、私たちが持っている先入観や無関心への戒めを暗に示している。知っているつもりでも、実は何もわかっていなかったということ。帳を上げれば、そこに隠されていた多彩な様相が輝きを放っていることに気づくということ。一見違うようで実はよく似た人たちが生きていて、彼らも悩みながら、時には怒ったり、人を愛したりしながら生きているということ。私たちの言動にはさまざまなきっかけが複雑に絡まっていて、一つの側面からだけでは読み解くことはできないのだということ。他人を思いやる気持ちを持って、もっとじっくりと見つめてみると、今まで見えていなかったものがいきいきと声を上げ始めるということ。他人も自分のように矛盾を抱えているということ。それに気づいた瞬間、私たちの苦痛はやわらぐのだということ。だから少しだけでも寄り添って手を差し出してみよう、と。

　これとはまた別の共通点もある。どの作品もかなり笑えるという点だ。地下鉄で読んでいると気づかないうちにククッと笑っていて、周りの冷たい視線を浴びるくらいにだ。ただコミックだから笑えるのではない。『平壌』はフィクションの見た目をしているがドキュメンタリー的な色が強く、『鶏龍仙女物語』もファンタジーフィクションではあるが、現実でも直面し得る要素が盛り込まれている。『どんぐり文化センター』もまた、自分の身の回りで出会うかもしれない背景設定と人物たちの話だ。苦しみの中にも笑いはあるということ、むしろそういう瞬間にこそ笑いが必要なのだということを伝えているように思う。これらの作品は漫画という形をとっているおかげで、苦しみと笑いの間を自由に行き来できるのかもしれない。漫画の読者も一コマ次にジャンプするだけで全く異なる世界が広がっていることに慣れているのだから。

（訳・須見春奈）

【韓尚整】釜山、ソウル、パリ、原州での暮らしを経て、仁川に住む。幼い頃に家族と一緒にケラケラと笑いながら読んでいた漫画の研究で博士号を取った。なぜそこから仁川大学仏語仏文学科に在職することになったのか、よく訝しがられる。フランス文化のカリキュラムを担当していると言えば多少腑に落ちるようなのだが、大学院の地域文化学科でも学科長をしていると付け加えるとまた不思議そうな視線を浴びる。他人に毎回説明しながら生きていくというのは少々やっかいだ。ただ、一つの単語で言い表せない仕事をしているというのは、それはそれで意味を持っているようにも思う。『漫画学の再構成』（Esoup、二〇二一年）というあまり売れていない理論書を出版し、漫画研究者として最低限の社会的義務は果たしたと感じていて、これからはできる限り面白い仕事だけをやろうと心に決めている。実際のところどうなるのかには疑問が残るけれど。

菱田雄介

ひしだ　ゆうすけ
히시다 유스케

1

『떠도는 땅』
김숨（저）／은행나무／2020★

『さすらう地』
キム・スム（著）、岡裕美（訳）、姜信子（解説）／新泉社／2022◆

2

『追放の高麗人《コリョサラム》――「天然の美」と百年の記憶』
姜信子（著）、アン・ビクトル（写真）／石風社／2002★

3

『ДАВНЫМ ДАВНО В КОРЕЕ / 옛날 옛적에』
Карандаши／뿌쉬낀하우스／2018★

『むかしむかしあるところに』
カランダシィ／プーシキンハウス／2018

二〇一九年の夏、カザフスタンの中心都市アルマトイから三百五十キロ離れた小さな町、ウシュトベを訪ねた。長旅の疲れを癒す間もなく案内されたのは、ひなびた駅舎だった。

「一九三七年の十月九日に、最初の列車がここに到着しました。郵便用の貨車が見えるでしょう？　あのように窓も扉もトイレもない貨車に人間が押し込められて、ここに運ばれてきたのです。当時、この町には家が十軒ほどあるだけでした。この町を案内する最初に見てほしかったのが、すべての始まりとなったこの場所なのです。」

丁寧に説明してくれているのは、リ・ウラジミールさん。韓国系の苗字とロシア系の名前を持つ彼は、朝鮮半島にルーツを持つ高麗人《コリョサラム》だ。一九三七年の初冬、彼の祖父母は、まだ幼かった彼の父親と共に貨車に乗せられ、この地へとやって来た。

「揺れる床から立ち上る冷気は、干し草とむしろ、何枚も重ね着した服を順番に通り抜け、ぐらぐらする尻と弱った五臓六腑を突き刺す。悪寒を感じて驚いた鶏のように震えていたクムシルは、肩にかけた毛織のショールを頭の上まで引き上げ、お腹にいる赤ん坊の心臓の鼓動に耳を傾けようと必死だ」（キム・スム『さすらう地』）

キム・スムの『さすらう地』は、まさにあの貨車に乗せられて、極東のウラジオストクから中央アジアのカザフスタンまで向かう道のりを舞台にした物語である。牛や馬を運ぶための貨車に乗せられた人々。窓がなく、昼と夜の区別もつかないような状態で、腐りかけたソーセージを食べ、おまるで排泄をしながら西へ、西へと向かう。出稼ぎに出た夫と生き別れ、姑とともに貨車に乗った妊婦のクムシル。乳飲み子を抱えたターニャ、聴覚を失った歌い手のウジェ。偶然同じ貨車に乗り合わせた人々は、虱のわいた身体を寄せ合いながら、差別と抑圧に苦しんだロシアでの日々を振り返る。

十九世紀末から二十世紀初頭にかけて、ロシア帝国の極東進出と日本の朝鮮半島進出で大混乱に陥った朝鮮半島。そんな中で自由を求め、国家の権益が及んでいなかった沿海州へ逃れた人々がいた。やがてその地はソ連領となるが、朝鮮半島出身者はウラジオストクの新韓村をはじめ、数々の韓人村を建設。ロシア人との共存が始まった。しかし一九三七年九月、スターリンは十七万人の朝鮮半島出身者を一人残らず排除することを決める。「日本のスパイ活動」を防止するため、日本人と顔のよく似た朝鮮半島出身者が排除のターゲットとなったのだった。

二百八十四ページの読書体験は、登場人物と同じ車両に乗り合わせてしまったかのように息苦しいものだ。硬くなった皮膚、乾き切った喉と汚い水、糞尿の匂いが立ち込めるなかで交わされる断片的で不快な言葉たち。ページをめくるごとに繰り返される執拗な描写は、「コリアンディアスポラ」の現実を読者の身体に刻み込む。著者のキム・スムは従軍慰安婦を描いた『ひとり』や一九八七年民主運動をテーマにした『Lの運動靴』など、韓国・朝鮮の人々が体験してきた歴史的な出来事の奥深くに潜り込み、その感触を肌触りとして掬い取ってみせる。

一九三七年十月に強制移住を強いられた人々は十七万二千人。移住先のカザフスタンやウズベキスタン（当時はどちらもソビエト連邦の構成国）で彼らは「高麗人」と呼ばれた。建物も畑も与えられず、最初の冬は手で穴を掘り、葦で屋根を作って過ごしたという。

荒地を耕し、山を切り開いて彼らは生き延びた。それを支えたのは、スターリンが彼らから奪えなかったもの。すなわち、「韓国・朝鮮の心」であったことは疑いがない。ソ連社会を生き抜くために、言語や宗教など、多くのものを捨てざるを得なかったが、それでも二〇一九年の高麗人家庭の食卓には白菜のキムチがあった。少し薄味に感じたそれは、異郷で世代を重ねながらも、受け継がれてきた味なのだった。

私を案内してくれたリ・ウラジミールさんは五十代。高麗人としては三世代目で、四世代目にあたる娘のユリアさんは十五歳だった。スマートフォンでK－POPや韓国ドラマを見るのが大好きで、そのために韓国語を勉強しているのだという。いま、韓国の音楽やドラマに興味を持つことに、もはや高麗人というアイデンティティは関係ないだろうが、ユリアさんがチマチョゴリに着替えると、民族が背負ってきた伝統が美しく立ち現れるのが感じられた。

カザフスタンの高麗人を取材するにあたり、私は資料の少なさに困っていた。「高麗人」「コリアンディアスポラ」を説明するウェブサイトはあるものの、ウィキペディア以上の情報を持つものはほとんどなかった。そんな中で助けとなったのが作家・姜信子と写真家・アン・ビクトルによる『追放の高麗人―「天然の美」と百年の記憶』だった。同書は、日本で生まれた「天然の美」という歌が、中央アジアで「故国山川」として歌われていることを知った著者が、カザフスタンのウシュトベから高麗人のルーツである「遠東（ウォンドン）＝沿海州」を訪ねていくというドキュメンタリーである。二〇〇二年の刊行なので情報は古くなっているが、当時だからこそ聞くことができた高麗人一世の声を聞くことができる一冊である。二〇〇〇年に行われた『追放の高麗人』を取材する旅は、熊本放送がドキュメンタリー番組として撮影、放送しており、二〇二三年にも『レジェンドドキュメント』として再放送された。願わくは動画配信に載せて頂き、多くの人に見られるようにしてほしいものである。

『さすらう地』と『追放の高麗人』は対を成す二冊だと思う。前者が沿海州から中央アジアへと追放される旅路を描いている一方で、後者は中央アジアから沿海州を目指して旅をする。小説とドキュメンタリーというまったく毛色の違う二冊だが、併せて読むとより理解が深まるはずだ。

最後に紹介しておきたいのが『ДАВНЫМ ДАВНО В КОРЕЕ（ダヴィネフダブノ フ コリーヤ）／옛날 옛적에』という絵本である。韓国の大学が高麗人用の語学テキストとして現地で配ったもので、朝鮮半島に伝わる四編の童話がロシア語と韓国語で収められている。「소금 나오는 맷돌（塩が出てくる石臼）」は、貧しい男が、貴重な塩を生み出す石臼を手に入れて村の人々を助けていたところ、悪い男がこれを奪って独り占め。船に乗って逃げたものの、塩を止める言葉を知らなかったために塩の重さで船が沈み、それでも塩は出続けて……結果として海水はいまも塩の味がするのです、というお話。韓国では多くの子どもたちが知っている童話だと思う。

高麗人の強制移動からまもなく九十年が経とうとしている

が、こうした道徳的な価値観を共有することで、「韓国・朝鮮の心」がこれからも中央アジアに生き続けることを願ってやまない。

【菱田雄介】一九七二年東京生まれ。写真家。「地図上に一本の線が引かれた時、人間の運命はどう変わるのか」を命題に、border（境界線）をテーマに作品を発表。東京都写真美術館「日本の新進作家 vol.17」選出（二〇二〇）。北朝鮮と韓国の人々のポートレートで構成した『border | korea』（二〇一七 Libro Arte 刊）で第三十回写真の会賞を受賞。同作品は日本国内のみならず大邱フォトビエンナーレ（二〇一六）やソウル市立美術館の企画展

「BORDER 155」（二〇一八）をはじめ麗水市や金浦市などでも展示され、ハンギョレ新聞で紹介されるなど話題となった。カザフスタンの「高麗人」の撮影も行っている。

公式ホームページ https://www.yusukehishida.com

邊池盈

ピョン・ジヨン　변지영

1 『森田療法を学ぶ――最新技法と治療の進め方』
北西憲二（編著）／金剛出版／2014 ★

『내가 좋은 날보다 싫은 날이 많았습니다』
변지영（저）／비에이블／2020★

2 『自分を好きな日より嫌いな日の方が多かったです』
邊池盈（著）／ビーエイブル／2020

3 『Resonance: A Sociology of Our Relationship to the World』
Hartmut Rosa（著）、James Wagner（訳）／Polity Press／2019 ★

日本仏教における禅宗のひとつである曹洞宗の僧侶で、多くの弟子を育成した内山興正《こうしょう》（一九一二～一九八八）は、人の心とは特別なものではなく、「我々の経験がすなわち心である」と言った。どのような条件のもとで誰とコミュニケーションをとりながら生きてきたのか、何を経験したのかが、人の心を作り出すといえよう。

東洋では人間の心を、環境や自然と共に息づく有機的な現象と捉える観点が主流であった。しかし、経済、政治、社会全般の変化と同様に、学問においても科学化、計量化が急激に進んだことで、測定と比較が容易な西洋心理学が、人の心を説明する学問の主流として位置づけられるようになった。

一般的に科学というものは、測定と分析を通して現象を予測しコントロールしようとする。心理学も例外ではない。特定の症状や問題の原因になりそうな要素を選び出し、相関関係あるいは因果関係の有無を調べることで、問題の減少と予防に焦点を当てる。

近年、心理学に対する人々の関心は急増し関連図書や放送コンテンツも増加しているが、それらが果たして精神衛生や生活の質の向上に役立っているかどうかは疑問だ。むしろ、そうしたものが過剰に供給されることで、自分に足りないものを突き止めなければという強迫観念が広がっているのではないかと懸念される。

現代に生きる人々は、常に自分と他者とを比較し、自ら悩みを作ってしまう傾向がある。例えば、自尊心、レジリエンス、グリット（Ｇｒｉｔ）、自己調節力、ポジティブ・シンキング、あるいは愛着など、何らかの面で問題があると自らを診断し、どうすれば他人に振り回されたり利用されたりせず人生の勝ち組になれるかを知りたくて必死になっている。

そのため多くの人たちは、自分自身を全人格的に理解することなしに、まるでアクセサリーを身につけるように、成功を手にした人間こそが素晴らしいという言説を信じて自分もその後に続こうとあがくのだ。ＹｏｕＴｕｂｅｒの言うことや、本に書かれたことを鵜呑みにして、憧れの人たちのようになろうと頑張ってみるものの、そう簡単に変われるはずもなく、自分に対して不満を抱え続けて自責する羽目になる。決めた通りに何かを実践できなければ劣等感に苛まれ、それでも無理やり自分を変えようとするためプレッシャーが生まれる。「こうあるべき」項目が増える一方なのだから不安障害とパニック障害に苦しむ人が増えるのは当然かもしれない。

拙著『自分を好きな日より嫌いな日の方が多かったです』の内容を一部引用すると、自分の内面にあるものを否定したり無視したりすると、他人の前で自分をありのままに出すことができない。人に会っても居心地が悪くて疲れてしまう。つとめて自分の一部を隠そうとし、バレたらどうしよう、そのせいで見下されたり嫌われたりしたらどうしようと常に怯えることになる。誰に会っても無駄に力が入って硬直してしまい、最終的には対人関係が辛くなってしまう。いつも（私のことをどう思っているのだろう?）と気になり、相手に注意を払う余裕がない。そうして結局は人に会えなくなってしまう。

日本の精神科医、森田正馬《まさたけ》（一八七四～一九三八）によって創始された森田療法では、こうした自分自身への過度な集中が実際の不安や憂鬱をさらに悪化させると説明している。

意識や注意は私たちの自由自在で、必要に応じて柔軟に機能するにもかかわらず現代人の多くはそうした本来の能力を自制してしまう。このように「硬直した思考」で特定の考えに縛られた状態を「とらわれ」という。韓国語では「捕まる、捕虜になる」という意味だ。森田療法は不安障害とパニック障害の診断や治療に特に効果的なアプローチだと言える。

心というものが経験によって生じるとするなら、心の病気は歪んだ生き方や捻くれた存在認識から始まると言えるだろう。コストパフォーマンスを追求する現代社会において、人々は自分自身さえも生産性という物差しで見る。そして自分や他人がどのようなスキルを持ち、何に役立つのかが気になって心をすり減らす。

ドイツの社会学者、ハルトムート・ローザの著書『Ｒｅｓｏｎａｎｃｅ（共鳴）』によると、このような執着や必死の努力は全て、疎外されることに対する恐怖から生まれるという。社会や集団から疎外されまいと努力し、ひとつでも多く何かを獲得しようと頑張るのだ。予測とコントロール、役割と機能だけで結ばれた人間関係の中では、素直な心で世の中を理解することは難しい。たとえＳＮＳで繋がっている人が多くても、まともな関係を築くことはほとんど不可能だ。

誰もが自分自身を深く理解して変化していけるような良好な人間関係を望んでいる。私たちは「疎外の砂漠（deserts of alienation）」ではなく、「共鳴するオアシス（oases of resonance）」を求めている。あなたと私が共に響きあい、互いを向上させられるような関係を望んでいるのだ。しかし皮肉なことに、共鳴を意図することは不可能で、予測もコントロールもできない。どれほどリソースがあろうと、共鳴を生み出すことはできない。冬の枯れ木がいつのまにか豊かな緑をまとう夏仕様に衣替えした姿を目にするとき、路地のどこからか流れてくるピアノの音にふと耳を傾けるとき、何かと出会って思いがけず心が震える瞬間。そうした刹那は、私たちが何かを意図することなく、ただ心を開いてそこにいたからこそ出会えるのだ。

（訳・柳美佐）

【邊池盈】作家、臨床・相談心理学博士。ＣＨＡ医科学大学医学科にて制御焦点が精神健康に及ぼす影響に関する研究で博士号を取得した。著書に『未来の自分を助けにいきます』『私の心を読む時間』『私の感情を読む時間』『いつも自分を遮る私へ』『まだ自分に会えない私へ』『いいものは偶然やってくる』『時折り乱れる心』などがある。『自分を好きな日より嫌いな日の方が多かったです』は台湾の ACME Publishing Group から『比起喜喜怒自己、我有多多自自己的日子』のタイトルで出版された。

邊容蘭

ピョン・ヨンナン　변용란

『그 많던 싱아는 누가 다 먹었을까』
박완서(저) ／세계사／2015 (초판1992)★

1

『あんなにあった酸葉をだれがみんな食べたのか／あの山は本当にそこにあったのか』
朴婉緒（著)、真野保久、朴暻恩、李正福(訳)／影書房／2023◆

『길 위에서 중얼거리다』
기형도(저) ／문학과지성사／2019★

2

『道の上でぶつぶつ言う』
奇亨度（著）／文学と知性社／2019

『소년이 온다』
한강(저) ／창비／2014★

3

『少年が来る』
ハン・ガン（著)、井手俊作（訳）／クオン／2016◆

悲しみをあとにして進んでいく

『あんなにあった酸葉《すいば》をだれがみんな食べたのか／あの山は本当にそこにあったのか』

戦争世代ではないのに、幼い頃よく戦争の夢を見た。反共が国家のスローガンだった社会の雰囲気のせいでテレビでもよく映像が流れていたが、何よりも朝鮮戦争のときに避難した話を繰り返しリアルに話してくれた祖母と母の影響が大きい。戦争が起こり、包みを背負って避難道に出たが、すでに人民軍の世の中になってしまっていたため、結局ソウルの家に戻らなければならなかった話。避難途中に爆撃が始まると、田畑の畦に身を隠してブルブル震えていた話。お腹がすいて、隠れていた畑でネギを抜いて焼いて食べたら、それがとても甘くて美味しかった話。

朴婉緒《パク・ウンソ》の『あんなにあった酸葉をだれがみんな食べたのか』を初めて読んだ時の既視感を忘れることはできない。朴婉緒は私の母より十歳も上だが、母と祖母から聞いた近現代史が、相似形のようにこの本に詰まっていた。事実、戦争世代だった方たちは、朴婉緒とほとんど似たような人生の軌跡をたどったはずだ。韓国人の中で、なんの苦労もなく安穏に朝鮮戦争を経てきた人がいるはずがない。それでも戦争や混乱の時期にもっとも生きるのがつらいのは、子どもたちと女性たちだ。私の母方の曾祖母と祖母は、日本統治時代を経て、そろって寡婦になって家長として厳しい人生を掘り起こさなければならなかった。自身の経験をもとにした朴婉緒のこの自伝的小説でも、無能で何もできなかったり、どこかに連れていかれて不在の家長や男たちの代わりに、しぶとい女性たちが家を用意して人民軍の支配下で働き、食べるものを探して空き家を荒らした。貧しさと飢えと戦雲の悲しみの中でも家族愛はいつもまっすぐで、生き残った者たちの希望になってくれた。

『道の上でぶつぶつ言う』

死と虚無の情緒が湧きあがった奇亨度《キ・ヒョンド》の詩集『道の上でぶつぶつ言う』も、家族の話と欠乏の悲哀がひときわ心に迫る。病気の父と若くして亡くなった姉。母のきつい労働。朴婉緒の小説で母と母方の祖母の話を思い出したように、奇亨度の詩「母の心配」は、まるで私の父と祖母の話のようだ。故郷だった平安北道から、一斉徴用を避けて満州に移住した私の祖父の家族は、朝鮮戦争のとき釜山に下り、「箱」に入れて担いできたお金を全部使い果たして、貧しい暮らしになった。遊び人だった祖父の代わりに、祖母が魚を入れた丸いかごを頭に載せてチャガルチ市場で商売をしたことがあるという。十代の青少年だった父は、真っ暗な夜中に魚のかごを頭に載せて歩く祖母が心配で、ときどき影島《ヨンド》橋まで迎えに行ったが、生臭い匂いが苦手だったのか、その後、魚をほとんど食べられなくなった。しかし、孝心と引き換えにした父の生臭さ嫌いは、祖母がいつまでもくり返し褒める長男の美談であり、私に引き継がれたその記憶は、奇亭度の詩鑑賞にも影響を及ぼした。働く母を持つ子どもたちの心配と悲しい情緒は、長く忘れられることなく時代を貫いているようだ。

『少年が来る』

どの社会でも同じだろうが、大韓民国には今も多くの悲しみが顕在する。今まで私たちは暴力と闇の歴史を経験し、まったく癒えることのない傷になったいくつかの記憶は、変わらず生々しく熱い。とても苦しくて目をそむけたい衝動にかられたりもする「八〇年五月光州」を鮮明に描いたハン・ガンの『少年が来る』は、逆説的に悲しいから強い。少年ドンホを「一緒に」覚えているから、前に進める気もする。八〇年代中盤、明洞などの地では連日奇襲デモが行われた。戦闘警察と私服警察に追われた行き止まりの路地で固く下ろされたシャッターをやみくもに叩くと、商人たちは快くシャッターを上げてデモの大学生たちを匿ってくれた。捕まらないように駆け出して、靴が脱げて落とすことも多かったが、デモが終わったあとの明洞中央路に出てみると、片方だけころがっていた靴を誰かがきちんと並べておいてくれた。そこに行けば無くした自分の靴を見つけることができたのが不思議だった。激烈だった光州の記録写真の中にも、主人を失って道に散らばっている靴の写真を見たことがある。しかし、そのいくつかの靴は、結局持ち主を見つけられずに展示館に残った。深い悲しみと憤怒は忘れずに刻みつけておいてこそ、それを踏みしめて一歩一歩進んでいけるようだ。

（訳・山口裕美子）

【邊容蘭】一九六七年ソウルで生まれ育った。大学で英語英文学を専攻した後、国内外の企業で働き、好きな本と関連する仕事をしたいと思い、一九九五年、出版翻訳者の道に入った。勉強不足を感じて遅ればせながら入った大学院では、人生の本の中の一冊といえる『ジェーン・エア』研究で修士学位を取得した。映像翻訳にも興味が深く、EBS「世界の名画」「日曜シネマ」で放映された映画を多数翻訳した。翻訳した本には『希望の本』『すべての名において』『老いるという錯覚』『あなたは決して忘れないだろう』『痩せた女たち』『トワイライト』などがある。

平野啓一郎

ひらの　けいいちろう　히라노 게이치로

『나는 유령작가입니다』
김연수(저) ／창비／2005★

1

『ぼくは幽霊作家です』
キム・ヨンス（著）、橋本智保（訳）／新泉社／2020◆

『소년이 온다』
한강(저) ／창비／2014★

2

『少年が来る』
ハン・ガン（著）、井手俊作（訳）／クオン／2016◆

3

『帝国日本の閾―生と死のはざまに見る』
金杭（著）／岩波書店／2010★

私が多くを学んだ本

『韓国・朝鮮の心を読む』という本書のタイトルは、私が寄稿する上ではあまりにも大それていて気後れがあるが、韓国の人々とは、拙著の出版をきっかけに二十年以上に亘って交流を続けており、自分なりに同国に関心を寄せてきたので、その過程で私が学ぶところが多かった三冊を紹介したい。

私は特に、比較的自分と歳が近い人たちが書いた本を選んだ。彼らには一定の世代的共感があり、同時に、それぞれに異なる社会を生きてきたという発見があり、「韓国・朝鮮の心」を――当然、決して一様ではない――理解する上では、大きな助けとなった。

最初に挙げたいのは、キム・ヨンスの『ぼくは幽霊作家です』（橋本智保訳）。

彼とのつきあいは古く、それほど頻繁に連絡を取り合うわけではないが、ソウルで会うと、ああ、ソウルに来たなと実感させてくれる友人の一人である。

キム・ヨンスは、現代の世界文学に於いても特筆すべき作家だと思う。日本で邦訳が出ている『世界の果て、彼女』、『四月のミ、七月のソ』は、いずれも素晴らしい短篇集で、私は愛読しているが、ここでは、長年読みたいと思っていて、ようやく二〇二〇年に邦訳が出た彼の出世作を取り上げた。

キム・ヨンスは、教養豊かで、深い思索の力があり、透徹した歴史認識を備えている。作品の舞台設定は、韓国に留まらずヨーロッパからアメリカ、そしてしばしば日本と、時空間的にも広い。しかし、彼の魅力は、同時に非常に繊細で、且つ、温かい眼差しによる、登場人物たちの濃やかな心の描写で、その点に於いて、読者は彼の作品を、国境や言語を超えて、自分たちと同じ現代人が書いた作品として受け容れ、愛するようになる。それに、キム・ヨンスの短篇は、ストーリー・テリングが巧みなだけでなく、どれもこれも実体験ではないかと思うほど——そんなはずはないが——ディテールが豊富である。

私は彼の短篇が好きで読むのだが、半ばは、いつかこんな短篇が自分にも書けたらと、勉強するようなつもりでも読んでいるのである。

小説として挙げるもう一冊は、ハン・ガンの『少年が来る』(井手俊作訳)である。

ハン・ガンは、『菜食主義者』や『ギリシャ語の時間』、『すべての、白いものたちの』など、一読して彼女の作品とわかる詩的な文体を持っているが、個々には大きく異なるスタイルで創作を続けている。『少年が来る』は、彼女の真骨頂のようでありながら、しかし全体として見れば、例外的な作品と言うべきかもしれない。

韓国人にとって、光州事件は民主化運動の歴史に於ける決定的に重要な出来事で、近年の映画化などを通じ、日本でも少しずつ知られるようになってきたが、ハン・ガンのこの小説は、当事者たちの心の苦しみを、事件後の生をも含めて、身悶えするような悲痛な共感を以て描ききっており、決して忘れることの出来ない読書体験となる。

書き方も、ルポルタージュ的なスタイルとは異なり、多様な視点からのアプローチが工夫されていて、それを、二人称の「君」や「あなた」への呼びかけが貫く仕掛けが効果的である。

韓国現代史を超えて、人間とは何なのかという大きな問いへと読者を導く本であり、作家としてもとても尊敬している。

最後に挙げるのは、金杭《キム・ハン》の『帝国日本の閾』で、これは小説ではなく、延世大学教授による日本近代思想の研究書である。

一九七三年生まれで、父親の仕事の関係で少年時代をしばらく日本で過ごした著者は、ウォークマンのようなガジェットやマンガに代表される日本のサブカルチャーに自然と親しんだ当時の新しい世代であり、日本語も極めて流暢に話す。その日本が、何故、近代以後、帝国主義によって道を誤り、アジア諸国を侵略し、朝鮮半島を植民地化するに至ったのか、という問いを思想的に徹底して突き詰めようとする本書は、私とって大きな知的衝撃だった。飽くまで研究者としての態度を貫き、糾弾するような調子とは無縁だが、だからこそ、被植民地化を経験した被害国の著者の「何故なのか？」という思考の深みは、日本人に、それに対する応答責任を強く迫るものとなっている。

このような著作が書かれた事実にこそ、私たちは、韓国の知識人たちの心を読み取るべきであろう。

私は本書への賞賛を惜しまないが、著者は若書きの書として、それに対してはいつも謙遜気味である。しかし、次なる著書へと彼を促すために、再度ここで紹介することにした。

【平野啓一郎】一九七五年愛知県蒲郡市生。北九州市出身。京都大学法学部卒。一九九九年在学中に文芸誌『新潮』に投稿した『日蝕』により第百二十回芥川賞を受賞。四十万部のベストセラーとなる。二〇〇四年には文化庁の「文化交流使」として一年間、パリに滞在した。美術、音楽にも造詣が深く、日本経済新聞の「アートレビュー」欄を担当（二〇〇九〜二〇一六年）するなど、幅広いジャンルで批評を執筆。二〇一四年には、国立西洋美術館のゲスト・キュレーターとして「非日常からの呼び声 平野啓一郎が選ぶ西洋美術の名品」展を開催した。同年、フランス芸術文化勲章シュヴァリエを受章。著書に、小説『葬送』、『高瀬川』、『決壊』、『ドーン』、『空白を満たしなさい』、『透明な迷宮』、『マチネの終わりに』、『ある男』等。エッセイに『本の読み方 スロー・リーディングの実践』、『小説の読み方』、『私とは何か「個人」から「分人」へ』、『考える葦』、『「カッコいい」とは何か』『死刑について』等がある。二〇二三年、構想二十年の『三島由紀夫論』を刊行し、小林秀夫賞を受賞。

ロバート・ファウザー

Robert J. Fouser　로버트 파우저

『소설가 구보 씨의 일일』
박태원(저) ／사피엔스21／2012★

1

『短編小説集「小説家仇甫氏の一日」ほか十三編』（朝鮮近代文学選集３）
朴泰遠（著）、芹川哲世・山田佳子（訳）、大村益夫・布袋敏博（編）／平凡社／2006◆

『서울 1964 년 겨울』
김승옥(저) ／문학과지성사／2019★

2

『ソウル 1964 年冬　金承鈺短編集』
金承鈺（著）、青柳優子（訳）／三一書房／2015◆

『도시는 무엇으로 이루어지는가』
박성원(저) ／문학동네／2009★

3

『都市は何によってできているのか』
パク・ソンウォン（著）、吉川凪（訳）／クオン／2012◆

4

『わたしの釜山』
川村湊（著）／風媒社／1986★

人類の長い歴史の中で、都市に住む人口は少なく、農村で生活を送るのが普通であった。もちろん、ローマや長安のような古代帝国の首都は一時期百万人を超えたが、これは総人口の中で少ない割合であった。朝鮮も例外ではなかった。他の王国のように首都はそれなりに人口が多かったが、それ以外のほぼ全ての人口が農村に住んでいた。そのため、朝鮮の伝統文化と価値観の多くの部分は農村生活と深い関係がある。今日、「韓国の心」の本質だとよく言われる「情」と「恨」も、このような伝統文化と価値観を反映している。

しかし、今日、韓国の人口の八十%以上が都市に住んでいる。都市化はほぼ百年前に始まったので、すでに数世代が都市で育ち、歴史的にこうした新しい環境に合った新しい価値観が形成されている。それは何だろうか。世界で都市に住む多くの人々が感じている孤独である。そして韓国は都市化が進み、その孤独がさらに一般化して、今日「情」と「恨」よりも孤独が韓国人の心の底まで入ったのではないかと見られる。

ここで選んだ三つの小説と回顧録一冊に、都市化の様々な段階における孤独の形成と変化がよく分かる。まず、一九三四年に『朝鮮中央日報』に連載された朴泰遠の『小説家仇甫氏の一日』中編を見てみよう。当時急速に成長する京城で小説家を目指した主人公の男性は、対人関係が苦手で孤独の中に生きていた。突然人と触れ合いたくなって家を出て華やかな京城の街を歩き、喫茶店や飲み屋で友達とあった。しかし、会話が面白くなくて、楽しくデートしているカップルを見て、嫉妬を感じながら自分を含むすべての人が精神病を患ったと判断した。孤独をさらに感じて、悲しいまま午前二時に家に帰った。朴泰遠は一九五〇年に朝鮮戦争の初めに北朝鮮に亡命し、北朝鮮で作家活動を続けたため、すべての作品は一九八〇年末まで韓国で禁書であった。その後、解禁になり、当時の京城の姿と「モダンボーイ」を目指す若い世代の感性で有名な小説として知られている。小説の物語は二〇二〇年に現在のソウルを舞台にした『小説家仇甫の一日』という映画が公開された。

一九四〇年代と一九五〇年代は分断、戦争と混乱が続く時代であったが、一九六〇年代に韓国では新しい軍事独裁政権のもと、工業化と輸出中心の経済発展政策が強く推進された。これにより、ソウルを含む地方の主要都市の人口が再び急増し始めた。一九六五年に、金承鈺は独特の都市的感性を持つ短編小説「ソウル１９６４年冬」を発表した。この小説は、『小説家仇甫氏の一日』と似た感性で、寒い冬の夜に孤独の中に生きる男性三人が屋台で偶然と互いに語り合った。その中に妻がなくなった一人が妻の死体を病院に売って、その費用を全部使いたいとみんなで中華料理屋に行った。その後、火事の現場を見てから宿に向かい別の部屋に寝た。朝起きて、そのうちの妻がなくなった一人が自殺したと分かって、二人が何も感情なく宿をでた。都市人の深い孤立と孤独感のために悲しみを感じられなくなったというメッセージが強い。

　その後、一九七〇年代と一九八〇年代に経済急成長と急速な都市化が行われた。一九八七年に民主化運動が成功し、一九八八年にソウルオリンピックを終え、一九九〇年代に韓国は今日の姿になった。それはマンションに住み、子供が一～二人いる中産階級の核家族である。中産階級が増えたため、社会的・経済的安定を求める競争も激化し、一九九七年のアジア金融危機に伴い、ＩＭＦの政策指導の下、社会の雰囲気が厳しくなった。続いて二〇〇〇年代にインターネットの高い普及率により若い世代の対人関係が変化し、上の世代は急激な社会変化と深まった孤独に対する反感が現れ、農村と移民に対するロマンが生まれた。

　ここで日本の文学評論家である川村湊が一九八六年に出版した当時の釜山生活を描いた『わたしの釜山』は興味深い。一九八〇年代前半の韓国はまだ独裁体制が続いていたが、生活水準が上がり、一九八八年ソウルオリンピックの準備のため、未来への期待が大きかった。困難の中で着実だった民主化運動への期待もますます大きくなった。一九八〇年代前半、釜山にある東亜大学で日本語と日本文学を教えながら、川村は多くの人に会い、ソウルによく行った。この本に登場する都市の姿は概ね活気があるが、よく見ると市場、クッ（お祓い）、そして様々な行事は農村生活からのインプラントのような感じだ。そして、川村は都市に住む様々な疎外された階層も取り上げ、韓国の都市繁栄期と言えるこの時代に表によく見えない孤独をよく掴んだ。

　二〇〇九年に出版されたパク・ソンウォンの『都市は何によってできているのか』は関連と連続性のある十編の短編で構成され、都市の生活を問い始めた二〇〇〇年代から生まれた。『小説家仇甫氏の一日』や『ソウル１９６４年冬』と同様に、都市人の深く内面化された孤独を扱いながら、前の二つの作品が暗示した難解な感性はさらに強い。『小説家仇甫氏の一日』では主人公が人との触れ合いに失敗し、『ソウル1964年冬』では男性三人が出会いを表面的に楽しんだが、『都市は何によってできているのか』の始めの短編『キャンピングカーに乗ってウランバートルまで』では人との触れ合いについて期待さえなく、ナンセンスしかない。主人公の男性は、街を去った父親が運営していた「ウランバートル」というブックカフェの本3万冊を遺産として受け取り、彼の妹はカフェを受け取った。都市で深い孤独に陥った父は都市と正反対の広い砂漠に憧れモンゴルの首都の名称をブックカフェに名付けた。しかし、父とその子供たちは都市を離れても孤独はむしろ深まり、孤独からどこにも逃げられない。結局、本のタイトルの質問に対する答えは「何もない」。

都市化によって、孤独が通常になったのは韓国だけの話ではないが、その速度と孤独の深さは目立つ。しかし、九十年前の『小説家仇甫氏の一日』に主人公が京城を歩きながら感じた孤独から考えると孤独は「情」と「恨」とともに長い間「韓国の心」の一部を占めたことが分かる。これから日常生活が物理的な都市空間から離れ、バーチャル都市空間にますます移るだろうが、それは「韓国の心」にどのような影響を及ぼすかは興味深い質問である。

【ロバート・ファウザー（Robert J. Fouser）】一九六一年アメリカのミシガン州生まれ。ミシガン大学で日本語・日本文学を専攻し、ソウル大学で韓国語を学ぶ。ミシガン大学で言語学修士、アイルランドのダブリン大学トリニティ・カレッジで言語学博士号を取得。高麗大学、立命館大学、京都大学で英語と英語教育を教えた後に韓国語教育に転向。鹿児島大学で教養韓国語の授業を開設・担当したのち、ソウル大学国語教育科初の外国人教授になった。また、二〇一四年アメリカへ帰国したのちに韓国語で本の執筆活動を始める。著作に『外国語伝播談』『都市読法』『都市はなぜ歴史を保存するのか』『外国語学習談』（和訳として『僕はなぜ一生外国語を学ぶのか』）など。『韓国文学の理解』（金興圭著）を英語に訳した。趣味は語学、写真、古い町並みの散策。

黄豊年

ファン・プンニョン　황풍년

『김남주 평전』
김형수(저) ／다산책방／2022★

1

『金南柱評伝』
金炯洙（著）／タサン書房／2022

『풍년식탐』
황풍년(저) ／르네상스／2013★

2

『豊年食探』
黄豊年（著）／ルネサンス／2013

『金南柱《キム・ナムジュ》評伝』

柿《カム》。韓国語ではたった一音節のシンプルな名前。私が一番好きな果物だ。「いつ頃から好きだったんだろうか」という問いは意味がない。「いつからお母さんのことが好きだったのか」と問うように。小さい頃から柿はそばにあった。柿の木と一緒に育ったのだ。裏山には松の木、家の庭には柿の木！　一九七〇年代、片田舎の村の風景といえば大概そうだった。食べ物はとても貴重で、「石でも平らげる」と言われるくらいに食欲旺盛だった子供たちの関心事はもっぱらおやつ。柿の花が咲くと舌なめずりをした。枝に白い花がつくと、頭の中ではもう熟した甘い柿がたわわに実ったとでも言おうか。

　あれは初夏だったと思う。夜通し続いた雨風が止んだ翌朝、子供たちは大はしゃぎだった。庭にトウモロコシで作ったポン菓子のように散らばる柿の花を一つ一つ拾い集めた。子供たちは柿の花に糸を通して首飾りにしたり、口に含んでもぐもぐと噛んだりもした。

　厳しい暑さが猛威を振るう頃になると、柿の花の散った後に青い実がなり、日を追うごとに大きくなっていった。生い茂る葉と鈴なりの青柿から、これ以上ないほどの生命力が湧き出ていた。全ての青柿が順調に果実として成熟していくわけではなかったが、足下に転げ落ちている青柿をむやみに捨てたりはしなかった。小ぶりの甕に水を注いで塩を溶かしたら、青柿をそこに漬けておく。何日くらい置いていただろうか。渋みが抜けた青柿を冷たい水で洗うと、甘柿や熟柿ほどではないものの、なかなかの味がした。

　柿の木には、あらゆる生命たちが集まっていた。気色悪い毛虫がたくさんいて、虫をついばもうと鳥たちがいつも飛んで来ていた。だからといって、柿の木に農薬を撒くことはなかった。家の庭には池があり、塀の外には鶏小屋とウサギ小屋があった。牛舎がある家もあったほどなので、毛虫ごときを何匹か仕留めるためだけに強硬な手段を取る理由がなかったのだろう。

　秋になると、近所のいたずらっ子たちは皆浮き立った。塩水に漬けた柿なんかの記憶は跡形もなく消え去った。甘柿、干柿、熟柿。いろいろな柿たちが、入れ替わり立ち替わり口の中に甘い幸せをもたらした。

　柿にまつわるたくさんの思い出のうち、忘れられないものは断然「カッチパプ(訳注)の柿」だ。どの村でも各家庭の柿の木に赤く熟れた柿が数個残されている、その光景だ。幼心にすんなりとは納得できない大人たちの不文律だった。どれくらい月日が経った頃からだろうか。寂しくなった枝にぶら下がった熟柿をつつく鳥たちを見ると、言い表しようのない切なさを感じるようになった。柿の花を拾い集めて食べていた子供は世の中を知り、いつの間にか昔の思い出を振り返る大人になった。

凍てつく霜
枝の先を舞うカササギのために
熟柿ひとつ残しておく
朝鮮の心よ

――「古い村を通り過ぎながら」全文

金南柱の「古い村を通り過ぎながら」は、私がこよなく愛している詩だ。この短い詩を詠むと胸の中にじんわりと温かい人情の波が押し寄せる。「カッチパプの柿」に「朝鮮の心」を見た純朴な田舎の子供に思いを馳せる。独裁の暴圧に立ち向かった金南柱は自らを戦士だと言ったが、柿の花を拾い、揺れる柿の木を危なっかしく上り下りするわんぱくな子供のことを私は偲ぶ。

気づけば、金南柱の没後三〇周年だ。彼が光州・望月洞《マンウォルドン》の墓地で五・一八民主化運動（光州事件）の英霊たちのそばに埋葬された日の悲しみがよみがえる。彼の生涯は韓国民主化の旅路の中心にあたる。彼は鋭く研がれた言葉で激情を吐露しながらも、胸の内には溢れんばかりの憐憫を抱いていた詩人だった。

彼を知ることで、詩人が戦士となって戦わなければならなかった圧政の時代を理解できる。心優しく繊細な魂たちが命を賭して守ってきた歴史に思いをめぐらすと、金南柱を生んだ時代の苦しみを知り、その時代を生きた数多くの人物たちと出会うことだろう。

『豊年食探』

「編集長さんですか？　京畿道《キョンギド》在住で定期購読をしている者です。とてもいい雑誌でいつも楽しみにしているんですが、ひとつお願いがありましてお電話しました。『全羅道《チョルラド》』といえば、なんと言ってもグルメが最高じゃないですか。なのに、どうして雑誌には食べ物の話が出てこないのでしょう？　ぜひ、グルメの取材もご検討いただけないでしょうか」

残業中に受けた電話だった。受話器越しの彼の声にはうっすらと酒の匂いが漂う。少し興奮気味の声から赤ら顔が浮かんでくるような気がした。「何度か躊躇したが電話をかけてみた」という彼に、私は「必ず全羅道の食べ物の話を連載する」と固く約束をしてしまった。

私があまり詳しくないながらも食べ物に関する記事を書き始めたきっかけは、このようなものだった。

電話を受けた当初は直接手掛けるつもりは全くなかった。彼の言うとおり、全羅道は韓国でも食べ物がおいしいことで最も有名な地域で、どこへ行っても海の幸、山の幸のごちそうにありつける。食べ物については、やはり女性の方が詳しいだろうと思っていた私は、あえて自分が記事を書く理由はないと思っていた。二人いる女性記者のうち、我こそはと名乗り出た方に任せればいいだろうと考えていたのだ。

訳注：果実を全て収穫せずにカササギなどの鳥の餌として残しておく風習。

元々、グルメの話題は私たちの雑誌にとって重要なアイテムだった。なにしろグルメは大衆の関心事でもあるし、全羅道は食べ物の話題なしには語れない地域だ。二〇〇〇年からウェブマガジン、二〇〇二年からは紙媒体の雑誌として「全羅道ドットコム」をオンライン、オフラインで展開しながら、ずっと「おいしい店」を探しては紹介を続けていた。しかし、おいしいと評判の一品だとしても、個人の好みによっては嫌いな人もいて当然だ。飲食店のサービスもまた客によって評価は様々なので、「おいしい店」の記事に対する辛辣な声は耐えなかった。親が営んでいた店を子供が継いだ後、昔ながらの味を受け継ぐどころか金儲けのことだけ考えているケースも少なくなかった。「名店」の選定から取材、連載に至るまで様々なチェックを経ても、完全に後腐れなくすることはできなかった。そういう背景もあって、雑誌からグルメ連載は姿を消すこととなったのだ。

今の時代は、グルメに関する情報に溢れている。新聞やテレビ番組、ウェブサイトからユーチューブまであらゆる媒体が飲食店を紹介し、宮廷料理や代々受け継がれてきた立派なお膳を取材する。芸能人が何人かで食事を楽しみながらおしゃべりするものや、飲食店を一から立ち上げて運営する番組もある。料理研究家や有名シェフと一緒に料理するコンテンツも依然として人気だ。どんな話題ならば雑誌という媒体で読者を惹きつけられるのか頭を悩ませた。

もっと大きな問題がほかにあった。「名店」の記事を書いていた記者が退職したのだが、残った社員は二人とも肉と魚を避けるベジタリアンだったのだ。結局、グルメの話を引き受けられるのは私だけだった。

そうやって、私は五年の月日の間、全羅道のお母さんたちが作る旬の食事を探すグルメ探訪旅行をすることとなった。海の向こうの人里離れた島、広大な干潟に面した漁村、ぐねぐねした道を進んだ山奥や川辺の村などあちこちで、料理自慢のお母さんたちを訪ねた。食材の用意から調理の過程、盛り付けまで一時たりとも目を離さず、一言も聞き漏らさないように努めた。

畑で取れた野菜、裏山の山菜、村の前に広がる干潟の貝、近隣の特産物を使い、家族の好みに合わせて手際よく仕上げられた食事こそ、私たちが記憶すべき最も重要な遺産だった。素朴なお母さんたちの食卓、数え切れない毎日の食事に正真正銘の味の真髄があった。うんざりするような日々の労働や、険しい世の荒波を気丈に耐え抜いてきたお母さんたちの哀歓が詰まった料理が、私たちの身となり、心を豊かにしてきたという事実に粛然とした。

私は母にこの本を捧げたいと思った。

「あなたが骨身を削り、涙を流しながら作ってくれた毎日の食事が、私の体と心を作ってくれました」

（訳・須見春奈）

【黄豊年】一九六四年全羅道・順天生まれ。光州で執筆活動をしながら、雑誌と本の発行を手掛ける。この地に根を張り、「今いるこの場所」が宇宙の中心となる世界を夢見ている。これまでに「全羅道弁自慢大会」、「全羅道絵画展」、「田舎くさい人たち写真展」など様々なイベントを催した。新聞記者と編集局長時代を経て、全羅道に暮らす人たちの話を記録する「全羅道ドットコム」の発行人兼編集長として二十年従事した。テレビ番組のパネリストや司会としても活動し、二〇二〇年からの三年間は芸術文化行政を統括する光州文化財団の代表理事を務めた。著作に『稲の花が咲く村は美しい』、『豊年食探』、『全羅道、田舎くささの美学』などがある。

藤谷治

ふじたに　おさむ　후지타니 오사무

1　『ネギをうえた人——朝鮮民話選』
金素雲（編）／岩波少年文庫／2001★

金素雲《キム・ソウン》の編集した『ネギをうえた人』（岩波少年文庫）は懐かしい一冊である。僕の韓国・朝鮮に対するイメージは、長らくこの民話集に基づいていた。それは長らく、これが僕の読んだ韓国にかかわるほとんど唯一の本だったということでもある。

少年時代に僕の受けた教育は完全に西欧中心のものだった。祖父も祖母も叔父たちも、すべてクラシック音楽の教師という家庭で育った僕は、選択の余地なく西洋音楽の教育を受けた。祖父母は読書家でもあったので、僕に与えられる本もまたジイドとかヘッセとか、モリエールとか『ジャン・クリストフ』だった。韓国・朝鮮どころか、日本に関する知識も少年期の僕にはなかった。今でも日本史は恥ずかしいほど知らない。

そもそも児童書というものを与えられなかった。小学校の同級生が読んでいるようなものは、すべて図書館で借りて読んでいた。少年探偵団とかシートン動物記、アストリッド・リンドグレーンの小説などである。つまりこれまた西欧中心の読書だ。僕の世代の日本人として、決して珍しいことではない。「こんなに近い二つの国が、心のへだてではフランスやドイツよりも遠いというのはさびしいことです」と、一九六七年の金素雲は本書の後記に書いている。

結局、中学生までに日本の外のアジアで書かれた文学で読んだのは、中国の『西遊記』の子供向けリライトと、『ネギをうえた人』だけだったと思う。どちらも図書館で出会ったが、のちに改めて両親に買ってもらっている。

これを書きながらだんだん思いだしてきたのだが、どちらもわざわざ買ってもらったのは、読み終える前に図書館の返却期限が来たからだった。それでも読みたかったので、返さなくてもいい本がほしかったのである。

しかし大部な『西遊記』はともかく、あの小さな『ネギをうえた人』を読み終えられなかったのはどうしてだったろう。この一冊には朝鮮の民話が三十三篇収められているが、子どもだった僕は一話ごとに、なんというか、ボーっとしてしまったのである。

天地はどうやって創造されたか、地震はなぜ起こるか、そういう短い話は、日本の昔ばなしにも似たものがあった。似てはいないが、同じ感触を持った話、「トラとウサギ」には「猿蟹合戦」の感触が、「金のつなのつるべ」には「三匹の子豚」の感触があって、そういう話も単純に受け止められた。

だがページをめくっていくと、それまで感じたことのない、どんな感情にも当てはまらないような印象を残す話が現われて、ボーっとしたわけである。表題作の「ネギをうえた人」などはまさにそれで、幼い僕はこれを読み終えてしばらく本を閉じ、うまく感想を整えることができず、「ええー……」と一人で呟いた。

人肉食が常態となっている国が、ネギを食べるようになって救われるというこの話は、筋だけ見れば恐怖映画のようだが、読んで恐ろしくなったり不快を覚えたりはしない。金素雲の筆力でもあるだろうが、読み終えて残るのは感動であり、その感動は深い。だけど、人を食う話で深い感動が残るというのはどういうことだろう。僕は自分の感情の整理がつかなかった。

そういう、この本を読むまでは味わったことのない種類の感動が、ここにはある。表題作ばかりではない。「火の玉のムク」の英雄的とも徒労ともつかぬ忠勇。「シカと木こり」の、運命的としか言いようのない家族関係。「あいずの旗」の悪魔的な悲劇。どれも、笑い話とか恩返しの話とかと、単純に割り切って納得できるような、生易しい話ではない。幼かった僕はこの一冊に、人の心の奥深さを知らないうちに教わった。

この原稿を書くために、ほとんど半世紀ぶりに『ネギをうえた人』を読み返した。

今の僕は良くも悪くも、あの頃のように幼稚ではない。文学についても民間伝承についても、少しは知っている。危ういほど浅くて頼りない知識ではあるが。一度だけだが韓国も訪れた。そういう中年の目で読み返した。

やはり驚嘆した。少年時代と同じ驚嘆ではなく、小説家として驚嘆した。民間伝承に衝撃を受けるのは、小説家としてはいわば当然のことではあるけれど。

恩返しや自己犠牲の物語が、日本の昔ばなしと類似しているのは、子どもの頃から察していた。けれどもたとえば、老人が助けてやった養子に裏切られる「青い葉っぱ」などには、日本の説経節とどこか通じるものがあるように思えるし、「山のように大きい」トラを退治する親子二代の「金剛山のトラ」には、物語に『水滸伝』みたいな規模の大きさがある。半島という土地には、島国的な情緒と大陸的な壮大さとが、精神において同居しているのだろうか。

話として抜きんでたものではないかもしれないが、「物語のふくろ」には思うところ大きかった。

「むかし、ある金持ちの家に、ひとりの男の子がありました。物語を聞くのが大すきで、物語を聞くたびに、『物語をためておくんだ。』といって、腰にぶらさげているふくろの口をあけて、その中へ、物語をおしこんでいました。そして、物語が逃げださないように、しっかりと、ふくろの口をむすんでおきました。」

そしてふくろに押し込められた物語たちは、男の子に復讐を企てるのである。小説家は肝に銘じるべきであろう。

【藤谷治】一九六三年生まれ。日本大学藝術学部映画学科卒業。一九九八年に東京・下北沢に本のセレクト・ショップ「フィクショネス」をオープン。書店経営のかたわら創作を続け、二〇〇三年に『アンダンテ・モッツァレラ・チーズ』（小学館）で作家デビュー。著書に『おがたQ、という女』『船に乗れ！』『世界でいちばん美しい』など。

『브로커 각본집 & 스토리보드북 세트』
코레에다 히로카즈(저) ／플레인아카이브／2022★

1
『ベイビー・ブローカー　脚本&ストーリーボードブック　セット』
是枝裕和（著）／PLAIN ARCHIVE／2022

『헤어질 결심 스토리보드북』
박찬욱(저) 、이윤호(그림) ／을유문화사／2022★

2
『別れる決心　ストーリーボードブック』
パク・チャヌク（著）、イ・ユノ（絵）／EULYOO PUBLISHING／2022

藤本《ふじもと》信介《しんすけ》

후지모토 신스케

二〇二二年、第七十五回カンヌ国際映画祭のコンペティション部門で二つの〝韓国の心〟が世界の人々の心を掴んだ。〝韓国の心〟と表現したが、映画のことだ。映画『別れる決心』でパク・チャヌク監督は監督賞を、映画『ベイビー・ブローカー』でソン・ガンホが最優秀男優賞を見事に受賞した。映画は「人の心を動かす」総合芸術であり、また「人の心を描く」総合芸術であるとも言える。この二つの心を文字を通じて感じてみてはいかがだろうか。

映画『ベイビー・ブローカー』は二〇二二年に日韓で公開された日本人の是枝裕和監督が演出した韓国映画であり、日本人監督が描く〝人の心〟に韓国人のキャストたちが〝韓国人の心〟を吹き込んだ映画だ。

あらすじ。赤ちゃんポストを通して出会ったブローカー（ソン・ガンホ、カン・ドンウォン）と赤ん坊の母親（IU）が赤ん坊を売る旅に出る。赤ん坊を高く売るのが目的だった旅が、彼らを追う警察（ペ・ドゥナ、イ・ジュヨン）をも巻き込んで心を揺さぶる特別な結末へと向かっていく。

ここで紹介する『ベイビー・ブローカー脚本&ストーリーボードブック』は脚本集と絵コンテブックがセットになって

いる。脚本というものは登場人物の心が記された文章であり、また、それは数えきれないほどの修正を経て完成する。掲載された脚本はクランクイン直前のバージョンなのだが、完成した映画と比べると多少変更になった部分もある。監督が書く設定や台詞が韓国人のスタッフ・キャストとのコミュニケーションや撮影の状況を経て、どのように修正、変化、進化していったのかを見比べてみるのも作品を楽しむ新しい方法だと言える。

最近の映像コンテンツの配信では韓国語の台詞に韓国語の字幕をオンにして鑑賞することができるので、台詞を逃さずにより理解することが可能だ。しかし、映像なしに脚本集を読むこともお勧めしたい。情景やカメラの動き、色や音、表情や声のトーンなど様々な情報から解放され、登場人物の心、言葉の持つ心をより深く感じることができるだろう。また文字を読むという作業は自分のペースでゆっくり行えるので、より感情を理解するのに役立つ。

韓国映画を作る上で、必ず必要な要素の一つが絵コンテだ。日本ではアクションシーンやＣＧが多いシーンのみ絵コンテを準備するのが一般的だが、韓国映画は全てのシーンにおいて絵コンテを準備するのが一般的だ。

普通は監督が求めるカット割りを絵コンテ作家が描くのだが、『ベイビー・ブローカー』では監督自らが絵コンテを描いた。しかも、時々、色付きで！

次に紹介するのは、パク・チャヌク監督の映画『別れる決心』の絵コンテブックだ。この映画は韓国では二〇二二年、日本では二〇二三年に公開された作品だ。

あらすじ。男が岩山から転落死した事件を追う刑事ヘジュン（パク・ヘイル）は被害者の中国人の妻ソレ（タン・ウェイ）に捜査上で出会う。ソレに対する尋問や張り込み捜査が進む中で、ヘジュンは次第に彼女への言葉にならない感情を感じる。いつしか二人はお互いに惹かれ始め、捜査は解決に向かうが、相手への想いと疑惑が渦巻き、予想もつかない結末へと二人を導いていく。

この作品も脚本集が発売されているが、ここではストーリーボード集（絵コンテ）を紹介したい。映画『別れる決心』を見た人ならわかると思うが、シーンとシーンが絶妙な構図で溶け合うように繋がっていく部分が多い。これは入念な絵コンテ作業を行なったからこそ可能であった表現であり、私はそれにぶっ飛びそうなほどに魅了させられた。

一般的に絵コンテに記されている情報を紹介しよう。シーン番号。そのシーンのカット数。シーンの内容。シーンの時間帯（朝、昼、夕方、夜など）と設定時刻。撮影を行う場所の形態（セット：S、ロケーション：L、オープンセット：O）と設定場所。が基本情報として記されている。そして、カットごとの絵があり、絵の上にカットナンバー、絵の横にカットの説明が詳しく書かれている。必ずしも一カットにつき絵が一つということはなく、人物の動きやカメラの動きによって、いくつかの絵でカットを説明する場合もある。カットの説明には、脚本に書かれているト書きに加えて、状況説明や人物の動き、カメラの動き、そして人物の台詞が書かれている。脚本はストーリーと台詞だとすると、絵コンテはそれプラス、人物の動きやカメラの動き、カメラが映す範囲などの情報がある。そのため撮影現場でスタッフたちは誰もが脚本ではなく絵コンテを見ながら撮影を進める。

パク・チャヌク監督は脚本にも絵コンテにもかなりの時間を費やして準備することで有名なので、この絵コンテも台詞もかなりのクオリティーであることは間違いない。

最近は世の中に映像コンテンツが溢れている。周囲の話題についていくために「倍速視聴」や「十秒飛ばし」で鑑賞し、より多くのコンテンツを見ることが重要になっている。作品の楽しみ方は人それぞれであり、また時代に合わせて変化していくものなので、それが悪いとは思わない。しかしその方法ではストーリーの把握は可能だが、人物の心を理解する時間的余裕がないのではないか。時には映像コンテンツを脚本集や絵コンテ集を通じて文字の台詞と絵でゆっくり楽しんでみるのもいいかもしれない。

【藤本信介】 一九七九年生まれ。金沢出身。富山大学在学中に韓国国民大学校に交換留学生として留学。二〇〇三年より韓国を拠点とし、韓国映画、日韓合作映画の助監督・通訳スタッフとして映画製作に携わる。参加した主な作品は『ベイビー・ブローカー』（監督：是枝裕和）、『流浪の月』（監督：李相日）、『アジアの天使』（監督：石井裕也）、『蝶の眠り』（監督：チョン・ジェウン）、『お嬢さん』（監督：パク・チャヌク）、『アイアムアヒーロー』（監督：佐藤信介）、『ゲノムハザード』（監督：キム・ソンス）、『道〜白磁の人』（監督：高橋伴明）、『裸足の夢』（監督：キム・テギュン）、『マイウェイ 12、000キロの真実』（監督：カン・ジェギュ）、『ノーボーイズ・ノークライ』（監督：キム・ヨンナム）、『悲夢』（監督：キム・ギドク）など。

藤本巧

ふじもと　たくみ　후지모토 다쿠미

1	『心偈（ココロウタ）』 柳宗悦（著）／棟方志功（版画）／日本民藝館／1959★ ※のちに『日本民藝館監修　柳宗悦コレクション3　こころ』ちくま学芸文庫★	
2	『今和次郎　採集講義』 今和次郎（著）／青幻舎／2011★	
3	『キムチとお新香　日韓比較文化考』 金両基（著）／中公文庫／1987（初版1978）★	
4	『柳宗悦の心と眼―日本民藝館所蔵　朝鮮関連資料をめぐって―』図録 会場：駐日大韓民国大使館 韓国文化院ギャラリーMI／2022★	

柳《やなぎ》宗悦《むねよし》（一八八〇〜一九六一）は、『心偈（ココロウタ）』を、病床で書き残した。

見テ　知リソ

知リテ　ナ見ソ

「ナ見ソ」とは「見るな」という否定語。ここで「見《けん》」といふのは、直観の意味である。「知」といふのは概念のことである。先ず直観を働かせて得たものを、後から概念で整理せよと云うのである。

（中略）

「知るより前を見よ」そのことは、直観は凡てを解放するが、知識は凡てを限定する。

私は若いころから、柳宗悦の称える「心と眼」を通して韓国の原風景を見てきた。

「知識から信心は出来ぬ。知る前に信ぜずして、何を知り得、どれだけを知り得よう」

この言葉は写真家としての私の原点であった。

だが、韓国美術評論家である恩師・昔度輪《ソク・ドリュン》（一九一九〜二〇一二）との旅で古式に則った白衣の葬列に出会ったとき、現代風な韓服を着た男の前でシャッターを切ることを躊躇していると「これも韓国です」と忠告された。

「君は柳宗悦の眼を通して韓国を見ている。コーヒーカップの形を見よ、上下左右に角度を変えると形状が違うだろう。柳宗悦でなく己の視線を学ばないといけない」と言われた。

一九七三年、昔度輪師からの書簡に「近代化という法令が発令されることによって喪服の風習もお仕舞いです。あなたが最後の撮影者になりました。感に堪えないとはこれこのことです」とあった。

二〇一一年から私は新しいテーマで、韓国に残る日本統治時代の建造物を取材することを始めた。この取材は下準備をせずには出来ない作業であった。

今《こん》和《わ》次郎《じろう》（一八八八〜一九七三）は一九四五年の終戦までの間に何度も朝鮮半島を訪れて、主に韓国南部の住宅調査をしている。

一九二四（大正一三）年の『朝鮮部落調査特別報告第一冊』にまとめられた。各地の「上・中・下流乃至貧民窟」の集落や住宅をスケッチと写真で採集し、建築の実測や生活財調査、集落調査をおこなって住居の構造や間取りを分析し、生活習慣や日本の住居との関係を論じている。注目すべきことは、他の研究者の多くが植民地であった朝鮮の建築を土着建築視したのに対し、今はその日本への歴史的影響を説きスケッチでその造形美を表現したことである。

これまで韓国の地でフィールドワークの経験のない私は、多くの研究者の論文を集め、その調査記録を基に撮影をした。それらの資料で知り得た日式住宅（韓国では負の遺産として「敵産住宅」と言われている）だけでなく、旅先の住民たちの情報のお陰で、渡航前に知り得なかった家屋にもたくさん出会うことができた。

今日では壊される運命になりつつある建物であるが、取材を通して韓国の人たちの心に触れ、約十年の歳月を掛けて写真集『寡黙な空間』が生まれた。

金両基《キム・ヤンギ》（一九三三〜二〇一八）は一九七七年一月の朝日新聞に「柳宗悦の『韓国の美』―「悲哀」の認識は誤り　高く評価できる時代性―」を寄稿している。

　白の似合う風土、それが韓国だ。そこに白をこよなく愛してきた民族が住んでいる。白を多用してきたことから、白衣民族ともよび、それを誇りにしてきた。

（中略）

日本人柳宗悦の目には、その白が喪服の白として悲哀の色としてうつった。

金両基の文は続く。

　光明なるが故に、民衆は宗悦と胸襟《きょうきん》を開いて語ることができなかった。だから、民衆の楽天性とそのバイタリティーを見抜けなかった。それは言語を解しないよそもの（外国人）の限界でもあった。よそものという点では、日本で生まれ育った私も宗悦とは全く同じ立場にある。

（中略）

宗悦は圧政下にあえぐ現実の民衆の姿にとらわれすぎて、あの三十六年間を尺度に、数千年の韓国の歴史をみることになった。

「よそもの」の私が、果たして韓国の人たちの日常から、どれだけ彼らの心情を浮彫にできたであろうか。ただ思うに、「よそもの」でないと見えない世界がそこにも潜んでいるのではとも考える。

参考資料

① 心偈（ココロウタ）著者　柳宗悦　一九五九年　日本民藝館
　※のちに『日本民藝館監修　柳宗悦コレクション3　こころ』ちくま学芸文庫
② 今和次郎　採集講義　著者　今和次郎　二〇一一年

青幻舎

③「柳宗悦の『韓国の美』―「悲哀」の認識は誤り　高く評価できる時代性―」　金両基　一九七七年　朝日新聞掲載

※のちに『キムチとお新香　日韓比較文化考』著者　金両基　一九七八年　河出書房新社に収録

④『柳宗悦の心と眼―日本民藝館所蔵　朝鮮関連資料をめぐって―』二〇二二年　図録

【藤本巧】写真家。一九四九年、島根県に生まれる。独学で写真を習得。二十歳のときから韓国の風土と人びとを撮り続ける。写真展に、七八・七九年、銀座ニコンサロン「韓《から》くに風と人」など。二〇一二年、韓国国立民俗博物館「韓国を愛する巧　七〇八〇過ぎ去った私たちの日常」ほか多数。写真集に、『韓《から》くに風の旅』（八七年、筑摩書房）、『韓《から》くに、風と人の記録』（二〇〇六年、フィルムアート社）、『私の心の中の韓国』（一六年、韓国 눈빛）、『寡黙な空間　韓国に移住した日本人漁民と花井善吉院長』（一九、工房草土社）ほか多数。一九八七年度、咲くやこの花賞、二〇一一年、韓国文化体育観光部長官賞、第三九回、土門拳賞を受賞。

藤本幸夫

ふじもと　ゆきお　후지모토 유키오

1　『古鮮冊譜』全３巻
前間恭作（著）／東洋文庫／1944・1956・1957★

2　『朝鮮医学史及疾病史』
三木栄（著）／三木栄／1963★

3　『朝鮮医書誌』（増修版）
三木栄（著）／学術図書刊行会／1973★

書籍は知の集積・伝達の手段であるとともに、その国の文化の在り方を伝えるものでもある。筆者は朝鮮の書籍に関心を持ち、日本現存書を調査・研究して既に半世紀を超える。当初韓国留学時には朝鮮古語研究、特に古文献を利用して日本語に於けるような訓点語研究を考えていた。ところが韓国には朝鮮朝以前の古文献は皆無に等しく、研究対象を失った。当時京都にいた筆者には韓国伝存朝鮮語学資料について全く知る術はなく、白紙の状況で留学したのだった。その内日本には朝鮮古書、中には本国で既に失われた善本が多く伝存することが判ってきた。朝鮮書は殆ど漢文で書かれているが、筆者は元々中国学を志していたため、学生時代から漢文に親しんでおり、特に大きな違和感はなかった。調査・研究を進めてゆくと、朝鮮本には中国本を底本とするものが多く、その中には中国の逸書や失われた系統の書が朝鮮本として伝わり、中国学にも資することが判った。また日本には豊臣秀吉の朝鮮侵略時の将来本等が多く伝わり、本国では既に失われた書も多く含まれる。江戸初期にはそれらを底本として儒学・仏教・歴史・文学・医学等々の多くの書が出版され、日本の学問・文芸等に深甚な影響を及ぼした。従って朝鮮本研究は日本学研究にも深くかかわる重要な分野である。

戦前には朝鮮本に関心を持ち、研究する学者も多かった。その内専門書を残している方々としては、前間恭作（一八六七〜一九四二）・黒田亮（一八九〇〜一九四七）・江田俊雄（一八九八〜一九五七）・三木栄（一九〇三〜一九九二）各氏を挙げることができるが、ここでは前間・三木両氏を取り上げたい。

前間恭作氏は、対馬藩士の家に生まれたが、母は大通詞中村喜一郎の娘である。幼い時から朝鮮語に親しみ、慶応大学では英語を学び、一八九一年外務省に入って、後に統監府朝鮮語通訳官として伊藤博文の通訳に与かったこともある。通訳に携わる一方、朝鮮古語の研究もしておられたようである。一九一一年、四十五歳で退官・帰国して銀行に勤務されたが、執筆を開始、朝鮮古語研究の先駆けとも言うべき両書、一九二四年に『龍歌故語箋』、一九二五年に『鶏林類事麗言攷』を出された。また朝鮮本に関しては一九三七年に『朝鮮の板本』を出されたが、戦後に遺稿として出版された『古鮮冊譜』三冊（東洋文庫　一九四四・一九五六・一九五七）は、朝鮮書誌学の金字塔とも言うべきものである。この書はご自分で踏査されたものではなく、後に東洋文庫に寄贈された所蔵書を中心に、各書から書籍に関する記録を丹念に拾いあげ、更に朝鮮学に対する深い造詣を付されたものである。記述は客観的で、今日でもその価値を失わない。所蔵書以外は諸目録からの引用である。この書の原本は今日では入手できないが、大きな図書館には具備されており、韓国から影印本が出されている。

三木栄氏は、大阪堺市内科医院の三代目で、一九二七年九州帝国大学医学部卒業、翌年京城帝国大学医学部内科入局、一九三三年京城帝国大学医学部助教授、一九三五年水原医院長、一九四四年父君御不快のため帰国、以後堺の病院を襲われた。先生にとっては不本意な帰国であったかも知れないが、斯学及び先生にとっては天の恩寵であった。と言うのは、翌一九四五年になると日本近海にはアメリカの潜水艦が出没し、家財の運搬はおろか往来も困難な状況であった。戦後朝鮮から引き揚げ時には、リュックサック一個しか携帯は許されなかったと聞く。先生のご帰国が一年でも遅延していたならば、研究資料や書籍は持ち帰れず、先生のご研究は達成されなかったかも知れない。

先生の自撰『医史研究六十余年　著作目録付略歴』（私家

版　一九九〇）に據れば、自ら主著として、①『朝鮮医学史及疾病史』（三木栄　一九六三）、②『朝鮮医書誌』（増修本）（学術図書刊行会　一九七三）、③『医師の誓詞・医学本質論』（私家版　一九七七）、④『朝鮮医事年表』（思文閣　一九八五）を含む六書を挙げておられる。この内①②は既刊謄写版を新たに活字印刷に付されたものである。①は朝鮮の医学及び疾病の歴史を、医書・本草書・史書・類書から榜目に至る広範な資料を引用しつつ、年代を追って述べられたもので、記述は極めて精緻である。②は朝鮮で用いられた全ての医書・本草書について述べ、その中には日本で重刊されたものも多い。④は、①②を中心とした医事年表が先生の手元に死蔵されていることを知った薮内清先生を中心とする学者達が、募金刊行したものである。これら三書は朝鮮・中国・日本の医学・医書・本草研究に必須のもので、斯学の金字塔として現在、そして今後も燦然と輝くものである。③は他書に比べると小型で、四十八頁から成る小冊であるが、先生の「医は仁術」という思いが籠められているので主著とされたのであろう。この四書の他に、阿知波五郎博士との共著『体系世界医学史』『人類医学年表』がある。

筆者は先生の晩年知遇を得、堺のお宅に幾度も伺ったことがあり、また心の籠もった手簡も戴いている。先生の御蔵書は一九七八年杏雨書屋に収まった。筆者は現在御蔵書の調査中であるが、朝鮮医学関係書以外にも広範に蒐集されており、巻末に間々所見が記されている。丸いお顔に三日月のように目の細まった笑顔を思い浮かべつつ、本を巡る先生との対話は至福の一時である。

【藤本幸夫】一九四一年京都生。京都大学文学部文学研究科博士課程単位取得満期退学。富山大学・麗澤大学名誉教授。日本学士院会員。著書①『日本現存朝鮮本研究　集部』（京都大学学術出版会　二〇〇六年二月）②『日本現存朝鮮本研究　史部』（韓国東国大学出版部　二〇一八年七月）、編著①『日韓漢文訓読研究』（勉誠出版　二〇一四年十一月）②『龍龕手鏡（鑑）研究』（麗澤大学出版会　二〇一五年十月）③『書物・印刷・本屋―日中韓を巡る本の文化史』（勉誠出版　二〇二一年六月）、翻訳①李基文著『韓国語の歴史』（大修館　一九七五年六月　校訂復刊一九八七年）②安輝濬著『韓国絵画史』（翻訳藤本・図版担当吉田宏志）（吉川弘文館　一九八七年三月）

文月悠光

ふづき　ゆみ
후즈키 유미

1 『韓国現代詩選〈新版〉』
茨木のり子（訳編）／亜紀書房／2022（初版1990）★

『해녀들』
허영선(저) ／문학동네／2017★

2 『海女たち――愛を抱かずしてどうして海に入られようか』
ホ・ヨンソン（著）、姜信子、趙倫子（訳）／新泉社／2020◆

戦後女性詩を代表する詩人・茨木のり子は、五十歳からハングルを学び始めた。夫を亡くした失意から前を向くために言語習得に勤しんだ背景もあったようだが、隣国の言葉へ飛び込んだその勇気と熱意には驚かされる。

翻訳業の集大成とも言える『韓国現代詩選』は長年絶版だったが、二〇二二年に亜紀書房より新版が刊行され、初めて手に取ることができた。十二人の韓国詩人による六十二篇を翻訳し、各詩人についての解説を収めたアンソロジーである。七〇～八〇年代の韓国現代詩の魅力が平易な日本語と共に立ち上がってくる。

誰かが　わたしのなかで
咳をしている
冬の木のようにさびしくて
まっすぐな人が　ひとり　立っている

（李海仁「誰かがわたしのなかで」抄）

初版刊行時の一九九〇年に書かれた「あとがき」では、韓国の書店について「詩集コーナーの大きさに驚かされる」

「更に驚かされるのは、詩集コーナーにむらがる若者たちの熱気である。高校生から大学生ぐらいの青年男女が、むさぼるように詩集を読んでいる。人目なんかまるで気にしていない」「隣国のひとびとの詩を好むこと尋常ならず」と表現している。

その本質はあまり変わっていないかもしれない。思い返せば、私が見た韓国のドラマや映画の中には、詩が好きな人、詩を書く人、詩の朗読を愉しむ人が自然に登場していた。Netflixで韓国の恋愛リアリティショーを何気なく見ていたら、美男美女が「詩が好き」という共通点によって惹かれ合っていて、日本とのあまりの違いにくらくらしたこともある。

昨年、明洞の書店を何軒かはしごした際、まさに詩集コーナーの品揃えの多さと、人々の関心の高さに圧倒された。周囲の目を気にすることなく詩集のページをめくる若い女性たちがそこにいた。書店の階段や床に座り込んで本を読みふける親子連れや、自習用のテーブルで一心不乱に本の文章を書き写す人の姿にも目が留まった。日本でこうした光景を見たのは一体いつだろう。そこでは本が単なるツールや遊び道具ではなく、信じる対象のように扱われていた。言葉をよすがに生きる。日本において詩を書く人（特に現代詩）は少数派で孤独なので、その光景に心動かされる茨木のり子の心情に強く共感する。

一言で「詩」といっても、詩の役割はその国の文化、時代によって大きく異なる。日本に比べると、韓国の詩や現代文学は、社会問題や運動と繋がった作品が多い印象だ。言語の持つ体系性が変われば、詩を成立させるための言葉の匙加減も変わってしまう。そういった微妙な違いを、茨木のり子がどのように受けとめて日本に紹介したのかは、巻末の斎藤真理子さんの解説に詳しい。

そして、いい詩は、その言語を使って生きる民族の、感情・理性のもっとも良きものの結晶化であり、核なのだと改めて思う　（P.182）

読んだ人の核になりうるような詩を私も形にしたい、と奮い立たされた。

ホ・ヨンソン著、姜信子・趙倫子訳『海女たち―愛を抱かずしてどうして海に入られようか』（新泉社）もまた、言葉に奮い立たされる一冊だ。

第一部では、済州島の海女たちの名前を詩のタイトルに冠し、それぞれの声を深く掬いとっている。訳者の一人である姜信子さんの言葉を借りれば、まさに〈「水の生」を「わが生」として歌いだした〉のだ。

「声なき声の祈りの歌」と題された第二部での、〈死んだと信じこんでいた希望が　歩けばあとからついてくる〉という一節に思いがけず心揺さぶられた。私は済州島に実際に行ったこともなく、当時の政権によって「なかったこと」にされかけた歴史（済州四・三事件）も深く知らないのに。

本書を開く前に予想していたような、聞き逃してしまいそうな微かな祈りの声、では決してなかった。凄みがある。迫力がある。悲痛でもある。ただ悲痛な現実すら、自らの生きる糧にするしかない。読み手の心を抉り、殴ってくるような生の重みがある。詩を通して、女たちの人生を見ているようだ。

どこまで行けば　やわらかな水にたどりつけるだろうか
どれだけ深く降りていけば　穏やかな生にたどりつけるのか
（P.165）

答えは見つからない。希望は忘れたころについてくるだろうか。いま潮が満ちて、私の耳に海の歌が流れ込んでくる。

【文月悠光】 詩人、武蔵野大学客員准教授。一九九一年北海道生まれ。十六歳で現代詩手帖賞を受賞。第一詩集『適切な世界の適切ならざる私』（ちくま文庫）で、中原中也賞、丸山豊記念現代詩賞を最年少で受賞。その他の詩集に『屋根よりも深々と』（思潮社）、『わたしたちの猫』（ナナロク社）。エッセイ集に『臆病な詩人、街へ出る。』（新潮文庫）、『洗礼ダイアリー』（ポプラ社）がある。六年ぶりの新詩集『パラレルワールドのようなもの』（思潮社）で富田砕花賞を受賞。

古家正亨

ふるや まさゆき　후루야 마사유키

1

『아빠의 이상한 퇴근길』
김영진(글그림)／책읽는곰／2018★

『パパのかえりがおそいわけ』
キム・ヨンジン（作・絵）／古家正亨（訳）／岩崎書店／2022◆

韓国語の表現の一つに〝파김치가 되다〟という言葉がある。直訳すると「葱キムチになる」だが、実際の意味は「疲れてヘトヘトになる」ことをいう。つまり、しんなりしている葱キムチのように、疲れ切った人の様もまたそのようであるというところから取られた表現であり、その体現者の代名詞が〝아빠〟、「パパ」であるといっていいだろう。

二〇二一年、コロナ禍真っ只中、筆者のもとに一通のメールが届いた。ある出版社から、一冊の韓国絵本を翻訳できないかという依頼だった。届けられたのは「幼い子を持つ父という立場、目線で、ぜひ訳してほしい」と韓国を代表する絵本作家、キム・ヨンジン氏の代表作〝아빠의 이상한 퇴근길〟。直訳すると「パパの不思議な帰り路」である。

そもそも筆者はキム・ヨンジン作品の愛読者であり、特に感銘を受けたのは〝아빠는 회사에서 내 생각해?（パパは会社で僕のこと気にしている?）〟という作品で、日々会社でストレスを抱えながら家族のために働く〝パパ〟と幼稚園という〝社会〟で幼いながらも精一杯生きる子供の姿を一つのページに掲載し、そのコントラストが、互いが最も必要としている〝愛〟の形を浮かび上がらせていく構成が実に巧みで、大

人が読むと、ついホロリと涙を流すそんな作品になっている。

キム・ヨンジン氏が描く「韓国の家族像」は、まさにドラマや映画に出てくる韓国の家族の姿そのものであり、日本人以上に、親と子のつながりを重視する韓国ならではの父と子、母と子、そして父と母の関係性を、時にユーモアを交えて描いていく様は氏ならであり、どの本も読み終えた後に、家族をもっと愛そうという想いにさせてくれる。そして、残念ながらそこに描かれる〝아빠〟は、まさに〝파김치〟そのもの。〝아빠의 이상한 퇴근길〟は、そんな〝아빠〟が、帰りを待つ子供たちのために、会社および社会の厳しい洗礼を浴びながらも、なによりも子供との約束を守るために奮闘する姿を描いた秀作である。

そんな素敵な絵本を翻訳することになったわけだが、絵本の翻訳というと、使われている言葉や文章は決して難しいものではないので、一見簡単に見えるのだが、実際の作業は、相当な困難を伴った。そこで、韓国語ネイティブの妻と一緒に翻訳作業を行うことにした。その理由としては、直訳では見えない、その言葉の背景にあるもの。つまり、日韓の文化・習慣的な差異を、言葉でどのように紡いでいくかを、一つ一つ確認しながら翻訳しなければ、洗練されたものを作るのは困難であると判断したから。

氏はこの本を描くにあたり「子どもたちにとって、どんな父親として、その記憶に残るべきか？」という問いに対し、自問自答しながら、それを得る過程で得た物語を、一つ一つエピソードとして盛り込んでいったという。子供たちとの約束が重要なことであることは分かった上で、すべきことは最後まできちんとやり遂げる責任感、後輩の心を支えてあげる先輩としての立場、さらには困った人がいた時の正義感に至るまで、子供たちに必ず見てもらいたい、でもなかなか直接見るチャンスのない、そんな〝파김치가 되어 돌아온 아빠（葱キムチになって帰ってきたパパ）〟の姿を、パパ以外の社会構成員を動物に例え、わかりやすく、かつ面白おかしく紹介している。そのやり取りも、直訳のままでは言葉足らずの箇所が多く、それをどのように違和感なく、日本語の表現に置き換えるべきか、悩み抜いた箇所も少なくない。

また、タイトルにも相当悩まされた。「パパの不思議な帰り路」という直訳から、果たしてどんな物語が想像できるだろうか。この本が伝えたかったのは、「なぜパパは遅く帰ってくるのか」というわかりやすい問いに対する答えであり、表紙を埋め尽くす、大きな恐竜に追いかけられるパパの姿と直訳タイトルからでは、ホラー要素のある絵本に思われる可能性も高くない。そこでタイトルをストレートに問いである「パパのかえりがおそいわけ」とした。こうすれば、表紙からのインスピレーション、そのイメージは大きく変わり、帰りが遅い理由の１つとして、その恐竜が浮かび上がるようになってくるのだから面白い。

仕事を終え、会社付き合いが終わり、子供たちと約束したアイスを買いに向かうパパ。果たしてお店には間に合うのか。そして、子供たちが起きている間に届けられるのか……。そんなパパの奮闘する姿は、日本の多くの子供たちからも、支持を得られるに違いない。

【古家正亨】上智大学大学院文学研究科新聞学専攻博士前期課程修了。ラジオＤＪ／韓流・Ｋ‐ＰＯＰイベントＭＣ・司会／韓国大衆文化ジャーナリスト。近著に、日本における韓流二十年の歩みを、一つのラジオ番組を聴くように綴った著書『ＢＥＡＴＳ ｏｆ ＫＯＲＥＡ』がある。

白旻石
ペク・ミンソク 백민석

『힐튼호텔 옆 쪽방촌 이야기』
홈리스행동 생애사 기록팀(저) ／후마니타스／2021★

1

『ヒルトンホテル隣の一坪バラック街の話』
ホームレスアクト（NPO）ライフストーリー記録チーム（著）／フマニタス／2021

『알지 못하는 아이의 죽음』
은유(저), 임진실(사진) ／돌베개／2019★

2

『見知らぬ子供の死』
ウニュ（著）、イム・チンシル（写真）／石枕／2019

『사람, 장소, 환대』
김현경(저) ／문학과지성사／2015★

3

『人、場所、歓待——平等な社会のための３つの概念——』
金賢京（著）、影本剛（訳）／青土社／2020◆

韓国はいま、静かな革命が進行中

韓国人の心はもはや一つではない。過去のある時には「韓国人の心はこうである」と、一、二行でまとめることができたかもしれないが、現在はそうではない。最近、イギリスのある政策研究所が実施した調査で、「一生懸命働けば、結果的により良い暮らしができる」という考えに同意した韓国人回答者の比率は、僅か十六パーセントに過ぎなかったそうだ（毎日経済《メイルキョンジェ》、キム・ヘジン記者、二〇二三年九月七日）。調査対象十八カ国の中で最下位だった。韓国で羽振り良く暮らしたければ、金持ちの両親のもとに生まれるか、ソウル大学、延世《ヨンセ》、高麗《コリョ》大学のような一流大学を出て学閥に乗るか、どんな手を使ってでもソウルの江南《カンナム》（企業、商業施設が集まるソウルの経済、文化の中心地で、近隣には高級住宅・マンションが立ち並ぶ）にマンションかビルを一軒持てばよい。両班《ヤンバン》（高麗、朝鮮時代の官僚組織を担った階級）と平民を差別していた韓国の昔の身分制度が、急激な階級不平等、貧富の差の拡大を伴って再び息を吹き返している。政府内部からさえ、「五千万国民が、みな主権者として権力を行使するのなら、大韓民国は無政府状態にならざるを得ない」（金暎浩《キム・ヨンホ》統一部長官、国会答弁、二〇二三年九月五日）との発言が飛び出す。主権は一流大学を出た金持ちにあり、国家の運営も彼ら特権階級がうまくやるから、外野は引っ込んでいろということだ。

韓国が、公然と身分を分かち弱者を差別する社会になり、この新しい身分制度的な秩序に抗う力のない弱者たちの生活が、どれほど疲弊しているのかは想像に難くない。そのためだろうか、代表的な社会的弱者である貧困層と労働者階級の実態を世に知らしめようとする試みが相次いでいる。ソウルの代表的な貧民窟である一坪バラック街に住む人たちの話を描いた『ヒルトンホテル隣の一坪バラック街の話』や、実習の機会という名目で搾取されながら、労働災害で命を失ってしまった職業高校の生徒たちの話である『見知らぬ子供の死』といった本が出版され注目を集めた。他方、アカデミズムの世界からも、韓国社会が時代に逆行する現象を理論的に分析した『人、場所、歓待』が出版され、読者の間で好評を博した。

これらの本は共通して、特権階級と社会的弱者に二分された新しい身分社会の到来を明らかにしている。『ヒルトンホテル隣の一坪バラック街の話』では、韓国が弱者に対してどれほど無慈悲な社会であるかを、貧困者たちが自らの生活を通して証言する。精神病院は貧困者が政府から受け取った生活保護費をくすねるために強制的に入院させ、教会は貧困者を収容すると献金の名目で生活保護費を巻き上げ、障害者支援施設では世話をするという名目で生活保護費を通帳ごと取り上げてしまう。やっとのことで一坪バラックに住処を手に入れても、今度は大家に搾取される。「一坪ほどの狭苦しい小部屋の家賃、月二十七万ウォン」は、（超高級タワーマンションの象徴である）「タワーパレスの坪当たり家賃より」（三一六ページ）高い。

『見知らぬ子供の死』は、訓練生として工場へ実習に行って、労働災害で亡くなった高校生たちの話だ。韓国の自殺率が、数十年間ＯＥＣＤで一位であり続けているのと同様、韓国の労働災害死亡率もまた、「ＯＥＣＤ加盟国の中で、二〇〇六年と二〇一一年を除いて二十三年間『一位』を維持し」（二九ページ）ている。階級不平等が深刻になればなるほど、「働いても生活が苦しい『ワーキングプア』がますます増え」（二七ページ）、そのため貧困層の青少年たちは早くから労働に従事しているうちに労災に遭う。亡くなったある子供の家族は、「わざと子供たちに労働者の人権教育をさせていないのだと思います。無邪気でおめでたい犬みたいに働くこと、何も知らないことを望んでいるのです」（九二ページ）と怒りを爆発させる。こんな叫びもある。「大韓民国では、お金のない人間は生きる価値がないのです。お金がなくて力のない人間のための政策は作られません」（一三七ページ）。「お金持ちでないのなら子供は産まないでください。大韓民国は、お金持ちでなければ子供を産んで育てる国ではありません……持てる者同士だけで生きろと投げ出すしかない。持たざる者は子供を産んではならない」（一四〇ページ）。

韓国は自殺率一位、労働災害死亡率一位でありながら、一方で出生率は世界最下位だ。政治は生きている人間の生命さえ守ることができないのに、いつだって出生率を上げるのだと言っては対策を並べ立てる。韓国は、階級不平等、貧富の差、学閥主義が作りだした特権階級のための身分制度を元通りにしない限り希望がない。『人、場所、歓待』の分析通り、韓国は「単に所得水準や教育水準ではなく居住地域、学校、消費市場、さらには言語（二重言語使用と単一言語使用）において階層的な分離が明瞭になっており、法はそれを阻止するどころかむしろ促進している……特殊な階層が生じ、社会内に別個の社会を形成しているのだが、身分とはこれをいうのだ」（影本剛訳、一六七ページ）。

こんな社会で、一体誰が特権階級の奴隷として生ていくために子供を産み、育てるだろうか。韓国人であれば誰しもが、この悲劇的な逆行に気付いているので、もうかなり前から特権階級ではない韓国人たちは結婚と出産を、家族を持つことを諦めてきた。これがいま、韓国社会の深いところで起こっている、静かな不服従運動であり革命だ。まずは私自らが、若者たちに、この国で子供を産まずに、機会に恵まれたならもっとましな国を探して外国へ出ていくことを勧めたい。これこそが身分社会に逆戻りしている韓国で生きている悲しい韓国人の心だ。

（訳・工藤光雄）

【白旻石】短編集『舌先の男』『愁霖』『バスキング！』、長編小説『恐怖の世紀』『教養と狂気の日記』『ハッピー・アポカリプス！』『プラスチックマン』、エッセイ集『ロシアの市民たち』『理解できない美しさ』『過去はなぜしきりに蘇ってくるのか』などがある。

許炯萬

ホ・ヒョンマン　허형만

『우리 겨레의 미학사상』
최행귀 외(저), 리철화, 류수 외(옮김) ／도서출판 보리／2006★

1

『わが民族の美学思想』
チェ・ヘングィ他（著）、リ・チョルファ、リュ・ス他（訳）／図書出版ボリ／2006

『설전 (雪戰), 법정이 묻고 성철이 답하다』
성철, 법정(저), 원택 스님(엮음) ／책읽는 섬／2016 ★

2

『雪戦、法頂が問い、性徹が答える』
性徹、法頂（著）、圓澤（編）／本を読む島／2016

『わが民族の美学思想』

本書は、朝鮮王朝時代の知識人である儒学者三十三人による文学論と芸術論だ。私は大学の国文科で三十年間、詩の書き方、詩創作論、詩人論などを教えてきたが、その際に様々な本を参考にした。特に本書は、かつてソンビと呼ばれた朝鮮時代の儒学者たちによる文学論、芸術論の参考資料として大変役立った。そしてそれらの作品に込められたわが祖先たちの心についても講義することができたことは幸運であった。この本を初めて手にする読者も、ここで取り上げられている文人たちの理論や美学思想を通じて、先人たちの心を読むことができるだろう。また、その心がどのように文学作品や芸術の中に溶け込んでいるのかを知ることもできるはずだ。

本書は、図書出版ボリのチョン・ナンムク代表が二〇〇四年十一月十五日に著した『民族古典文学選集刊行に寄せて』というタイトルの発刊の辞から始まり、崔行帰《チェ・ヘングィ》から申在孝《シン・ジェヒョ》まで、儒学者三十三人のそれぞれの文学論と芸術論を紹介している。付録ではシン・グヒョン先生による跋文「古典作家たちの美学思想について」と、漢文で書かれた原文が紹介されている。読者の理解を助けるために書かれた跋文の一部を要約すると次のようになる。

この本では、李仁老《イ・イルロ》、李奎報《イ・ギュボ》をはじめとする三十三人の古典作家の文学に対する見解を紹介している。それらは彼ら自身の世界観と社会政治的見解に基づいている。彼らの主張は、わが国の古典文学に見られる高尚で豊かな創作のあり方を一般化し、写実主義的な文芸理論をより一層充実させるものだ。

崔致遠《チェ・チウォン》は当時、民衆の間で盛んに行われた民間劇を観照的に分析するだけでなく、先進的な政治的理想に照らして高く称賛している。彼はまた、「江南女」「古意」「筆の向くままに」「蜀葵花」のような詩においても、文学が作者の社会的・政治的理想を主張し、宣伝し、実現するための手段であることを認めている。

李仁老も『破閑集』で文学の認識的・教養的機能を強調している。李奎報は『詩論』において形式主義や模倣主義、技巧主義を非難し「最近の詩人は、詩で人々を諭すことができない」とし、文学の持つ教養的な機能を繰り返し述べている。

その中でも、文学の持つ力に関する崔滋《チェ・ジャ》の主張は特別な意義を持つと言える。崔滋は『補閑集』において、崔致遠から李奎報に至るまで文人たちの崇高な創作活動を総覧して韓国の写実主義文学理論の基礎を固めたばかりでなく、文学の教育的機能を強く主張した。

また、金時習《キム・シスプ》の名前も外せないだろう。彼の主張は、その近代的な文学精神なしに考えることはできない。実際に金時習は社会や政治に対する先進的な理想を広く主張した。またそれを実現するために「世の中の人々がこれまで読んだことがなく」、「味わい深くて不思議な物語」として『金鰲新話』を書いた。

彼のこうした見解は、後年に至り金萬重《キム・マンジュン》の創作実践などからもより深化していることがわかる。金萬重の力作『西浦萬筆』で強調されている「通俗小説を書く理由」や、「九雲夢」「謝氏南征記」などの小説がこれを実証している。

文学の教養的機能については、朴趾源《パク・チウォン》や丁若鏞《チョン・ヤギョン》の作品によっても細密に解き明かされている。彼らは揺るぎない現実主義の視点から問題を提起した上で、それに対する答えを述べている。

「国を憂へぬは詩ならず、乱れし世に心痛め退廃せる習俗に痛憤せぬは詩ならず、まこと賛美し、虚偽風刺し、善を勧めて悪を懲戒する思想なくんば詩ならず」

「寄淵兒（息子、淵《ヨン》に）」

丁若鏞が息子の学淵《ハギョン》に宛てた手紙の一部だが、文学の教養的価値を強く滲ませている。こうした思想は、朴趾源の「放璚閣外伝」の序文でも具体的に述べられている。文学の教養的目的は朴趾源と丁若鏞によって写実主義に則り、さらなる展開を見せたと言えよう。

朴趾源の小説「馬駔伝」が説くのは、「他人を讒訴したり、他人に媚びへつらったりする人間の罪を暴露」することだ。丁若鏞も「あらゆる面において細やかでリアル」な写実主義の筆致で自身の主張を綴っている。

古典作家たちによる見解の先進性は、文学の教養的意義とともに作品の内容と形式の関係における内容の優位性を一様に強調しており、それらを創作の中で見事に実現したことからも知ることができる。

『雪戦、法頂《ポプチョン》が問い、性徹《ソンチョル》が答える』

当代きっての禅僧、性徹と法頂の出会い、そしてたとえ一千年が過ぎようと消えることのない韓国人の「心」を代表する賢問と賢答を収録した一冊。

なぜ「雪戦」というタイトルなのか？　これは、冷徹でありながらも柔和な修行僧の姿勢を「雪」という媒介で形象化する一方、だれも傷つけずむしろ互いを笑わせる唯一の争いである「雪合戦」のイメージを通じて、性徹と法頂二人の間に交わされた求道の問答と因縁を表現しようとしたものだ。

この本を推薦する理由は、僧侶二人の対話を通じて単に仏教を広めるためではなく、むしろこの二人の問答に、韓国人の本性、わが民族の崇高なる心が垣間見えて感銘を受けたからだ。

性徹和尚は一九一二年、慶尚南道山清《キョンサンナムドサンチョン》で生まれた。小学校卒業後、独学で哲学、医学、文学など、古今東西のあらゆる書籍を読んだと言われる。二十歳をすぎたある日、智異山《チリサン》の大願寺《テウォンサ》で休養中に初めて仏教に接した。出家前の俗人として大願寺の塔殿で「無字話頭」を参究すべく勇猛精進し四十日余り後に得度した。一九三六年の春、海印寺《ヘインサ》の白蓮庵で東山《トンサン》和尚を恩師として出家し、同年、雲峰《ウンボン》和尚から比丘戒を受けた。一九四〇年、大邱《テグ》の桐華寺《トンファサ》で悟りを得た彼は、「悟道頌」を詠んだ。それ以降も厳格で徹底した苦行を通じて卓越した思想に辿り着き、仏教界に旋風を巻き起こす。彼は仏教理論と実践論理を確立し、韓国仏教の新しい地平を開いた人物だ。一九六七年、伽耶山《カヤサン》海印寺《ヘインサ》海印叢林の初代方丈に推戴され、一九八一年には大韓仏教曹渓宗第六代宗正に推戴された。一九九三年十一月四日（新暦）入寂。世寿八十二歳、法臘五十八歳であった。

法頂和尚は一九三二年、全羅南道《チョルラナムド》海南《ヘナム》で生まれた。全南大学校商科大学三年修了時の一九五六年に当時の高僧曉峰《ヒョボン》を恩師として出家、同年に沙彌戒を、一九五九年に比丘契を受けた。厳しい修行を経て教団内外で活発な活動を展開した。一九七五年から松廣寺《ソングァンサ》の裏山に佛日庵《プルリルアム》を建て一人で暮らし始めた。一九七六年に出版した随筆集『無所有』が評判になりロングセラーとなっている。それ以後に出版した本もほとんどがベストセラーとなっており、名随筆家として広く知られている。二〇一〇年三月十一日（新暦）、吉祥寺《キルサンサ》にて入寂。世寿七十八歳。

本書に掲載された十九の対談は、大きく三つに分けることができる。ひとつ目は「自身を振り返れ」、ふたつ目は「いたるところに仏あり、いたるところが法堂である」、最後に「君の立つ場所が仏の場所」となっている。性徹和尚と法頂和尚のこれらの問答をまとめたのは、性徹和尚のそばに仕えた圓澤和尚だ。

本書からいくつかの言葉を紹介する。

心眼が開くと、自性を見つめることになります。それを見性といいます。『八万大蔵経』にはあれほど多くの言葉が綴られていますが、実のところ全ては「心」という一文字に帰結するのです。心の目を見開いて目の前の実像をまっすぐに見れば、山は山であり、水は水であり、そして山は水の上に行く（文偃《ムンオン》和尚の禅問答にある言葉）という本地風光が見えてくるのです。——性徹

心だの仏だの衆生だのと言いますが、この三つは根源的になんら変わりません。言葉が違うだけで根っこは同じです。仏と菩薩を遠くに探さないでください。仏と菩薩に外で会おうとせず、時には自分の家の中に呼び入れることができるようでなければいけません。そうすれば、冷え切った関係にも

新たな活気が満ちてきます。そうしているうちに、家屋が以前のような家庭に戻ることもあるでしょう。毎日が喜びと感謝で満たされる時、人生は芳しく香りたちます。これこそが心の香りなのです。――法頂

生きて死ぬことはすなわち解脱であり、そのまま涅槃なのです。「生死解脱」と言うでしょう。現実を直視しさえすれば、心の眼を開きさえすれば、地上は極楽なのです。このありのままの現実が！――性徹

人間の根本的価値は物質ではなく人格にあります。間違った価値観を正すためには、まず根本的に人間の尊厳を回復させる必要があると思います。人間の尊厳を回復させてこそ、物質を追い求めず、物質によって逆転した価値観をある程度は本来のものへと変えることができるでしょう。―性徹

人間の尊厳は、明鏡、きれいな鏡に例えることができます。鏡は、それ自体がきれいで何の傷もなくても、ほこりがたくさん溜まると本来の役割を果たせません。鏡の持つ能力を失うのと同じです。ではどうすればいいのか？　本来の、清潔で汚れのない鏡に戻せばいいのです。それだけですべてが解決します。そのためには、ほこりを拭かなければなりません。――性徹

自分よりも他人のために心を砕く時、人は初めて成熟します。この世で最も偉大な宗教は親切だということを心に刻んでおいてください。小さな親切と温かいひとことが、この地球を幸せにするという事実も覚えておいてください。――法頂

（訳・柳美佐）

【許炯萬】詩人。一九四五年全羅南道《チョルラナムド》順天《スンチョン》生まれ。韓国の中央大学校国文科卒業。国立木浦《モクポ》大学校人文大学長、教育大学院長を歴任。国際三大人名辞典である英国ＩＢＣ刊行のケンブリッジ国際人名辞典に掲載される。現在国立木浦大学校国文科名誉教授。これまで出版されたものには、詩集『供草』『魂の目』『恍惚』『出逢った』など二十冊の他、中国語詩集『許炯万詩賞析』と日本語詩集『耳を葬る』、韓国代表抒情詩百人選『踵』などがある。韓国芸術賞、韓国詩人協会賞、永郎《ヨンナン》詩文学賞、ＰＥＮ文学賞、尹東《ユン・ドン》柱《ジュ》文学賞、空超《コンチョ》文学賞などを受賞。

許文明

ホ・ムンミョン　허문명

『김지하와 그의 시대』
허문명(저) ／블루 엘리펀트／2013★

1

『金芝河と彼の時代』
許文明（著）／ブルーエレファント／2013

『경제사상가 이건희』
허문명(저) ／동아일보사／2022★

2

『経済思想家　李建熙』
許文明（著）／東亜日報社／2022

『이건희 반도체 전쟁』
허문명 (저) ／동아일보사／ 2023★

3

『李建熙　半導体戦争』
許文明（著）／東亜日報社／2023

私はこの十年間、韓国の大手新聞である東亜日報の記者として活動しながら、韓国を象徴する二人の英雄に関する本を執筆してきた。一人は、日本でも広く知られている韓国の民主闘争詩人の故金芝河《キム・ジハ》であり、もう一人はサムスングループの故李建熙《イ・ゴンヒ》会長だ。

　詩人金芝河は、韓国民主化の象徴であり、李建熙は高度成長を率いた、韓国の産業化を象徴する人物だ。一見、全く異なる道を歩いてきた二人だが、筆者はこの二人の話を通じて大韓民国の分裂した心を一つにしたかったのだ。

　実際、大学在学中の一九八七年に、直接選挙制度の改憲につながる民主化闘争の真っ只中にいた私は、若い頃は民主化にたいへん興味を持ち、その後新聞記者として働きながら、韓国の経済成長をけん引した産業化時代にまで興味が広がった。そうして二つの価値観が混同する分裂状態を経て、ある時点においてそれらが自分の中で一つに融合する経験をした。その過程で書いた成果物がこの二人の評伝なのだ。

『金芝河と彼の時代』

まずは詩人、金芝河の話から始めよう。

現在の大韓民国は当然のごとく民主主義を享有しているが、かつては詩人金芝河の代表的な詩のタイトルのように「灼けつく渇きで」民主主義を渇望していた時期があった。真実、自由、正義、良心を語り、自分の考えを自由に表現したい、言いたいことも心ゆくまで言って生きたい時期であった。そのために多くの人が捕まり拷問され、命を落とした。民主化運動に参加したというだけで人生が不幸のどん底に落ち、今でも苦しんでいる人が多い。

　『金芝河と彼の時代』を執筆しようと思ったのは、二〇一三年一月に行ったインタビューがきっかけだった。当時の記事を東亜日報の全面に掲載したところ、多くの読者から「私たちが享受している経済的な豊かさと民主主義は、多くの人の努力と犠牲の上に成り立っていることをすっかり忘れてしまったようだ。その時代についてもっと知りたい」という電話やメールが殺到した。

　韓国の一九六〇年代、一九七〇年代の新聞で、民主化闘争はほとんど報道されなかった。維新政権下のいわば緊急措置時代（一九七四〜一九七九年）に厳しい報道規制が行われたためだ。記者の法廷取材すら大事件以外では認められなかった。

韓国の政治史において最もダイナミックな時代であり、反政府民主化運動が激しかったあの時代を我々がよく知らない理由だ。

　二〇一三年に本を出版し、数年間に渡って直接会ったり電話で連絡を取り合ったりしていた金芝河に最後に会ったのは、彼の妻であり、土地文化館の館長でもある金玲珠《キム・ヨンジュ》（『土地』の作家、朴景利《パク・キョンニ》先生の娘）が亡くなる前日の、二〇一九年十一月二四日日曜日のことであった。昏睡状態で入院していた金館長に会う前、原州《ウォンジュ》の自宅でお会いした金芝河は、極度の絶望と希望の狭間を行き来していた。

　彼は「妻のいない人生は考えられない。幸せにしてあげられなかった。生きていてほしい」と繰り返しながら、金館長の部屋の中も見せてくれた。しかし、詩人の切なる願いもむなしく、その翌日に金館長がこの世を去ってからというもの、金芝河に再び会うことはなかった。社会運動家、詩人、芸術家であり、生命思想と韓民族の精神的根源を明らかにしようと努めた思想家でもあった金芝河の人生そのものが、韓国人の心情を代弁する時代の英雄なのだ。

『経済思想家　李建熙』
『李建熙　半導体戦争』

　筆者はその約十年後、サムスングループの李建熙の人生に興味を持つことになる。

　韓国人はいまだに起業家に対する評価が厳しい。李建熙ほどの大韓民国の産業パラダイムを変えた人物であるにもかかわらず、彼の人生と考え方について知る人は多くない。資本主義社会とはいえ、起業や起業家に対しては尊敬の気持ちと、欲望の化身だと憎む気持ちが共存するのが韓国社会なのだ。

　民主化という価値も重要だが、それを可能にするには、まず暮らしの問題を解決する必要がある。私はその点において、産業化をけん引した英雄たちの人生に広く光を当てるべきだと考えた。

　二〇二三年は、湖巌《ホアム》こと李秉喆《イ・ビョンチョル》が半導体市場への進出を宣言（一九八三年）してちょうど四十年であり、李建熙が新経営を宣言（一九九三年）して三十年であった。李秉喆と李建熙は半導体産業を通じて韓国社会が「ファストフォロワー」（Fast Follower：素早い追撃者）から「ファーストムーバー」（First Mover：先導者）になるべきだと先頭を切って主張し、また行動に移すことで結果を示した世界的な経営者だ。

李建熙の卓越したリーダーシップにより、大韓民国は堂々とグローバルな舞台の主流に躍り出た。一九八七年の就任後から五年間は公式の場に姿を見せることはほぼなく「隠遁経営者」と呼ばれた李建熙は、一九九三年六月四日にドイツのフランクフルトで「女房と子供以外は全部変えよう」という新経営を提唱し、本格的なサムスン経営革新を主導した。その結果、韓国で三番目だったサムスンは、今日では超一流企業となり、世界中で安物扱いされていた「メイド・イン・コリア」もまた超一流の仲間入りを果たした。

李建熙は、二十世紀の世界最高の電子機器メーカーである日本のソニーを、韓国が追い抜くとは想像すらできなかった時期に挑戦状を突きつけ、二十一世紀の超一流企業サムスンの礎を築いた。私は李建熙と共に働いてきた多数の元サムスンマンらの証言、故人が遺した文章や資料などを通じて起業家ではない思想家としての人間、李建熙に本格的に光を当てた。

故人は、見えるものから見えないものを見いだし、常に過去ではない未来を見据えていた。李建熙は伝統的な製造業が主流だった韓国産業をデジタル情報産業に変えた。未公開のインタビューも多数掲載した。キボマサオなど、サムスン電子の初期に採用された日本人技術者顧問へのインタビュー、日本経済新聞元ソウル支局長の山崎克彦の証言も初公開の内容だ。

韓国社会は今、激しいイデオロギーの対立により、ひどい言い方をすれば心理的内戦状態にあると言えよう。国民統合は、産業化や民主化という価値観の統合、世代統合なしには難しいと考える。両勢力はこれまで、無慈悲な非難をし合うことで、選挙のたびに衝突を繰り返してきた。

産業化勢力は民主化勢力に対して、権力志向性が強く無能で無責任だと批判し、民主化勢力は産業化勢力に対して、コミュニケーション能力が欠如し腐敗した勢力だと批判してきた。

しかし、金芝河と李建熙評伝を書きながら筆者が感じたのは、産業化と民主化を分けて扱ってはならず、国民の立場で一つのものとして扱うべきだということだ。産業化と民主化の価値観は頭の中では別物かもしれないが、大韓民国国民の生活の中では一つの過程であった。一言でいえば、貧困からの解放、人権、民主主義の拡大という国民願望の実現過程だったのである。それぞれの分野において、リーダーは大きな役割を果たしはしたが、産業化と民主化の主役はすべて国民であった。

大韓民国は民主化と産業化をほぼ同時期に成功させた、世界でも珍しい国となった。この三冊の書籍が韓国人の心情を読み解くのに少しでも役に立てばと願っている。

（訳・小倉エレナ）

【許文明】東亜日報社出版局副局長。ソウル大学消費者児童学部を卒業後、一九九〇年に東亜日報社に入社し、社会部、経済部、文化部などで記者を務め、オピニオンチーム長、国際部長、論説委員を歴任した。現在は、東亜日報社出版局副局長を務めている。マスコミ界史上初の女性市警キャップ（社会部事件記者チーム長）を担当し、韓国記者協会副会長を務めた。ハワイ大学、慶應義塾大学、早稲田大学で研修を受けた。真のジャーナリスト大賞（韓国ジャーナリスト連合会）、韓国記者賞、サムスンジャーナリスト賞、徐載弼《ソ・ジェピル》ジャーナリスト賞、日韓文化交流基金賞、男女平等メディア賞を受賞。著書には『女性よ、世界のメンターになれ』『私は女性だ、私は歴史だ』『金芝河と彼の時代』『崇山大師評伝』『人生の羅針盤』などがあり、二〇二一年、『経済思想家　李建熙』二〇二二年、『李建熙　半導体戦争』を発表。翻訳書としては『禅の羅針盤』などがある。

堀山明子

ほりやま　あきこ　호리야마 아키코

1 『光州事件で読む現代韓国』（増補版）
真鍋祐子（著）／平凡社／2010 ★

2 『이산가족，반공전사도 빨갱이도 아닌…이산가족 문제를 보는 새로운 시각』
김귀옥（저）／역사비평사／2004 ★

『朝鮮半島の分断と離散家族』（アジア現代女性史 6）
金貴玉（著）、永谷ゆき子（訳）、藤田ゆき（監修）／明石書店／2008 ◆

3 『520 번의 금요일 세월호참사가족협의회 2014 ~ 2023 년의 기록』
416세월호참사 작가기록단(저) ／온다프레스／2024 ★

『520 回の金曜日 セウォル号惨事家族協議会 2014 ～ 2023 年の記録』
416 セウォル号惨事 作家記録団（著）／オンダプレス／2024

韓国近現代史は民衆の視点からみれば、言葉にできない不条理の連続だった。複数の事案が交差しながら、重層的に響き合いながら、集団トラウマとして眠っている。

韓国の人々が抱える日本に対する複雑な思い、ある何かをきっかけに爆発的に広がる反発や怒りは、日韓関係や歴史認識問題だけ論じていても理解できないのではないか。

新聞記者として朝鮮半島に三〇年以上かかわる中で、くすぶっている問いだ。米軍政下における済州四・三事件や韓国軍が市民に銃を向けた光州事件など、「軍」が絡む暴力について語る時、日本軍の記憶がよみがえる。若い世代でも、性暴力を告発する＃ＭｅＴｏｏ運動の中で、「元慰安婦だと名乗り出たハルモニは告発第一号だ」と位置づけると、共感が一気に広がる。現在の傷に触れた時、過去のトラウマが反応しているように見える。であれば、韓国の人々が近現代史を生き抜く中で抱えた痛みを、全体として理解することが大切ではないか。そんな思いで読んでいる三冊を紹介する。

『光州事件で読む現代韓国』（増補版）

韓国シャーマニズムにおける「恨」や、民主化運動における生死観を研究してきた東大教授の著者が、一九八〇年五月の「光州事件」について、歴史的、宗教的、政治的な意味を解説した本だ。韓国社会の保革対立は根深い。革新勢力の「聖地」はずっと光州だ。その力の源は、八〇年に突如生まれたのではない。この本は、軍事クーデターに抗議した市民が多数死傷した事件を民主化運動史の文脈で解説するだけでなく、地域差別や葛藤が生まれた歴史的経緯や、光州事件を巡る市民の贖罪意識がどう変化したかまで掘り下げている。

光州の持つ意味は現在、事件を芸術のモチーフにした「五月文化」の形で昇華された。筆者はこの文化は、「光州圏」の社会的体験と、民主化の「運動圏」の人々が抱く罪や恥といった特異な感情、この二つの要素が「車の両輪」として形成されたと指摘する。「光州はまだ終わらない」と語る時、意味は立場によって異なるが共通するのは、人間とは何か、社会とは何かという問いかけが根本にあるのだという。

二〇〇〇年発行の初版から一〇年後に出版された増補版には、光州事件に連帯した日本社会の分析も追加された。筆者は、映画「光州五・一八」(二〇〇八年公開)のラストで主人公が「この人たちを忘れないで」と呼びかける場面に触れ、「九〇年代の研究活動を通じて光州事件と向き合いつづけた私自身の思い」と記した。筆者が光州の人たちの問いかけに、生涯かけてともに背負ってきたことが伝わる。一九八九年に韓国留学をした私も韓国国内の国民和解を考える時、光州というアングルのカメラを一台は必ず心の中に設置している。

『朝鮮半島の分断と離散家族』

民主化世代を光州事件抜きには語れないように、それより上の世代について朝鮮戦争の傷に蓋をして理解することはできないだろう。この本を読むと、朝鮮戦争の停戦後も分断の矛盾を抱えるがゆえに、南に渡った理由や、北に渡った事情など、離散家族が本心を語るのが依然として困難であることが見える。原書のタイトル『離散家族、「反共戦士」でも「アカ」でもない…離散家族問題を見る新しい視角』が示す通り、この本は「越南者＝反共、越北者＝アカ」というイデオロギー的偏見を覆そうとした実証研究だ。戦争と国策に翻弄された人々の複雑な思いを聞き取り、北東アジアの冷戦の犠牲者として心の傷の治癒や鎮魂を提起している。

離散家族研究は脱冷戦や南北対話を経て、対象が拉致被害者や国軍捕虜、北に渡って戻ってきた（北派）秘密工作員にまで拡大した。本の後半では、南北境界線近くの村での聞き取り証言が続く。戦時に北派工作員にされ、民間人拉致や残虐行為に加わったことに後悔する男性。夫の越北によって韓国で差別にさらされた妻の葛藤。過酷な経験をした人ほど、政府主催の離散家族再会事業に申請をしない。感動的な「再会の抱擁」の記事は、表面的にすぎないと思い知らされる。

私は二〇〇二年に平壌で、日本人拉致被害者、横田めぐみさんの娘、金ウンギョンさんインタビューしたことがある。その四年後、彼女が韓国人拉致被害者の父親と一緒に南北離散家族再会に登場した。ソウル特派員として取材をしたが、一家のピリピリした表情を覚えている。北東アジアの冷戦状況が転換した後でなければ、一家の本心には触れることはできないだろう。今は難しいが、宿題にしている。

『五二〇回の金曜日』

二〇一四年に三〇〇人以上の犠牲者を出した旅客船沈没事故の遺族や生存者一〇〇人以上の聞き取りだ。「金曜日に帰ってくるね」と送り出した修学旅行生らを今も待つ遺族の気持ちがタイトルに込められている。惨事は朴槿恵大統領弾劾に波及した一方、その後は真相糾明を求める遺族に「いいかげんにしろ」と攻撃が強まっている。他の災難や事件に比べて補償を受けたという非難が目立つ。韓国社会が報われないトラウマを今も抱えている人が多いことの裏返しだろう。

作家記録団に支えられながら遺族や被害当事者自身が心の変化を直接発信する手法は、「セウォル号が生んだ新しい文化」と民主化活動家も語る。光州事件や済州四・三事件など国家暴力による被害者の記録活動にも影響を与えている。

心は生き物だ。名誉回復の過程で癒やされることもあれば、新たな類似事案で再び傷つくこともある。現在と過去の傷がつながっているなら、現在の痛みは時間軸を越えて過去の傷を癒やす入り口なのだと、気づかせてくれた本だ。

【堀山明子】毎日新聞外信部記者。ソウル大日本研究所客員研究員を兼務し、ソウルで暮らしながら朝鮮半島をウォッチしている。津田塾大学在学中の一九八九年に梨花女子大に留学し、韓国家族法改正運動史を研究。毎日新聞では二度のソウル特派員（計八年）と三回の平壌取材を経験した。コラムサイトは https://mainichi.jp/reporter/horiyamaakiko/

前田《まえだ》エマ《えま》

마에다 엠마

1

『소년이 온다』
한강(저) ／창비／2014★

『少年が来る』
ハン・ガン（著）、井手俊作（訳）／クオン／2016◆

2

『쇼코의 미소』
최은영(저) ／문학동네／2016★

『ショウコの微笑』
チェ・ウニョン（著）、牧野美加、橋本麻矢、小林由紀（訳）、吉川凪（監修）／クオン／2018◆

二〇二〇年春。世界中の人々が共通の体験をすることとなったコロナ渦の始まり。桜舞い散る外の世界を、家の中からボーッと眺めることしかできなかったあの頃。誰かと会うことが悪いこととされるその世界で、まるでピンク色の雪が儚く舞うスノードームの中に閉じ込められているみたいだと感じていた私が出会ったのが、BTSの音楽だった。

　コロナ禍の始まりと共に、日本では韓国ドラマの再ブームが起こり、それがきっかけで私はBTSの音楽を聴くようになった。その時に驚いたのは彼らが書く歌詞だった。

　誰かに愛されることを求めるのではなく、まずは自分を愛そうと歌うこと。夢がなくても大丈夫だと寄りそうこと。メンタルヘルスについて積極的に話しをすること。他にも、アイドルである彼らが、競争や格差といった社会的な問題について、自らの等身大の言葉で書いていることにもびっくりしたが、最も衝撃を受けたのは歴史的な出来事を取り上げた曲がいくつかあることだった。特に『Ma City』（二〇一六）という、BTSのメンバーが夢やプライドとともに自らの故郷について歌う曲のなかで一九八〇年に起きた光州民主化抗争のことを書いていたことは、その後の私の人生に大きな影響を与えた。

光州民主化抗争という言葉を耳にするのが初めてどころか、韓国の歴史について全くと言っていいほど知識のなかった私は、それにまつわる韓国映画をいくつか見始めた。そんな私に友人が教えてくれたのがハン・ガンの『少年が来る』だった。

この小説は、様々な立場で光州民主化抗争に立ちあった六人の語り手による全六章の物語だ。光州民主化抗争が終わってから始まった痛みと絶望。誰とも分かり合えない思いが、実在したエピソードを基に、迫り来るような熱い温度を持って描かれる。

誰もが持っている醜い人間の残忍さ。想像することを放棄したくなるほどの肉体と心の痛みが、無駄のない筆致で迫り来る。それなのに並んでいる言葉そのものは清潔で、いつまで経っても美しく、ひとつひとつを丁寧に広げて抱きしめたいと思うほどだった。

この一冊との出会いがきっかけとなり、韓国文学の奥深い世界へと落ちていくこととなった。ＢＴＳの『spring day』（二〇一七）は、二〇一四年四月十六日に起きた「セウォル号沈没事故」のことを歌っているのではないかと言われている。この事故による三百名近くの犠牲者のほとんどが、ＢＴＳと同世代の修学旅行中の高校生だった。ミュージックビデオにも、事故への哀悼を意味しているかのようなシーンが登場する。事故後の政府の対応なども相まって大きな問題となったこの事故が韓国の作家たちに与えた影響も大きく、「セウォル号以降文学」と呼ばれるジャンルまであると聞いた。そのひとつであるチェ・ウニョンさんの「ミカエラ」を読もうと、この作品が収録されている小説集『ショウコの微笑』を手にした。収録されている七編とも、どこかしら社会や歴史の問題と繋がっていて非常に素晴らしかったのだが、中でもベトナム戦争の加害と被害についての複雑性を描いた「シンチャオ・シンチャオ」が気に入った。

韓国の小説をはじめとする創作物には、被害を受けた立場だけでなく、加害した側の長く続く苦しみややり切れない痛みをきちんと描いたものもある。私が今まで触れてきた創作物の多くは、被害を受けた側ばかりを描いたものが多い印象だ。しかし私が新参者なりに、朝鮮半島の歴史を知っていく中で、日本の学校教育で学んできた歴史について振り返っている今、非常に大切だと感じるのは、被害と加害その両方を学ぶことだと思う。韓国の国語の教科書には、この「シンチャオ・シンチャオ」が載っているらしい。

コロナ禍で世界と遮断されたと感じていたが、ある意味で閉鎖的だったからこそ私たちひとりひとりの中に必ず潜んでいる〝分からない〟という恐怖心から湧き出てくる、他人を差別する心や、ストレスからやってくる暴力性を、誰もが感じることとなった。

そんな中でも世界が少しずつコロナ禍以前の姿に近づいていると感じていた矢先、ミャンマーでのクーデター、ブラック・ライブズ・マター、アジア人に対するのヘイトなどが問題となっていった。それらはまるで、韓国文学を通して知っていった人間の歴史を、リアルタイムで見ているような体験だった。

私はBTSを通して韓国の文学と出会い、その過程を通して、韓国の人々がどのようにして社会を良い方向へ導いていこうと努力してきたのか、連帯し行動してきたのか、その道のりを少しずつ知っていった。それは言葉が適切ではないかもしれないが、非常に興奮するものだった。この感動をもっといろんな人と共有してみたいと大それたことを考え、詳しい先生方を招いて「わたしのために、世界を学びはじめる勉強会——本、映画、音楽を出発点に」というものを始めた。今日までに四回開催してきたが、第一回目となった「BTSの音楽から、韓国を知りたい〜なぜ、韓国の人は声をあげるのか」には二百名を超える人々が参加してくれた。

私が思う韓国文学の魅力は、隣人の小さな声、それこそ誰にも聞いてもらうことができなかったような話に耳を傾け続けることが、いつの間にか大きな社会の問題や怒りや痛みに繋がって行くところだ。二〇二二年、私は初めて小説を出版した。うどん屋で働く女性を主人公にした物語だ。二〇一九年に書き始めた当初は、主人公がいろいろなお客さんと出会い、その中で成長していく話にしようと構想していたが、韓国文学と出会い、書きたいことが変わった。最終的には、主人公が様々な立場で生きる多様なお客さんを通して、世の中への疑問や怒りを投げかけていく物語になったように思う。

海外にも自由に行けるようになった二〇二三年春。私は延世語学堂で学び始めた。まさかここまでやってくるなんて。自分で自分に笑ってしまっている。そしてここへ来て、書きたいことがまた、心の中に積み重なり続けている。

【前田エマ】一九九二年神奈川県生まれ。東京造形大学在学中にオーストリア・ウィーン芸術アカデミーに留学。モデル、写真、ペインティング、ラジオパーソナリティ、キュレーションや勉強会の企画など、活動は多岐にわたり、エッセイやコラムの執筆も行っている。二〇二三年三月から半年間延世大学語学堂で学ぶ。著書に小説集『動物になる日』（ちいさいミシマ社）、『アニョハセヨ韓国』（株式会社三栄）がある。

松尾亜紀子

まつお あきこ　마쓰오 아키코

1

『체공녀 강주룡』
박서련(저) ／한겨레출판／2018★

『滞空女：屋根の上のモダンガール』
パク・ソリョン（著）、荻原恵美（訳）／三一書房／2020◆

2

『다른 사람』
강화길(저) ／한겨레출판／2017★

『別の人』
カン・ファギル（著）、小山内園子（訳）／エトセトラブックス／2021◆

二〇二三年の六月、パンデミックのせいで数年ぶりとなったソウルを訪れた。そのとき友人と行った植民地歴史記念館で、ひとりの女性が屋根の上で膝を抱え座っている一枚の写真と出合った。説明書きによれば、この姜周龍《カン・ジュリョン》という女性は高所でデモを行った朝鮮初の労働活動家で、写真ではわからないが楼閣の高さは十二メートルも（!）あるらしい。

歴史に詳しく、かつ私と同じく韓国ドラマ好きの友人が、「ほら『クイーン・メーカー』でも冒頭、ムン・ソリ（主人公の弁護士）がビルの屋上に登ってデモしてたでしょう、あの運動の元祖ですよ」と教えてくれる。韓国の抵抗史を知るたびに熱くなっていた体に、また血がグツグツたぎった。

だから、その三ヶ月後、今度は光州に行けることになって、姜周龍の半生を描いたパク・ソリョンによる小説『滞空女』をリュックに詰めた。彼女の物語を抵抗の地で読みたいと思ったからだ。

姜周龍のモノローグで進むこの小説は、当時新聞に掲載された例の写真と彼女のインタビューといった、現存する資料の隙間を丁寧に埋めていく。少女の頃から家族のケアを担い、婚家で虐められ、愛するかわいい夫について独立運動に入るも運動内でも男たちの飯炊き・洗濯を押しつけられる。夫が病で死ねばその罪を負い、都会の工場で働きはじめてようやくわずかな自由を得るが、ひどい労働環境、上司からのモラハラ・暴力に直面する……今を生きる私たちにとってもリアリティのありすぎる模擬体験のようだし、それは他の作品で現代女性の現実を描いてきたフェミニスト作家、パク・ソリョンが意図したことだろう。

パク・ソリョンは、姜周龍をけっして「闘争のヒロイン」にしない。無学な女性が、「インテリ男」たちに引き上げられて理想に目覚め、闘争のために散った話には絶対しない。この小説は、これだけ働けば、生きているだけでこんなにも辛ければ、そして励まし合う姉妹のような同僚たちを得れば、だから彼女は「あたしの友達、あたしの自身のために死ぬ気で闘います」と闘うに至ったのだと、血肉のある彼女を伝え、私たちに繋げてくれる。

自分たちに起こったことをどのように伝えていくか、どう語るのか。歴史の記録、文学、ドラマ、アート……韓国が生み出すものに触れるたびに突きつけられる命題だ。カン・ファギルの小説『別の人』は、現代の女性たちをとりまく性暴力を描く。耐えがたい暴力にさらされた被害者は、なぜこんな目に遭ったのが自分なのかと苦しみ、「別の人」になりたいと願う。と同時に、別の誰かと被害を共有できたとき、一歩だけ先に進めることがある。

私は日本で数年、性暴力に抗議する運動に携わってきた。多くの被害者の声を聴き、同時に編集者として、性暴力と物語を接続する難しさを感じてきた。性被害はどこでも、誰にでも起こりうる。誰にでも起こりうるとはいえ、誰かと誰かの性被害は、絶対にひとくくりにはできない。物語のなかで性被害が描かれる場合、それは唯一の物語として描かれたとしても、性被害とはこういうものだと普遍化する装置にもなる。

『別の人』は、信頼する翻訳者であり、社会福祉士として暴力被害の相談にも携わってきた小山内園子さんから、「この小説ならば被害に遭った人にも読んでもらえるのではないか」と紹介された。そのことばを聞いて、私は出版を決めた。

『別の人』は性暴力シーンは描かない。語られるのは、性被害に遭った人たちのその前と後であり、加害者から暴力を振るってもよいと判断された人たちの経験だ。彼女／彼らの尊厳は踏みにじられ、性被害に遭った自分を恥ずかしいとすら感じさせられる。小山内さんの訳者あとがきによれば、「カン・ファギルはそこに女たちの同意があったのかどうかという投げかけはしない。なぜ女たちを同意不要の存在と見なすのかと問う」ている。この問いが全編を貫くのだ。

そしてカン・ファギルは、本作で、これまで文学作品でストーリーを推進させる「事件」として、ときに都合よく性暴力が描写されてきたことへの批評をもやり遂げていると思う。記録や記憶を誰がどのように書き、翻訳し、紹介していくのか。

最後に、記しておきたい。フェミニスト出版社としてこれからも考えていきたい。私が先ごろ光州に行ったのは、アジア文学フォーラムという催しに日本の出版社として参加したからなのだが、なんとそこにフォーラムの実行委員として『滞空女』作者のパク・ソリョンさんがいらっしゃった。興奮して話しかけ、持ち歩いていた「マイ滞空女」にサインをお願いし騒ぐ私に、パク・ソリョンさんは親しみを込めた静けさで接してくれた一方、本には「투쟁（闘争）」！　隣国のフェミニストの友人より」と熱いメッセージをしたためてくれた。私はこれからも幾度となく本を開いて、姜周龍と作家のことばを読むだろう。

【松尾亜紀子】エトセトラブックス代表、編集者。出版社に十五年間勤めたのち、二〇一八年にフェミニスト出版社「エトセトラブックス」をはじめる。一九年にフェミマガジン「エトセトラ」創刊。刊行物は、牧野雅子『痴漢とはなにか』、ユン・ウンジュ『女の子だから、男の子だからをなくす本』（すんみ訳）など。二一年からフェミニズム書を集めた書店をスタート。性暴力の根絶を訴えるフラワーデモ呼びかけ人のひとりでもある。

松永美穂

まつなが　みほ　마쓰나가 미호

『채식주의자』
한강(저)／창비／2007★

1

『菜食主義者』
ハン・ガン（著）、きむふな（訳）／クオン／2011◆

『82 년생 김지영』
조남주(저)／민음사／2016★

2

『82 年生まれ、キム・ジヨン』
チョ・ナムジュ（著）、斎藤真理子（訳）／筑摩書房／2018◆

文学を通した対話

考えてみると、韓国出身の友人・知人はかなりいる。以前勤めていた大学には韓国語や朝鮮史の先生たちがいたし、現在の大学には韓国からの留学生が多く、真面目で熱心な人が多い。言語のハンディがあるとは思えないほど日本語の読み書きがうまく、優秀な人にたくさん出会ってきた。

自分を顧みると、朝鮮半島の歴史にも文化にもあまりにも無知である。ドイツ語圏の文学を専門にしてきたせいで、わたしの目はアジアを飛び越え、西の方に向けられていた。ドイツに行った回数は三十回以上、それに比して韓国に行ったのはたったの二回きり。

ドイツ文学繋がりで、韓国の研究者の方々とも一緒に学会やワークショップを行った。日本でも最近は海外で博士学位を取る人が増えたが、以前は少なかった。臥薪嘗胆でドイツの学位を取ってきた韓国人研究者が眩しく見えた。南北に分断されている朝鮮半島の研究者は、東西に分裂していたドイツの歴史に思い入れがあるのだ、という話を聞いて納得したりした。

その後、韓国の文化がどんどん日本国内で紹介されるようになり、存在感を強めていった。韓国ドラマが大ヒット。映画も評判になり、K-POPも人気になった。文学はどうなっているのかなと思っていたら、二〇一〇年代に入って韓国文学の紹介が相次ぐようになった。その嚆矢となったのがクオンの「新しい韓国の文学」シリーズである。その第一冊、ハン・ガンの『菜食主義者』（訳者きむ ふな）を読んで衝撃が走った。

ごく平凡な夫婦として過ごしていたあるカップルに、異変が起こる。妻が家中の肉や卵を捨ててしまい、「わたしはもう肉を食べない」と宣言するのだ。理由を尋ねても「夢を見た」と言うだけ。会食の席でも、実家に戻っても肉に手をつけようとしない。夫や両親、きょうだいたちは彼女の頑なさに驚きつつ、なんとか肉を食べさせようとするが、双方の溝は深まるばかり。肉のほかに、妻はブラジャーも拒否している。そうして、ひたすら自分の世界に沈潜していく。いまならば世界的にビーガンも増えているが、妻が肉を食べない理由は健康とも環境とも宗教とも関係がない。別世界に行ってしまったかのような妻の強さと、決して理解し合うことのない周囲の人々との断絶が、読む者に戸惑いを覚えさせる。この物語は世界に驚きを持って受け止められ、ハン・ガンにマン・ブッカー賞をもたらした。

伝統的な社会への、女性の無言の抵抗、と解釈することは容易だが、後日談でもある「木の花火」を読むと、より大きな、「人間とは何か」との問いが提出されていることに気づく。生命を維持するために他の生物を犠牲にせざるを得ない、地球の食物連鎖の頂点に立つ人間とは、いかなる存在なのか。

クオンからはその後も良質な現代小説が紹介され、韓国文学が日本に浸透していった。やがてパク・ミンギュの『カステラ』（訳者ヒョン・ジェフン&斎藤真理子、出版社はクレイン）が第一回日本翻訳大賞を受賞するに至って、一気にブームが花ひらいた感があった。日本翻訳大賞では毎回、読者投票で一次選考の候補作が決まるが、熱いコメントと共に推薦される韓国文学作品の数は、枚挙にいとまがなかった。

二〇一八年末にはチョ・ナムジュの『82年生まれ、キム・ジヨン』（訳者斎藤真理子、出版社は筑摩書房）が出て大評判となった。韓国でミリオンセラーになったそうだが、日本でも「キム・ジヨンはわたしだ」と共感する人々が相次いだ。この小説も、ある日、平凡な主婦の様子がおかしくなるところから始まる。誰かが憑依したらしく、言動が普通ではない。そこから、キム・ジヨンの数々の無念が明らかになっていく。日をおかずに、白水社から「韓国フェミニズム小説集」と銘打った『ヒョンナムオッパへ』が出た。ここにもチョ・ナムジュの作品が収められている。訳者は斎藤真理子。二〇一〇年代後半以降、韓国文学翻訳における斎藤の活躍は素晴らしい。ほかにも優れた女性翻訳者たちが次々にいい仕事をしている。日本翻訳大賞では、過去十回のうち三回も、韓国文学が受賞している。日本ではバックラッシュにあって元気がなくなっていたフェミニズムが、これらの韓国文学のおかげで大きく盛り返した気がする。二〇一九年秋、「文藝」（河出書房新社）は「韓国・フェミニズム・日本」という特集を組んだ。

現在ではさまざまな出版社から韓国文学が出版されるようになり、その都度注目を集めている。若い作家が次々に紹介されている。『フィフティ・ピープル』『声をあげます』（どちらも亜紀書房）の作者チョン・セラン、『もう死んでいる十二人の女たちと』（白水社）の作者パク・ソルメ、『となりのヨンヒさん』（集英社）『#発言する女性として生きるということ』（クオン）の作者チョン・ソヨン、いずれもまだ三十代であることに驚かされる。一方で、チョン・ファシン『くやしさをバネに』（書肆侃々房）のような女性一代記が出されたり、朴景利の大河小説『土地』が完全版でクオンから続々翻訳出版されている。クオンからは「セレクション韓・詩」のシリーズも始まった。日本で読める韓国文学は多様性を増し、豊かな世界を展開している。このために尽力しておられる方々に心からの敬意を示したい。

韓国の文学作品からは、率直でストレートな声が聞こえてくる。変に衒うことなく、しっかりと言いたいことを言う。隣人からの声に耳を傾け、励まされているわたしたちは、どのような声を返せているのだろうか。歴史上最悪とも言われた日韓関係がいま修復の途にあるが、政治に翻弄されることなく、文学、文化、そして日常の世界での活発な交流と対話が続いていってほしい。特に文学はスローなメディアだが、それだけ長く残り、その時代の貴重な証言となる。激動の世界に生きる者同士が発信する切実な言葉を、人生の糧としたい。

【松永美穂】早稲田大学文学学術院教授、専門はドイツ現代文学と翻訳論。著書に『誤解でございます』（清流出版）、共著に『はじめて学ぶドイツ文学史』（ミネルヴァ書房）、訳書にベルンハルト・シュリンク『朗読者』（新潮社）（毎日出版文化賞受賞）、フォルカー・ウルリヒ『ナチ・ドイツ最後の八日間』（すばる舎）、インゲボルク・バッハマン『三十歳』（岩波文庫）、ラフィク・シャミ『ぼくはただ、物語を語りたかった』（西村書店）など。

まつもとたくお

마쓰모토 타쿠오

1 『アーバン・Kポップ』
まつもとたくお（監修）／ミュージック・マガジン社／2023★

2 『ダーリンはネトウヨ――韓国人留学生の私が日本人とつきあったら』
クー・ジャイン（著、訳）、金みんじょん（訳）／Moment Joon（解説）／明石書店／2023★

国民性や文化の違いは単なる違いであって優劣はない、その違いを冷静に把握して純粋に楽しむべきものである――。こうした見方を忘れずに韓国の音楽に接して四半世紀が過ぎた。なかでも現地で歌謡と呼ばれるサウンドは年を追うごとに洗練の度を増し、今では〝K－POP〟として世界中の人々から愛される存在になったことは、本書を手に取る方であればご存じだろう。私が監修した書籍『アーバン・Kポップ』（ミュージック・マガジン社／二〇二三年刊）は、K－POPの名作や隠れた名盤を「洗練」というキーワードで選んだディスクガイドで、同時に私が隣国の音楽に対する前述の視点を伝える内容・構成にしたつもりだ。

現地でも知られていない作品を多数掲載した同書を日本の出版社から出せたのは、K－POPが洋楽やJ－POPと並ぶ一大ジャンルとなったのが一番の理由だが、韓国の音楽に対する日本人の偏見がこの十数年間で急速に薄まったのも背景にあったと思う。日本のリスナーに長い間無視されてきたこのジャンルは、二〇〇二年に日韓のトップ歌手たちが一緒に歌ったFIFAワールドカップのテーマソングや、大ヒットドラマ『冬のソナタ』の挿入歌などのおかげで「韓国にも聴くべきサウンドがある」と、多くの人が気づき始めた。以降は東方神起やBoAといったアーティストの活躍により、韓国発のダンスミュージックやバラードが急速に普及。現在はその盛り上がりを物心ついた時から体験している世代が中心となってK－POPシーンを支えている。具体的に言うと、今のコアな支持層は小学生から高校生まで。彼ら・彼女らの没入度は極めて高く、ダンス、メイク、ファッションといった音楽以外の要素も憧れの対象になっている。『アーバン・Kポップ』は、そうした新世代の「もっといろいろと知りたい」に応えるための本でもあった。

だからといって、日本人の韓国音楽への偏見がすっかりなくなったとは言い難い。いまだに「国策がうまくいっただけでしょ?」との見方をしたり（これについてはPHP新書『東アジアが変える未来』で、ソウル大学校言論情報学科のホン・ソクキョン教授が的確な意見を述べているので是非読んでいただきたい）、ちゃんと聴きもしないで「レベルが低い」と言い放ったりと、否定的なリスナーは常に一定数いる。K－POPのようなワールドワイドな人気を持つジャンルでさえも偏見は消え去っていないのだから、韓国の他の文化、さらに民族や政治・経済などにおける偏見は言わずもがなだろう。最近そんなことを再認識する本を読んだ。二〇二三年一〇月に日本で発売されたコミックエッセイ『ダーリンはネトウヨ――韓国人留学生の私が日本人とつきあったら』である。

同書の著者は韓国の女性だ。夢と期待を膨らませて日本に留学した韓国人女性が、通っている大学のサークルで知り合った日本人男性と恋に落ちるものの、彼氏が発する言葉や表情から感じられる韓国への偏見と優越感にとまどうようになり、結局は別れてしまう。著者の実体験を取り入れたこの物語で注目したいのは、ネトウヨ的な思想を持っているのが、ごく普通の、いや、むしろ育ちが良くて性格は優しく、何もかもが優秀そうな大学生だということである。彼はネット上の情報を信じやすいタイプで、「では自分はどう考えるのか?」と自問自答するレベルにまで達していない。韓国人の彼女に対しても日本人だけに通用しがちな常識（のようなもの）を求めようとする。周囲を見回してみれば、この手の日本人は若者に限らず意外といるのではないだろうか。

『ダーリンはネトウヨ』で最も評価すべきなのは、「日本人ってこんな感じなのよ」と違和感を語るだけに終わっていない点だ。のちに主人公は、新たな留学先・アメリカでの生活を通じて自身の心の奥底にも差別意識があると気づき、それゆえに「悪意がなくたって、無知は差別に繋がる」「誰かに優しくしたいなら知らないぶん、知ろうとしなければならない」と反省する。おそらくこれが著者の伝えたかったメッセージであり、同書を書く動機になったに違いない。

　相互理解には相手を知ろうとする気持ちが必要不可欠だ。そうした姿勢を比較的容易に身に付けることができるのが海外旅行・留学だと思う。ここ二、三年は新型コロナウイルス感染拡大の影響による渡航自粛や円安の影響もあり、日本人のパスポート保有率が下がっていると聞く。このあたりを政府がなんとかしてくれないものだろうか。K-POPを「国策でしょ?」と揶揄する人たちは、どう考えているのか尋ねてみたいところである。

【まつもとたくお】音楽ライター。ニックネームはK-POP番長。二〇〇〇年にデビュー。以降は『ミュージック・マガジン』や『リアルサウンド』といった紙媒体やネットをメインに寄稿。現在は『韓流ぴあ』『ジャズ批評』『ハングルッ!ナビ』に連載を持ち、ラジオやテレビ、イベントなど多方面で活躍している。二〇二三年にYahoo!ニュース公式コメンテーター就任。K-POP専門のレーベル〈バンチョーレコード〉を運営。

水科《みずしな》哲哉《てつや》

미즈시나 테츠야

1 『韓国からの通信』シリーズ（全4巻）』
T・K生（著）／『世界』編集部（編）／岩波書店／1974〜1980★

2 『「縮み」志向の日本人』
李御寧（著）／講談社／2007（初版1982）★

3 『선을 넘는 한국인 선을 긋는 일본인　심리학의 눈으로 보는 두 나라 이야기』
한민(저) ／부키／2022★

『線を越える韓国人　線を引く日本人』
ハン・ミン（著）、アンフィニジャパン・プロジェクト（訳）／飛鳥新社／2023◆

人生の節目で、韓国・朝鮮の「心」に触れた三冊

大学卒業から一年ほど経った一九九六年五月、二〇〇二年のワールドカップの日韓共催が決定した。当時の筆者は映画業界で身を立てようと暗中模索していたが、ひょんなことからこの時期より韓国へ興味を抱き、市販の初心者向け学習本を片手に韓国語の独習を始めた。日本のある芸能プロダクション関係者から岩波新書の『韓国からの通信』シリーズ（全四巻）を読むように勧められたのもこの頃である。

承知のように、池明観氏はT・K生のペンネームで岩波書店の雑誌『世界』で韓国の民主化運動弾圧を告発していた。連載期間は一九七三〜一九八八年の十五年にわたるが、新書版はそのうちの七年分（一九七三〜一九八〇年）をもとに編纂されている。とはいえ韓国でこの七年間に起きた出来事といえば、金大中事件から民青学連事件、文世光事件、朴正熙暗殺事件、光州事件など重大事件ばかりである。それだけでなく、筆者とさほど年代の変わらない韓国の若者が民主化運動や労働争議に身を投じ、中には命を落としたケースも生々しく描写されており、新書の『韓国からの通信』を初めて読んだ時はショッキングだった。後に池明観氏は『世界』での連

載当時は韓国ではなく日本におり、現地のキリスト教関係者らが持ち出した資料などをもとに『韓国からの通信』を執筆していたことが明らかになる。それを割り引いて考えても、『韓国からの通信』は激動の韓国史を鮮やかに活写した渾身のリポートであり、軍事政権期の韓国において、民主化を求めてやまなかった有名無名の韓国の人々の心が凝縮されている。

筆者が会社を興したのは、まさにワールドカップが日韓共催で行われた二〇〇二年のことだ。きっかけは、印刷大手のＴＯＰＰＡＮのグループ会社と接点ができたことだった。当たり前のことだが、出版社と印刷会社は不可分といえるほど密接な関わりがある。筆者も会社を興したのを機に、おのずと出版業界へ軸足を移すようになった。このＴＯＰＰＡＮのグループ会社の取締役だった方には、李御寧氏の名著『「縮み」志向の日本人』を読むように勧められた。大小の扇子があしらわれた日本版の書影が示すとおり、李御寧氏は小さいものに美を認め、あらゆるものを「縮める」ところに日本文化の特徴がある、と指摘している。たとえば、我々日本人は西洋から入ってきた長い傘をもとに小さな折り畳み傘を作り、据え置き型のラジオやステレオをトランジスタラジオやウォークマンに縮小。植木鉢に自然の大木を縮尺して再現する盆栽、ごはん茶碗の白米を握って縮めたおにぎり、世界で最も短い詩型である五・七・五の俳句など、日本人が知らず知らずのうちに「小さくした」ものは枚挙にいとまがない。当然ながら物の見方、心の感じ方は人それぞれ異なるが、『「縮み」志向の日本人』に初めて触れた時は、韓国人は日本についてこんなふうに感じていたんだ、と新鮮な驚きを覚えた。

そして筆者が興した会社は浮き沈みを経ながら、日本の出版業界の片隅で活動を続けている。そんななか、二〇一六年に東京で行われた第五回『日本語で読みたい韓国の本―おすすめ三十選』説明会場で、池明観氏ご本人に挨拶することができたのはよい思い出だ。生前の池明観氏に対面したのはこの時だけだが、『韓国からの通信』の激しい筆致とは似ても似つかず、池明観氏は終始にこやかで好好爺という雰囲気だった。しかしその一方で、李御寧氏の『「縮み」志向の日本人』のように、日本というフィルターを通して、韓国人の物の見方、心の感じ方を紹介する本を世に出せないかと思っていた。手前味噌になってしまうが、そんな思いを託したのが、筆者の会社で翻訳した『線を越える韓国人、線を引く日本人』である。

『線を越える韓国人、線を引く日本人』は日韓両国の言葉や昔話、ドラマ、音楽、アニメ、スポーツ、時事問題など四十以上のキーワードを例示しながら、それぞれの背景にある国民性や文化的差異を考察した一冊だ。大人数でオンラインPCゲームを楽しむ韓国人と、家庭用ゲーム機で一人で遊ぶ日本人。かわいらしい少女が好まれる日本のアイドル産業と、厳しい練習生生活が伴う韓国のアイドル産業など、人によっては下世話と感じる話題も含まれるかもしれない。とはいえ、原著者のハン・ミン氏は文化と人間心理との相互作用を研究する文化心理学者であり、似て非なる日韓両国の文化もそれぞれの国で暮らす人々の心理が投影されたものだと指摘している。韓流エンタメに慣れ親しんでいる若い層にも、ここで挙げた三冊を通じて、韓国・朝鮮の「心」を感じてほしい。

【水科哲哉】一九七二年生まれ。日本大学芸術学部映画学科卒業。現在は日・英・韓の三ヶ国語を解するライター／編集者として、過去二十年間で六十点以上の海外書籍の日本語翻訳版の制作に協力。二〇二三年は韓国の児童書シリーズ『威風堂々キツネの尻尾』ソン・ウォンピョン著、Mr.General Store 絵、『しーっ！霧の中の小学校』ボリン作、センゲ絵（共に渡辺麻土香訳、永岡書店）などの日本語翻訳版の制作に携わった。韓国映画『酔画仙』（林権澤監督）、『DMZ非武装地帯――追憶の三八度線』（李奎炯監督）など韓国映画関連の広報も担当。二〇〇八〜二〇一四年まで「話してみよう韓国語　東京・中高生大会」事務局を務めた。著書に『デスメタルコリア 韓国メタル大全』（パブリブ）などがある。アンフィニジャパン・プロジェクト代表社員。

三角みづ紀

みすみ　みづき　미스미 미즈키

『죽음의 자서전』
김혜순(저) ／틂 창작문고／2016★

1
『死の自叙伝』
金恵順（著）、吉川凪（訳）／クオン／2021◆

『흰 : The Elegy of Whiteness』
한강(저) ／문학동네／2018（초판 2016)★

2
『すべての、白いものたちの』
ハン・ガン（著）、斎藤真理子（訳）／河出文庫／2023（初版2018）◆

嵐がくるまえ特有の強い風が吹いて、部屋の正面にある森がざわざわと騒いでいた。木々の葉や枝が擦れる音は、波の音みたいだと思いつつ眠りについた。翌朝、緑色が地面に散らばっていた。潮が満ちて、引いたあとのように。生命を惜しむ間もなく、落下した葉っぱたち。

騒がしい森の音にどういった印象を抱くかは、ひとによってちがう。心地よく感じるひともいるだろうし、おそろしさをおぼえるひともいるだろう。わたしは後者だ。自然災害の多い国に住んでいるからかもしれない。夏の台風、冬の大雪。季節に関係なくおきる地震。

日本の南で生まれ育ったので台風のこわさは知っているつもりだし、北国に引っ越したので雪のおそろしさも知っているつもりだ。それでも、雪のうつくしさに惹かれてやまない。一面の白は、いっさいを吸収する。

おそれるという行為は、覗きこむ行為に似ている。その対象に関心がなければ、おそれる要素もない。金恵順の詩集『死の自叙伝』のことを考える。タイトルの通り、徹底して死を綴っている。いつかむかえる死を、そしてすでにむかえた死を見つめている。あとがきで、こう述べている。

まだ死んでいないなんて恥ずかしくないのかと、毎年毎月、墓地や市場から声が湧きあがる国、無念な死がこれほど多い国で書く詩は、先に死んだ人たちの声になるしかないではないか。

関心という言葉を使ったが、もちろん好奇の意味じゃない。執着に近い。おそれているゆえに、向き合うしかなかったのだろう。

夏の終わりの早朝を歩いていく。風と雨に洗われて、あたらしくなった町。橋を渡ったところで、カラスたちが道路のまんなかに集まっている。横たわっている影がある。轢かれたエゾリスだった。死体をつつきまわしている鳥たちより視線を逸らした。直視できない自分が情けなくなった。

死者の痛みを知るためには、作者自身が死を体験しなければならない。目を逸らさずに、思考をつづけなければならない。

五分ほどでコンビニエンスストアに到着する。必要なものを選び、手にとる。コンビニエンスストアはいつでも、うそのように明るい建物。

人工的な明るみは彼岸を連想させる。規則正しく陳列するパンや飲みもの、調味されてプラスチックの白い容器に並ぶ肉と魚。昨夜の嵐と無縁の場所は感情を覆われていて、かつて生きていたものたちのきれいな墓地だ。この違和感をめくってみたくなる。丁寧に塗られた壁と天井の色。

ハン・ガン『すべての、白いものたちの』は、小説とエッセイのさかいめにある本だと思う。「私」と「彼女」と「すべての、白いものたちの」の三章から成っている。

白いものについて書こうと決めた。春。そのとき私が最初にやったのは、目録を作ることだった。

春の日に白いものについて書こうと決めた理由をめぐらしたら、まっさきに想起するのは雪の存在だ。溶けて、風景から消える白の存在。実際、雪や氷に触れている箇所も多い。

ワルシャワでの生活と、生まれて二時間で亡くなった姉のこと。作者が姉になり、彼女になり、慣れない都市を生まれたてのような目で見渡している物語は、白いものに投影されながら繰り広げられていく。

この夏、私が逃げ込んだ場所は地球の反対側の都市などではなく、結局は私の内部、私の真ん中だったのかと思うほどに。

〈そこ〉から逃げたはずが〈そこ〉の内側に潜っていく。おそれつつ、視線を逸らさない作家の姿がある。これら二冊には死が刻まれていて、そうなった背景を思いやる。

無念な死をまのあたりにしたら目をそむける動作をし、そのうち忘れていく、あるいは忘れるような仕組みのなかで生きていて、わたしは轢死した動物より視線を逸らしたときと同じく恥ずかしくなった。とても明るくて、清潔で、悲鳴が塗りつぶされた安全な墓地に佇んでいる気持ちになった。

そして、帰り道では直視しようと決意した。冷えた風がやわらかく漂っている。おそろしさを覗きこもうとするわたしの足に、まだ青い葉っぱがまとわりつく。

【三角みづ紀】一九八一年鹿児島県生まれ。詩人。北海道札幌市在住。東京造形大学在学中に現代詩手帖賞、第一詩集で中原中也賞を受賞。第二詩集で南日本文学賞と歴程新鋭賞を受賞。執筆のほか朗読活動も精力的におこない、多くの国際詩祭に招聘される。一カ月の間、欧州を旅して執筆した第五詩集『隣人のいない部屋』（思潮社）で萩原朔太郎賞を当時、史上最年少で受賞。代表詩篇は翻訳されアメリカ、メキシコ、フランス、イタリアをはじめ他国でも紹介されている。詩と映像のプロジェクトを立ち上げるなど活動は多岐に渡る。近著に第九詩集『週末のアルペジオ』（春陽堂書店）や、エッセイ集『とりとめなく庭が』（ナナロク社）がある。

門間貴志

もんま たかし　몬마 다카시

『나의 사랑 백남준』
구보타 시게코、남정호(저) ／이순／2010★
『나의 사랑 백남준』(개정판)
구보타 시게코、남정호(저) ／arte（아르테）／2016

1

『私の愛、ナムジュン・パイク』
久保田成子、南禎鎬（著)、高晟埈（訳）／平凡社／2013◆

美大生時代にビデオ作品を作っていた私にとって、「ビデオ・アートの父」であるナムジュン・パイクはヒーロー的存在だった。一九八四年に東京都立美術館での大規模な展覧会に圧倒されことが懐かしい。卒業論文で彼をとりあげようと考えたこともあったが、当時は文献資料が思うように集められず、断念した。英語やドイツ語で書かれた何冊かの書籍やカタログを洋書店などを通じて取り寄せてはみたものの、それらを読みこむことは私の手に余るものだった。美術雑誌や展覧会のカタログには彼の言葉が引用されているが、パイク自身がその芸術についての考えをまとめた書物はなかったし、自伝も書かれていない。最近では、彼のメモや書簡、文章を紹介する『We Are in Open Circuits』（二〇一九）が出版され、彼の芸術思想の一端をうかがうことができる。

パイクが亡くなって間もなく、彼の芸術の軌跡を追ったドキュメンタリー映像を観る機会があった。初期に作ったよれよれのぽんこつロボット《K－456》が路上で車にはねられる写真は目にしたことがあったが、動画で見るのは初めてで、何だか感動した。ロボット史上最初の交通事故だとパイクは称していた。そしてこのドキュメンタリー映像の最後には、パイクの遺体が納められた棺にすがって「ナムジュン、ナムジュン…」と泣く妻の久保田成子の姿があった。

研究休暇を韓国で過ごしていた二〇一〇年、久保田成子による『私の愛、ナムジュン・パイク』を書店で見つけた。韓国のジャーナリスト南《ナム》禎《ジョン》鎬《ホ》が行なったインタビューをもとにした彼女の自叙伝で、韓国語で出版されたものだった。二〇一三年には日本語訳でも読めるようになった。そこに綴られているのは、ナムジュン・パイク本人の文章ではない。久保田成子の目を通じた知られざるパイクの姿である。二人が互いに受けた芸術上の影響はおろか、二人の出会い、夫婦生活までもが赤裸々に綴られる。若くして才能を開花させ、華々しく活躍してきたような印象をパイクに抱いていたが、内実は経済的な困難など、さまざまな出来事があったことがわかる。私は作品（とその写真）しか見ていなかったので、改めてその背景にいろいろと考えさせられた。パイクの自叙伝がない以上、本書は実質「ナムジュン・パイク伝」でもある。もっとも、朝鮮戦争時に来日してから東京大学で美学を専攻し、アーノルド・シェーンベルクで卒論を書き、ドイツに留学するまでの時期、つまりクラシック音楽に没頭していた頃については、あまり詳しくは書かれていない（個人的にはそこがもっと知りたいところでもあったが、成子と出会う前のことゆえ、彼女も詳しくなかったのだろう）。

実家が韓国有数の素封家であったパイクは、仕送りで留学生活を送ったが、父の死後にパイクの兄たちが継いだ事業はうまくいかず、豊かな財産はたちまち目減りしていった。ニューヨークで困窮生活を送っていたパイクと成子。東京に住む兄に支援を求めたパイクに分け与えられた遺産は一万ドル。しかしどういうわけかパイクはその遺産をはたいて骨董屋から高価な仏像を買ってしまい、成子の怒りを買う。パイクは自由奔放なアーティストであったが、裕福な生まれゆえか、お金の使い方に関しては全くルーズであった。しかしそこはよくしたもので、二年後の一九七四年にニューヨークのギャラリーで開いた個展で、パイクはその仏像を使った作品を展示する。仏像はテレビのブラウン管に向き合うように置かれ、その画面には仏像の姿が映しだされている。彼の代表作の一つ《ＴＶ仏陀》である。仏陀が自分を見つめて思索にふけっているように見えるこの作品は、非常にシンプルながらも、東洋の禅と西洋のテクノロジーが融合した作品として注目された。後に類似のコンセプトの《TVロダン》も発表したが、私はこの《TV仏陀》によりパイクらしさを感じるし、非常に好きな作品である。しかしその制作のきっかけが、実家からの財産分与で気まぐれに買った仏像であったことも面白い。

彼の作品《ワン・キャンドル》はろうそくの映像を白いスクリーンに投影した作品で、ヨーロッパでの評価が高い。「輝く太陽が好き」と言う成子に、パイクは「月のほのかな光がいいんだよ。韓国人が太陽より月が好きなのも、それだよ」と反論してみせる。パイクが、全人類的なコミュニケーションと異文化間における相互理解への希望を作品に託したのは、やはり祖国での不幸な政治状況下での体験と、国外で強く意識することになるアジア人としての自己認識がその根底にあったのだろう。

朝鮮戦争時に出国して以来、三十二年も韓国の地を踏むことのなかったパイクだが、ずっと韓国のパスポートを保持し続けた。ドイツ留学以後、家族との連絡がほぼ途絶え、外国を飛び回る生活を送り、両親の死に目にも会えなかった。ドイツやアメリカのパスポートを取ることもできたが、パイクはそうしなかった。韓国への入国が困難になるかもという危惧から、共産圏の国々からの招聘も断っていた。やはり韓国を愛していたのである。

蛇足ながら、本書を底本に、パイクと成子を主人公とした映画かテレビドラマが撮られないものかと思う。登場人物は成子のほかに、シュトックハウゼン、尹伊桑、ジョン・ケージ、ヨゼフ・ボイス、阿部修也、ジョージ・マチューナス、シャーロット・モーマン、マース・カニンガム、東野芳明、オノ・ヨーコ、ジョン・レノン、和多利志津子、金昌烈、宇波彰、山口昌男、伊東順二、高橋悠治、坂本龍一など。一人の韓国人青年が東西の芸術家を巻き込んで、新しい時代を切り開いたことは記憶にとどめておきたい。

パイクについて日本で刊行された書籍は、決して多いとは言えないが次のものがある。

東京都美術館『ナムジュン・パイク展 ヴィデオ・アートを中心に』一九八四年

ナムジュン・パイク『タイム・コラージュ』ISSHI PRESS、

一九八四年
ナム・ジュン・パイク『バイ・バイ・キップリング』リクルート出版部、一九八六年
ナムジュン・パイク（構成・伊東順二）『あさってライトICARUS=PHOENIX』、PARCO 出版、一九八八年
ワタリウム美術館編著『ナムジュン・パイク ２０００年笑っているのは誰？+?=?.?』平凡社、二〇一六年
渡辺真也『ユーラシアを探して：ヨーゼフ・ボイスとナムジュン・パイク』三元社、二〇二〇年。

また欧米圏で刊行された文献も多数あるが、パイクの芸術の理解の参考になるものをいくつか挙げておく。

G. Hanhardt, John. *Nam June Paik*. WW Norton & Co Inc. 1982.
Herzogenrath, Wulf. *Nam June Paik Fluxus-Video*. Verlag Silke Schreiber. 1983.
Nam June Paik: Video Space, Video Time. Distributed Art Pub Inc. 1992.
Kuerschner, Dagmar. *Fernsehen als Medium und als skulpurales Object: Im Werk von Nam June Paik*. VDM Verlag Dr.Müeller. 2008.
Nam June Paik. *Nam June Paik: Exposition of Music, Electronic Television Revisited*. Walther Koening, Koeln. 2009.
G. Hanhardt, John/ Hakuta,Ken. *Nam June Pike: Global Visionary*. D Giles Ltd. 2013.
Septibella, Sinney. *Exploring Art with Nam June Paik*. Cinamon Art Publishing. 2021.
Nam June Paik/ Frieling,Rudolf. *Nam June Paik: I Expose the Music* Spector Books. 2023.
나의 백남준 : 기억, 보존, 확산. 국립현대미술관 / MMCA. 2003.

【門間貴志】映画研究者。明治学院大学文学部教授。秋田県生まれ。多摩美術大学卒。シードホールの企画運営スタッフ、山形国際ドキュメンタリー映画祭フィルム・コーディネイターなどを経て、現職。東アジア圏の映画史の研究を中心とする。著書に『アジア映画にみる日本Ⅰ 中国・香港・台湾編』、『アジア映画にみる日本Ⅱ 韓国・北朝鮮・東南アジアほか編』、『欧米映画にみる日本』、『朝鮮民主主義人民共和国映画史 建国から現在までの全記録』。編著に『アジア映画の森 新世紀の映画地図』。

梁景彦
ヤン・ギョンオン　양경언

『있다』
박소란(저)／현대문학／2021★

1

『ある』
パク・ソラン（著）／現代文学／2021

『수옥』
박소란(저)／창비／2024★

2

『水玉』
パク・ソラン（著）／チャンビ／2024

心がある

「心」は形を簡単に確認できないものだ。目ではっきりわかる形があるわけではないので、人は自分の心の中で生じていることを把握できないし、他者に示すことも同じように難しい。本心を隠したまま、あるいは、気づかないまま自分自身の心と裏腹な行動をすることが何度もある。私自身の心とは正反対の行動をしでかすせいで、相手は「私の心がわからないまま」反応するしかなく、そうした状況は私自身の心すらもだます結果をもたらすことになる。自分の特定の行動がどんな心から端を発したのか調べないなら、顧みられなかったという理由で、その心はどこか遠くに消え去ってしまうかもしれない。自分の心なのに自分をだまし、自分の心なのになかなか自分の思いどおりにならない。だから「心とは何か」、これは簡単には答えられない質問なのだ。目に見えたり手で触れたりできるものだけを、存在感が「ある」と信じてきた者にとっては、なおのこと難しい。

だからこそ、私たちのそばには詩人がいる。「心とは何か」という質問に対し、詩人は漠然とは答えない。詩というものは、具体的な形を備えた何かに誰かが残していった心を表現するものだ。または、私たち自身の心が、消えないのならば消えないままに、留まるならば留まるままに、遠くに飛んでいかずに自分の周りのどこかで息づいていることを語ってくれる。詩は、「心」という何かを静かにのぞいてみたときに、いくらでも思い浮かぶもの、どんな形であろうと表にはっきり露わにならなければならないものなのだ。つまり、「ある」ものだ。

　詩人のパク・ソランが紡ぐ詩には、言葉でうまく表せられない心そのものが、感覚的な表現によって詩の空間を充たしている。このとき詩にはおそれがある。心の奥が満身創痍になっていたとしても、自分自身に最後まで正直な態度を貫くことで、心に責任を負える者の声が聞こえてくるためだ。人のせいにせず、自分の心に耳を傾けられる詩には、誰にも奪われない決断が込められている。たとえば、次のような詩。

　どう?　訊いてみよう／しょっぱい　しょっぱすぎる、ぎゅっと目をつぶって　その目を開《あ》けたあなたの目元に暗い水気が映る／／私はやたら生水を　コップ一杯ごとにあおっていく／これ以上　どんな味も思い起こせない／醤油のせいで／／私たちは不幸になるだろう／／腸《はらわた》が煮えかえる、という言葉があり／きみはそっと顔を上げる／／煮え湯に心をまるごと浸したまま　何日も火の前に座り込んでそれをやつれた達人の顔で／／私を見つめる／窓の側に一歩後ずさりした私を／／しょっぱい　しょっぱすぎる／／何がこんなにまで　私たちを疲れ果てさせるのか　うんざりさせるのか／不透明な水すらもう嫌で／まったく消え去らないものが　しつこいものが／／きみから受け取ったどんぶり鉢、その中に溶けこんでいる毒のようなもの／／私はこぼす　知らんぷりをしてこぼしてしまう／真っ黒い雑巾の横で　そのまま埋もれていこうと

（パク・ソラン「醤油」全文『ある』二十八頁から二十九頁）

　この詩の〈私〉は、からからに乾いていく心を表現するために、とてもしょっぱいものを食べて生水をあおるときの感覚を持ち出す。とてもいらいらするときに使う言葉〈腸が煮えかえる〉の〈腸（애간장《エカンジャン》）〉の字には同音異義語である〈醤油（간장《カンジャン》）〉という語があり、文字どおり醤油の味に包まれて身動きの取れない状態を表現したのだ。

生きていると、私たちを〈疲れ果て〉〈うんざり〉させる苦しいことに何度もぶち当たる。そして、ぶち当たるたびにまるで〈しょっぱすぎる〉味のように歯が立たず、いつになっても耐性がつかない。詩人はこうした〈毒のような〉ものが〈もう嫌〉だと正直に叫ぶ。詩人は、これが必然的な人生のさまざまな味のひとつにすぎないことを知らないのかもしれない。それではどうしたらいいのか。詩が選んだやり方は、〈しょっぱい　しょっぱすぎる〉と重ねて叫びながら、心を落ち着かせようとしないこと、我慢できないことは我慢できないままに、腐っていくものは腐るままにしておくこと。別の言い方をすれば、〈私〉の心をないものにするのではなく、ありのままに直視すること、勇気を出すこと。

もう一篇、別の詩を読もう。「工作」には〈卓上のコップ一杯の水〉を眺める者が登場する。仕事の手を止めてじっと〈コップ一杯の水〉を覗いてみると、コップに入っている水が、誰かの涙を集めたものかもしれないと、コップを満たしている水に私たちが触れるときというのは、いつも誰かが泣いたあとかもしれないと、詩は語る。コップの中身は単純な飲み水ではなく、〈一掬い　一掬い　集めた〉〈涙という材料〉で完成した誰かの一日なのだ。

誰かが泣いたあとなのかもしれない／卓上のコップ一杯の水を見ようという思惟／／涙のあふれる人が自分の涙をぬぐって　一掬い　一掬い　集めたものなのかも／／こうした思惟は　どうもつまらないが／／涙という材料を集めて折って　切り取って　貼り付けるのに　長い一日を要する人もいるかもしれない／不器用な手で折り紙の工作をした幼い日のように／／水の国を旅します／悲しみに沈む旅人にとって　水は信仰になります　どうして？　ささやかな問いを繰り返しながら　穏やかに流れていきます／／昨夜　何気なく開いたページの隅っこに隠れていた文章／写真を撮ったり下線を引いたりしたものではないけれど／／ある人は水になります／ある人がとけて水になるように／／そうすると　私はその人をいつまでも大切にしなければならないという思惟／白装束を身に着けてぶらぶらする冬のように／冬の　人里離れた停留所のように／／バスは来ないけれど／／寒い、と言う人のそばには人がいて／向かい合った顔が顔に息をふうふう吹いて／／ひとりの人は　口に出さないけれど、寒い／

しきりに　寒がるだろうけれど／／旅は続きます　ゆるり流れていきます／／卓上のコップ一杯の水を見てみよう／今この水は、どこか寂しい風景を前にして　我を忘れているのかという思惟、涙の主は／もっと、さらに、はるかに深いところを彷徨《さまよ》い／／コップは黙然としているのに／ひとりで遊び　ひとりで疲れた子どものように／／今　私がこの水を飲み干せば／我慢できずに喉の渇きを覚え　つい／私は色とりどりの翼をもつ小さな獣になろうという思惟／／小さな獣はまた泣きながら　今にもどこかに飛んでいきそうだという思惟

（パク・ソラン「工作」全文　『水玉』二十七頁から二十九頁）

　卓上のコップが黙然としているとき、詩人はこの世の片隅に隠された、泣きたい心を呼び起こす。特に、そのような心をつくっている〈涙〉という材料は、大人には簡単に許されるものではない。詩人は、〈悲しみに沈む旅人〉が〈水の国〉を〈旅〉して涙でつくった〈コップ一杯の水〉を単純に飲み干してはならないと考える。斜体で書かれた〈ある人は水になります／ある人がとけて水になるように〉という一節は、まるでコップに満杯になっている水を細心の注意でほかのコップに移すかのように、文字を注意深く水に浸していく詩人の心を、読者である私たちに伝えてくれる。

　泣きたいのに満足するまで泣けない人の泣きたい心は、どこへ去ってゆくのだろうか。寒いから寒いと言いたくても、そばに誰もいなくて、あるいは寒いと正直に口に出してはならない状況に置かれているので、寒いと絶対に言えない人の心はどうなるのだろうか。もし〈コップ一杯の水〉が与えられたら、行き場を失った誰かの心や表面に出ることのない誰かの心で、そのコップは満杯になっていると考えてほしいと、詩人は私たちに望む。心というのは、誰も気づかないうちに生まれるとしても、そのまま寂しく消えることがないことを願う。だから、私たち自身が〈泣きながら　今にもどこかに飛んでいき〉たいと思うとき、その心は当所《あてど》なく流れてしまうものではなく、卓上のコップ一杯の水として誰かの手に触れてもらうもの。だから、悲しみは丸い波紋を起こし、水の国を旅する多くの人々が波紋に触れることで、私たち自身を目覚めさせることでもあるのだ。パク・ソランが描く心の存在を察することだと言ってもいいだろう。ここに心があるこ

とを知っているからこそ、無造作にはやり過ごせない。

小さなボタンを注意深く観察する詩「再生」も読んでみよう。

ボタンを集める人がいる／／着古した服を捨てる前／ボタンを一つ一つ取って　小箱に入れておく／人／／よく見たらちょっと気味悪いじゃない　どれも誰々の顔のようで、目だけ丸く残って／怖れや恨みをいっぱい抱いて／私を見つめているじゃない　おかしなことに執拗に／／なぜこんなものを集めるの？　と問えば／そうね　いつか必要になるかもしれないから　と答えるのだろうか／／ところで　実は／ボタンを集める人は　すでに死んでいて／ボタンが必要なときというのは　永遠に来ないはずなのに／／ボタンは生きている　今も、本当に不気味／／本当に　というのはこういうものなのだろう／ボタンとボタンの間／まだ朽ちていない一本の髪の毛を見つけること　しばらく眺めること／／ここにいたんだね、まさにここ／／小さなビニールに包んで　深すぎず浅すぎない中に　几帳面に埋めていく／いつか　必要になるかもしれないから／／またもや、私は気味悪くなり／／ボタンのない服　ボタンのないカバン　ボタンのない人、人々にボタンを一つずつ分け与えたら／／なぜ　こんなものを集めたの？／首をかしげるでしょう　なんか不快そうに／うつろな目を見て　急いでその場を離れるでしょう／／ゆらゆらし　ぽとんと落ちて　あらぬ方向に転がっていく／ボタン、その場にそのまま転がってきて／／ぺちゃっと私の前に座り込む／／あ、もともとボタンのようなものを集めるつもりはなかったけれど／ひっきりなしにちらつく顔を／首まで引っ張って　身に着けるつもりはさらになかったけれど

（パク・ソラン「再生」全文『水玉』十八頁から二十頁）

ボタン、それは何かを包むため、あるいは内側にある密かなものが漏れ出ないようにするため、布と布の間をつなぐもの。または、穴というものは孤独に残されるものではなく、ほかの何かとつながって埋められるものであることを教えてくれるもの。ボタンの役割について思い浮かぶのは、ボタンはまるで、人生をつなげていくために必要な関係を隠喩しているということ。傷を負い、引っ掻き回された心にボタンをはめることができれば、その心を慰めてくれる誰かがいれば、その心はきちんと治癒されていくだろう。

そういえば、ボタンはいつも誰かによって服や布団、カバンなどの布につけられたり、はずされたりするものであり、繊細な作業を経て自分の居場所を見つけるものである。この詩において、詩人は着古した服を捨てる前に、服についていたボタンを一つ一つ取って小箱に集めておく人を思い浮かべる。そして、ボタンの穴を指して〈どれも誰々の顔のようで〉と考える詩人。収集するものの大切さに早々と気付き、小さなものであっても、しばらく眺めていた詩人。生をどのような姿勢で全うすべきかを〈私〉自身に自ら示してくれた人に対する記憶は簡単にはなくならないことを、詩は語る。この世で最も隠すことが難しいものの一つが、誰かを思い焦がれる心ではないだろうか。

〈ボタンとボタンの間〉に、今はもうこの世にいない誰かの〈まだ朽ちていない一本の髪の毛〉がそこにそのままあるように、私たちの生に〈ボタン〉がない人の存在を〈私〉に思い起こさせ、ボタンのない人々にボタンを分け与えられることをそれとなく教えてくれた人の記憶がこの詩にはある。何かを思い焦がれる心は、ボタンのように小さくても見逃せるものではなく、重厚さで生を満たしていく。〈本当に というのはこういうもの〉だ。もがいても消えないもの。生活の態度まで表に出てしまうもの。

詩人は私たちに次のような想像をさせる。ボタンに込められた心を読み取れない誰かが、ボタンを指して〈なぜ こんなものを〉と首をかしげるとき、この世の片隅に隠された苦しい心に気づかないとき、悲しみでかき回したこの世の片隅にボタンをはめる想像、そこに「再生」というタイトルをつけてみる想像。「心とは何か」という漠然とした質問に対して、「ボタンが必要なとき」を生きていないのではないか、形がなくて見逃されていた私たちの心はどこにあるのかを、詩人は問答形式で語る。詩の中の小箱にはこうした質問がしまわれているので、「心」というものは具体的な形として私たち自身を通して見つけられるものだと、本稿の冒頭の文を書き直さなければならないかもしれない。（訳・五十嵐真希）

【梁景彦】 文学評論家、朝鮮大学文芸創作科教授。著作に評論集『アンニョンについて尋ねる方法』（チャンビ、二〇一九）など。

尹堤林

ユン・ジェリム　윤제림

『오세암』
정채봉(저) ／창작과비평사／1986★

1

『五歳庵』
丁埰琫（著）／創作と批評社／1986

『백민』
육명심(저) ／열화당／2019★

2

『白民』
陸明心（著）／ヨルファダン／2019

『五歳庵《オセアム》』

今年のこどもの日は改めて感慨深いものがありました。昨年おじいさんになったからです。うちに幼子が生まれたことがとても嬉しくて、日めくりカレンダーにこう書きました。「うちのシヨンが幸せな日でありますように」。書いてみると何かが足りない気がして、すぐに書き直しました。

「シヨンとシヨンのお友達みんなが幸せな日でありますように！」

私の孫娘が幸せになるためには、彼女と共に生きていく地球上のすべての子どもたちが幸せになる必要があることを忘れるところでした。ふと、私の好きな童謡の一節が思い浮かびました。口ずさむだけでも気分がよくなる歌詞です。

「地球は丸いから、ずんずん歩いていけば、世界中の子どもたちに会えちゃうね」

そして童話作家丁埰琫《チョン・チェボン》のことも思い出しました。「童心」が世の中を救うと信じ、とても美しい話の泉を掘って、子どもはもちろん大人の心の渇きまで癒してくれた人。天に召されてからすでに二十年以上が経ちましたが、彼の泉は昔とかわらず清く澄んでいます。そして彼の作品の読者であることを誇る人が今でもたくさんいるのです。

彼は自分の名前を紹介するときに、「チェソンファ《マツバボタン》の埰《チェ》、ポンスンア《ホウセンカ》の琫《ボン》」と言い、花のような笑みを浮かべる人でした。よく笑う明るい人でしたが、彼の微笑みには時おり、かすかな悲しみの影が見えました。幼い頃から耐え忍んできた悲しみが滲んだ痕です。二十歳になったばかりで彼を産んでまもなく亡くなった母親と、遠くに出稼ぎに行ったきり便りもない父親の代わりに、祖母と南の海に育てられた少年が流し続けた涙の跡です。

母に対する恋しさが詩を生みました。丁埰琫《チョン・チェボン》文学は母性と童心の交織だと思います。神の摂理と数多の生の安寧や平和をつなぐ架け橋としての童心が土台にあるのです。アニメーション映画の中で、いきいきと動く童話となった彼の代表作『五歳庵』を見ると、そうした思いを強くします。

『五歳庵』はこの作家が何のために執筆しているのかを明確に示しています。主人公の「キルソン」が言います。「お姉ちゃん、花が咲いたよ。冬なのにね。岩の隙間の氷の中に根っこをはって咲いたよ。お姉ちゃん、ひよこの胸毛を触ったことあるでしょ？　そう。あれみたいに花がとてもふわふわしているんだよ。あそこの石仏さまが息を吹きかけて咲かせたんだろうね」

目が見えない姉の「カミ」に薄雪草の花を説明する場面です。「氷の中に根っこをはって咲く」けれど、温もりを吹き込んでくれるだれかがいることを発見して驚きます。石仏が理由もなく立っているわけではないことを、凍った大地に熱い血が通っていることを、肌で感じさせてくれます。花が咲く理由を教えてくれるのです。目の前にあっても見ることができないものを、ひとつひとつ手で指してやり、直に触らせてやります。

地面を転がる落ち葉や揺れる木の枝を見て「風の手足が触れた跡」を感じ、絵の中の観世音菩薩に母親の面影を見ていた子どもはついに仏様になります。「この子は天の姿そのものだ。空から降りてきた天女が言います。(中略) 花が咲けば花の子になって花と話を交わし、風が吹けば風の子になって風と息を交わした。果たしてこの子より真の人がほかにいるだろうか、この子はもう仏様になったのだ」

『五歳庵』の文は、ひとつひとつあまねく澄んでいて芳しいのです。キルソンという少年の心が天の心と同じだったからです。作家が死ぬまで子どもとして生きていたという証だとも言えるでしょう。

童心とは、隠したり、足したり、引いたりしない心のことです。子どもは、人や物、事や現象を目に映るまま話します。わけもなく遠回しに言ったり、お世辞を言ったりしません。そこには見栄や虚飾や偽りがありません。劇作家ウジェーヌ・イヨネスコが言ったように、子どもは地球に来たばかりの宇宙人のような目で世界を見るのです。

当然多くのことに驚きます。すべてが不思議で面白く見えるのでしょう。旅行者の心が子どものそれと似ているのも同じ理由です。見慣れぬ風景から始まるときめきと心地よい興奮、初めて目にするものに対する驚嘆が多いほど紀行文は豊かになるように。

『白民《ペクミン》』

もし私が外国人旅行者に「本物の韓国」を見せてほしいと言われたら、この写真集を開いて見せたいと思います。そして、この本に出てくる人々と彼らが住んでいる場所を訪ねてみることを勧めます。

陸明心《ユク・ミョンシム》の『白民』。生涯を通して全国を回り韓国の原形質と民衆の暮らしを追いつづけた老大家の力作です。恐ろしいスピードで進むグローバリゼーションの激流に、なすすべもなく飲み込まれてゆく古い人たちの歌です。今日の韓国が成し遂げたものより、捨てたり失ったりしたものがどれほど多いのかを証明してくれる記録でもあります。冒頭の言葉はとても重く響きます。

「私は農耕社会の最後の世代だ。かつて石器時代の人たちが岩絵を残したような、そんな思いで同時代の人々を写真に収めた」

野良仕事に出かける農夫夫妻が牛を挟んで並んでいるのを撮った写真が目を引きます。大きな雄牛が一頭、二人の人物のあいだにすっくと立っていて、人間と同じ景色を見ています。間違いなく三人家族の写真です。当然のことなのかもしれません。牛は毎日飼い主と一緒に起きて一緒に眠ります。主人の荷物を代わりに背負い、田畑を耕しますが、そのことを一度も他人ごとだと思ったことがありません。だから写真の中の牛も飼い主夫妻と同じ目線でカメラを見つめているのです。

韓国人の十人に九人は農夫の子。父や母と同じくらい血と汗を流して働いた牛たちのおかげで子どもたちは育ちました。牛を連れて草を食ませ、牛の背に乗って遊んでいた子どもたちが、牛を売ったお金で大学に行き、社会に出ていったのです。

この写真集は、韓国で最も一般的で平均的な人々が歩んできた時代の壁画です。牛が子どもと並んで歩いていた時代の年代記です。

（訳・柳美佐）

【尹堤林】詩人。忠清北道《チュンチョンプクト》堤川《チェチョン》で生まれ、仁川《インチョン》で育つ。一九八七年、「少年中央文学賞」の童詩部門と「文芸中央新人文学賞」で当選し文壇デビュー。詩集『三千里号自転車』『ミミの家』『ファンチョンパンジョン』『愛を逃す』『彼は歩いてくる』『鳥の顔』『手紙にはただ元気だと書く』などのほか、詩選集『川辺で』、童詩集『亀は今日も遅刻だ』がある。〈東国《トングク》文学賞〉、〈仏教文芸作品賞〉〈趙芝薫《チョ・ジフン》文学賞〉〈権 泰應《クォン・テウン》文学賞〉〈永郎《ヨンナン》詩文学賞〉などを受賞。現在ソウル芸術大学校コミュニケーション学部教授。

吉川凪

よしかわ　なぎ

요시카와 나기

『토지』 전 20 권
박경리（저）／다산책방／2023★

1

『完全版　土地』全 20 巻
朴景利（著）、吉川凪、清水知佐子、吉原育子（訳）、金正出（監修）／クオン／2016 ～ 2024◆

『土地』が描いたもの

「死ぬまでに一度は読んでおきたい小説」「完読チャレンジ」。朴景利《パク・キョンニ》（一九二六〜二〇〇八）の大河小説『土地』について韓国のサイトで検索すると、そんな言葉がヒットする。今でもこの作品は、韓国の人々にとって特別な存在であるらしい。『土地』が未完成だった頃、韓国の読者は、今の日本で村上春樹の新作が発表されるたび話題になるのと同じように『土地』の新しい巻が刊行されるのを待ちわびていたそうだ。二〇〇四年からSBSテレビでドラマ『土地』が放映されて高視聴率を誇ると、原作はいよいよ存在感を増した。

一九六九年から一九九四年まで断続的に書き継がれた『土地』は大きく五部に分かれている。朝鮮王朝末期の一八九七年から日本による植民地支配が終わった一九四五年八月十五日までが作品の時代背景だ。朝鮮半島、日本、中国東北部、沿海州などを舞台に、大金持ちの両班《ヤンバン》から路傍をさまよう人まで六百人以上の人物が登場する長大な物語の運命は、雑誌や新聞を転々としながら連載され単行本も出版社が何度も移るなど、作家自身の人生と同じく波乱万丈だった。クオンから刊行された日本語訳『完全版　土地』（全二十巻）は六番目の出版社マロニエブックス版を元にしているが、韓国ではその後、新たにタサンブックスからやはり全二十巻の『土地』が出た。

『土地』の主人公は大地主の一人娘崔西姫《チェ・ソヒ》だ。しかしそれ以外にも重要な役割を果たす人物が多数登場する。第一部で活躍していた若者は年老いたり途中で亡くなったりして、成長した子供や孫が後半で大きな役割を担う。人物の性格は固定的でなく、状況に影響されながら複雑に成長あるいは変化してゆく。副主人公とも言える人々や彼らの家庭の来歴を見守りつつ、物語は重層的に展開する。

朴景利は、自分の性格は自尊心の強い崔致修《チェ・チス》（西姫の父）に近いと語ったそうだが、作家の姿は『土地』に登場するさまざまな人物の中にちらついている。本人がほとんど語らなかったために作家の若い頃のことは謎に包まれた部分が多いけれど、最初の夫は日本留学中に独立運動に関わって逮捕され、朝鮮戦争中にも左翼であるとの嫌疑を受けて投獄されたと伝えられる（この頃死亡したという説も、北朝鮮に渡って長生きしたという説もある）。夫がいなくなってからの朴景利は、それまで暮らしていた仁川《インチョン》から故郷である統営《トンヨン》に戻って子供と共に細々と生活したらしいが、反共を掲げる政権下では生きづらかったに違いない。その心境は『土地』一部で夫が殺人犯として検挙され、幼い子供を抱えてさまよう〈任《イム》の母〉の気持ちに通じるはずだ。

統営で朴景利は結婚歴のない小学校の音楽教師と再婚したものの、周囲から冷たい目で見られて結局は別れたと、幼なじみが新聞のインタビューで証言している。登場人物の一人吉麗玉《キル・ヨオク》が離婚後に出会う崔翔吉《チェ・サンギル》が元音楽教師であるのは、そのことと無関係ではないように思える。また、朴景利の息子は同じ時期に事故死している。西姫が故郷を離れて満州に行き、帰国後も故郷ではない晋州《チンジュ》に落ち着いたように、作家は悲しい思い出に満ちた故郷を離れ、長い間帰らなかった。

朴景利は教壇に立った時期もあるが、『土地』の重要人物の一人である内向的な明姫《ミョンヒ》と同じく、教師に向いていないことを自覚していたのではなかろうか。人気作家となってからも、娘婿となった詩人金芝河《キム・ジハ》が独裁政権を批判して死刑宣告を受けたり、自身ががんにかかったりするなど、悩みは尽きなかった。

登場人物のうち、現実の作家に最も近いのは尚義《サンイ》だ。十八巻以降で尚義は、朴景利の経歴と同じく一九四〇年代前半の晋州で高等女学校に通っている。尚義の父、弘《ホン》が一時期トラックを運転していたように、朴景利の父親も運送業を営んでいたようだ。無口で教室では目立たないけれど天皇主義者の教師に反発し、規則の厳しい学校や寮での生活になじめず読書に熱中しながらこっそりノートに文章を書き綴る尚義は、少女時代の朴景利の姿なのだろう。

　学友や教師についての描写は実に細かく具体的だ。合同防空演習という殺伐とした行事の最中にも男子中学生と高女の生徒は互いに盗み見ながらひそかに胸をときめかせる。高女では女子同士の疑似恋愛が流行している。生徒たちは週末、寮の部屋に集まってこっそり化粧をしたり禁止されている朝鮮語で話したりして教師に叱責される。それでもプライドの高い生徒たちは団結してその教師を困らせようと画策したりもするのだ。ここには、経験した者だけが語れる、暗い時代のリアルな青春が描かれている。『土地』は、何よりも作家自身の経験や感情が息づく物語だ。

【吉川凪】翻訳家。仁荷《イナ》大学国文科大学院で韓国近代文学を専攻。文学博士。著書『朝鮮最初のモダニスト鄭芝溶《チョン・ジヨン》』、『京城のダダ、東京のダダ――高漢容《コ・ハニョン》と仲間たち』、訳書としてチョン・セラン『アンダー、サンダー、テンダー』、チョン・ソヨン『となりのヨンヒさん』、崔仁勲《チェ・イヌン》『広場』、李清俊《イ・チョンジュン》『うわさの壁』、金源一《キム・ウォニル》『深い中庭のある家』などの小説と、鄭芝溶、呉圭原《オ・ギュウォン》、申庚林《シン・ギョンニム》、金恵順《キム・ヘスン》、オ・ウンの詩集がある。朴景利『完全版　土地』全二十巻のうち十一巻を訳した。金英夏《キム・ヨンハ》『殺人者の記憶法』で第四回日本翻訳大賞受賞。

劉賢國

リュ・ヒョングク　류현국

『한글 활자의 탄생 1820 ~ 1945』
류현국(저) ／홍시／2015★

1

『ハングル活字の誕生　1820 ～ 1945』
劉賢国（著）／ホンシ／2015

『한글 활자의 은하계 1945 ~ 2010』
류현국(저) ／윤디자인그룹／2017★

2

『ハングル活字の銀河系　1945 ～ 2010』
劉賢国（著）／ユンデザイングループ／2017

『ハングル活字の誕生　１８２０〜１９４５』

ハングルは、いろんな角度から見ることができます。以前はハングルで書かれた資料を見て、韓国語について研究をする韓国語学や、ハングルで書かれた文学作品を研究する韓国文学が主流でした。今ではその範囲がさらに広がり、コンピュータでハングルを具現するためのハングル工学や、ハングルの線と点、円を使って美を表現しようとするハングル書道やハングルデザイン、ハングルの文献について研究するハングル文献学など、非常にさまざまな角度からハングルを見て考察されているのが、今日のハングル研究の現状です。このようなさまざまな視角からハングルを研究した業績は、驚くほど高い水準にあります。

しかし、近代のハングル鉛活字の生成や、その発達過程については、まだそれほどの研究業績がなかったといえます。鉛活字以前の金属活字や木活字、陶活字などについて韓国書誌学界で深く研究されてきたのとは、まったく異なる様相です。おそらくハングル鉛活字の初期資料が、韓国内よりは外国に多く所蔵されているためではないかと思います。

この本がハングル鉛活字について、全面的に精密に考察しただけでなく、実証的に証明して記述、説明した初の業績だと思います。それゆえ、この本を通じてハングル活字について数多くの新しい事実を知ることができ、それらがこれからどのように発展していくのか興味が湧いて、この本を読むのをやめることができませんでした。きっと、ハングル活字に関心がある誰もが、私と同じ気持ちで読むことになるでしょう。

（洪允杓《ホン・ユンピョ》元延世大学教授の推薦の辞引用）

『ハングル活字の銀河系　1945〜2010』

十九世紀以降、現代に続く要所で、ハングル活字の開発と伝播が韓国の近代化を進めたと言っても過言ではない。しかし、活字が担う大きな役割を認識している人はあまりにも少ない。それは水や空気のように常にそばにあって、なんの疑問も感じないほどに自然に存在しているからかもしれない。活字の開発や伝播は、ヨーロッパで東洋学を源流にキリスト教の宣教に命をかけた宣教師たちや韓国の知識人、名もない匠人たちの血のにじむ努力によって成し遂げられた。

『ハングル活字の銀河系』は、劉賢国教授が二十一年にわたって研究したハングル活字研究の成果物である。ハングル機械化の始まりをハングルの横書き・横組み活字体の原型と起源資料の発掘によって復元。ハングルのタイプライター開発の歴史的編成を整理して、さまざまなタイプライターと活字体の特徴を分類した。特に、未踏の境地だった横書きハングル活字とそのデザイン、並びにハングル機械化出版文化の歴史を新たに開拓し、近現代知識の架け橋の役割を担ったハングル活字の変遷過程を、実証的証拠資料とともに証明した。近現代の知識を伝播したハングル活字。『ハングル活字の銀河系』で出版文化史の偉大な旅情を感じることができるだろう。この本が、ハングルを愛し、活字の歴史に関心のある多くの方々と共有できることを願う。この本は、歴史とタイポグラフィを同等な価値と捉えて開発された活字と、それが組まれた組版を合わせて論じている。この展開は東アジア活字史研究初の試みと特筆されてもいい。

（小宮山博史氏の推薦辞引用）

（訳・山口裕美子）

【劉賢國】二〇二三年現在、国立大学法人筑波技術大学教授および付属図書館長。三十二年前に渡日し、「近現代ハングル活字印刷史」「明朝体書体変遷史」「コリア金属活字印刷文化史」などに対する研究を行ってきた。現在は、韓国活字印刷史で軽視されてきた「北朝鮮語活字史と産業美術、デザイン文化史」「ロシアディアスポラ高麗人、中国内朝鮮族、在日朝鮮人・韓国人のハングル・タイポグラフィ」資料発掘による実像を復元して、抜け落ちた歴史の記録を再整理する研究に注力している。他に、国内外の活動として、国際学術誌Ｎａｔｕｒｅ関連ＨＳＳＣ編集委員、韓国国史編纂委員会資料調査員などがある。

和田とも美

わだ　ともみ　와다 토모미

『우리 옛 노래 1 — 고대 가요 · 향가 』

서유석(편)、강향영(그림) ／한국톨스토이／2016★

1

『私たちの古歌 1―古代歌謡・郷歌』

ソ・ユソク（編)、カン・ヒャンヨン（絵）／韓国トルストイ／2016

『한국 시집 초간본 100 주년 기념판 하늘 8』

열린책들／2022★

2

『韓国詩集初刊本 100 周年記念版　空 8』

The Open Books ／ 2022

「아버지의 다이어리」『국경을 넘는 그림자　북한 인권을 말하는 남북한 작가의 공동 소설집』

이은철(저) ／예옥 ／2015★

3

「父の手帖」『越えてくる者、迎えいれる者 – 脱北作家・韓国作家共同小説集』所収

イ・ウンチョル（著)、和田とも美（訳）／アジアプレス出版部／2017◆

引き止める心

引き止めても去り行く人に呼びかける心を歌った、二つの詩がある。どちらも、歌謡曲として現代に生きる歌でもある。

1．古歌「公無渡河歌」（あなた、その河を渡らないで）

中国の文献『古今注』『樂府詩集』に、朝鮮の歌として漢文で記録された歌で、その旋律と、朝鮮語の歌詞は伝えられていない。その為、もともと朝鮮語だったのか定かではないという説もある。しかし朝鮮の歌として長く受け継がれ、また他の地域の歌とみなす積極的な根拠も無いことから、朝鮮の歌と考えられている。漢文で記録された歌は次のようなものである。

公無渡河／公竟渡河／墮河而死／當奈公何

「公」（貴方）が自ら河に入り溺れ死ぬ光景を目前にしながら、ただ呼びかけることしかできない絶望を歌う。現代歌謡曲では、Lee-tzsche（李尙恩）が、伝統楽器を交えてジャズ風に歌った。朝鮮語の訳文と、漢文を音読みした歌詞を、交互に歌う、それだけで心に響く歌になる。「貴方」がなぜ自ら河に入ってしまったのか、何らの説明は無い。背景が限定されないからこそ、時代や場所を越えてなお、共有される感情を伝え得る。行かないで、と呼びかける時の苦しい心持ちは、時代や場所が変わり、人それぞれに事情を異にしても変わることはないだろう。

韓国の国文学史では、現代語訳と共に古典文学として学習される。『우리 옛 노래 1 —— 고대 가요・향가』（서유석編、강향영絵、한국톨스토이、二〇一六年）には、古代歌謡として「公無渡河歌」を含む四歌、郷歌として「薯童謠」を含む十六歌が紹介されている。この絵本は、大学入試対策シリーズの一冊として刊行された。一つ一つの歌に美しい装丁と丁寧な解説が付され、受験勉強というきっかけを通じて古典文学を受け継いでほしい、という文学者たちの願いが伝わってくる。

「公無渡河歌」の歌に付された解説によると、韓国の古典において「水」は、「死」「別れ」を意味する記号として機能する事例がよく見られるという。

2．近代詩、金素月「개여울」（川の瀬、一九二二年）

당신은 무슨일로 그리합니까　あなたはどうして一人
홀로이 개여울에 주저앉아서　川の瀬を前に座り込んで
いるのでしょう

川の流れを見つめていた人は、次の場面では立ち去ってそこにいない。代わりに、残された者が同じ場所に座り、残された言葉の意味を考え続ける。

가도 아주 가지는 않노라심은　立ち去るけれどこれが別れではない、と言ったのは、
굳이 잊지 말라는 부탁인지요　何があっても忘れないでほしい、ということだったのでしょうか。

この詩の中で川を意味する「개여울」という言葉は、浅くとも流れの急な「早瀬」を示すものである。その川に入れば、「公無渡河歌」と同じく、水の流れに足をとられかねない。ここでも「水」は、あの世とこの世との境界や、立ち去る者と残される者の断絶を意味する記号として存在する。

元の詩は一九二二年に発表されたものだが、その詩が伝える心は、時代と場所が変わっても共有され得る。「개여울」は、一九六〇年代から名立たる歌手に歌い継がれ、近年では、若い世代に人気のあるＩＵ（이지은）が歌って話題となった。ＩＵはインタビューで、この歌を歌うことについて「どうしても演じてみたい配役だった」と述べている。歴代の名歌手による歌唱を聴いていると、立ち去る人をなすすべもなく見送った時の心が、よみがえってくる。

金素月の詩には「진달래꽃」「엄마야 누나야」等、歌謡曲として歌い継がれる作品が他にもある。名歌手による歌唱が、ＫＢＳ公式チャンネル等を通じてインターネット上に公開されている。歌として聴くと、金素月の詩は、音の配列が何より大切であることが分かる。その詩は読まれるより歌われるべきものであり、翻訳では再現することのできない、原語の音を通じてのみ伝わる感情があることが痛感される。

韓国では近代の創作詩集が初めて発刊されてから百年になることを記念し、初刊本詩集のシリーズが刊行された。金素

月の詩集は『한국 시집 초간본 １００주년 기념판 하늘 ８』（열린책들、二〇二二年）に収められている。

3. 이은철「아버지의 다이어리」（「父の手帖」、二〇一五年）

　現代の小説では、「水」が死や離別、断絶を表象する事例として、이은철「아버지의 다이어리」という作品がある。「自分」は一家四人で北朝鮮から脱出して韓国に定着し、今は韓国の大学に通っている。ある日、病によって死が近づいていることを知った父から、手帖を託された。父がその亡き父（「自分」にとっては祖父）に、これまでの経緯を訴える手紙が綴られていた。

　トウモロコシの皮のように痩せてしまった末っ子を埋めると、四人で何の未練もなく豆満江を越えました。

　大陸で妻と娘が男たちにひきずられて行くときも、わたくしは守ってやることができませんでした。息子を連れて、妻と娘を探して往来を訪ね歩きましたが、不法滞在の身分と言葉の限界に突き当たり、探すことに失敗しました。

　息子の身体が大きくなるのが自慢ではあっても、心の片隅でひとつ違いの娘が思い出されて、息子にいわれのない憎しみを感じます。

　脱北の過程で、父と息子は韓国にたどりついたが、一家四人のうち女性たちは、人身売買の闇に吸い込まれていった。父は息子に「お前のお母さんと妹を探すことをおろそかにしてはいけない」と言い遺す。それでも「自分」が母や妹に言及する箇所は一か所も無い。しないのではなく、できないのだ。二〇代の脱北者が、広大な大陸の人身売買の闇を相手に、いったい何ができるだろうか。河の向こうとこちらの両側で、死と断絶が繰り返される「아버지의 다이어리」は、「水」に死や離別、断絶を表象させるという点で、まぎれもなく、分断以前からの朝鮮半島の文学史を正統派的に受け継いでいる。作者が文学史を学んだわけではなく、自らの経験を通じて体得した表象である。脱北者の文学は、韓国の文学を構成する

不可欠なジャンルとして成長する可能性を秘めている。「아버지의 다이어리」の邦訳は『越えてくる者、迎えいれる者』（アジアプレス出版部、二〇一七年）に収録されている。

【和田とも美】単著『李光洙長篇小説研究―植民地における民族の再生と文学』（二〇一二年）。同書の韓国語版は大韓民国学術院選定二〇一五年度優秀学術図書。訳書『越えてくる者、迎えいれる者―脱北作家・韓国作家共同小説集』（二〇一七年）、『友』（二〇二三年）。

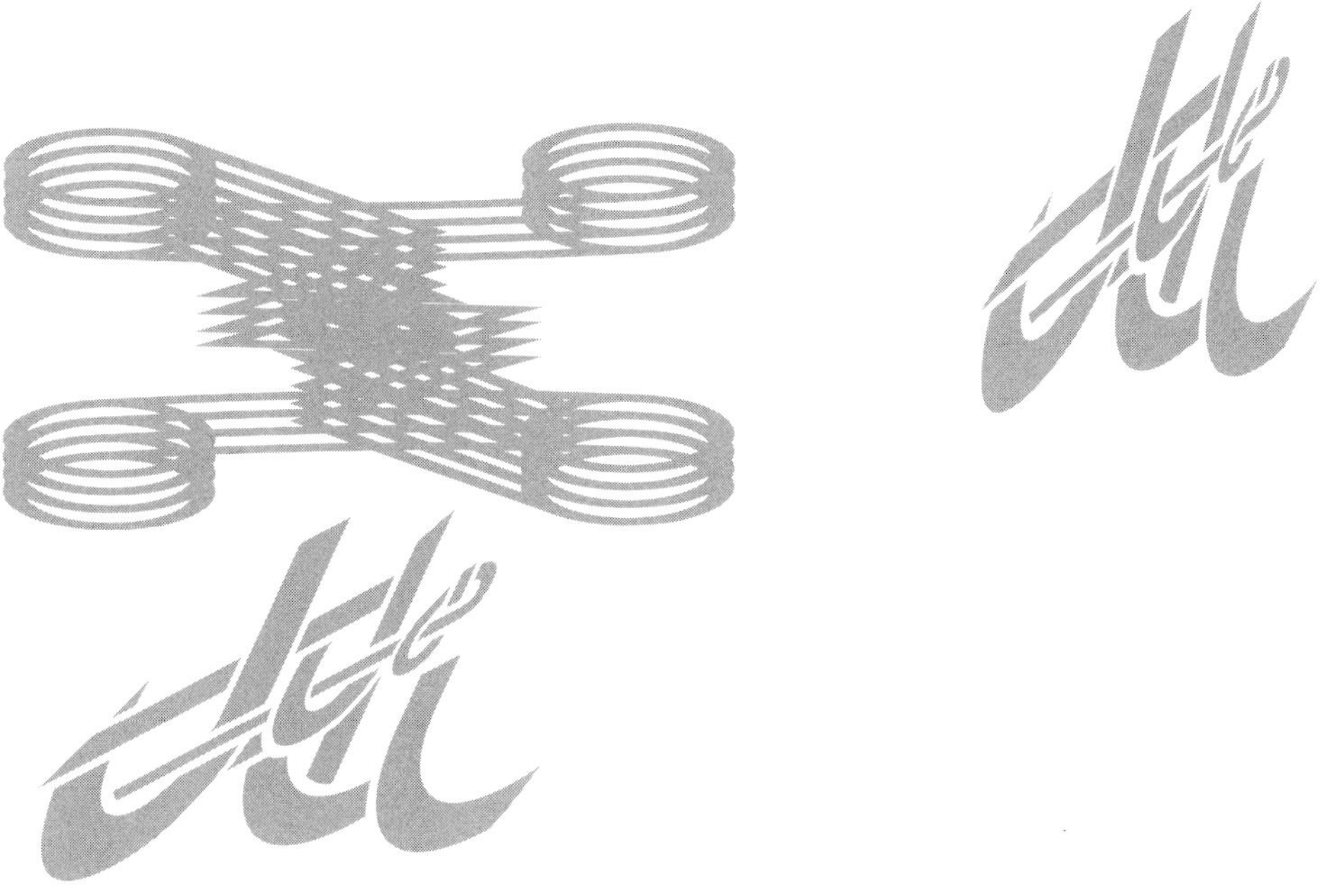

問いとしての〈韓国・朝鮮の心を読む〉

——後書きに代えて

野間秀樹

心のかたち——書物という心のかたち

『韓国・朝鮮の心を読む』という書名には、実のところ、いくつかの修辞も陥穽もある。そして書名は言語や書物をめぐる原理論的な問題を胚胎する文にもなっている。

まず〈心〉だ。書物を推薦し、語っていただく書物なわけだが、実は当然のこと、書物そのものに〈心〉など存在しない。比喩的には〈心が宿っている〉などと言うことはできるけれども、それはどこまでも書物を、そしてそこに書かれていることばの群れに対する私たちの営みを、至極やんわりと包み込みながら、言い表しているに過ぎない。

ことばは——そして書物となった〈ことばのかたち〉も——常に普遍の〈意味〉などを持っているわけではない。ことばは〈意味〉を持たない。それは〈意味〉となるのである。そしてしばしば〈意味〉になり損なう。ことばが意味を持っているのではなく、私たちがことばに意味を造形するのである。私たち一人一人が。個人史も生きようも異なる私たち一人一人が。

同じことばに人はそれぞれの意味を造形する。それゆえ同じことばを前に、人は皆わずかであれ異なった、場合によっては恐ろしく異なった意味を造形する。同じことばに人それぞれの意味を造形し得るということ、これが言語を共にし得るということ、言語の共生性の原理である。こうした原理は書物にあっても貫徹される。

書物が、例えば古典が、多くの人々に共にされるのは、書物やそこに記されたことばが、「不滅の意味」や「永く変わらぬ意義」などをそこに有しているからではない。反対に同じことばの〈かたち〉に、人がそれぞれ異なった意味の〈かたち〉を新たに造形し得るがゆえに、書物はしばしば長く共にされ、古典として新たな意味が造形され続ける。古典を古典たらしめるのは、優れた書物を優れた書物たらしめるのは、常に私であり、あなたである。実は同じ私でも、時と場が異なれば、実現される意味は異なっている。要するに言語が行われる場＝〈言語場《げんごば》〉ごとに意味は異なるのである。

多元的な心のかたち

そうであってみれば、書物にとって〈心〉もまた同様である。〈韓国・朝鮮の心〉などといったものが、ことばに刻まれていたりするわけではない。私たちがそこに〈心〉を読む、〈心〉を造形するのである。ゆえに各人各様の、多元的な〈心〉が立ち現れるであろう。本書にも幾人もの論者が様々なしかたで〈心〉に直接言及したり、あるいは引用するといった形で、〈心〉を造形している。引用にあたって敬称を省くことを許されたい：

「『パチンコ』のイ・ミンジンが述べたように、韓国人の心とは『あらゆる人を韓国人にするもの』にあるのかもしれない」（李恩珠）

「時間と空間を果てしなく包み込んでいるもの、『心』は広く深い何かだ」（李章旭）

「心の飢えをどんな言葉で癒やせるというのだろうか、空っぽの心を満たすのは、結局は言葉に込められた心だ」（印鉉鎮）

「韓国の心とはなんだろう。それは東洋の心の部分集合だろうか」（呉銀）

「この心こそが、植民地支配や軍事支配への長い抵抗を耐えさせ、最後には勝利させた原動力だと思う」（岡本厚）

「この三年間、本のタイトルで見かけることが多かった言葉がある。それが『気持ち（心）』だ」（姜侖廷）

「心は隠れたところにある。心は揺れ動く。心とは元来そういうものだ」（金暻和）

「心というものが取り外しのできる体内の臓器だったなら、胸の中に手を入れて取り出し、温かいお湯で洗ってあげたかった」（黒田杏子、チェ・ウニョンからの引用）

「言葉は心の花だ」（権在一）

「心は生成の結果ではなく、いつも創造の現場である」（光嶋裕介、下西風澄からの引用）

「これほど『心に沁み入る』報告書のような小説を荷物の中に入れていくということは、韓国を、韓国での時間を持って行くという意味だったのだろう」（孔善玉）

「朴婉緒の小説には、心と体が見分けのつかない一つの層となって露出している」（斎藤真理子）

「同じ場所で生まれ育った人たちであっても、同じ心の人などいない。だからこそわたしたちは、そんな誰かの心に少しでも近づくため本を手にとる」（佐藤結）

「消えた言葉に潜んでいる美しさと改めて向き合うことは、私たちが失ってしまった心と向き合うことでもあるのだから」（申京淑）

「韓国・朝鮮の心をのぞくメガネに詩歌は手助けになるが、そこに映し出された心はおうおうにしてよそ行きの洗濯された心である。心は胃袋にあり、だ」（鈴木琢磨）

「韓国・朝鮮の人々の「心」を求めて――。それは世界を巡る壮大な旅であり、また同時に想像を超えた歴史の旅でもある」（髙木丈也）

「金達寿も金石範も金時鐘も在日の書き手で、ポストコロニアルの観点からいえばディアスポラ的存在であり日本語で書いているが、その著作には韓国・朝鮮の心を感じる」（竹内栄美子）

「歴史や政治など大きなテーマでは消えてしまう人々の心の動きを想像することができる」（竹田信弥）

「韓国人の心の中には新羅人の心も宿っている」（崔仁阿）

「…（略）…私にとって『韓国の心』というのは海上を漂うプラスチックのブイのようだ」（鄭新永）

「私が知っている事実の一つは、少なくとも心というものは、それだけでは存在できないということだ。心は何かに向かうときに、初めて姿を現す」（鄭映秀）

「韓国人のこころはもはや一つではない」（白旻石）

「金素雲はエッセイ集『こころの壁』で、若いころから手がけた詩の翻訳について、『こころの翻訳でなくてはならない』と強く主張している」（ぱくきょんみ）

「彼らには一定の世代的共感があり、同時に、それぞれに異なる社会を生きてきたという発見があり、『韓国・朝鮮の心』を――当然、決して一様ではない――理解する上では、大きな助けとなった」（平野啓一郎）

「しかし、九十年前の『小説家仇甫氏の一日』に主人公が京城を歩きながら感じた孤独から考えると孤独は『情』と『恨』とともに長い間『韓国の心』の一部を占めたことが分かる」（ロバート・ファウザー）

そして、こうも語られている：

「ああ、心は『読むもの』だったんだな」（朴柱妍）

こんなふうに引用してひとところに据えると、執筆してくださった方々に叱られてしまうかもしれない。わずかなこれだけの引用でも、〈心〉を語る造形はかくも多様である。こうした多様性こそ、私たち一人一人が造り出しているものであり、私たち一人一人が存在していることの証左であり、また存在してよいということの根拠である。書物は読まれてよいし、語られてよい。共にされてよいのだ。

韓国・朝鮮の心のかたち

今一つの問いを問うてみよう。それは「韓国・朝鮮の心」ということばに造形されるところのものをめぐる問いである。そもそも書名に作っておきながら、何だ、ということになるのだが、「韓国」や「朝鮮」という〈国家〉の心などというものは、存在しない。これもまた執筆者は鋭く指摘してくださっている：

「〈こころ〉とは個人の奥底に潜むものであって、国家に〈こころ〉なるものは不在だからだ」（辻野裕紀）

ほとんどの方々が「国家の心」など考えないだろうからといって、それはあたりまえだ、などと、こうした貰いことばをやり過ごしてはならない。なぜなら、「韓国」や「朝鮮」そして「日本」といったことばことばは、例えば生まれ育った〈家郷《かきょう》〉といった柔らかなイマージュだけで語られるのでは、決してないからである。そうしたことばは、しばしば私たちの〈心〉さえ切り裂く。

典型的な例に、Ｋ‐ＰＯＰを語る言説を見渡してみればよい。日本語圏で語られるＫ‐ＰＯＰ言説には、恐るべき高頻度で、やれ「日本」は、やれ「韓国」はといったことばが貼り付いているのを、すぐに感知できるであろう。例えば音楽に限っただけでも、「日本」だの「韓国」だのということばで商標を付して語り得るほど、そんな小さな対象ではないにもかかわらず、「Ｋ‐ＰＯＰは国が援助しているから成功しているのだ」などといった、アートの現場とは無縁の、嫉妬も顕わな国家主義イデオロギーの一形態が、K-POP言説には闊歩していることであろう。このことについては本書でも、まつもとたくおの論がそうした言説を退ける文献を挙げながら、鋭く指摘してくれている。

ことほど左様に私たちが「韓国」や「朝鮮」そして「日本」といったことばを引き合いに出す際には、細心の心配りが必要である。そうでないと、オリンピックのように国家主義イデオロギーに塗れた言説の荒れ野になってしまう。

韓国語とハングルの位相
——K-POPのかたち、K-POPその心のかたち

K-POPを例に出したので、敷衍して述べておこう。まえがきで触れたように、『韓国・朝鮮の知を読む』を公にしたのち、この十数年ほどの間に、韓国語やハングルの位相は世界のうちで劇的に変容した。そうした変容の最も強力な根拠がどこにあるかということについての、重要な答えの一つともなる。

「J-POPは日本のポップスで、K-POPは韓国のポップスだ」と未だに思っておられたら、この機会に再考していただくのがよい。前半「J-POPは…」は概ね合っているかもしれないが、後半の「K-POPは韓国のポップスだ」はその作品の内実を見るなら、「韓国の」という形容も「ポップスだ」も、全く実情に即していない。今日、最前衛のK-POPは何よりもマルチ・エスニック、多文化、多民族の世界である。その詩、歌詞も韓国語と英語、韓国語と日本語、韓国語と中国語、などといった複言語主義（복수언어주의 plurilingualism）が重要な特徴となっている。ラップの韻さえも二言語を縦横に融合する。多くは地域や集団間について語られる多言語主義（다언어주의 multilingualism）という術語より、個人について力点を置いて語られる複言語主義という術語が、よりK-POPの実体に即している。端的に言って、先端的なK-POPは多元主義（다원주의 polycentrism）の世界である。作品それ自体も作品を取り巻くありようも。多元主義はそれが空間や時間のうちに配されるだけで、動的な変化を創り出す。多元的であるとは、変化の別名である。ゆえに作品たちは変化に満ちている。アーティストたちもクリエイターたちも国際的な分業=協同の様相を呈している。ある

程度「韓国」の、と言えるのは資本くらいかもしれない。

さらに、先の言の述語、「ポップスだ」というところもあまりに古い。K‐POPは確かに極東の一角から音楽の一分野として誕生した。しかしそれは今日、ミュージック・ビデオ（MV）と呼ばれる作品群を先頭に、〈ことばと音と光、そして身体性が織りなす二十一世紀型の総合的なアート〉として成長している。アートと呼んだけれども、実のところまだK‐POPのような姿のアートを名づける名称さえ、世界は持っていない。これをとりあえず〈Kアート〉と呼ぶ。Kアートは全く新たなコレアネスク（koreanesque 코레아네스크）の世界である。

Kアートは Language, Audio, Visual が INTERnet 上を駆け巡る、LAVnet《ラブネット》（래브네트《レブネトゥ》 랩넷《レムネッ》）という二十一世紀的な時空間の上に立ち現れるアートである。LAVnet の典型が、K‐POPのMVが真っ先に公開される YouTube である。そして Instagram であり、TikTok である。LAVnet 上に新しい作品が発表されるや、世界が踊り、ダンス映像を始めとする映像が、やはり LAVnet 上に次々に公開され、共有されてゆく。

例えばPSYの〈GANGNAM STYLE（강남스타일）〉というKアート黎明期の作品など、YouTube 動画MVの再生回数は五十億をはるかに超えている。BLACKPINK という女性グループの〈뚜두뚜두（DDU-DU DDU-DU）〉のMVも六年間で二十二億回である。題名からして二言語や二種類の文字のかたちで記されていることが、見て取れる。〝DDU DU〟という五つの文字列だけでヒットするから、未見の方はご覧になってみるとよい。〝DDU DU〟一作だけでも解るように、Kアートの名に恥じないその作品は、「若い人たちが歌って踊るあれ」などという水準でないことが、一目瞭然だろう。そして言語と文字の観点からは驚くべきことに、いずれも「カンナム」（江南 강남）という固有名詞、「トゥドゥ トゥドゥ」というオノマトペが、韓国語が、ハングルで記されている。ここでの江南とは、揚子江の南ではない。揚子江に比べればはるかに狭い、何と極東の小さな地域を流れる河、漢《ハン》江《ガン》の南を指すことばである。こうした韓国語が、ハングルが、世界で共有されている。

作品が生まれるや、人々はあるいは歌い、踊り、あるいは評し、あるいは絵に描き、あるいは映像を編集して二次的な映像を造り出す。そうして作品を LAVnet 上で共にする。

LAVnetを生かしきった、アートのこうした共有のしかたは二十世紀には存在しなかった姿である。つまりK‐POP、Kアートはルネサンス以来の、いやそれ以前からかもしれないアートの〈私的所有〉のありようを、根底から変えてしまった。その存在のしかた、つまり存在様式も、表現のありよう、つまり表現様式も、私たちが二十世紀には見たこともないものが、地球上のLAVnetを駆け巡っている。人々はまだそうした事態の位置づけすらできていない。「韓国のポップス」という位置づけから抜け出せないからだ。現実は「韓国の」どころか、しばしばあなたの掌の中のスマートフォンまでが劇場と化す。そして重要なことは、これだ。そこには常に韓国語が、そしてハングルという文字が、常に息づいているという点である。LAVnet上のみならず、どの国のコンサート会場でも韓国語が飛び回る。Kアートにあって、ハングルはさながら二十一世紀の新たなるコレアネスクのエンブレムである。そのエンブレムは、二十世紀を覆った帝国の文字、ラテン文字＝ローマ字や仮名などとは、まったく異なったかたちからなる造形である。

ちなみに二十世紀の演歌＝トロットの詩には「心」や「胸」ということばが重要な位置を占めていた。今日のK‐POPの詩にあっては「心」(마음)よりも「心臓」(심장)ということばの方がはるかにたくさん出会うだろう。その身体性という特徴が詩のうちにも息づいている。K‐POPは心の詩であることを突き抜けて、心臓の詩なのである。

なおKアートもまた、問題なしとしない。作品そのものに限っても、しばしば国家主義的な思想や全体主義的な感性との闘いのただ中にある。Kアートのファッションやコレオグラフィなどにはややもすると全体主義的な感性が忍び寄るからである。ここでの主題ではないので、それについては筆を措くとしよう。

『韓国・朝鮮の心を読む』――それぞれの私的なかたち

先ほど、「生まれ育った〈家郷〉といった柔らかなイマージュ」と書いた。もちろん家郷は柔らかいとは限らない。人によっては二度と想起さえしたくない対象かもしれない。いずれにせよ、それらは過去の体験といった方向を向いている。しかし「韓国」や「朝鮮」ということばは、例えば〈家郷〉といったイマージュに象徴される、過去の体験という方向に立ち現れる意味を実現するだけではない。逆に、〈未だ見ぬもの〉あるいは〈あり得たかもしれぬもの〉という方向の意味を実現することもある。例えば在日韓国人、在日朝鮮人といった立場からは、「韓国」や「朝鮮」は〈生まれ育っていない地〉として立ち現れ得るからである。それも〈本来なら生まれ育っていたかもしれない地〉として。在日韓国人、在日朝鮮人だけではない。例えばこの文章の筆者のように、日本に生まれ育ち、日本語圏で育った、「韓国」や「朝鮮」の血も嗣ぐ者にとっては、「韓国」や「朝鮮」は例えば〈未だ見ぬ、希求して止まぬ地〉として立ち現れ得る。つまりしばしば自らのうちに〈見えない家郷〉を訪ねようとすることになる。

　私的な来し方など書く場ではないから、あまり書きたくはないけれども、片鱗だけ吐露するなら、〈韓国的なるもの〉〈朝鮮的なるもの〉は韓国語＝朝鮮語という言語を始め、狂おしいほどに希求する対象であった。言語は希求する営みの根底に常に横たわるものであった。

　そして本書でも、筆者と交差する心性が描かれた文章に、出会った‥

「このことは私に、自分を『朝鮮』に同化するには資格不足であるという思いを抱かせ、その思いは屈折して、本当の意味では享受できないと思われる物への憧れを増幅させた。その実体こそが、私にとっての『韓国・朝鮮の心』なのではないかと思う」

（酒井裕美）

こうしたわずかな数行さえ、筆者には胸に突き刺さる。

アイデンティティ、そして言語というかたち

こうしていわゆる「アイデンティティ」などと呼ばれるものと係わって、〈心〉のこちら側にある〈言語〉を語り出すと、踏まえるべきことに触れねばならない。幾度でも強調せねばならぬが、言語を、ましてや国家など、人のアイデンティティと直結させてはならない。根底的な誤謬であるだけでなく、しばしば非常に危険だからだ。「〇〇人なのに〇〇語も話せないのか」といった言説が、二〇世紀よろしく、未だに飛び回っている。

言語はその根幹において個に属する。ゆえに「〇〇人であ

ること」と、「〇〇語を話すこと」との間には絶対的な関係など原理的に存在しない。親子でも、きょうだいでも言語が異なることなど、ごく自然なことである。家族の間でもいわゆる方言がしばしば異なっていることを想起すれば、そのリアリティは簡単に把握できるだろう。要するに〈言語≠民族≠国家〉が、言語と集団をめぐって、最も深いところに横たわる原理である。そして断言するが、いかなる言語であれ、決して奪われてはならない。他者からはいかに「不自然に」「不完全に」聞こえるような言語であろうと、同様である。言語は奪われてはならない。それは民族の言語だからなどではなく、あなたの言語だからだ。そしてあなたの書物もまた奪われてはならない。

さらに〈非母語とはあるいは母語となっていたかも知れない言語のことである〉という命題もまた、一度は考えるに値しよう。〈未だ見ぬもの〉あるいは〈失ったもの〉という方向から見るなら、例えば韓国語という言語が、本来なら——例えば戦争などなかったら、例えば家族が離ればなれになっていなかったら、そして例えば差別などなかったら——その人の母語であってもよかったかもしれない。そうした事態は、人が〈自らの母語でない言語〉を学ぶことの、一番大切なところに存在する根拠となる。こうしたことをさらに押し進めて考えるなら、誰であれ、人が〈自分の母語でない言語〉を学ぶ根拠は、言語というものの原理的なありようが支えているということに行き着く。私たちは言語を学んでよいのだ。そして書物を読んでよい。

〈韓国・朝鮮の心を読む〉、その「韓国」や「朝鮮」といったことばは、このように次々に問いを誘発する。そして言語へも向き合うことになる。心を読む対象となる言語、それを読む私の言語。そして「韓国」や「朝鮮」といったことばたち。

訓民正音とハングル——〈書かれたことば〉創造のかたち

心をめぐって、言語と文字、そして書物に思いを致すなら、訓民正音の誕生を振り返らないわけにはいかない。古典中国語たる漢文で記された『訓民正音』解例本と呼ばれる書物があり、それを十五世紀朝鮮語に訳した『訓民正音』諺解本《げんかいぼん》というテクストがある。これらこそ、十五世紀朝鮮語圏における〈書かれたことば〉の創造のかたちであった。その文字、訓民正音は今日ハングルと呼ばれる。

解例本、鄭麟趾《チョン・インジ》の後序が高らかに謳うところを聞こう：

유천지자연지성　즉필천지자연지문
有天地自然之聲이면。則必天地自然之文이니라。
천지자연의 소리가 있으면 반드시 천지자연의 글이 있다

〈話されたことば〉があれば〈書かれたことば〉があるのだという、古典の理《ことわり》をふまえる。朝鮮語という〈話されたことば〉はあったのに、〈書かれたことば〉は古典中国語たる漢文しかないという、捻れた二重言語状態に対して、これを高らかに否とした。〈話されたことば〉があるのだから、〈書かれたことば〉もあってよいのだと。誰も見たこともない文字体系〈訓民正音〉を提起する根拠こそ、「国家」などではさらさらなく、天地自然の理であった。ちなみに我等が〈心〉もまた、おそらく天地自然のただ中にあろうことは、言を俟たない。

　文字が誕生した。だが文字体系の誕生は則ち〈書かれたことば〉の十全たる成長を意味しない。この点は錯覚しやすいのだが、文字ができたからといって、誰でも、何でも、書けるようになるわけでは、決してない。その詳細もここでの主題ではないので省くけれども、端的に言って、それ以来、六百年にならんとする〈書かれたことば〉の苦闘があった。文字は書かれねばならない。そして読まれねばならない。共にされねばならない。それぞれ互いに異なる人々によって。私たちによって。〈書かれたことば〉はそうしてはじめて私たちの生のうちに〈書かれたことば〉として息づくのである。

　本書に挙げられた書物の数々のうちに、韓国語であれ、日本語であれ、〈書かれたことば〉の苦闘の現代的なかたちを見出すことができるであろう。そうした〈書かれたことば〉、言語は、おそらく〈心〉と名づけられたそれの、こちら側に存在している。本書はことばを突き抜けて、〈心〉へと触れ得るであろうか。

　本書『韓国・朝鮮の心を読む』をご執筆いただいた方々、韓国語と日本語の同時刊行という、野心に満ちた書物を作り、共にすることを支えてくださった方々、そして今こうしてお読みくださっている方々に、満腔からの謝意を表したい。

作品名　索引

韓国語タイトル……著者　頁

他言語（日本語・韓国語以外）タイトル …… 著者 頁

【編者紹介】

野間 秀樹（のま ひでき）

言語学者。韓国＝朝鮮と日本の双方の血を嗣ぐ。

著書に『言語存在論』（東京大学出版会。韓国語版が連立書架《ヨルリプソガ》より近刊）、『新版 ハングルの誕生』（平凡社。アジア・太平洋賞大賞。韓国語版は朴守珍《パク・スジン》・金珍娥《キム・ジナ》・金奇延《キム・ギヨン》共訳。돌베개《トルベゲ》）、『韓国語をいかに学ぶか』（平凡社）、『言語 この希望に満ちたもの』（北海道大学出版会）、『日本語とハングル』（文藝春秋）、『新・至福の朝鮮語』（朝日出版社）など。韓国語による執筆の著書に『한국어《ハングゴ》 어휘와《オフィワ》 문법의《ムンポベ》 상관 구조《サングァングジョ》』（韓国語 語彙と文法の相関構造。太学社《テハクサ》。大韓民国学術院優秀学術図書）。『K-POP《ケイパプ》 원론《ウォルロン》』（K-POP 原論。連立書架）。

編著書に『韓国・朝鮮の知を読む』（クオン。パピルス賞。韓国語版は김 경 원《キム・ギョンウォン》訳。위즈덤하우스《ウィズダムハウス》）、『韓国語教育論講座 1－4 巻』（くろしお出版）など。共編に『韓国・朝鮮の美を読む』（クオン。韓国語版は崔在赫《チェ・ジェヒョク》・辛承模《シン・スンモ》訳。連立書架）など。

大韓民国文化褒章。ハングル学会周時経《チュ・シギョン》学術賞。

東京外国語大学大学院教授、ソウル大学校韓国文化研究所特別研究員、国際教養大学客員教授、明治学院大学客員教授などを歴任。リュブリアナ国際版画ビエンナーレ、ブラッドフォード国際版画ビエンナーレ、現代日本美術展佳作賞など、美術家としての活動もある。

白永瑞（ペク・ヨンソ）
延世大学名誉教授であり、セギョ研究所理事長。ソウル大学東洋史学科を卒業後、ソウル大学大学院東洋史学科で中国現代史の博士号を取得。翰林大学教授を経て、延世大学史学科の教授として在職した。学術活動として現代中国学会会長、中国近現代史学会会長を、社会活動として季刊『創作と批評』の編集主幹を歴任。
主要著書に『核心現場から東アジアを問う——共生社会のための実践課題』（創批）、『社会人文学の道——制度としての学問、運動としての学問』（創批）、共編著書に『ポスト〈東アジア〉』（作品社）、『韓国・朝鮮の美を読む』（クオン）、韓国語翻訳（共訳）書に朝日新聞取材班『歴史は生きている——東アジアの近現代がわかる 10 のテーマ』（朝日新聞出版）、新崎盛暉『新崎盛暉が説く構造的沖縄差別』（高文研）など。2023 年、世界中国学フォーラムにて第 7 回中国学貢献賞を受賞した。

韓国・朝鮮の心を読む

2025年3月25日　初版第1刷発行

〔編者〕　野間秀樹、白永瑞
〔装画〕　李相男

〔編集〕　青嶋昌子、魯愛善
〔ブックデザイン〕　松岡里美（gocoro）
〔組版〕　菅原政美
〔印刷〕　大盛印刷株式会社
〔進行管理〕　伊藤明恵、黄理愛

〔発行人〕　永田金司　金承福
〔発行所〕　株式会社クオン
〒101-0051
東京都千代田区神田神保町1-7-3 三光堂ビル3階
電話　03-5244-5426
FAX　03-5244-5428
URL https://www.cuon.jp/

ISBN 978-4-910214-65-8